中国技术经济学会智库文丛
编委会

主　　任　李平

副 主 任　李志军　牛东晓　王宗军　李开孟　杨德林

成　　员　（以姓氏笔画为序）

于　渤　　王宏起　　王宏伟　　王学军　　毛志兵　　田明华

毕克新　　刘　云　　刘开勇　　刘志迎　　池仁勇　　苏敬勤

李石柱　　杨　俊　　杨宝臣　　张宗益　　陈向东　　陈　劲

林晓言　　庞守林　　官建成　　赵芝俊　　柳卸林　　侯仁勇

葛宝山　　韩秀成　　鲁若愚　　谢富纪

中国创新

50 ESSAYS ON CHINA'S INNOVATION

50人笔谈
（2019）

刘志迎 ◎ 主编

中国科学技术大学出版社

内 容 简 介

本书系中国技术经济学会为了进一步发挥其在国家重大战略需求和战略决策中的智库作用,于2019年面向全国创新研究领域的专家征集的,针对当前和今后一个时期党和国家工作中迫切需要重视和解决的重大技术经济与创新管理问题所提出的咨政建议。文章突出思想性、战略性,强化问题意识,围绕"是什么""为什么""怎么做"展开对策性研究。各篇文章,较准确地反映现状,客观地分析原因,提出了针对性的对策建议,并以智库要报型论文结集出版,可供政府、企业或相关决策者和智库工作者参考。

图书在版编目(CIP)数据

中国创新50人笔谈.2019/刘志迎主编.—合肥:中国科学技术大学出版社,2020.3
(中国技术经济学会智库文丛)
ISBN 978-7-312-04901-9

Ⅰ.中… Ⅱ.刘… Ⅲ.国家创新系统—中国—文集 Ⅳ.①F204-53 ②G322.0-53

中国版本图书馆 CIP 数据核字(2019)第 301611 号

出版	中国科学技术大学出版社 安徽省合肥市金寨路96号,230026 http://press.ustc.edu.cn https://zgkxjsdxcbs.tmall.com
印刷	安徽省瑞隆印务有限公司
发行	中国科学技术大学出版社
经销	全国新华书店
开本	787 mm×1092 mm 1/16
印张	20
插页	2
字数	480 千
版次	2020年3月第1版
印次	2020年3月第1次印刷
定价	80.00 元

序 一

2019年是新中国成立70周年。回顾历史，我们可以清晰地看到中国的发展与科技进步密切相关，科技的每一次进步都对我国经济发展和国家实力提升起到了强大支撑。进入新时代后，创新发展理念已经确立，创新驱动正在成为中国经济发展的第一动力。展望未来，创新发展将成为中国最广泛的伟大实践，将强力支撑"中华民族'两个一百年'奋斗目标"的实现。

然而，面对"百年未有之大变局"的复杂形势，需要我们更加冷静地思考中国在实现创新发展过程中所遇到的问题和难点，需要我们深入分析问题的症结或根源并提出切实可行的对策措施。长期以来，中国技术经济学会的专家们，一直在多个领域和地区，以多种形式为国家建设和发展出谋划策，充分发挥智库作用，在服务国家重大决策、重大工程咨询和人才培养方面，提供了一大批优质的智库成果，为国家和地方经济社会发展贡献了自己的研究成果和聪明智慧，这是我们中国技术经济学会的荣誉，也是应尽的职责。

"不忘初心，牢记使命。"中国技术经济学会认真领会、深入贯彻党中央重大决定，牢记习近平总书记有关中国特色智库建设的重要指示，根据《中国科协关于建设高水平科技智库的意见》的要求，近年来进一步强化中国技术经济学会的智库建设，始终以多种形式、多个渠道，组织学会会员、理事和常务理事开展智库活动，撰写了大量有关国家重大决策、重大工程咨询、人才培养和地方经济社会发展的智库报告，起到了重要的智库支撑作用，作出了重要的智力贡献。

中国技术经济学会2018年组织来自全国多个领域的50余位资深专家，面向国家重大战略需求和各领域的重大决策需要，基于各自的科学研究成果和大量的调查研究，撰写了50多篇智库报告，汇编出版了《中国创新50人笔谈》。该书出版后，呈报给国务院发展研究中心、科技部、教育部、国家自然基金委、工信部、国家社科规划办、国家科协等若干个部委办，受到相关部门的高度重视和肯定，并表示积极将专家们的智库建议及时吸收到各种政策中或作为决策参考。这些肯定和点赞，既是对我们的鼓励，也给我们提出了更高的要求，需要我们不断深入研究，进一步深入调研，继续撰写更具有针对性的智库报告。学会年会、常务理事会以及理事会的各位理事、常务理事们和广大会员也充分肯定了《中国创新50人笔谈》的组织和编撰工作，我代表学会向各位专家和组织编撰出版者的智力贡献与辛勤工作表示感谢。

基于以上的作用和广泛肯定，中国技术经济学会理事长办公会议决定继续组织编撰《中国创新50人笔谈（2019）》。经过一年的努力，该书即将出版。学会以后将每年组织全国专家面向国家重大需求、重大决策和区域创新发展需求，及时将科学研究成果转化为智库文章或基于深入调查的简要报告，投稿给《中国创新50人笔谈》编辑部，继续为做好这件有意义的智库工作作出贡献。

衷心祝愿中国技术经济学会智库工作的发展越来越好，衷心希望《中国创新50人笔谈》的各篇报告针对性越来越强、质量越来越高，衷心期盼《中国创新50人笔谈》得到更广泛的认可，并对国家和地方各项工作起到更好的智库支撑作用。

李　平

中国技术经济学会理事长

2019年11月16日

序 二

  智库是党和政府科学民主依法决策的重要支撑。新时代以来,党和国家高度重视各类智库建设,智库建设成果为科学民主决策起到了越来越重要的支撑作用。智库建设是国家治理体系和治理能力现代化的重要内容,党的十九届四中全会提出的"推进国家治理体系和治理能力现代化"建设迫切需要智库提供智力支撑。智库是国家软实力的重要组成部分,大国崛起,不仅需要经济、科技实力的崛起,也需要思想文化等软实力的崛起。作为国家软实力重要载体的智库,需要具有国际竞争力。

  中国科学技术大学作为一所地处中部的"C9"高校,不仅在自然科学领域取得了卓越成绩,也高度重视高水平智库建设工作。近年来,学校特别强调加强科技智库建设工作,中国科大管理学院也成立了智库工作办公室,具体负责智库建设工作,并取得了一定的成绩,得到了社会各界的好评。管理学院以"创造管理思想与工具,培养管理英才与领袖"为办学使命,以大数据为核心,培育科学决策、创新创业和金融工程高水平人才,努力打造大数据科学决策"双一流学科",在以人才培养、科学研究为重点职能的基础上,努力通过智库建设等形式发挥好服务社会和文化传承职能,在管理科学研究领域做出了一流的研究成果,正将科学研究的成果转化为服务于国家重大战略需求的智库建议,在党和国家重大决策方面发挥好支撑作用。

  由中国技术经济学会组织领导,中国科学技术大学管理学院刘志迎教授具体组织实施和编辑出版的《中国创新50人笔谈》,得到了我校领导的高度重视和大力支持,管理学院也给予了具体支持。《中国创新50人笔谈》汇集了来自全国多个领域的50多位专家基于多年研究积累撰写的智库建议报告,站位很高,并提出了具有很强针对性的对策,对党和政府决策具有很好的参考价值和决策支持作用。2018版图书自出版以来,在国家各部委办和地方政府及企业产生了积极影响,深受社会各界的肯定和点赞。这是一件非常有意义的工作,是一件值得持续做下去的具有重要意义的智库工作,管理学院将一如既往地给予支持。

创新是发展的第一动力。熊彼特说:"人力和资本投入的增加,只能够带来经济增长,而不能够带来经济发展。"中国正处于"百年未有之大变局"的特殊时期,这也是"新科技革命和全球产业变革正在孕育兴起"的特殊机遇期,抓住创新这一"牛鼻子",始终坚持创新发展理念,持续不断地推进创新发展进程,对于实现"两个百年"奋斗目标具有重要的战略意义,全国各领域专家围绕着"国家创新发展"主题,深入调查和精心研究并为党和政府出谋划策,具有重要的智库支撑价值。

《中国创新50人笔谈(2019)》即将付梓,汇集了50位资深专家高水平智库建议成果,将会继续在全社会产生积极影响,对党和国家战略决策、重大工程和政策、地方经济社会发展将会起到很好的决策支撑作用。

我相信《中国创新50人笔谈》将会办得越来越好,专家的智库建议水平和针对性将会越来越强,对党和政府各项创新工作的支撑作用将会越来越大。

余玉刚

中国科学技术大学管理学院执行院长

长江学者特聘教授,国家杰出青年基金获得者

2019年11月17日

目 录

i	李 平	序一
iii	余玉刚	序二
001	刘志迎	述评：咨政献策 鉴察纳言

产业创新

012	王宗军	构建高技术产业创新生态系统的思考
017	杨德林	先进制造领域的创业孵化平台需要强化工程化服务
023	牛东晓	泛在电力物联网的商业模式创新及经济转型
030	苏敬勤	我国的中小制造企业真的被"低端锁定"了吗？
035	孙 卫	破解制造业关键核心技术创新难题，持之以恒推进制造强国建设
041	买忆媛	快速迭代的市场竞争环境下推动创业企业逆向创新的思考
046	汪海粟	基建拉动创新的中国路径
051	汪 涛	价值链整合视角下的国企作用再认识
057	张玉臣	以系统性力量协同攻克高端装备制造产业技术瓶颈制约
062	杨 艳	新形势下促进我国石油企业跨界创新的几点思考
067	李靖华	我国制造服务化的发展方向
072	蔺 雷	中国内创业的现状与对策建议
077	杨为民	对新型农业经营主体创新发展的思考
082	丰志培	中药产业传承创新战略与政策建议

区域创新

090	李 平	开放创新背景下厦门市转型发展的短板和路径
095	陈向东	技术多样化与技术收敛——典型主题情景及区域创新多样化
104	武义青	深入推进京津冀协同创新共同体建设
109	王玉荣	推进京津冀高新技术产业高端化发展
115	赵 炎	长三角一体化创新网络发展的问题与对策
119	王学军	高度重视区域智力资本，提升区域创新能力
126	王宏起	黑龙江省高等学校科技成果转化困境及对策
132	戚 湧	培植科技引领新支点 赋能区域创新共同体

138　黄　寰　内陆非省会城市的创新发展路径——以"万里长江第一城"四川省宜宾市为例

144　陈衍泰　区域创新生态系统国际化助力区域创新发展的建议

152　李雪灵　吉林省企业科技创新现状、问题与建议

制 度 创 新

162　李志军　我国城市营商环境评价及优化建议

168　魏　江　非对称创新战略：中国情境与实现路径

173　田杰棠　构建有利于创新型企业家发展的制度环境

180　计国君　负责任研究与创新实践框架

188　庞守林　政府资助对科技型企业技术创新路径的动态效应研究

194　朱永明　研究生教育管理创新

创 新 驱 动

202　吴晓波　技术创新体系的现代突破：从"二次创新"到"超越追赶"

209　于　渤　培育提升动态能力，促进后发企业实现技术跨越

215　高旭东　中美关系的变化及中国技术创新道路的重新选择

220　陈　劲　我国颠覆性创新存在的主要问题及对策建议

225　刘志迎　创新驱动的产业链现代化路径与政策建议

232　葛宝山　创新驱动发展的创业逻辑

238　邵云飞　创新驱动型创业的门槛如何跨越？

243　林迎星　基于创新驱动的我国高端装备制造业发展的对策建议

249　曹　平　全球秩序重构背景下中国的技术追赶与国家创新复杂系统

255　陶爱萍　发达国家技术标准锁定下我国技术创新的困境及突破对策

技 术 经 济

262　张　青　互联网时代的《技术经济学》构想

268　曹　勇　降低模糊前端不确定性、提高NPD绩效的战略思考

274　董战峰　以生态系统管理创新推进山水林田湖草生态保护修复

279　吉敏全　国家重点生态功能区低碳交通体系构建探索——以三江源地区为例

289　刘春林　加强政府投资工程项目建设标准管理的思考

294　毛志兵　发展新型建造方式推动建筑业供给侧结构性改革

300　吴忠群　创新金融科普模式　减少金融骗局发生

306　钱贵霞　中美贸易摩擦对内蒙古农牧业的影响及其应对措施

311　后记

述评：咨政献策　鉴察纳言

大国崛起，起源于制度创新，持续于科技创新。中国改革开放开启了制度创新，激活了各类主体的活力，释放了巨大的发展能量，驱动中国经济快速发展40年。进入新时代以来，党中央和国务院高度重视科技发展，实施创新驱动发展战略，把开发科学技术资源作为驱动大国崛起的源动力，吹响了建设科技强国的号角。习近平总书记指出的"实现'两个一百年'奋斗目标，实现中华民族伟大复兴的中国梦，必须坚持走中国特色自主创新道路，面向世界科技前沿、面向经济主战场、面向国家重大需求，加快各领域科技创新，掌握全球科技竞争先机"，为新时代科技创新指明了方向。

科技创新是复合名词，包括科学发现、技术发明和科技成果商业化的创新行为等在内的全部内涵。既不能将其简单地理解为"科技研发"（包括科学研究和技术开发），也不能够将其片面理解为"科技成果商业化的创新行为"。正确认识科技创新，包括两个相向而行的活动进路，即：基于科学发现端的"供给侧"路线，基础研究（科学发现）—应用基础研究（应用研发）—关键技术研发（技术发明）—工程化集成与验证（产品化设计）—商业化应用（满足市场需求）；基于市场需求端的"需求侧"路线，市场洞见（发现需求）—产品或项目策划（产品规划）—产品开发（技术攻关）—科学研究支撑（科学难题破解）—工程化集成与验证（产品化设计）—商业化应用（满足市场需求）。正如普林斯顿大学李凯教授所言："科研和创新不是一回事。科研是将金钱转换为知识的过程，而创新则是将知识转换为金钱的过程。"两条路线纵横交错，形成创新网络，由创新网络逐渐演化为创新生态系统。把科研当作创新，会忽视科技成果商业化；把创新当作科研，会忽视基础科学研究。习近平总书记明确指出："要加大应用基础研究力度，以推动重大科技项目为抓手，打通'最后一公里'，拆除阻碍产业化的'篱笆墙'，疏通应用基础研究和产业化连接的快车道，促进创新链和产业链精准对接，加快科研成果从样品到产品再到商品的转化，把科技成果充分应用到现代化事业中去。"没有基础科学研究，永远难以站到科技前沿；没有科技成果商业化的创新，就难以满足国家重大需求，难以驱动经济发展。

理解科技创新，还必须深入理解科技革命。科技革命分为科学革命、技术革命及其带来的产业革命，这是一个具有时间序列属性的、逐次推进的过程。钱学森指出："科学革命是人类认识客观世界的飞跃，技术革命是人类改造客观世界技术的飞跃。而科学革命、技术革命又会引起全社会整个物质资料生产体系的变革，即产业革命。"据科技史学家判断：人类经历了两次科学革命、三次技术革命和三次产业革命。两次科学革命即16世纪中叶至17世纪末以天文学、经典力学为代表的近代科学体系的诞生，20世纪初以相对论和量子论为代表的自然科学理论根本性变革。三次技术革命分别是：始于18世纪中叶的英国，以蒸汽机的发明与应用及机器替代手工劳动为主要标志的第一次技术革命；始于19世纪30年代，以电力技术和内燃机的发明为主要标志的第二次技术革命；始于20世纪40年代前后,以电子技术、计算机、信息网络技术发展的第三次技术革命。三次产业革命分别是机械化革命、电气化革命、自动化和信息化革命。当下是否处于第三次科学革命、第四次技术革命和产业革命的关键期尚无定论,中国科学院院长白春礼将两次科学革命和三次技术革命累加,认为发生了5次科技革命,正在发生第六次科技革命,并认为"中国再也不能与新科技革命失之交臂,必须密切关注和紧跟世界经济科技发展的大趋势,在新的科技革命中赢得主动"。习近平总书记指出:"当今世界,新科技革命和全球产业变革正在孕育兴起,新技术突破加速带动产业变革,对世界经济结构和竞争格局产生了重大影响。"创新是驱动中国发展的第一动力,也是中国进入新时代经济发展的第一需要。在"百年未有之大变局"的复杂局面下,深入贯彻创新发展理念,恒定不变地走好创新发展道路,是确保"中华民族实现'两个一百年'奋斗目标"的必然选择。中美贸易摩擦的背后,关键是科技创新的竞争,谁拥有核心技术,谁就能够占据有利地位,谁就有核心竞争能力。

在这一背景下,中国技术经济学会在2018年编辑出版的《中国创新50人笔谈》基础上,根据2019年新形势,组织一批资深专家,从产业创新、区域创新、制度创新、创新驱动、技术经济等多层面,为党和国家、地方政府、行业部门和企业等多层面、多主体,提出了智库性的对策建议,以资参考。

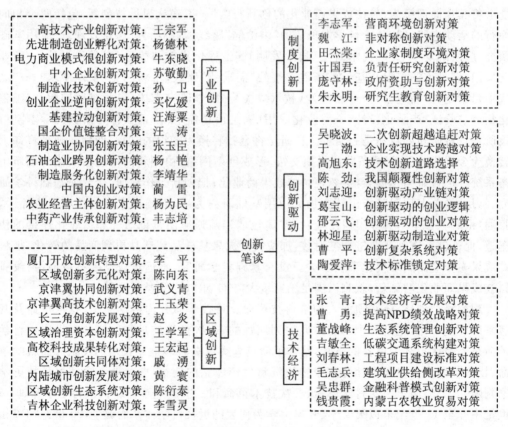

图1 《中国创新50人笔谈(2019)》内容图谱

一、产业创新：国际竞争力的核心

国际竞争突出表现为产业技术竞争，一个国家能否占领全球价值链的中高端取决于该国的产业技术实力。改革开放 40 多年来，我国制造业经历了从引进、模仿到集成、创新的升级过程，技术创新能力逐步增强，部分领域实现了"从赶超到引领"。然而，中国仍然有众多产业领域关键技术缺失，存在被人"卡脖子"的问题，产业技术创新仍任重道远。在本专题中，十多位专家从不同层面和视角为推进产业创新提出了对策建议。

王宗军教授从高技术产业的行业背景出发，分析了构建高技术产业创新生态系统的重要战略意义，在此基础上提出搭建以企业为中心的开放式创新平台、优化效率导向的创新生态系统运作与管理机制、打造以人才为中心的良好创新创业环境等政策建议，这些政策建议科学合理，具有重要的应用价值。**杨德林教授**先解构了先进制造领域孵化服务价值链，通过实地调研洪泰制造，发现先进制造类创业企业需要在产品研发优化、中试和大规模定制这些工程化薄弱环节得到孵化服务平台的重点帮助。厘清了先进制造领域创业孵化的一些关键节点，为其建设发展提供了新思路。**牛东晓教授**基于电力能源发展背景，分析了泛在电力物联网的基本内容、泛在电力物联网的 5 种商业模式、泛在电力物联网的经济转型，对于电力能源行业的快速发展具有重要战略意义。**苏敬勤教授**围绕我国的中小制造企业是否被 GVC "低端锁定"这一关键问题，对数十家中小制造企业深度调研发现，嵌入 GVC 的中小制造企业正在不断突破"低端锁定"困局，向着价值链的中高端大步迈进，这一结论具有前瞻性和全局性，所提建议对政府决策有重要参考价值。**孙卫教授**分析了我国重大技术创新突破的成功经验，总结了目前关键核心技术缺失的现状及成因，提出我国制造业补齐关键核心技术短板的有效路径，并提出六大政策建议，所提对策详细具体且具有重要现实指导价值。**买忆媛教授**基于竞争者行为互动视角，挖掘在位企业迭代与创业企业竞争性应对策略之间的关联性，探究创业企业逆向创新的不同形式以及具体实施机制，为创业企业在市场竞争中"抢占高地"提供了理论参考，具有新意和现实指导意义。**汪海粟教授**提出基建拉动创新的中国路径，该类创新活动呈现出引进技术高度化、专利组合多样化和创新成果多元化的态势，然而作为基建创新的主体——大型建筑央企也面临资质认定、市场拓展和体制缺陷等问题，最后提出的对策建议，对我国大型基础设施的建设发展具有重要战略意义。**汪涛教授**通过理论分析证明企业整合模式是规避"双失灵"的有效途径，而实践也表明我国所取得的重大产业技术突破很多是由国企主导价值链整合实现的。因此，推动具备领先用户身份的国有企业成为产业价值链整合的主导者，并将其作为未来产业创新政策的重要着力点，这为产业创新的进一步发展提供了重要的智力支持。**张玉臣教授**从技术、市场、制度三个角度探究高端装备制造产业技术瓶颈突破的问题，论证了在科技自主创新路径选择上必须确保形成系统性数字技术的原则，分析了自主创新装备的市场应用及拓展战略，提出推动制度创新的三个战略，这对如何提高我国核心技术创新力提供了重要的决策参考。**杨艳博士**指出，健康的创新生态系统是实现跨界创新的基本前提，鼓励创新的文化与管理机制是全面促进跨界创新的基础条件，并对新形势下促进我国石油企业的跨界创新提出了几点建议，具有重要现实价值。**李靖华教授**总结了我国制造服务化的发展方向呈现出四个趋势，并指出强大的技术能力是制造服务化发展的基础，制造业服务化和制造业高端化相互交叉、相互支撑,对制造业服务化提供了重要的理论指导和现实意义。**蔺雷博士**阐述了内创业的内涵,并基于大规模实地调研介绍了中国内创业的九大现状、三大痛点,提出推动我国内创业健康发展的五条对策建议,对我国创新创业实践具有重要价值和启示。**杨为民教授**从时代变迁的大环境入手,探讨新型农业经营主体如何进行经营模式创新和管理创新,分析了新型农业经营主体创新发展面临的问题及其对策,所提对策有很强的针对性和可行性。**丰志培教授**在分析了我国中药产业创新发展存在问题基础上,结合全国中医药大会要求,提出了"三个坚持"的中药产业传承创新战略,提出了对中国中药产业创新发展具有指导价值的对策建议。

产业创新,从微观来看,是产业内企业技术创新;从宏观来看,是产业领域形成的创新生态系统。笼统地讲产业创新,很容易混淆概念,导致错误认识和理解,很容易影响大家达成共识,进而也会影响政策制定和落实。产业创新是一个重要课题,以上学者从不同产业、不同角度对此进行了深度研究,并提出了针对性很强的决策建议。产业创新仍然有大量的问题需要进一步深入探究,特别是深入企业调查,了解分布在各产业领域关键企业创新的真实状况,切实把握其中存在的问题及其原因,以便提出的对策建议具有更强的针对性和实用价值,为党和政府正确决策提供可靠可用的智库建议。

二、区域创新:区域合作的创新生态

区域创新涉及包括区域创新能力、区域创新网络、区域产业技术创新、区域间创新协同等多层面的问题。中国区域创新与产业创新是基本一致的,东部沿海一带创新能力强,中西部和东北地区相对较弱,大量研究表明,区域创新与经济发展水平密切相关。随着中国区域经济结构的调整,在新时代有大量新的问题涌现,需要专家们围绕区域创新主题提出决策建议。在本专题中,有十多位专家就几大区域板块和重点省市的区域创新问题进行了深入研究,并提出了智库建议。

李平研究员长期致力于技术经济与数量经济研究,积累了深厚的理论功底,是资深智库专家,所供文章为厦门市进行的战略咨询,针对厦门市对外开放相对优势地位逐渐下降等问题,提出了明确建设区域科创中心转型发展的定位、深化体制机制改革、强化市场内生创新激励、培育优势产业和产业集群等政策建议,从宏观角度把控了城市创新转型的关键,对全国城市转型都具有重要参考价值和指导意义。**陈向东教授**以城市为载体,从经济总量、开放程度和能耗水平三个维度构建了城市创新体系,分析了城市创新活动的综合表现,发现产业特质根本转型对于发展新兴经济的城市十分关键,对策建议依据可靠,针对性强,具有重要现实意义。**武义青研究员**聚焦京津冀协同创新共同体建设,系统阐述了京津冀协同创新共同体的内涵,分析了创新共同体建设的内在动因,从四个角度梳理了共同体建设取得的成果,认为创新共同体建设过程中存在着制度壁垒和政策落差、产业关联度低和三地技术势差大、公共资源配置不均和公共服务水平差距大等障碍,并针对性地提出了具有重要参考价值的政策建议。**王玉荣教授**研究了京津冀高新技术产业高端化发展现状,发现京津冀产业发展面临"高端封锁"与"中低端分流"的双重挤压、产业商业化转化能力不足以及区域之间和产业之间发展不平衡等问题,提出了京津冀地区应构建高新技术产业生态系统以提高国际影响力,抓住雄安新区建设机遇,强化京津冀创新协同发展,调整产业结构实现产业同步发展等很好的政策建议。**赵炎教授**以长三角一体化为背景,分析了长三角区域资本合作网络密度不高、企业间合作网络强度不足以及人力资源网络的可达性不够等问题,提出了创新创业企业应积极创造与风险资本直接面对面接触的机会,建立与高校和大型企业的战略联盟和深度合作,中小城市应出台政策解决创新创业人才的工作和生活问题,并且打造独特的城市文化等具有现实意义的重要政策建议。**王学军教授**系统阐述了智能化、信息化时代背景下智力资本的重要性,从三个维度(人力资本、关系资本和结构资本)分析区域智力资本与区域创新能力的关系,提出了以凝聚智力资本来提升区域创新能力的重要政策建议。**王宏起教授**以黑龙江省为例研究了高等学校科技成果转化问题,在科研队伍和科技成果积累量不断提升背景下,科技成果转化不到位或滞后是巨大浪费;研究了高校科技成果转化困境及其成因,并提出黑龙江政府与高校要构建现代科技成果转化文化、加强企业科技成果转化需求引导、加强科技成果转化政策落实的督导检查等建议,对欠发展省份具有重要借鉴价值。**戚湧教授**认为长三角一体化区域创新体系建设仍面临区域创新政策协调不充分、创新资源要素分配不均衡、区域创新服务体系不完善等问题,提出了要加强顶层设计以谋划区域产业创新布局,加强基础研究、优化营商环境、加强区域协同与成果转化等政策建议,为长三角科技创新一体化发展起到了很好的指导作用。**黄寰教授**以四川宜宾市为例,总结了内陆非省会城市的产业转型、政策扶持、要素保障以及平台建设等方面特点,从科技创新、金融创新及制度创新三个维度提出长江经济带内陆非省会城市创新发展启示,对内陆城市具有重要的现实意义。**陈衍泰教授**系统阐述了区域创新生态系统国际化创新资源的运行机理,构建了"要素-结构-功能-环境"四维度的评价指标体系,对中国主要城市的区域创新系统国际化水平进行评价,发现城市圈辐射效应显著,大城市带动相邻城市的创新系统国际化水平,强调创新要素流动、创新环境在提升区域创新生态系统国家化过程中的重要性,有重要的决策参考价值。**李雪灵教授**通过大样本调查研究了吉林省企业科技创新活动现状,发现吉林省企业科技创新投入不足、科技人才极度匮乏、产学研合作存在结构性矛盾等问题,提出相应重要政策建议,对整个东北地区的企业科技创新活动都有借鉴价值。

中国区域结构正在发生转变,改革开放 40 年以东部率先对外开放,面向海洋经济发展,形成了东中西和南北格局。在新时代发展和"一带一路"倡议背景下,全方位对外开放,将会影响中国区域板块经济结构,在继续发展传统区域板块基础上,提出了"长江经济带发展""京津冀协同发展""粤港澳大湾区建设""长江三角洲一体化发展"等新的布局思想,在这一背景下,区域创新面临着大量新问题,亟待技术经济学会专家学者深入调查和细心研究,为下一步区域创新发展提供决策智库支持。

三、制度创新:激发创新的规则安排

创新的动机需要好的制度安排来激发,好的创新行为需要好的制度安排来维护,好的创新成果需要严格的制度实施保障。习近平总书记提出,要深化改革创新,就要把我国的制度优势更好地转化为国家治理效能。如何让制度发挥优势更好促进中国企业发展,创新是当前政府、企业和学者关注的热点。在本专题中,有多位专家围绕着制度创新提出了智库建议。

李志军研究员认为,国务院要高度重视优化营商环境,如何评价城市的营商环境具有重要的意义,并从当前国内营商环境的实际情况出发,研究设计了评价营商环境的指标体系,提出了6个一级指标、17个二级指标,并对4个直辖市、5个计划单列市、27个省会城市以及其他254个地级市的营商环境进行评价。在此基础上,提出了提升城市营商环境的对策建议,对全国城市优化商业环境的优化具有重要现实指导意义。**魏江教授**认为,在核心技术相对落后的情境下,如何通过非对称创新战略实现赶超是中国企业面临的核心问题。基于20年来的研究基础,探析了中国企业实现非对称创新的MIT情境、战略选择和具体实现路径,提出了国内企业实现创新赶超领先提供思路,认为通过整合"非对称资源"并将之逐步转化为有价值的核心竞争优势是中国企业突破关键资源约束实现赶超的关键。对策建议具有战略高度和理论深度。**田杰棠研究员**对创新型企业家发展环境进行了研究,阐述了创新型企业家的内涵和主要特点,并高度总结了当前我国创新型企业家的发展现状以及存在的五大问题,提出了五条建立有利于创新型企业家发展的政策机制,对我国营造创新型企业家制度环境和制定引导性政策具有重要参考价值。**计国君教授**将社会责任和企业创新放在同一框架内,从产品创新、流程创新、业务创新及社会创新四个维度,论证企业如何能在加速产品和服务创新过程中实现可持续和负责任创新的理念,在此基础上提出了五条建议,以期帮助中国企业在加速产品和服务创新时有效避免对环境和社会的影响,具有新的视角和现实重要参考价值。**庞守林教授**构建了政府资助在技术创新上的动态路径,并比较了以财政补贴为代表的直接资助方式、以税收优惠和政府采购为代表的间接资助方式的作用效果,提出了在企业创新中政府资助的政策建议,对科技型企业创新发展政府政策引导具有重要参考价值。**朱永明教授**分析了当前研究生教育管理创新的发展现状,指出了当前研究生教育管理创新存在的四个问题,提出的对策建议对促进高校研究生教育制度创新,走内涵式发展道路,具有重要现实参考价值。

党的十九届四中全会研究了坚持和完善中国特色社会主义制度、推进国家治理体系和治理能力现代化若干重大问题,提出了推进国家治理体系和治理能力现代化的总要求,制度创新是其中的本来命题,完善中国特色的社会主义制度,当然包括激发全国人民创新动力和活力的相关制度,随着中国创新驱动发展的要求越来越高,保障创新动力源和激发创新活力的制度安排,急需要深入研究,拿出高水平的研究成果,为国家治理体系建设和治理能力提升提供高质量的智库建议。

四、创新驱动:探寻发展力量的源泉

创新驱动发展已经达成共识,然而,究竟如何实现它,仍然是一个值得讨论的重要课题,有大量的理论问题和现实问题亟待深入研究。技术如何追赶,有什么样的道路可以选择,现实中是如何实现的;后发企业如何实现赶超,什么样的道路具有普遍参考价值;中美贸易摩擦下的中国企业技术创新道路如何选择;颠覆性创新的真实内涵是什么,如何实现;如何实现产业链现代化,创新是如何驱动产业链升级的;创新如何驱动创业,创新如何驱动制造业发展,国家创新复杂系统如何构建,技术标准锁定困境如何突破……这些是本专题主要讨论的内容,10位专家给出了智库建议。

吴晓波教授长期致力于研究中国制造企业的技术创新实践,认为在面对全球化制造与第四次产业革命所带来的技术范式转变机会窗口,中国企业已进入从引进利用为主向开放探索为主的"超越追赶"阶段,需要运用"超越追赶"的战略新思维发现并抓住新范式兴起的重大机会,从只关注建立并维系平衡的传统战略思维切换到把握变革动态性和范式转变的非线性的创新战略新思维,构建了从"二次创新"到"超越追赶"的创新体系,对中国企业创新具有重要的战略指导意义。**于渤教授**认为动态能力是后发企业实行技术跨越的重要保障和技术创新的持续驱动力,深入剖析了后发企业在技术跨越过程中动态能力的形成机制及作用路径,提出了企业在技术跨越过程中培育动态能力的动力机制和对策建议,对后发企业实现技术创新和跨越具有重要实践指导意义。**高旭东教授**对当前中美关系及其变化进行了分析,指出中国的技术创新道路需要真正把自主技术创新放在核心位置,需要坚持建立以国内市场为基础的、有国际竞争力的国际化经济发展模式和建立以自主创新为基础的、高质量的开放式创新的技术创新模式,提出了以经济结构升级为核心实现资源优化配置和以自主创新为核心实现核心技术的突破,具有重要现实意义。**陈劲教授**认为发展颠覆性创新对实现我国科技创新跨越式发展具有重要战略意义,与发达国家相比,我国颠覆性创新发展主要存在缺乏常态化研究机制、研究开展不系统、管理和制度认识不到位、文化教育环境导致的领军人才稀缺、基础研究不足和颠覆性创新组织不充分等问题,提出了相应的对策建议,具有宏观指导意义。**刘志迎教授**长期致力于产业技术创新研究,认为打好"产业基础高级化,产业链现代化"攻坚战是未来很长一段时期中国经济发展的重要任务,而创新是完成这一重要任务的根本驱动力。分析了中国制造业发展及产业链存在的主要问题及其原因,提出了中国产业链现代化的攻坚路径选择及政策建议,对产业链现代化具有重要参考价值。**葛宝山教授**分析了我国的创新活动不能有效地实施国家创新驱动战略的主要原因是创新主体的思维逻辑问题,即过分强调创新驱动,缺乏创业逻辑(思维及战略)和创业导向,提出必须将创新活动嵌入创业过程中,从构建双创融合的创新创业机制方面下功夫,走创新驱动、创业引领的发展道路的对策建议,具有很强的针对性和指导意义。**邵云飞教授**认为创新驱动型创业因其在创业过程中强调新价值的创造,对现有市场均衡造成冲击,是创业类型中风险最高的一类,所以门槛高。构建创新与创业生态系统,促使创新驱动型创业企业立足于竞争日益激烈的市场并获取持续竞争优势,有利于创新驱动型创业企业的稳定发展和实现价值共创,提出的门槛跨越机制具有重要参考价值。**林迎星教授**认为作为我国战略性新兴产业之一的高端装备制造业,对我国经济的高质量增长意义重大,对基于创新驱动的我国高端装备制造业发展的基本状况进行了深入分析,提出了从创新投入、创新产出和创新环境等方面采取相应的促进对策,具有很好的可操作价值。**曹平教授**分析了中国当前以及未来的技术追赶所面临的内外部环境及其对国家创新系统的影响,探究了有中国特色的国家创新复杂系统来促进中国未来的技术追赶路径,提出了中国国家创新复杂系统的设计原则和以"创新系统网络"单元为核心的结构设计,具有很强的现实指导意义。**陶爱萍教授**认为在发达国家占据国际技术标准领先优势和技术标准锁定地位的情况下,我国技术创新面临路径限制和难以技术标准化的巨大困境,存在创新惰性导致技术创新动力不足、标准跨境扩张提高技术标准化壁垒、技术外溢效应受限下"后发优势"难以获得和技术依赖陷阱阻碍技术赶超策略推行等问题,从技术创新策略、技术标准化战略、标准竞争策略、借助用户解锁策略、发挥大国效应等方面,提出的应对策略有重要意义。

按照国际标准,中国人均 GDP 刚过一万美元,总体上看已进入创新驱动发展阶段,但是中国地域广阔,区域差异较大,东部沿海和发达地区已经进入创新驱动发展阶段,中部地区尚处于效率驱动阶段,还有广阔的区域尚处于要素驱动阶段。如何落实到具体区域探究经济发展的驱动力,还需要智库专家深入研究。中国是产业门类最为齐全的国家,各产业特性不同,所处的发展阶段不同,新兴产业基本上是依靠创新驱动,但仍然有大量的传统产业还在依靠要素驱动,如何实现创新驱动或效率驱动,尚没有针对性的政策,也缺乏深入的针对性的研究,更难以拿出具有决策参考性的政策建议,诸如此类问题,都需要专家们深入细致的理论研究和现场调研,拿出具有参考价值的智库建议。

五、技术经济:经世济用的中国学问

技术经济学是我国独创的具有中国特色的学科理论。技术经济理论的发展对中国经济发展、科技进步起到了特色的学科支撑作用。经过六七十年的发展,该领域的学术研究呈现出多样化的发展趋势。近年来,理论研究方位不断拓展,重点集中在创新管理领域,诸如企业技术创新管理、知识产权管理等企业层面的微观问题,产业共性技术与产业关键技术、高新技术创业等产业层面的中观问题,以及国家技术创新战略、绿色创新与绿色经济等国家层面的宏观问题均受到广泛关注。

张青教授认为技术经济学面临的技术与经济环境发生了根本性改变,传统技术经济理论与方法已经无法适应互联网时代发展的需要。在分析互联网时代"技术经济学"的驱动因子基础上,通过兼收并蓄国外相关学科的最新理论成果,提出了互联网时代"技术经济学"的五大基础理论和四大基本方法构想,具有很好的学科前瞻性。**曹勇教授**在分析我国企业新产品开发研究与实践现状及其主要问题的基础上,从知识共享与开放创新视角解析了新产品开发中的模糊前端(FFE)及其与新产品开发(NPD)绩效之间的关系,并从理论和实践维度分别提出了降低FFE不确定性、提升NPD绩效的有效建议,为推动我国企业高质量发展提供了理论方法支撑与实践指导。**董战峰博士**认为推进山水林田湖草生态保护修复要以生态系统管理创新进行推进,由此针对性地提出了山水林田湖草生态保护修复实施的技术思路、核心定位、问题研判、分区施治、实施保障等,具有很强的针对性、应用性和现实指导价值。**吉敏全教授**以三江源地区为研究对象,以区域低碳交通为研究内容,通过 LMDI 方法、灰色关联评价法等对区域交通碳排放影响因素和低碳化评价进行了研究分析,在此基础上多个维度系统性探索构建了三江源地区整体低碳交通体系基本框架,为重点生态功能区发展低碳交通提供了借鉴与参考。**刘春林研究员**针对投融资体制改革对政府投资工程项目建设标准编制提出了新要求,从七个方面提出了强化建设标准管理的对策建议,为科学、合理制定建设标准提供了很强的操作性举措。**毛志兵总工程师**在探讨新型建造方式发展必要性的基础之上,重点提出了"发展目标绿色化、组织管理集成化、技术手段智慧化、生产方式工业化、发展动力内生化"的"五化"发展举措,以系统性推动新型建造方式发展,具有很强的针对性和操作性。**吴忠群教授**以防范金融骗局和维护金融稳定为目标导向,在对创新金融科普模式的重大意义和我国金融科普研究的基本状况进行分析的基础上,系统地阐述了创新金融科普模式需要解决的基本问题,并提出了相应的对策建议,具有很好的实践价值和现实指导性。**钱贵霞教授**在中美贸易摩擦背景下关注了内蒙古农牧业发展,基于内蒙古农牧业发展现状,从中美贸易摩擦对内蒙古农牧业产生的短期影响和长期影响两个方面进行了分析,并针对性提出了短期和长期应对策略,对现实工作具有重要的指导价值。

技术经济学是具有中国特色的学科,创始元老们在伟大的实践中深深体会到技术与经济的关系,创立了这一学科。随着新形势的发展、学科体系的整合,技术经济与管理并入了工商管理,并进行大学科建设,技术经济学科受到一定的冲击和影响。中国经济建设重大工程越来越多,技术经济问题也越来越多,迫切需要将技术和经济联合起来做出深入的探究。中国技术经济学会的宗旨是探索科学技术转变为生产力的途径和方法,研究资源的最佳配置,促进技术和经济的结合,该专题需要更多的资深专家,特别是参与到重大工程实践的专家,从各个领域、各个地区、各个层面为政府、企业或其他社会主体,提供对党和政府决策具有战略意义的科学化决策支撑和智库支持。

总的来说,《中国创新50人笔谈(2019)》在总结2018年编辑出版经验的基础上,继续秉持"严谨认真、针对实用"的原则,不收录纯粹学术性研究文稿,只收录智库型文稿,从2019年投稿中遴选了一批优秀的智库建议汇集出版。笔者认为智库型文稿要做到:一要有战略高度,二要有视野宽度,三要有调研深度,四要有建议新度,五要有落地实度。只有把握好这几点,才能够发挥好政府或其他决策主体的智库作用。相信《中国创新50人笔谈(2019)》能够得到更为广泛的认可和赞赏,并对党和政府及相关主体具有实用有效的决策参考作用。

参 考 文 献

[1] 习近平.在全国科技创新大会、两院院士大会、中国科协第九次全国代表大会上的讲话[N].人民日报,2016-05-30.

[2] 李凯.促进中国高科技科研创新的想法[J].中国计算机学会通讯,2014(6).

[3] 习近平.在2018年两院院士大会上的讲话[N].人民日报,2018-06-03.

[4] 戴汝为.钱学森论大成智慧工程[J].中国工程科学,2001(12).

[5] 白春礼.卡位"第六次科技革命"[J].财经国家周刊,2011(11).

[6] 习近平.在参加全国政协十二届一次会议科协、科技界委员联组讨论时的讲话[N].人民日报,2013-03-04.

中国创新50人笔谈
50 Essays on China's Innovation

产业创新

构建高技术产业创新生态系统的思考

王宗军

摘要：高技术产业是推动经济发展和技术创新的主力军。近些年，我国高技术产业一直保持稳定高速的发展，但也存在运作与管理机制不完善、核心技术缺失等方面的不足。构建高技术产业创新生态系统，不仅符合全球创新范式转变的要求，同时具有优化资源配置、促进经济转型以及推动创新型国家建设等重要的战略意义。针对我国高技术产业的现状，结合创新生态系统的发展要求，加速建设高技术产业创新生态系统应以企业为主导，搭建多层次的开放式创新平台；以效率为先导，优化创新生态系统的运作与管理机制；以人才为基础，打造良好的创新创业环境。

关键词：高技术产业；创新生态系统；创新型国家

一、我国高技术产业的发展现状

高技术产业是以大量的研发投入为基础，运用现代尖端技术生产或加工高技术产品的产业群。根据国家统计局对高技术产业（制造业）的界定，我国的高技术产业包括：医药制造，航空、航天器及设备制造，电子及通信设备制造，计算机及办公设备制造，医疗仪器设备及仪器仪表制造，信息化学品制造6大类。[1]作为我国科技创新前沿的支柱产业，高技术产业是推动国家经济发展的重要组成部分。高技术产业的产品科技含量高且应用技术具有前沿性、复杂性及高度融合性，这使得高技术产业对外部组织的渗透性更强。下面将简要阐述我国高技术产业发展的整体情况及存在的问题。

（一）高技术产业发展的整体情况

自改革开放以来，我国高技术产业不断发展壮大，这不仅促进了经济效益的增长，同时也有助于国家整体创新能力的提升。从宏观视角来看，我国高技术产业的发展主要有以下几个特点。

第一，主营业务收入及利润总额呈逐年增长趋势。根据《中国高技术产业统计年鉴》的相关数据，从1998年至2017年的20年间，我国高技术产业的主营业务收入一直保持高增长态势，年均增长率达到15%左右。与之相仿，高技术产业利润总额也从1998年的310.9亿元增长至2017年的1.1万亿元。细分来看，我国高技术产业的发展可以分为两个阶段，在2005年之前，高技术产业主营业务收入和利润总额的增长较为缓慢；2006年之后，随着建设创新型国家战略方针的确立，高技术产业营收及利润的增长速度显著提升。

第二,行业规模差异显著,地理集中度高。从行业分布来看,2017年,电子及通信设备制造占据我国高技术产业生产总值的近60%,医药制造业占生产总值的18%,其他四类行业总共仅占生产总值的20%左右。这组数据表明,我国高技术产业的发展并不均衡,这可能与制造业产业基础及政府的政策倾斜有关。从区域分布来看,我国高技术产业主要集中在东南沿海地区,根据国家统计局的相关数据,2017年东部地区高技术产业主营收入占总体的70%,其中,广东和江苏两省的占比就达到44%。

第三,内资企业的比重不断增加。随着我国自主创新能力的提升,内资高技术企业的数量逐年增长。在2008年时,我国高技术产业以三资企业(中外合资、中外合作、外商独资)为主,内资企业规模仅占30%;直到2015年,高技术产业内资企业的比重首次超过三资企业,达到51%;此后,该项指标以较高的速度持续增长。高技术产业内资企业比重的增加不仅是政府对该产业重点扶持的结果,更进一步地反映出我国日益增长的综合国力。

(二)高技术产业发展中存在的问题

自2000年以来,我国高技术产业的贸易特化系数呈增长趋势,竞争力不断提高,然而需要指出的是,该指标从2005年起才"由负变正",且增速相对缓慢。这反映出我国高技术产业发展的起步较晚,国际影响力仍有待进一步提升。从整体来看,我国高技术产业的发展主要存在以下两个明显的问题。

第一,运作与管理机制不够完善。高技术产业的知识流动性较强,集聚效应显著,然而,我国高技术产业集群的管理与运行机制尚不成熟,致使产业集聚的积极效应无法充分展现[2]。一方面,对初创和小微企业的关注力度不足。近些年,我国加强了对创新创业的政策扶持,但许多创业型企业仍面临融资难、专利申请难等,政府对初创企业的优惠政策与我国初创企业的现实状况并不匹配。另一方面,对资源的配置不够合理。目前,我国高技术产业主要以电子及通信设备制造为主,政府将大量的创新资源集中在该行业,而对生物制药、仪器仪表制造等行业的投入力度明显不足。

第二,部分核心技术缺失,产品附加值较低。虽然我国高技术产业R&D经费支出不断增长,近些年一直维持在占国内生产总值的5%左右,但是与欧美等发达国家相比仍有较大差距。另外,许多高技术企业在创新过程中过分追求成本和效率,这进一步导致我国高技术产业对关键技术掌握的缺乏。以芯片技术为例,目前,全球前十的半导体芯片厂商美国占据5家,韩国占据2家,而中国则无一上榜。根据相关数据,2017年全球半导体市场规模为4385亿美元,其中我国的进口总额就达到了2300亿美元,占据了半壁江山。芯片等核心技术的缺失削弱了我国高技术产业的自主知识产权,进而拉低了高技术产品的附加值。

二、构建高技术产业创新生态系统的战略意义

党的十九大明确指出,"创新是引领发展的第一动力,是建设现代化经济体系的战略支撑"。当前,我国高技术产业的发展尚存在一些问题,而全球技术创新范式正从创新系统(2.0范式)向创新生态系统过渡(3.0范式),在这种背景下,加速建设高技术产业创新生态系统具有重要的战略意义[3]。

(一) 构建高技术产业创新生态系统是优化资源配置的重要方式

创新生态系统是一个良性互动的创新集群,在这个集群中,各种创新主体与环境之间通过物质流、信息流和能量流的传递与联结,构成了共生竞合、动态演化的开放、复杂系统[4]。与传统的创新系统不同,创新生态系统更加强调各要素之间的和谐共生,更加关注创新系统的稳定性和可持续性。当前,我国经济发展和技术进步正面临资源约束趋紧、环境污染严重以及生态系统退化的严峻形势。在今后一段时间还需解决以下几个与环保相关的战略性问题:① 资源需求将不断增长,污染治理依然任重道远。② 资源供给将面临威胁。作为"世界工厂",我国需要运用有限的资源生产更多的产品,创造更多的价值,这给我国工业企业的资源配置带来了巨大挑战。③ 与资源环境相关的科学性议题尚待深入探讨,资源配置与环境保护需要与国家经济发展的情景相结合。高技术产业创新生态系统是一个将"协同性"与"可持续性"相结合的创新体系,该体系的建立不仅有助于我国高技术制造业对资源的合理配置,同时各创新主体之间的协同合作、互利共生将显著提升我国技术创新的活力与效率。

(二) 构建高技术产业创新生态系统是实现经济转型升级的助推器

党的十九大报告指出,我国经济已由高速增长阶段转向高质量发展阶段,正处在转变发展形式、优化经济结构、转换增长动力的攻关期。在此关键时期,我们必须更准确地理解并推动实现我国经济的转型升级。从狭义来看,经济转型升级主要强调经济发展从速度型效益向质量型效益转换;从广义来看,经济转型升级还应包括技术创新模式、工业发展模式等方面的改进。随着知识经济时代的到来,国家与社会的发展越来越依靠技术创新的推动,构建高技术产业创新生态系统已经成为我国经济转型升级的重要助推器。一方面,高技术产业创新生态系统贯通了从创意产生到创新产出的整个过程,各创新主体根据自身条件参与到技术创新过程中,形成良性循环,这有助于我国企业摆脱传统的"引进—消化—吸收"的创新模式,为自主创新转型奠定基础。另一方面,高技术产业创新生态系统是一个开放性强、渗透性强的创新集群,它不仅可以促进传统工业企业向知识型企业的转型,而且可以推动高技术产业从制造型企业向服务型企业的渗透[5]。

(三) 构建高技术产业创新生态系统是建设创新型国家的必要条件

早在2006年1月的全国科技大会上,我国就确立了建设创新型国家的战略方针。根据《国家中长期科学和技术发展规划纲要(2006—2020)》,创新型国家是指以科技创新推动经济和社会发展的国家。根据国家统计局的相关数据,在创新投入与产出指标上,我国已经迈入创新型国家的门槛。然而,在科技进步贡献率、自主创新能力以及国家创新体系建设等方面仍与创新型国家标准有较大差距。高技术产业作为国家科技创新的主力军,承担着高尖端技术研究与开发的重任。目前,我国高技术产业集聚已初具规模,产值和利润也逐年增长。在"大众创新、万众创业"的浪潮中,各种自主创新和原始创新成果不断涌现。但是,由于技术环境和创新制度等方面的限制,我国高技术产业尚未形成稳定高效的运作与管理体系。通过构建良好的创新生态系统,可以有效促进政产学研相融合的协同技术创新,提升科技进步贡献率和国家自主创新能力,加速推进我国建设创新型国家的步伐。

三、加速建设高技术产业创新生态系统的对策

针对我国高技术产业的现状,结合创新生态系统的发展要求,笔者认为,加速建设高技术产业创新生态系统应着力开展以下几个方面的工作:

(一)以企业为主导,搭建多层次的开放式创新平台

高技术产业创新生态系统的构成主体是企业,政府、研究机构及其他组织的参与均是以实现高技术企业创新产出为目标。然而,由于创新能力弱、创新开放程度低等因素的影响,企业在创新生态系统中的主导地位一直无法充分发挥。自我国大力推进创新驱动战略以来,高技术企业的自主创新能力得到了很大提升,以企业为主导的创新系统和产学研合作不断涌现,这些协同创新形式为加速建设高技术产业创新生态系统奠定了基础。目前,我国高技术产业创新生态系统的建设尚处于起步阶段,系统中各要素之间的合作与沟通形式较为单一,系统整体的开放程度较低,在这种情况下,积极搭建以企业为主导的开放式创新平台是十分必要的举措。对企业来说,应摆脱传统的模仿式创新,积极推进自主创新,开展多维度的产学研合作,构建包含用户、企业、大学、研究所等多层次要素的开放式创新平台,实现创新生态系统中各要素的互利共生。对政府来说,应加快高端前沿科技布局,从政策和资金上支持企业建立以技术研发为核心的开放式创新平台,并积极参与到平台的运作与维护当中,充分发挥政府的号召效应。

(二)以效率为先导,优化创新生态系统的运作与管理机制

高技术产业创新生态系统是一个高效率运作的创新要素集合。然而,由于协同性、稳定性较差以及运作机制不完善等因素的影响,我国高技术产业创新生态系统的创新效率一直不高。为了解决这个问题,政府不断加大研发经费的投入力度,并制定了许多创新创业扶持政策,但这些措施很难从根本上破除创新生态系统的效率问题。现阶段,我国高技术产业创新生态系统的建设正处于关键的"塑造期",唯有不断优化其运作与管理机制,才能实现健康高效的发展。首先,应进一步加大对初创企业的支持力度,拓宽科技创业者的融资渠道,降低小微企业的融贷门槛;同时,帮助困难企业尽快融入与之相匹配的创新生态系统之中。其次,加强创新生态系统的知识产权保护机制,一方面,政府应通过完善相关法律体系,严惩不法的技术窃取行为,减少系统内核心技术的流失;另一方面,企业应提高自主知识产权意识,对拥有的关键技术积极申请知识产权,通过专利、商标等法律手段保护自身合法利益不受侵害。

(三)以人才为基础,打造良好的创新创业环境

在知识经济时代,创新人才已经成为区域创新活力的重要决定因素,高技术产业创新生态系统的发展离不开高素养的创新人才。为此,我们需要仔细探究各类创新人才的成长路径,将区域创新需求与创新人才的特点相结合,为高层次创新人才营造一个良好的创新创业环境。具体应做好以下几点:其一,通过整合创新服务资源,优化创新服务模式,进一步改进创新创业服务体系;其二,通过创设载体,建立研究基地,充分发挥高层次

人才的积极性和主动性,加速科技企业、大学以及其他科研机构的创新成果转化;其三,通过完善创新人才政策,提高区域对创新人才的吸引力,为创新创业增添活力;其四,努力营造"敢为人先、宽容失败、乐于实践、追求卓越"的创新创业文化,逐步形成敢于创新的人受到尊重,善于创新的人得到实惠,创新失败的人得到宽容的文化氛围。

参 考 文 献

[1] 国家统计局社会科技和文化产业统计司.中国高技术产业统计年鉴[R].北京:中国统计出版社,2017.

[2] 糜志雄,何艳.我国高技术产业发展的现状、问题及对策[J].宏观经济管理,2016(12):61-64.

[3] 李万,常静,王敏杰,等.创新3.0与创新生态系统[J].科学学研究,2014,32(12):1761-1770.

[4] Adner R,Kapoor R. Value creation in innovation ecosystems:How the structure of technological interdependence affects firm performance in new technology generations [J]. Strategic Management Journal,2010,31(3):306-333.

[5] 杨剑钊,李晓娣.高新技术产业创新生态系统运行机制[J].学术交流,2016(8):134-139.

作者简介

王宗军,博士,华中科技大学管理学院院长,工商管理专业(技术经济及管理专业)教授(二级),博士生导师,华中科技大学华中学者(领军岗)。美国富布赖特(Fulbright)项目高级研究学者,全国工商管理专业学位研究生教育指导委员会委员,教育部战略研究培育基地主任,中国技术经济学会副理事长。作为项目第一负责人主持国家社会科学基金重大项目1项,主持完成国家科技部重大专项1项、自然科学基金面上项目2项、自然科学基金国际合作项目1项、"863"计划1项、省部级课题10余项,在国内外重要学术期刊及重要国际会议上发表论文160余篇,出版专著、教材4部。

先进制造领域的创业孵化平台
需要强化工程化服务

杨德林

摘要：技术创业孵化平台优化是我国技术创新体系建设中的重要组成部分。本文解构了先进制造领域孵化服务价值链，在此基础上，通过对先进制造领域创业孵化平台进行孵化服务需求调查，进一步厘清了先进制造领域创业孵化中的一些关键节点，为先进制造领域的创业孵化平台的建设提供了一种思路。

关键词：孵化平台；服务价值链；先进制造；产品优化；中试；规模制造

技术企业孵化器（或孵化平台）以促进技术创新主体——技术型创业企业的成长为使命。1987年我国第一个技术企业孵化器诞生，今天我国技术企业孵化器（平台）数量规模已经位居世界第一。然而技术企业孵化平台在高速发展的过程中，也存在着以下方面的问题：一是当前许多技术企业孵化平台提供的基本服务雷同，以提供办公空间为主，同时提供一些商务办公和物业保障等基础服务，对初创企业的吸引力较弱；二是有些技术企业孵化平台虽然能够提供创业咨询、培训和融资等服务，但服务层次较低，专业性不强，企业孵化效果并不乐观。

针对技术企业孵化平台，国内外已经开展了许多研究，主要集中在孵化平台的类别、功能价值、服务内容、影响因素、运行效率、绩效评价和商业模式等方面。在孵化平台类别方面，钱平凡将我国技术企业孵化平台分为综合性技术企业孵化器、专业技术孵化器、大学创业园、海外留学人创业园、国际企业孵化器、企业孵化器网络和专利、流动及行业技术孵化器七类[1]。在功能价值方面，Main等认为技术企业孵化平台具有促进经济发展、增加就业、提升创新能力的作用[2]。在服务内容方面，Lalkaka等将孵化平台提供给在孵企业的服务归纳为融资服务和咨询、管理支持、普通商务、专业商务和物理空间五大类[3]。在影响因素方面，宋清等运用回归分析方法分析了人、财、物三类资源投入要素对技术企业孵化平台绩效的影响[4]。在运行效率方面，代碧波等认为提高孵化平台的孵化能力和经济效益是改进孵化器运行效率的重要途径[5]。在绩效评价方面，徐菱涓等通过运用主成分分析法找出影响孵化器绩效的五个主成分因子，即外部环境、运作能力、发展能力和创新能力、在孵企业[6]。在商业模式方面，欧阳桃花和武光指出商业模式包括价值定位、价值构造、价值传递和价值获取四个环节，其核心在于管理这条价值链[7]。孵化服务价值链确实是应当关注的重要方向，对价值链的价值创造机制等还需要加强

---

① 国家重点研发计划课题（2017YFB1402001）成果。

研究[8]。

基于以往关于孵化平台的相关研究及对孵化机制的进一步探索,笔者在2018年提出了技术孵化服务平台研究的一个整体性框架,寻找孵化服务价值链中的"增值作业"和"非增值作业",判断"关键作业",其中发现"关键控制点"是进行孵化服务研究的重要基础工作[9]。在此基础上,通过调查对先进制造领域孵化服务价值链进行分析,找出其中的"关键控制点",明确先进制造领域孵化服务平台建设的工作重点,为该类孵化服务平台的建设提供方向参考。

一、先进制造领域的孵化服务价值链解构

孵化服务平台的经营活动为孵化企业。一般情况下,孵化平台都会为企业提供投资、场地等基本服务,帮助企业成长,直至达到孵化成功的目标。因为会对在孵企业投资,对于孵化平台而言,在孵企业的成长便直接促进孵化平台本身的成长,在孵企业的收益增加直接促成孵化服务平台收益的增加。因此,孵化平台为了自身的发展,在提供融资、场地、培训等基本孵化服务之外,需要在在孵企业的价值链中,明确其关键增值环节,并在关键增值点上给予相应服务,进而切实有效地增强孵化效果。

为了识别孵化平台的关键服务环节,需要对在孵企业的增值过程进行分析,明确其价值链中的关键增值点。例如,先进制造领域的创业孵化平台需要找准先进制造领域创业企业的增值关键环节。一般来讲,制造类企业的价值增值过程可分为产品研发、生产制造和产品销售三个阶段[10]。产品研发阶段包括需求分析、新产品设计和产品研发优化等主要业务活动;生产制造阶段则围绕产品的生产、加工、装配、中试和大规模定制,涉及原材料的采购、库存、质检等活动;而产品销售阶段包括市场营销及广告、售后服务、维修、产品回收服务等。

针对先进制造类创业企业的增值过程,可以得出该类企业的价值增值链条如图1所示。

图1 先进制造领域创业企业的价值增值链

从"产品研发优化"到"客户服务"的八个环节均为先进制造类创业企业增值过程的环节,同样也是孵化服务平台通过服务增值的环节。找出其中在孵企业最需要得到的服务,就找到了孵化服务平台增值的关键节点,进而也就明确了孵化平台建设的部分工作重点。因此,我们对洪泰智造的在孵企业中对35家公司进行了孵化服务需求调查。

二、先进制造领域孵化服务的关键节点调查

洪泰智造是一家专注于智能制造领域,为初创企业提供"投资+孵化"的孵化服务平台。它所服务的企业绝大多数为先进制造类企业,在孵化过程中不仅为企业提供实体孵化空间,还配备了制造生产线、实验室和专家团队,深度参与企业的技术研发和产品开发。截至2019年4月,洪泰智造已服务企业3600余家,覆盖机器人、人工智能、物联网、

大数据、智能终端、智慧医疗、智慧交通等领域,其中为 290 余家企业提供了"投资+孵化"的深度服务。为了了解先进制造领域创业企业的技术孵化需求及服务效果,我们从深度服务的企业中抽取了 35 家企业进行调查。调查结果分析如表 1 所示。

表 1　35 家在孵企业的孵化服务需求调查分析示意表

案例	洪泰智造技术孵化服务							
	产品研发优化	中试	大规模定制	进货物流	生产作业	发货物流	市场营销	客户服务
Turingsense	√	√	√	√	√			
太若科技	√	√	√					
超嗨科技	√	√	√					
三角兽科技	√	√					√	
…								

对 35 家先进制造类企业的增值业务和孵化服务需求进行调查后发现,绝大多数企业都在产品研发优化、中试和大规模定制三个方面有孵化服务需求。因此,我们对这三个环节进行进一步的分析。

(一)产品研发优化

产品研发优化是对批量生产的工业产品进行工业设计的过程,凭借训练、经验及视觉感受而赋予材料、结构、形态、色彩、表面加工以及装饰以新的品质[11]。工业设计关注于产品的用途、外观和信息传达等,是设计领域中以考虑人的使用、审美、情感等为主的设计[12],能够优化产品的消费者使用体验,增加产品销量。通常先进制造类创业企业往往因为其产品具有创新性会受到投资人和孵化服务平台的青睐。然而,这些创新性的产品往往并不完善,需要进行优化。如果产品优化的环节不能做好,创业企业很难得到健康的发展。

(二)中试

中试是连接科研与产业化的纽带。中试提供了一个足以为大规模批量生产起示范作用的产业雏形和产业化的真正起点[13]。创新性的先进制造创业企业的产品可能非常优异,但中试往往是其非常薄弱的环节,这会严重影响其创业成功的可能性。

(三)大规模定制

大规模定制是差异化战略,通过快速反应,提供个性化产品获取竞争优势[14]。现代社会,人们的个性化需求越来越多。先进制造类的创业企业虽然开发出了创新性产品,但往往距离满足人们的个性化需求还很远。

调查结果显示,先进制造类的创业企业在"新产品研发优化""中试"和"产品大规模定制"等"工程化"方面需要得到重点帮助。这为先进制造孵化平台在"工程化"方面的服务工作提供了拓展空间。此前关于制造类企业的产品创新研究告诉我们,不仅需要设计、开发好新产品,同时新产品的优化、中试和规模化生产也是创新工作的重要方面。一种合理的推论是,刚刚出生的"先进制造企业",其创新工作更需要做好产品工程化方面的工作,因为创业企业自身能力较弱,更需要在这些方面得到孵化平台的帮助。从这一点看,以往的这些研究,是对我们调查结果的间接支持。

三、先进制造领域孵化工程化服务典型实例

为了进一步探讨先进制造领域创业孵化服务的关键节点,我们从参与调查的 35 家公司中挑选了四家估值已过 10 亿元的企业作为实例,分析洪泰智造在关键节点提供的服务及效果,这四家公司分别为 Turingsense、太若科技、超嗨科技和三角兽科技。

(一)实例一:Turingsense

Turingsense 是一家位于美国硅谷的体育运动智能可穿戴设备制造公司,通过运用开放式 3D 平台动作捕捉技术,能够模拟用户全身动作,纠正错误姿势,便于用户迅速学习各类运动技能。2015 年 12 月获洪泰基金投资之后,Turingsense 开始接受洪泰智造工场的深度技术服务,逐步解决了产品研发、中试等多个环节的难题。在产品研发优化环节,Turingsense 在洪泰的支持下,进行了多次硬件方案优化调整和迭代,顺利解决了设备精确率的问题。在中试环节,洪泰智造帮助 Turingsense 优化元器件选型,将部分芯片替换为国内代理商购买,在节约元器件采购成本的同时也缩短了采购周期。顺利完成小批量试产后,洪泰智造帮助 Turingsense 和全球著名电子器件和汽车生产商比亚迪建立合作,进行产品的大规模定制。在供应链方面,洪泰硬件工程师优化了产品方案,并对每个电子元件都做出了详细的性能和价格对比,使得在 Turingsense 最终交付的方案中,供应链采购成本降低了一半。洪泰智造工场对 Turingsense 的深度技术孵化服务帮助其顺利进行试产,并将产品交付给首批测试用户、投入销售,并顺利开展了与欧洲著名骨科医院的合作,走出初创期,迈入成熟期。

(二)实例二:太若科技

太若科技是一家混合现实设备研发公司,主要聚焦混合现实技术研发、MR 终端眼镜生产、光学模组研发及生产,在算法、光学及硬件研发等方面取得诸多重要突破,研发的设备主要应用于泛娱乐领域。太若科技于 2017 年 9 月开始进入洪泰工场接受深度技术服务。在产品优化环节,眼镜摄像头和架构整体设计优化方案曾是太若团队多次讨论都未得出最优方案的难题,洪泰工程师团队仔细研究了其设计方案和产品诉求,帮太若找到了性价比最高的摄像头开发供应商。在中试环节,洪泰积极帮助生产经验欠缺的太若团队在试产过程中选择供应商、优化设计方案。太若科技创立近三年来,进行了多次产品迭代,并在 2019 年推出可折叠的 MR 眼镜,将 MR 落地在更容易被用户理解和可接受的场景。同时,太若科技于 2019 年获得 1600 万美元的 A+轮融资。

(三)实例三:超嗨科技

超嗨是一家智能购物车系统研发商,旗下智能购物车系统包括智能购物车、智能门

禁、充电管理系统、智能后台管理系统,能够实现顾客在超市内购物时的登陆、扫码、商品鉴定、结算等自助购物功能,解决了目前超市购物体验差,购物效率低和防盗的问题,同时能为超市节约人工成本。2018年3月,超嗨科技接受洪泰A轮投资之后,进入洪泰智造工场接受深度孵化服务。洪泰智造技术服务团队在超嗨智能购物车产品研发阶段,参与了外观设计和产品优化,并在后续的中试和量产过程中为超嗨提供了供应链优化服务。目前,超嗨购物车已经为超10个品牌,37家商超提供了智能整合方案,为超130万人次提供便捷的购物服务。2019年5月,超嗨购物车估值已超过10亿元人民币。

(四)实例四:三角兽科技

三角兽科技致力于打造独特的中文智能交互系统,一个基于NLP技术、语义理解和自主学习等核心技术的系统级平台,目前可用于企业服务、智能终端和泛娱乐等领域。2016年4月接受洪泰智造投资进入洪泰智造工场接受深度服务。洪泰智造工场在三角兽进入制造工场之后,为之提供了全面的技术产业化落地服务,帮助三角兽更明确地在一些领域产生关键价值。并且,在三角兽急需商业化落地发展的阶段,为三角兽积极提供了市场营销和对接服务,两年估值翻了30多倍。截至2019年1月,三角兽在识屏交互方案领域覆盖新智能手机数量1.5亿台,被称为国内人工智能语义领域发展最快、技术应用落地领域最广的公司。目前已获得1.1亿元人民币的B轮融资。

由以上四个实例可以看出,先进制造类创业企业在产品研发优化、中试和大规模定制环节相对薄弱,需要孵化平台的帮助。在得到洪泰智造的服务之后,在孵企业降低了研发成本和试产成本,缩短了产品研发时间和市场验证时间,有效实现了技术的商业化落地。

四、结论和建议

研究发现,先进制造类创业企业往往在产品研发优化、中试和大规模定制这些工程化的环节相对较弱,需要得到孵化服务平台的重点帮助。如果在孵的创业企业在这几个价值增值环节得到孵化服务平台的重点支持和帮助,它们在成长道路上的许多障碍将被清除。这些在孵创业企业的发展将更为健康和快速。由于在孵企业通常得到孵化服务平台的投资,这时孵化服务平台必将同时得到更为健康、快速的发展。因此,从先进制造孵化服务平台角度来看,为了提升孵化服务效率,更好地服务在孵企业,同时也为了提升自身的发展质量,应当努力在产品研发优化、中试和大规模定制这些工程化的环节提升自己的服务能力,做好这些工程化服务。我们建议,先进制造领域的创业孵化平台要努力强化工程化服务。

参 考 文 献

[1] 钱平凡.孵化器运作的国际经验与我国孵化器产业的发展对策[J].管理世界,2000(6):78-84.

[2] Msins,Lamine W,Fayolle A. Technology business incubation:an overview of the state of knowledge [J]. Technovation,2016(50/51):1-12.

[3] Lalkakar, Abettlp. Business incubation and enterprise support systems in restructuring countries [J]. Creativity and Innovation Management, 2002, 8(3): 197-209.

[4] 宋清, 金桂荣, 赵辰. 科技企业孵化器绩效的影响因素实证研究[J]. 中国科技论坛, 2014(10): 120-125.

[5] 代碧波, 孙东生. 基于DEA方法的科技企业孵化器运行效率评价: 以东北地区14家国家级企业孵化器为例[J]. 科技进步与对策, 2012(1): 142-146.

[6] 徐菱涓, 刘宁晖. 基于主成分分析法的科技企业孵化器绩效影响因素研究[J]. 科技进步与对策, 2008(11): 213-215.

[7] 欧阳桃花, 武光. 基于朗坤与联创案例的中国农业物联网企业商业模式研究[J]. 管理学报, 2013(3): 336-346.

[8] 唐明凤, 李翠文, 程郁. 基于创新工厂案例的新型孵化器商业模式研究[J]. 科研管理, 2015, 36(1): 102-109.

[9] 杨德林, 技术孵化平台的服务价值链解构与生态体系分析构想[M]//刘志迎. 中国创新50人笔谈. 合肥: 中国科学技术大学出版社, 2018.

[10] 胡慧. 全球制造业价值链的重构与我国的现实选择[J]. 科技进步与对策, 2004, 21(4): 43-47.

[11] 凌继尧. 工业设计概念的衍变[J]. 南京艺术学院学报, 2009(4): 13-15.

[12] 简召全. 工业设计方法学[M]. 北京: 北京理工大学出版社, 2000.

[13] 关士续. 中间试验与风险投资[J]. 中国科技论坛 1995(6): 10-12.

[14] 邵晓峰, 黄培清, 季建华. 大规模定制生产模式的研究[J]. 工业工程与管理, 2001, 6(2): 13-17.

作者简介

杨德林, 清华大学经济管理学院创新创业与战略系教授, 中国技术经济学会副理事长兼秘书长, 中国企业管理研究会常务副理事长。研究兴趣为制度变革与创新创业, 基于技术的创新创业, 技术孵化与创新生态等; 主要成果发表在《Organization Science》《Journal of Engineering and Technology Management》《International Journal of Technology Management》《Journal of Physics B》等英文期刊和《中国软科学》《科研管理》《科学学研究》管理科学等中文期刊。作为负责人正在研究和已完成的课题包括国家重点研发计划课题、国家社科基金重大项目、国家社科基金重点项目、国家自然科学基金项目和国际合作项目。

泛在电力物联网的商业模式创新及经济转型

牛东晓

摘要：本文基于我国能源革命和第三次能源转型的形势，分析了我国近年来电力能源发展情况，包括能源消费和电力消费的变化，产业结构、能耗和电源结构的改变，电力企业发展的困难；介绍了泛在电力物联网的基本内容，包括概念、目的、内容、方向等；提出了泛在电力物联网的5种商业模式，包括基于互联网移动平台的智慧电力能源服务运营管理模式、基于大数据分析的电力能源数据信息定制模式、基于电力相关新业态的跨界智慧管理服务模式、基于泛在电力物联网生态圈的合作共赢运营模式、基于泛在电力物联网的绿色低碳运营模式；基于商业模式的创新改变，研究了泛在电力物联网助力推动经济转型的发展，包括推动数字经济、绿色经济、社会主义市场经济、人民生活水平的进一步发展。

关键词：泛在电力物联网；能源革命；商业模式；经济转型

一、电力能源发展背景

近年来，我们面临"第三次能源转型"，能源结构发生根本性转变，可再生能源比重上升、能效提高、化石能源减少。习近平总书记提出了"能源四个革命"，包括能源消费、能源供给、能源技术和能源体制的革命。党的十九大报告提出了要推进能源生产和消费革命，构建清洁低碳、安全高效的能源体系。

2018年我国一次能源消费总量为46.6亿吨标准煤，消费总量进一步增加，增速达到3.8%，为近6年来的峰值，见图1。2018年用电量增速为近6年来最高，见图2。清洁能源占比持续提高，2018年已达到40%，见图3。

电源结构持续优化且日益复杂，总装机容量18.9967亿千瓦，增长6.5%，增速回落1.2个百分点，风电、太阳能已超额完成"十三五"规划数值。其中：火电为11.4367亿千瓦，增长3.0%；水电为3.5226亿千瓦，增长2.5%；风电为1.8426亿千瓦，增长12.4%；太阳能发电为1.7463亿千瓦，增长33.9%；核电为0.4466亿千瓦，增长24.7%；其他为生物质、氢能、海洋能、燃油等发电。

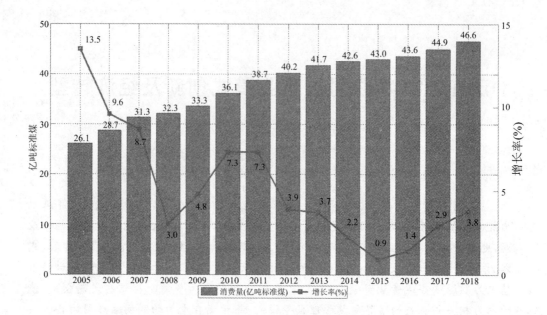

图 1 我国一次能源消费总量

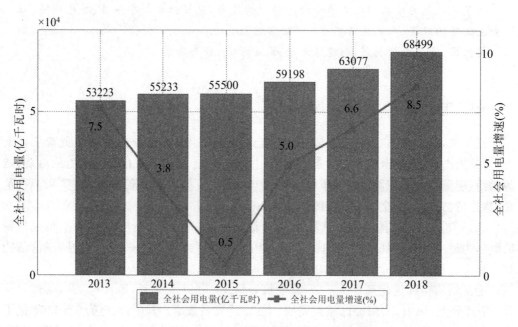

图 2 2013~2018 年我国全社会用电量增速图

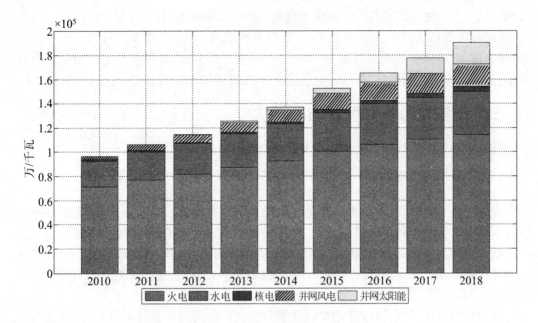

图3　2010～2018年我国清洁能源占比

电网企业发展的难题凸显,其中电网管理日趋复杂,电源侧与负荷侧都日益多样化,呈现典型的复杂系统管理。电力工业传统的能量网运营管理封闭,体制僵化,不适应能源革命与转型,对现代经济转型推动力不足。新能源和可再生能源开发利用的管理面临困难,具有上网难、运营难、直接利用难、发展难的问题,缺少碳市场、绿色电力证书市场以及配额制的有效管理。智慧能源管理能力不足,缺乏智能感知、智能分析、智能计算、智能监控、智能决策等先进技术方法的支持,电力能源服务管理能力不足,面临综合能源服务、个性化用能方案、用电设备监测、用电行为分析、用电风险预警、智能家居服务、优化付费方案等新的发展;缺少灵活的电力市场交易机制,缺乏各类全链条、全社会的共享电力平台。

电网发展面临对传统电力行业带来的巨大挑战,电网形态复杂化、新电改下的经营竞争激烈、数字经济等社会经济形态的变化,需要通过平台对接供需双方,打造多边市场,对传统电力行业带来的巨大挑战。

二、泛在电力物联网的基本内容

国家电网公司提出"泛在物联"是指任何时间、任何地点、任何人、任何物之间的信息连接和交互。泛在电力物联网将电力用户及其设备、电网企业及其设备、发电企业及其设备、供应商及其设备、以及人和物连接起来,实现万物互联,产生共享数据,为用户、电网、发电、供应商和政府社会服务;以电网为枢纽,发挥平台和共享作用,为全行业和更多市场主体的发展创造更大机遇,提供价值服务,实现对内质效提升,对外融通发展。

泛在电力物联网围绕电力系统各环节,充分应用移动互联、人工智能等现代信息技术、先进通信技术,实现电力系统各环节万物互联、人机交互,是具有状态全面感知、信息高效处理、应用便捷灵活特征的智慧服务系统,包含感知层、网络层、平台层、应用层四层结构。泛在电力物联网通过广泛应用大数据、云计算、物联网、移动互联、人工智能、区块链、边缘计算等信息技术和智能技术，汇集各方面资源，为规划建设、生产运行、经营管理、综合服务、新业务新模式发展、企业生态环境构建等方面，提供充足有效的信息和数据支撑，助力推动经济向数字经济、绿色经济、社会主义市场经济转型。

三、泛在电力物联网的商业模式

泛在电力物联网的经济效果取决于商业模式的创新。

（一）商业模式概念

企业与企业之间、企业的部门之间、乃至与顾客之间、与渠道之间存在的各种各样的交易关系和联结方式被称为商业模式。这是一个企业满足消费者需求的系统。

泛在电力物联网商业模式的创造要以价值体现为根本，以大数据利用为手段，把数据与产品进行重新结合，创造出对价值的服务、功能和创意，将客户关系从销售转变为持续互联互通。

在物联网时代要想发展，必须要改变商业模式。电网公司不仅销售电力，还成为了电力能源运营公司，通过泛在电力物联网建立各种连接。它们定位于电力能源服务运营商，在物联网络、信息服务和大数据方面培养新的价值增长点，从主要提供产品到主要提供服务。

（二）泛在电力物联网商业模式创新

依据物联网及电力特点，我们提出泛在电力物联网商业模式如下：

1. 基于互联网移动平台的智慧电力能源服务运营管理模式

基于大、云、物、移、智，集成区块链技术和边缘计算技术，综合信息感知、运行监控、预测预警、智能分析、市场竞价、余电上网、隔墙售电、优选方案、互联互助，面向客户形成基于 APP 移动平台的智慧电力能源服务管理。

2. 基于大数据分析的电力能源数据信息定制模式

为客户有偿进行基于大数据资源的信息智能分析定制，包括收集信息资料、提供客户感知信息、加工信息和盈利信息，可以辅助客户自我决策。

3. 基于电力相关新业态的跨界智慧管理服务模式

泛在电力物联网建设的跨界领域包括：① 综合能源——依托电网基础优势；② 金融征信——依托用电信用数据；③ 电动汽车——依托电网管理优势；④ 保险信贷——依托电网品牌优势；⑤ 能源扶贫——依托电网技术优势；⑥ 物资配送——依托电网网络优势。

4. 基于泛在电力物联网生态圈的合作共赢运营模式

基于平台运营的生态系统搭建，集成生态体系的产业链上下游、政府、标准协会、金融机构、开发者、研究培训机构等系统资源，满足生态系统内各种用户的不同层面的需求。产业链中的参与方通力合作，从各自的利益出发组成某种产业联盟，在各方平等互利的前提下共同开发业务。

建立在云计算基础上，以用户服务为中心，根据已有的运营平台和业务能力，针对目标市场整合内外部资源,形成用户、商家、其他市场参与者共同创造价值的网络商业模式。

通过合作共赢打造五个源网荷储协同服务,包括电动汽车及分布式新能源、家庭智慧用能、社区多能供应、商业楼宇能效提升、工业企业及园区能效提升;打造五个生态圈,包括电动汽车、分布式光伏、综合能效、能源电商、大数据商业化。

5. 基于泛在电力物联网的绿色低碳运营模式

通过泛在电力物联网的在线全景感知、智能预测、预知检修、优化调度、电力交易、绿色配额、绿证交易、碳交易等方法,提高可再生能源的清洁发电占比,优化配置,降低能耗,开展电力能源绿色低碳优化运营,推进能源结构变革,提高能源的绿色低碳水平,为我国能源绿色低碳转型做出贡献。

四、泛在电力物联网推动经济转型

(一)相关经济转型的基本概念

1. 经济转型概念

经济转型(transition)是指一种经济运行状态转向另一种经济运行状态,是资源配置和经济发展方式的转变,包括初始条件、发展模式、发展方式等方面的转型。

我国正在转变经济发展方式,使国民经济由粗放型发展转变到集约型(提高质量和提高效益)发展上来,以实现经济转型升级。

2. 数字经济概念

数字经济是人类通过对大数据的识别—选择—过滤—存储—使用,实现资源的快速优化配置与再生、实现经济高质量发展的新经济形态。其简称为互联网经济或网络经济,是基于数字技术产生的,与互联网发展相辅相成。

数字经济能较大地降低社会交易成本,提高资源优化配置效率,提高产品、企业、产业附加值,推动社会生产力快速发展,同时为落后国家后来居上实现超越性发展提供了基础。

3. 社会主义市场经济概念

社会主义市场经济就是同社会主义基本社会制度结合在一起的市场经济,体现社会主义的根本性质,是使市场在社会主义国家宏观调控下对资源配置起决定性作用的经济体制。

它使经济活动遵循价值规律的要求,适应供求关系的变化;通过价格杠杆和竞争机制,把资源配置到效益最好的环节中去,并使企业实行优胜劣汰;运用市场对各种经济信号反应灵敏的特点,促进生产和需求的及时协调。

4. 绿色经济概念

绿色经济是以市场为导向、以传统产业经济为基础、以经济与环境的和谐为目的而发展起来的一种新的经济形式,是产业经济为适应人类环保与健康需要而产生并表现出来的一种发展状态。

绿色经济是一种融合了人类的现代文明,以高新技术为支撑,使人与自然和谐相处,能够可持续发展的经济,是市场化和生态化有机结合的经济,也是一种充分体现自然资源价值和生态价值的经济。

绿色经济与传统产业经济的区别在于：传统产业经济是以破坏生态平衡、大量消耗能源与资源、损害人体健康为特征的经济，是一种损耗式经济；绿色经济则是以维护人类生存环境、合理保护资源与能源、有益于人体健康为特征的经济，是一种平衡式经济。

（二）泛在电力物联网推动经济转型

根据麦肯锡公司的物联网预测，未来10年内，全球物联网将创造超过10万亿美元的价值，约占全球经济的10%，并与城市管理、汽车驾驶、能源环保等重要领域结合，形成数个千亿级规模以上的细分市场。

在物联网时代，各种新产业、新业态不断涌现，新的商业模式将有力推动经济转型。当前，工业互联网建设是我国经济发展战略转型的重要推动力量，因此，作为其重要组成部分的泛在电力物联网将有力支撑国家经济战略转型。

泛在电力物联网在推动经济转型中将重点推动数字经济、绿色经济、社会主义市场经济的快速发展，为改善民生发挥重大作用。

1. 泛在电力物联网推动数字经济发展

目前，数字经济已成为高质量发展的主战场。根据中国信通院数据，2002至2018年，数字经济规模从不到1500亿元增长至31万亿元，16年间增长208倍，年均名义复合增速达到38%，远超同期GDP增速。2018年，我国GDP达90.03万亿元，数字经济占GDP的比重为1/3。

国家发改委副主任连维良表示，2019年我国重点投资建设之一是加强新型基础设施建设，推进人工智能、工业互联网、物联网等建设，加快5G商用步伐；将加快建立数字经济政策体系，实施数字经济、"互联网＋"重大工程。

数字经济已成为高质量发展的主战场，将成为拉动经济增长的新动力。在数字经济发展中，以5G、工业互联网为代表的新一代网络基础设施将发挥关键支撑作用。泛在电力物联网作为工业互联网的组成部分，也将发挥重大作用。

2. 泛在电力物联网推动绿色经济发展

泛在电力物联网的发展，将有力地推动可再生能源发电和利用的增长，推动分布式能源和综合能源服务的普及，推动配额和绿证交易的提高，推动电力能源结构的改变；还可以提高资源利用效率，减少能耗，促进绿色经济发展。

3. 泛在电力物联网推动社会主义市场经济发展

泛在电力物联网将建立新一代电力市场交易平台与运营，涉及新平台的能源交易、多边交易、分布式交易、绿电与碳交易、市场服务等，形成交易枢纽（分布式交易和多边交易将成为新的特征之一，例如分布式发电市场交易、隔墙售电等），以推动市场经济发展。

4. 泛在电力物联网将推动人民生活水平进一步提高

（1）将提供更广泛的能源服务。包括信息对接、供需匹配、交易撮合、代为客户制定最优用能方案、能源智慧运维服务、综合能效诊断优化、节能改造、清洁微网、智慧小区、效能提升、电能替代服务、冷热电多能服务、分布式能源服务、电动汽车服务、多能互补、客户画像、极致体验、智能家居等，提升客户服务水平。

（2）将提供更好的能源扶贫。我国的能源扶贫方式主要是分布式能源建设。随着这类建设快速兴起,大量多种类型分布式能源接入电网或独立运行,这就需要泛在电力物联网提供泛在的分布式能源管理服务,通过交互技术实现余电上网销售,通过区块链技术实现就近互联消纳,通过物联网技术提高检修能力和各种类型能源之间的互动能力。因此,泛在电力物联网将进一步加强对于分布式能源的运行与消纳的支持,促进分布式能源的进一步发展,满足社会对分布式能源的生产和消费需求,推动脱贫和经济发展。

(3)将提供更为舒适的智能家居。通过泛在电力物联网实现高度人性化的智能家居用电感知控制,将家中的各种设备(如音视频设备、照明系统、窗帘控制、空调控制、安防系统、炊具系统、充电系统等)连接到一起,在客户按照方便、价廉等目标及特定的时间,自动分别提供家电、照明、预警、监控、充电、加热、检修、节能等优化管理。提供全方位的信息交互功能。

(4)将提供最大优化的费用节约。在用电设备自动运行的时间内,按照最大节能减排、最低用电成本等目标,优化控制电能的合理、经济使用,为客户提供最大化的经济性,为各种能源费用节约资金。例如:电动车充电优化服务管理,用电价格方案的优化选择、多种能源利用的优化比较等。

作者简介

牛东晓,华北电力大学经济与管理学院教授、博士生导师,2012年度教育部长江学者特聘教授,新世纪百千万人才工程国家级人选,国务院政府特殊津贴获得者,教育部新世纪优秀人才,中国管理科学学会管理科学奖获得者,华北电力大学校学术委员会副主任,华北电力大学中国能源经济管理研究中心主任、校学术领军人才,中国绿色电力发展研究国家学科创新引智基地主任等。主要研究方向为电力能源预测与决策、电力运营管理、能源绿色发展、智能计算理论等。先后主持项目120余项,获得19项省部级成果奖。发表被SCI、SSCI检索的国际期刊论文119篇,其中,JCR一区论文14篇,出版著作16部,被同行引用超过2300次。获授权和受理发明专利57项、软件著作权22项。所研电力预测与决策系统在20余省网应用。

我国的中小制造企业真的被"低端锁定"了吗？

苏敬勤

摘要：多年来，围绕我国的中小制造企业是否被GVC"低端锁定"的讨论一直引发社会各界的广泛关注。为了探讨这一事关我国制造业整体发展的关键问题，本文选取十余家典型的中小制造企业作为案例对象，通过深入的实地调研和访谈，探究其背后的发展规律和特征。研究发现，经过多年的技术积累和发展，嵌入GVC的中小制造企业既不是"低端"的，也不再被"锁定"。如今，他们正在不断突破"低端锁定"困局，并向着价值链的中高端大步迈进。

关键词：GVC；低端锁定；中小制造企业

近年来，随着越来越多的中国制造企业嵌入全球价值链（GVC）中，陷入"低端锁定"成了学术界讨论的热点问题[1]。然而，改革开放四十余年来，中国制造业发展取得了举世瞩目的"中国奇迹"，凭借规模庞大、门类齐全成为全球制造业体系最为完整的国家，同时也是引领GVC重构、重塑国际产业分工格局的关键力量[2]。这一理论和现实的冲突，让人不禁发问，中国制造业真的被"低端锁定"了吗？

一、"低端锁定"现象形成的理论沿革及原因

对价值链不同环节价值分布的认识是研究"低端锁定"现象的基础。1992年，台湾宏碁创始人施振荣最早提出了"微笑曲线"理论，利用一条两端朝上的曲线将产业链分为研发、制造、营销三个环节，并提出附加值更多体现在两端的研发和营销环节，处于中间的制造环节附加值最低，即价值链上的"低端"环节。学术界普遍认同"微笑曲线"可用于形象地解释价值链各环节利润分配的一般特征。在此基础上，Humphery和Schxnitz[3]从价值链治理视角出发，发现嵌入GVC的发展中国家企业大多聚集在中低端价值环节，如零部件制造、组装等生产环节。由于GVC价值分布差异巨大，如果企业长期被限制在低附加值环节，无法及时向高附加值环节攀升，往往会陷入"悲惨增长"的境地，即生产和就业不断增长的同时，经济活动的报酬却不断降低[4]，进而导致"低端锁定"现象的产生。这种现象广泛存在于发展中国家实现起飞或低端阶段的工业化进程中，并陆续在智利、墨西哥等南美国家以及部分亚洲国家的服装、食品等产业中得到证实。

国内大多数研究支持嵌入GVC会使我国制造企业陷入"低端锁定"困局这一命题。刘维林[4]提出发达国家链主企业凭借自身的技术和能力优势牢牢占据着价值链两端的高附加值环节，并通过价值链治理决定GVC的利润分配。这种"双向挤压"形成了企业

向上攀升的制约,让很多中小制造企业无法在低端环节实现突破。刘志彪[5]更是直接指出,来自发达国家大买家的订单变化,像中枢神经系统一样牢牢地控制着我国制造企业的命运,导致它们无法形成自身独特的竞争优势,深陷"低端锁定"困局[1]。也有学者认为,造成"低端锁定"现象主要是因为嵌入GVC的企业往往以低成本获得高质量和高技术的进口中间投入,丧失了自主研发创新的动力。对于价值链的过度依赖使得它们完全不具备议价能力,极易受到价格、成本波动的冲击,只能在价值链中获得整体利润的较少份额。无疑,"低端锁定"对大多中小制造企业来而言是十分沉重的发展枷锁。

在众多的理论研究面前,中国制造陷入"低端锁定"似乎已成了不争的事实,并在实践界掀起轩然大波。很多人直言中国制造"大而不强"正是被"低端锁定"的鲜明写照。近几年,随着人民币不断升值,企业用工成本和国内资源成本持续上升,我国制造企业融入GVC的低价优势逐渐被抵消,制造业PMI指数的持续下降。越来越多的人开始对中国制造的发展持相对悲观的态度,甚至出现了"解体论""凛冬将至"等"唱衰"论调。

二、我国中小制造企业嵌入GVC中的过程规律和特征

为了重新解读"低端锁定"现象,我们尝试通过案例研究归纳我国中小企业嵌入GVC过程中的发展规律和特点,以揭示"低端锁定"这一认知黑箱。为此,本文采用多案例研究方法,聚焦东南沿海一带地区嵌入GVC的中小制造企业,选择信太科技、德豪润达、思坎普LED等十余家典型的外向型企业作为案例样本,遵循案例选择的典型性和完整性要求。并在此基础上,通过对其发展历程和现状进行深入的剖析,提炼形成了如下结论。

(一)企业核心能力不断提升,系统地嵌入中高价值链环节

能力差距通常被视为造成"低端锁定"的关键所在,正是缺乏研发、设计、营销等高附加值环节的独特能力,才使得我国广大的中小制造企业难以实现价值链的升级。基于此,我们从企业能力的视角出发,发现中小制造企业嵌入GVC的过程并非是一成不变的,而是一个核心能力不断提升的过程(表1),并在动态演化中系统地嵌入中高价值链环节。

表1 案例企业的能力演化过程

阶段	接受定义	合作定义	主动定义
情境	生产设备和工艺落后;技术和资源严重不足;以简单产品制造为起点	国外客户技术要求提高;改善生产设备和工艺流程;不同产品的创新实现	原有低成本优势被挤压;主动整合技术和资源;参与到更高端产品当中
典型的价值链活动	万向为舍勒代工生产万向节;思坎普为欧洲客户组装LED灯	升谱光电与奥迪合作开发LED汽车大灯;君合泵业与富兰克林设计针对北美市场的铸铁塑料水泵	德豪润达自主研发全球第一台全塑面包机;恒帅微电机研发车用光学传感器主动清洁装置
嵌入的价值链环节	生产制造	生产制造、设计	设计、研发
核心能力	制造能力	产品创新能力	研发和设计能力

首先,接受定义。以简单产品制造为起点,凭借以往的生产经验和地域优势参与到国际化生产体系中是大多中小制造企业嵌入 GVC 的必经之路。由于自身能力不足、产品技术含量低,企业只能完全按照国外主导企业的要求完成订单。无论是万向集团的万向节,勋辉电器的压铸模具,还是恒帅的微电机,最早都是在国外大客户的严格要求下完成的,其他企业也大抵如此。在嵌入 GVC 的初期,企业均受到主导企业的绝对控制,只能接受并努力完成其定义的产品参数要求。正是这种技术标准,让他们在降低成本、提升效率和质量的过程中,实现了制造能力的初步积累。

其次,合作定义。此阶段,企业大量引进先进的生产技术与工艺流程,来满足客户的技术要求。凭借链主企业对其产品品质的信赖,他们开始以合作的形式参与到产品的创新过程中,与客户共同定义新产品或新功能,并逐渐构建起一定的产品创新能力。不少客户也开始意识到,新产品的成功与否开始取决于这些制造企业的技术实现能力。例如,奥迪邀请升谱光电参与开发 LED 汽车大灯,君合泵业与富兰克林共同开发面向北美市场的铸铁塑料水泵。

最后,主动定义。经过前期的技术和能力积累,企业已经能够主动地整合技术资源进行工艺和产品创新,并作为主导者来定义产品的新方向或新功能,承担附加值更高、技术含量更高的研发工作。例如,德豪润达自主研发出全球第一台全塑面包机,思坎普为客户开发出装载 Wi-Fi 的 LED 控制器等。因此,通过系统地嵌入设计和研发等不同价值链环节中,企业逐步构建起独特的设计和研发能力。

(二)"双向深度嵌入"逐步取代"单向主导"的治理关系

一些颇具代表性的观点认为,GVC 链主企业通常牢牢占据着绝对强势的权力地位,通过不对称的治理结构对后发企业施加影响,将其限制在价值链的"利益洼地"。但是,通过案例分析我们发现,传统的"单向主导"关系正在逐步被一种"双向深度嵌入"的治理关系所取代,主要体现在以下三个方面:

首先,权力地位在不断上升。正如前文所述,经过多年的技术积累,每个中小制造企业都已成长为一个细分领域内的专家并具备独特的核心能力。而 GVC 链主企业大多缺乏某一特定技术领域的知识和技能,这使得它们不得不依赖供应商企业的专业化技能。何时生产何种产品,如何组织生产活动,甚至产品研发和设计,都不再是由链主企业单向决定,而是由合作双方共同决定。这在君合泵业与富兰克林、佳音机电与雀巢的合作中都有所体现。因此,几乎所有的案例企业都倾向于用"合作伙伴"来形容其与链主企业之间的权力关系,这意味着它们的权力地位正在不断上升。

其次,具备足够的议价能力。经济全球化进程的加快以及中国大量头部企业的崛起,为我国中小制造企业创造了新的可能。它们积极地拓展市场宽度和广度,与不同国家和领域的企业建立合作关系。例如,君合泵业先后通过了 GS、UL 等国际认证,逐步将客户从欧洲拓展到美国;佳音机电电磁阀的应用对象更是从雀巢咖啡机转移到美的空调和小米净水器上;德豪润达从传统小家电产业大举进军 LED 产业。在嵌入不同的价值链或环节的过程中,它们打破了先前严重不平等的利益分配机制,并已经具备足够的议价能力。例如,作为博世多年优选供应商的勋辉可享受高于普通供应商 3%~5% 的价格优势,方邦电子凭借其技术实力成为了世界第二大电磁屏蔽膜制造商,产品广泛应用于三星、LG等品牌上。

最后,彼此之间的依赖性逐渐深化。如今,大都中小制造企业已和GVC链主企业形成了一种彼此依存的合作伙伴关系。不仅是单纯地作为供应商嵌入到链主企业主导的GVC中,链主企业也在不断培养它们的核心能力、促进它们升级,二者构建起"你中有我、我中有你"的深度依赖关系。"关系脱钩"也变得不那么容易,链主若要摒弃现有的供应商体系,实现产业转移并非易事。暂不说重新构建过程中,转换成本、资产专有性的直接挑战,想在短时间内找到同等水平的、可替代的供应商更是难上加难。

基于以上分析,我们认为,陷入"低端锁定"先天条件的改变,让嵌入GVC的中小制造企业既不是"低端"的,也不再被"锁定"。一方面,企业核心能力不断提升让它们逐渐具备了独特的竞争优势。它们不再是只能生产低附加值、低技术含量产品的代加工厂,而是能够自主研发和设计高附加值、高技术含量产品的优质供应商。另一方面,随着市场宽度和广度的延伸,企业的权力地位和议价能力都得以提升,与链主企业之间形成了一种"双向深度嵌入"关系,彼此之间依赖性的深化让它们摆脱了被"锁定"的固有格局。因此,可以毫不犹豫地说,我国的中小制造企业正在不断突破"低端锁定"困局,并向着价值链的中高端大步迈进。

三、相关的启示和建议

如今,中国实体经济正面临着一个转型升级的新起点。C919试飞成功,中国高铁走向世界,华为5G领跑全球,无一不宣示着中国制造正以一种积极的姿态走向世界舞台。可惜的是,学术界仍未摒弃中国制造被"低端锁定"的刻板观念。因此,打破现实与理论之间的不对称,破局中国经济的未来已是迫在眉睫。

通过上述分析,我们欣喜地发现:一方面,经过多年的技术和资源积累,时至今日,束缚我国广大中小制造企业的"低端锁定"枷锁已被打破,脱离了传统的低端化、低技术化的"双低"发展路径;另一方面,作为中国实体经济的中流砥柱,广大的中小制造企业积极地打造敏捷供应链,为正在崛起的国内头部企业输送着源源不断的发展动力。因此,为了能够为中国经济的发展提供更为准确的认知基础和产业发展政策,本研究提出如下建议:

第一,各级政府应及时转变观念,打破传统的认知框架。重新审视广大中小制造企业在我国实体经济中的地位和角色,认识到它们不但是缓解就业压力、保障社会稳定的基础力量,还是中国制造走向高端、推动我国经济高质量增长的法宝,更是重构全球生产网络和价值链体系的关键,正在为未来我国头部企业的崛起奠定重要的供应链基础。尤其面对"中美贸易"的紧张局势,我们更不能自废武功、妄自菲薄,而是应该不断鼓励和督促中小制造企业的转型升级,积极地面对现阶段中美严峻的经济贸易局势。

第二,除了加大财政补贴力度,在制度和政策上给予倾斜和扶持、不断吸引人才之外,各级政府更应该冷静和理智地看到中小制造企业的发展问题。面对新生企业"小、散、低、乱"的问题,既要严格监管、积极引导,也要有足够的耐心。为它们提供一个发展的"包容期",给它们充足的时间和空间去发展壮大,让它们有机会提升能力,由弱到强,甚至是做大做强。在此期间,各级政府需要重视市场自身的调节作用,遵从优胜劣汰的市场运行规则,让更多的中小制造企业在广阔的市场中接受检验。

第三,各级政府需要继续督促企业练好"内功",掌握行业内"独门技",真正成长为本领域的专家。应充分意识到,目前我国制造业中仍有部分产业被"低端锁定",并出现了一定的产业转移现象。当然,这是实现我国从"制造大国"向"制造强国"转型,必然要经历的一个迂回、渐进的过程。即使有些产业转移出去,中国制造的综合优势仍然是不可取代的。因此,各级政府应掌握好发展的节奏,切勿操之过急,对我们的产业基础充满信心,通过稳健的步伐打开中国制造赶超的新空间。

参 考 文 献

[1] 吕越,陈帅,盛斌.嵌入全球价值链会导致中国制造的"低端锁定"吗?[J].管理世界,2018,34(8):11-29.

[2] Barrientos S, Gereffi G, Pickles J. New dynamics of upgrading in global value chains: Shifting terrain for suppliers and workers in the global south[J]. Environment and Planning A: Economy and Space, 2016, 48(7):1214-1219.

[3] Humphrey J, Schmitz H. How does insertion in global value chains affect upgrading in industrial clusters? [J]. Regional Studies, 2002, 36(9):1017-1027.

[4] 刘维林.产品架构与功能架构的双重嵌入:本土制造业突破 GVC 低端锁定的攀升途径[J].中国工业经济,2012(1):152-160.

[5] 刘志彪.重构国家价值链:转变中国制造业发展方式的思考[J].世界经济与政治论坛,2011(4):1-14.

[6] 郝凤霞,张璘.低端锁定对全球价值链中本土产业升级的影响[J].科研管理,2016,37(S1):131-141.

作者简介

苏敬勤,大连理工大学教授、博士生导师,大连理工大学滇西产业发展研究院院长。国家万人计划哲学社会科学领军人才,中宣部"文化名家及四个一批"工程入选者,教育部新世纪优秀人才计划获得者,享受国务院政府特殊津贴。

破解制造业关键核心技术创新难题，
持之以恒推进制造强国建设

孙　卫

摘要：从历史的视角分析我国重大技术创新突破的成功经验，深入分析目前关键核心技术缺失的现状及成因，提出政府宏观布局、领军企业颠覆创新、优势企业引进消化再创新及实施技术型海外并购是目前我国制造业补齐关键核心技术短板的有效路径，并提出坚持有所为有所不为，坚持市场机制与政府双重推动，积极推进制造业供给侧结构改革，培育技术投入的虹吸效应，不惜重金吸引国外高端技术人才，培育发展一批世界级制造业品牌等政策建议。

关键词：关键核心技术；缺失；前沿技术；高端技术；卡脖子

改革开放40年来，我国制造业的发展值得骄傲，制造业总量连续多年稳居世界第一。自2016年起，中国制造业全球竞争力指数居于全球首位，是目前最具竞争力的制造业国家。2017年我国制造业占全球比重已高达28.6%，自2010年始终保持领先地位。2009年我国出口总值跃升到全球第一位，始终保持全球货物贸易第一大出口国地位[1]。我国是制造大国，但还不是制造强国。在部分关键核心技术领域，我国处于较为被动的位置，甚至被竞争对手"卡脖子"。因此，我国实现制造业大国向强国的转变，实现经济高质量发展，急需破解制造业关键核心技术创新突破的难题。

一、制造业重大技术创新突破的案例分析

国防军工领域的重大创新突破具有里程碑意义。20世纪50年代末，为了应对复杂的国际政治军事环境，我国政府做出研制"两弹一星"的重大决策，20世纪60年代的原子弹和氢弹的试爆成功，及20世纪70年代初人造卫星"东方红1号"的发射成功，标志着"两弹一星"的重大科技创新画上了圆满的句号。"两弹一星"的成功充分体现了政府主导、资源配置、集中办大事的决心和能力。新中国成立初期，一批杰出人才回国，组建了以钱学森、邓稼先、钱三强等学术泰斗为核心的科技研发团队，为政府重大决策增添了信心。

中国高铁已成为我国制造业闪光的名片，也成为制造业创新突破的重要标志之一。21世纪以来的短短数年，我国高铁以世界前所未有的运营时速、技术水平和发展规模，创造了从"追赶者"到"引领者"的跨越奇迹。高铁的制造技术并非一蹴而就，经历了模仿创新到技术引领。为解决关键部件研制等技术难题，依次从日本引进川崎技术，从法国引进阿尔斯通技术，并进行了消化、吸收和再创新[2]，最终形成了高铁的自主知识产权和领先世界高速铁路标准体系、核心技术、系统集成、成套建造、工业制造、运营维护、人才队

伍等支撑。

第四次工业革命席卷全球,在智能制造领域,以美国GE公司为代表的智能制造模式和以德国西门子为代表的智能制造模式,成为世界各国制造业效仿的对象。作为全球白色家电领军企业海尔集团,也在探索一条智能制造领域的新路。近年来,海尔COSMOPlat工业互联网平台的横空出世,智能制造全球第三种模式进入了全球视野,以用户最佳体验为核心的大规模定制平台,将"用户是上帝"的格言充分体现在企业经营上,一切从用户出发,带来了海尔集团一系列天翻地覆的变革,涵盖了组织体系、制造过程、采购和营销、研发等多个环节,实现了与用户零距离和反复迭代、智能制造技术等重大创新,将高效率和高精度完美统一,打造出全球智能制造的新的解决方案,成为颠覆性创新的突出代表。

2012年湖南省具有代表性的民营企业三一重工,收购德国国际化程度很高的"大象"普茨迈斯特,这起重大跨国并购仅用时半年。收购普茨迈斯特以后,三一重工在国际市场的品牌美誉度都得到了长足上升,国际化占有率由2012年以前的15%提升至2017年的33%以上,成为海外技术并购的成功范例。

从历史的视角考察我国重大技术创新突破的典型案例发现,政府重大决策在大国竞争中推动重大技术创新举足轻重;消化吸收再创新,在实现行业企业重大技术突破中发挥着积极作用;理念引领,实现颠覆技术创新,将成为领军企业实现重大技术突破的有效途径;获取国外先进技术的海外并购成为国内企业技术升级的捷径。

二、制造业关键核心技术缺失的现状分析

关键核心技术是指关键共性技术、前沿引领技术、现代工程技术、颠覆性技术创新。经过多年持续科技投入和创新发展,我国载人航天、载人深潜、高速轨道交通装备、新一代通信装备、发电和输变电装备等一批重要领域产品技术达到世界领先水平。但是,我国制造业关键核心技术缺失也比较严重,深究关键核心技术缺失的背后原因是破解我国制造业关键核心技术创新难题的关键所在。据统计,我国制造业缺失的29种关键核心技术垄断国以及我国的差距如表1所示。

表1 关键核心技术垄断国及我国差距

项目	关键核心技术	垄断国	中国
1	高端显示屏OLED生产设备真空蒸镀机	日本	中国平板显示已经做到了全球第一,差距在上游核心生产设备
2	"液晶屏骨头"微球	日本	中国制造技术先进,但国产原材料不纯影响微球性能
3	制造液晶显示器用到的ITO靶材	日本、韩国	国产质量不稳定、材料不过关
4	国产大飞机用的航空钢材	美国	材料问题,超强度钢纯净度不够

续表

项目	关键核心技术	垄断国	中国
5	燃料电池膜电极组件关键材料	日本	中国实验室成果达到国际水平,但量产有一致性和成本控制的困难
6	新能源车的"心脏"锂离子电池	美国、日本、韩国	美国强于研发设计,日本强于材料生产,中韩是第二梯队
7	水下机器人深海油管焊接用的高端焊接电源	北欧	中国是全球最大焊接电源制造基地,差距在深海水下焊接设备和全数字化控制技术
8	海底观测网系统水下连接器	美国、德国	中国在实验样机阶段,技术研究刚起步
9	全断面隧道掘进机主轴承	德国、瑞典	中国已掌握直径3米的主轴承核心技术,但受材料、工艺因素制约
10	机械设备高端轴承钢	美国、瑞典	中国制轴工艺已经达到先进水平,材料存在差距
11	航空设计软件	法国、美国	国内外同时起步,国产软件存在差距
12	高质量消费级电容和电阻	日本	短板是材料,日本的MLCC产品可以做到1000层,中国产品在300层左右
13	光刻机	荷兰、日本	光刻机需要顶级光源和极致的机械精度
14	上游高端电子化学品,例如LCD用光刻胶	日本	中国能生产,关键指标不够先进
15	发现创新药的潜在靶点的利器ICLIP	美国	属于科研实验技术,2010年诞生
16	自研操作系统	美国	PC、智能手机的操作系统被美国垄断
17	工业机器人算法、软件	日本、德国、瑞士	差距在底层核心算法
18	自动驾驶汽车必备的激光雷达	美国	国产激光雷达最高40线,国外可做到64线甚至128线
19	民用大涵道比发动机	美国、英国	要长期的工业实践和验证技术来支持,存在较大差距

续表

项目	关键核心技术	垄断国	中国
20	航空发动机的短舱	美国、法国	安放发动机的舱室、复杂的集成系统,中国处于空白
21	为高铁钢轨养护整形的仿形铣刀刀盘和刀片	德国、奥地利	需要超硬合金材料,中国尚属起步阶段
22	高端机床制造核心技术	德国、日本	基础材料科学、工艺、设计存在差距,除了控制器,国产机床的丝杠、伺服电机、力矩电机、编码器等主要功能部件依赖于国外产品
23	柴油发动机电控柴油高压共轨系统	德国、美国和日本	中国可以做,质量有进步空间
24	高端液压装备的核心元件高压柱塞泵	美国、德国、日本	性能指标上的差距主要在于材料制造;超过90%的额定压力35MPa以上高压柱塞泵依赖进口
25	重型燃气轮机的核心技术	美国、日本、德国、意大利	材料差距,核心是设备、工匠、工艺的差距,还有基础研究积累的差距,如设计、热端部件制造技术
26	高端的手机射频器件、高端滤波器、振荡器等射频元件	美国	半导体材料差距大,中国研究早,量产存在材料的一致性、电性能均匀性等问题
27	工业仿生机器人触觉传感器	日本	生产工艺、材料纯度不过关;国内企业大多做气体、温度等类型传感器
28	高速的(≥25GBPS)光芯片和电芯片	美国	中兴通讯被制裁的是用于光通信领域的光模块;低速的(≤10 GBPS)光芯片和电芯片实现国产
29	高端CT机探测器	美国、荷兰、德国	探测器制造工艺、材质都是机密,医学成像产业已经被美国专利壁垒限制

分析29种关键核心技术缺失,可以得出如下结论:

(1)我国制造业大而不强的关键是前沿技术、高端技术和高端装备的缺失。总体上说,中国制造业总量上做到了第一,技术空白越来越少。但是,除了最高端产品或特殊产品的极少数不能造以外,我们都能造,但是量产质量达不到要求,表象就是制造业发展质量、效益不高。少数发达国家出工业母机和支撑技术,中国厂商生产产品成为现象。

(2)核心基础零部件、先进基础工艺、关键基础材料、工业基础技术等瓶颈问题十分突出,表面上看是高端技术或高端装备的问题,实际上近半数是材料不过关的问题。发电设备、高压输变电设备、工程机械等主机产品的产量和水平虽都已居世界前列,但高端绝缘材料、导磁材料及高端液压件、阀门等许多专用材料和关键零部件仍未能自主生产和供应。

（3）制造业供给侧结构性失衡亟待改变。受市场需求规模、资源环境约束强化的影响，钢铁、冶金、电解铝等传统制造业领域出现大量产能过剩，而战略新兴产业却保持较快发展。关键核心技术所属领域，大都集中在新一代电子信息、高端装备制造、生物医药等战略性新兴产业，倒逼我国制造业结构调整的步伐需要加快，有效提高制造业供给侧对消费结构升级的适应性和灵活性已成为不二选择。

（4）国际竞争的关键领域出现空白，就会被"卡脖子"。要实现企业全产业链"通吃"不现实。高端制造业往往包含了设计、系统集成和精密制造，中国在许多领域的创新突破，已经能够占到1～2项。按照国际分工，发挥自己的比较优势理所当然，但是，在"卡脖子"技术面前，不能抱有任何幻想。

三、政策建议

破解关键核心技术创新突破难题应聚焦于我国制造业相对国外发达国家的关键核心技术空白和较弱的领域，尤其是基础材料科学重大突破难题。为此，依靠准确技术预测的政府宏观布局，提出远见卓识的战略规划，并集中资源，大力推动特殊领域前沿技术、颠覆技术的突破创新；作为创新主体的企业，尤其领军企业，要积极发挥关键技术和核心技术突破的先导作用，实现自我技术颠覆，实现换道超车；有比较优势的企业，积极引进国外先进技术，实施产学研联合，消化吸收再创新，补足短板；还可以利用发达经济体市场不景气的有利时机，并购老牌工业化国家技术优势企业，产生更多的中国创造。为保证我国制造业关键核心技术实现创新突破，我们建议：

（1）坚持有所为有所不为。继续增大投入，支持航天、高铁、5G、电力等装备创新发展，继续保持技术国际领先；努力在新能源汽车、海工装备、机器人等领域，由同步发展向技术领先迈进；对于大飞机及航空发动机、高档数控机床、高性能医疗器械等高端装备，尽可能缩小与国际先进水平的差距；对"卡脖子"的关键核心技术和装备的空白领域，需要不惜代价，实现率先突破；对于发动机、操作系统、集成电路设备等高端制造的元器件加工、关键设备配套等技术空白领域，竞争对手是极少数久负盛名的大国工匠，我国不可能也没必要去通吃。但是，持之以恒的财政支持和政策推动，为将来这些领域的后发赶超奠定良好的技术基础。

（2）坚持市场机制与政府双重推动。发挥市场对技术研发方向、路线选择及各类创新要素配置的决定性作用，同时引导创新要素更多投向核心技术攻关，加快培育一批竞争力强的主导企业和"专精特新尖"的中小企业，大力营造公平竞争的市场环境。加快培育产学研协同创新，颁布重大科研计划和重大专项，集中财政资源，投向关键核心技术缺失领域，设立关键技术、核心技术创新突破的奖励制度，持续培育技术创新突破的政策环境。

（3）积极推进制造业供给侧结构改革。我国传统制造业领域出现大量产能过剩，而战略性新兴产业却保持较快发展，因此，规范化解产能过剩，逐步缓解发展不平衡不充分问题势在必行。这就需要大幅减少各级政府直接配置资源对过剩产能形成与退出的影响，加快建立完善主要依靠市场竞争化解过剩产能的体制机制，积极推进信息技术与制造技术深度融合，促进制造业朝高端、智能、绿色、服务方向发展，培育制造业竞争新优势。

（4）培育技术投入的虹吸效应。技术投入高风险高回报。降低技术投入风险提高回报率将有利于吸引驱利的资金更多更快地进入技术投入领域。近期，房地产市场的降温、科创板市场的成功开板为企业技术创新带来更多资源。开发更多技术投入保险品种、加速研发人员资本化、市场手段提升回报率等制度安排，将有效解决技术攻关的资金瓶颈问题。

（5）不惜重金吸引国外高端技术人才。2017年，世界著名计算机学家姚期智放弃外国国籍，转为中国科学院院士。他的回归，填补了中国在计算机理论研究方面的空白。近年回国的还有国际著名的结构生物学家施一公、单分子酶学的奠基人谢晓亮、高能物理王贻芳、人工智能甘中学、新药创制丁列明等。这些归国人员让中国部分科技实力加速了15年。因此，加大投入，改善科研人员的软硬环境，进一步提升待遇，有利于加快提升我国科技实力。

（6）培育发展一批世界级制造业品牌。我们很多产品在国际竞争中处于劣势，主要原因之一就是对品牌塑造重视不够。安可顾问公司创始人兼执行董事长郭兰诗曾表示，中国企业跟其他国家企业相比，在品牌、自身声誉方面投入不够，因为他们很多重点放在投资回报率。求快钱是一种短视行为，从长期看，不利于企业品牌积累和声誉积累，另一方面，我们不可能从产业链上游一步步做起，适当考虑企业研发的比较优势。因此，企业的决策者应当把企业关键技术创新突破重点放在产业链中具有比较优势的链条实现创新突破，尤其需要聚焦如何提升产品质量，塑造自己的品牌，而优势企业的决策者应该有更强烈的使命感，要把技术创新突破的重点放在培育世界级著名品牌上，努力形成有国际竞争力的大而强的领军企业。

参 考 文 献

[1] 国家统计局.改革开放40年经济社会发展成就系列报告之六:改革开放铸就工业辉煌创新转型做强制造大国[EB/OL].[2018-09-05].http://news.bjx.com.cn/html/20180904/925580.shtml.

[2] 高柏,李国武,甄志宏.中国高铁创新体系研究[M].北京:社会科学文献出版社,2016:12.

作者简介

孙卫，管理学博士，西安交通大学管理学院教授、博士生导师。加拿大阿尔伯塔大学商学院、美国麻省理工学院斯隆管理学院、香港中文大学商学院等高级访问学者，兼任中国技术经济学会理事、陕西省应急学会理事、清华大学技术创新研究中心学术委员会委员、陕西省中小企业创新基金项目评审专家、陕西省招标投标协会专家。曾主持和参加国家、省部级课题10余项，主持横向课题20余项。曾获教育部提名国家科技进步奖二等奖1项，陕西省教委科技进步奖一等奖和二等奖各1项。已在国际学术期刊、国内核心期刊发表学术论文60余篇。

快速迭代的市场竞争环境下推动创业企业逆向创新的思考[①]

买忆媛

摘要：当前技术日新月异、产品加速更新的竞争背景下,创业企业面临着在位企业持续不断迭代的严重威胁,逆向创新是其充分利用自有技术/市场知识及资源优化配置,借以实现快速追赶甚至超越先发在位企业的有效途径。然而,"小而新"的成长劣势、资源极度匮乏、缺少合法性和历史绩效记录等特征,均使创业企业的创新活动充满风险和不确定性,从而限制企业对创新的投入与持续关注。本文基于竞争者行为互动视角,挖掘在位企业迭代与创业企业竞争性应对策略之间的关联性,探究创业企业逆向创新的不同形式以及具体实施机制,切实强调外部竞争环境对创业企业创新活动的重要影响,为创业企业在市场竞争中"抢占高地"提供理论参考。

关键词：快速迭代；创业企业；逆向创新

一、快速迭代的市场竞争环境

随着客户需求的快速变化、市场竞争的日益激烈,企业愈发尝试以迭代的方式进行技术/产品开发,技术变革与产品更新的周期越来越短且越来越频繁,这使得创业企业极易被竞争者以更具创新性的技术及产品所超越,让其好不容易构建的市场优势转瞬即逝。

市场是各类企业之间竞争对抗所形成的社会结构[1,2],企业在市场竞争中是彼此依赖、相互依存的,任何企业的竞争策略构建必须考虑其他组织竞争性行为的影响。创业企业作为市场"新成员",因"新生弱性"(liability of newness)与"小而弱性"(liability of smallness)的双重约束[3],受进攻与回应这类对抗性竞争问题的冲击更大,故在成长过程中应密切关注市场环境动向和其他组织的竞争行为。互联网的发展使企业能够低成本地获得各类信息,实时进行大范围交互,了解市场反馈,从而为企业开展快速、精准和低成本的迭代调整创造了有利条件,使企业能降低失败的不确定性和风险[4]。因此,需要从竞争者行为互动视角出发,探究先发在位企业"进攻"行动可能对后发创业企业创新"回应"行动产生的影响及具体作用机制,帮助归纳总结创业企业有效的创新策略。

面对在位企业频繁、快速且不确定的技术及产品变化所带来的挑战,创业企业需要对外部竞争市场进行跟进尤其是实时跟进市场及在位企业的变化趋势。在位企业的竞争性技术情报能够帮助创业企业获取在位企业技术动态,具备一定的技术信息敏感

---

① 国家自然科学基金(71672064)成果。

性[5,6],提供早期预警功能。外部环境的复杂多变,竞争环境中企业日益增强的情报信息保护意识,以及新进入缺陷带来的困境[7,8],都为创业企业进行在位企业分析带来了严重的信息不对称问题。信号理论认为在信息不对称的情景下,缺少信息的一方会通过信号推测真实信息。Porter(1980)指出"竞争者的任何行动,都是对竞争者的意图、动机、目标或内部环境的直接或间接指示",强调竞争者的一切行动都是信号,都将提供特定的信息。换言之,在位企业的行动信号是其技术情报的重要来源。创业企业观察到的关于在位企业技术调整或研发方向变动等行动都是传递其技术情报的信号,是创业企业考虑在位企业竞争行动而制定企业战略决策的重要依据。

二、创业企业的创新困境与逆向创新

相比于在位企业(成熟企业),创业企业的创新性可能更强。这是因为成熟企业的官僚主义、年龄和预测破坏性方面的劣势抑制了企业创新[9],而创业企业通常不被既有惯例束缚,组织结构灵活,其创新不会蚕食现有产品且资源"粘滞性"较低[10],因此更适合进行创新活动。但另一方面,"小而新"的成长劣势、匮乏的资源禀赋、经营及生产管理存在诸多不确定性、技术开发的产品面对的是尚未成形的市场或者新市场、缺少合法性和历史绩效记录而很难获得外部资源支持等,都给创业企业创新活动带来诸多困难,并限制了大多数创业企业的创新能力。

逆向创新作为一种新的创新模式,最早用来指代新兴市场的创新成功实现商业化后,进入由"领先者"跨国企业主导的国际市场的竞争性行为[11],后来主要指"由后发企业发起并主导的创新,并反过来侵占先发企业的市场"[12]。逆向创新的概念的首次出现是在《哈佛商业评论》,由通用电气公司总裁 Immelt 和 Govindarajan、Trimble 两位学者共同提出[13]。2007 年美国通用电气公司(GE)推出一款针对新兴市场(中国、印度等)开发的便携式超声波仪器,满足基本功能的同时售价仅为发达国家市场机型的 15%,这款产品让 GE 公司迅速在新兴市场站稳脚跟,并随后奇迹般地在发达国家也获得了巨大收益。与传统由发达国家完成创新然后"顺向"推广到发展中国家的创新方式不同,这种首先在发展中国家或新兴市场出现或采纳的创新,然后"逆向"扩散到发达国家乃至全球市场的创新模式被称为逆向创新[14]。对于后发企业而言,逆向创新是一种主动性的创新追赶行为[11],也是资源约束情形下常见的创新方式。

创业企业作为后发企业在面临在位企业频繁迭代的技术变动信号时,往往会进行逆向创新来"向上渗透"以正面回应在位企业不断迭代所带来的冲击。逆向创新是创业企业充分利用自有技术/市场知识及资源优化配置,借以实现快速追赶甚至超越先发在位企业的有效途径。因此,探究当前技术日新月异和产品加速更新的竞争背景下,创业企业如何利用逆向创新克服在位企业频繁且快速的迭代所带来的挑战具有重要意义。

三、创业企业逆向创新的形式及实现机制

(一)创业企业逆向创新的不同形式

面对市场环境中应接不暇的技术/产品变化,创业企业需要时刻关注在位企业的技

术发展前沿及动态,借助其释放的技术变动信号预测技术变化方向,适时调整企业研发方向及战略部署。创业企业收集到在位企业信号后会对其进行分析、解剖,而对在位企业技术变动信号的特征感知是其应对决策选择的重要依据。一方面,技术变动信号的侵略性(hostility),即接收企业感知到的对其自身生存的威胁,将直接影响其反应的速度和幅度[15]。另一方面,对技术变动信号可信度(credibility)的评估(即在位企业的声望、信号潜在的可逆性)也将影响创业企业回应意愿及策略选择[16]。

针对不同类型的技术变动信号,创业企业采取逆向创新进行"回应"的方式也不同。面对在位企业侵略性高、可信度高的技术变动信号,创业企业的生存及地位将受到严重威胁,且这类技术变动成功的可能性较大,释放信号的在位企业又具有较高的声望与市场份额。此时,创业企业将采取针对利基市场的补缺型逆向创新,即寻找处于市场"缝隙"中的小众客户群,把握好时机进行快速"挤"占,以形成独特的竞争优势,反过来侵蚀在位企业的市场。面对在位企业侵略性高、可信度低的技术变动信号,创业企业的生存及地位将受到严重威胁,但这一变动成功的可能性相对较小,且在位企业在当前市场上并不具备较高的声望或市场份额。此时,较高的可反转性给了创业企业希望,使其更愿意尝试"放手一搏"并与时间进行赛跑,采取针对在位企业成熟市场的跟随型逆向创新,即根据有上升空间的成熟市场需求优化现有产品设计、改进生产技术,挖掘顾客的潜在或深层欲望,用自有产品定位市场,创造客户新需求,以高性价比建立起相比在位企业更强的竞争优势。面对在位企业侵略性低、可信度高的技术变动信号,尽管其成功不会对创业企业生存带来致命冲击,但由于在位企业具备较高声望或较大市场份额,从而会在成功后严重压缩创业企业的市场份额。此时,创业企业将采取基于新的主流市场开展领先型逆向创新,即瞄准前瞻性需求,在当前市场领域的边缘向外突破,提出自主产品概念并重新定义设计,基于先进的技术/知识开发性能领先的产品,最终反向侵蚀在位企业市场并取而代之。值得一提的是,面对在位企业侵略性低、可信度低的技术变动信号时,创业企业回应意愿较低,将不进行竞争性应对行动。

(二)创业企业逆向创新的实施路径与影响因素

风险承担性越高的创业企业,越能接受应对这类技术变动过程中的风险;创新性和先动性则使得创业企业总是以勇敢积极的态度去把握机会,把创新作为核心来不断研发新技术/产品,这种情况下,创业企业也更倾向于积极寻找被在位企业忽视的、需求尚未得到满足的利基市场进行逆向创新。由于资源基础较弱、规模相对较小等原因,创业企业往往较难识别市场中被忽略的特殊客户群体及需求,并创造出客户需要的创新型技术及产品。企业知识强度——企业生产过程涉及的能够提供竞争优势的专业且独特的知识或技术的程度——能帮助创业企业在动荡环境中有效配置资源,迅速将现有知识或技术与利基市场上用户的独特需求进行匹配,开发新产品或赋予产品新的功能,从而实现产品在细分市场甚至主流市场中的推广。而基于合作伙伴知识转移获得的专利、产品技术、结构化知识等知识,可以帮助创业企业快速消化、吸收和理解新知识,以实现新知识的创造、原产品功能改善,提高新产品创造力[17]。因此,基于知识基础观视角,在位企业侵略性高、可信度高的技术变动信号对创业企业针对利基市场的补缺型逆向创新的作用过程,受创业导向、知识强度及知识转移等影响。

竞争者导向是指所有涉及在目标市场上获取竞争者信息并将其在组织内部扩散的活动[18]。竞争者导向型创业企业对行业中在位企业的短期优劣势和长期能力与战略有较全面的了解,会时刻追踪其前沿信息和技术变革,相对客观理性地分析信号可能的影响,进而依据先前掌握的信息资源积极争取在先发企业占据优势的主流市场上的逆向创新。竞争者导向型创业企业能够及时跟踪在位企业技术变化动态,从而更易选择针对在位企业占据的市场开展正面抵抗以实施逆向创新。

创业企业逆向创新的尝试动力有利于其突破原有的技术制约,从而化被动为主动,转变成原有领先企业强有力的竞争者。一方面,针对利基市场的补缺型逆向创新和新的主流市场的领先型逆向创新,有利于创业企业发掘自身在小众或边缘市场的潜在价值,利用现有资产、商业渠道满足更多顾客不一致的需求,并为每位顾客增加整体的价值主张,透过更精确掌握顾客需求大幅改善顾客满意度,创造比核心业务高的利润率,提高企业收益。另一方面,针对在位企业成熟市场的跟随型逆向创新,则有助于创业企业在"跟随"市场策略下,选择成熟市场有发展空间的产品,改进或改变产品部分功能等为顾客创造新的价值,从而实现在市场中的快速推广。可见,创业企业逆向创新将增加企业的市场占有率,帮助企业构建核心技术能力,以迅速进入主流市场或开辟新的市场领域,进而实现较快成长。

参 考 文 献

[1] Poter M E. Competitive strategy:techniques for analyzing industries and competition[M]. New York:Free Press,1980.

[2] Chen M J,Miller D. Reconceptualizing competitive dynamics:A multidimensional framework[J]. Strategic Management Journal,2015,36(5):758-775.

[3] 祝振铎,李新春. 新创企业成长战略:资源拼凑的研究综述与展望[J]. 外国经济与管理,2016,38(11):71-82.

[4] 罗仲伟,任国良,焦豪,等. 动态能力、技术范式转变与创新战略:基于腾讯微信"整合"与"迭代"微创新的纵向案例分析[J]. 管理世界,2014(8):152-168.

[5] 程聪,谢洪明,杨英楠,等. 理性还是情感:动态竞争中企业"攻击-回应"竞争行为的身份域效应[J]. 管理世界,2015(8):132-146.

[6] 邓新明,叶珍,许洋. 企业竞争行动与绩效的关联性研究:基于市场与非市场的综合视角[J]. 南开管理评论,2015,18(4):106-120.

[7] 杜运周,张玉利,任兵. 展现还是隐藏竞争优势:新企业竞争者导向与绩效U形关系及组织合法性的中介作用[J]. 管理世界,2012(7):107.

[8] 李新春,梁强,宋丽红. 外部关系-内部能力平衡与新创企业成长:基于创业者行为视角的实证研究[J]. 中国工业经济,2010(12):97-107.

[9] Song M,Di Benedetto C A. Supplier's involvement and success of radical new product development in new ventures[J]. Journal of Operations Management,2008,26(1):1-22.

[10] Senyard J,Baker T,Steffens P,et al. Bricolage as a path to innovativeness for re-

source-constrained new firms[J]. Journal of Product Innovation Management, 2014,31(2):211-230.

[11] 徐娜娜,徐雨森.资源、创新网络与后发企业逆向创新的协同演化:基于海尔集团的纵向案例研究[J].管理评论,2016,28(6):216-228.

[12] Von Zedtwitz M,Corsi S,Soberg P V, et al. A typology of reverse innovation[J]. Journal of Product Innovation Management,2015,32(1):12-28.

[13] Immelt J R,Govindarajan V,Trimble C. How GE is disrupting itself[J]. Harvard Business Review,2009,87(10):56-65.

[14] 单娟,董国位.新兴市场后发企业逆向创新路径研究[J].科技进步与对策,34(2):87-93.

[15] Heil O,Robertson T. Toward a theory of competitive market signaling:a research agenda[J]. Strategic Management Journal,1991(12):403-418

[16] Chen M J,Miller D. Competitive dynamics:Themes,trends,and a prospective research platform[J]. The Academy of Management Annals,2012,6(1):135-210.

[17] 王娟茹,罗岭.知识共享行为,创新和复杂产品研发绩效[J].科研管理,2015 (6):37-45.

[18] Narver arver J C,Slater S F. The effect of a market orientation on business profitability[J]. Journal of Marketing,1990,54(4):20-35.

[19] Teece D J. Profiting from technological innovation:Implications for integration, collaboration, licensing and public policy [J]. Research Policy, 1986, 15 (6): 285-305.

[20] Ferrir W J. Navigating the competitive landscape:The drivers and consequences of competitive aggressiveness[J]. Academy of Management Journal,2001,44(4):858-877.

[21] Chandler G N,Hanks S H. Founder competence,the environment and venture performance[J]. Entrepreneurship Theory and Practice,1994,18(3):77-89.

作者简介

买忆媛,管理学博士,华中科技大学管理学院创新创业与知识产权系主任、教授、博士生导师。主要研究方向为创业管理、技术创新、风险投资。近年来,在《Strategic Entrepreneurship Journal》《Journal of Small Business Management》等英文期刊和《管理世界》《南开管理评论》《管理科学》《管理评论》等中文期刊上发表论文多篇,主持国家级和省部级课题10余项。有较广泛和深入的国际学术合作与交流,曾访学美国斯坦福大学、美国圣何塞州立大学和英国巴斯大学等,在创业管理、创新战略等领域有丰富的研究经验。

基建拉动创新的中国路径

汪海粟

摘要:改革开放40年来,我国大规模高强度的基础设施建设触发了先进国家部分企业用过剩技术拓展中国市场的战略选择,在体制改革和机制转化的共同作用下形成了具有中国特色的基建拉动创新的路径。该类创新活动缩短了中国基础设施建设与发达国家的技术差距,并呈现出引进技术高度化、专利组合多样化和创新成果多元化的态势。与此同时,作为该类创新活动的主体之一,大型建筑央企也遭遇资质认定、市场拓展和体制缺陷等问题,需要通过修正资质认定体系、积极开拓国外市场和优化创新机制予以应对。

关键词:基建拉动;创新;技术过剩;资质

一、相关定义和主要特征

基建拉动的创新特指以国家主导的大型项目和工程为依托,与影响国民经济发展的基础设施建设紧密相关,以大型设备制造和大型建筑企业为核心主体的创新活动。历经40年的改革开放,我国该类创新活动已形成引进国外技术—消化吸收—自主再创新的基本路径,为高铁、桥梁、机场、港口、电站等基础设施的建设做出了重大贡献,缩短了与世界先进技术的差距,并在某些细分领域形成了比较优势。这种创新通常肇始于发达国家的过剩技术和后发国家基建需求互动催生的基于平等互利原则的"市场换技术"活动,并具有以下特征:

(1)缩短后发国家技术开发的时间。这主要是指技术进步为后发国家提供了创新机遇,其达到特定技术水平所需时间得以缩短。同时,这类创新活动也使后发国家通过技术转移节省研发费用,降低了失败风险,提高了科研效率。

(2)拓展先发国家技术应用的空间。由于经济技术发展不平衡的客观存在,与基础设施高度相关的技术通过市场转移已成为国际惯例。第一,发达国家的基建需求受到自身发展空间的限制,出现技术过剩。第二,以中国为代表的后发国家庞大的基建投资形成了大型项目有支付能力的需求。第三,巨大的市场体量促使不同国外厂商通过竞争参与对后发国家的技术贸易。例如大型水电站的建设,外国主要设备供应商同时遭遇国内市场饱和与专利技术失效压力,为了取得以三峡工程为代表的中国市场,与中国开发商签订了包括转让技术在内的一揽子协议,最后实现了多赢。

(3)需要特别制度和政策的保障。我国的制度与体制优势主要体现在几个方面:首先是项目建设由政府主导并保障资金需求。其次,大型央企直接参与,保障了项目质量。

第三,强有力的国家统筹规划能力凸显了集中力量办大事的体制优势。以高铁技术发展为例,国家铁道主管部门依托重大项目,整合铁路市场,对外统一招标,协调内部关系,加大资金投入,进而达到了引进技术,促进消化,实现系统创新的目标。

二、创新环境与创新趋势的解读

(一)创新环境的特殊性

改革开放以来,交通运输、能源供应等基础设施曾经明显长期不能满足经济快速增长的需求。为了满足经济发展要求,提高居民生活质量,国家加大基础设施建设力度,主要表现为基础设施建设投资额逐年增加。自2001年以来,我国在基础设施建设方面的投入逐年增加,每年新建铁路里程和新增变电设备整体上也呈现出上升趋势。公路、铁路、发电站等基础设施建设投入的增加,促使我国在发电机组、高铁以及桥梁建设方面取得一系列创新成果,取得多项世界第一。

我国已经实现计划经济向市场经济的转型。在市场机制的作用下,民营企业可以与国有企业共享经济资源,作为配套企业共同参与国家主导的大型项目和大型工程的建设,进而有利于加快我国基础设施建设进程。此外,我国正在推进混合所有制经济改革,混合所有制经济的优势在于可以发挥中国特色社会主义市场经济的制度优势,使得国有信用与民营机制有机结合,实现国有资本放大功能,促进各种所有制企业取长补短、相互促进、共同发展。

加入WTO之后,中国经济按国际惯例运行的能力得以明显改善,进出口贸易、吸引外资和对外投资的规模和结构都出现重大变化。2018年,中国货物贸易出口额、进口额、网络零售额仍然保持世界第一,社会消费品零售总额、服务贸易进出口额稳居世界第二,吸引外资投资连续26年居于发展中国家首位,对外投资为世界第三。根据国家统计局资料,改革开放以来,我国对外贸易规模不断扩大,一方面表现在进出口总额的增长上,进口总额从1978年的187.4亿元增长到2018年的140874亿元,增长了750多倍;出口总额从1978年的167.6亿元增长到2018年的164177亿元,增长了近980倍。另一方面表现在我国吸引外商投资和外资企业的数量变化上,1995年我国外商投资额为3752100万美元,到2018年增长到13497000万美元,增长了2.6倍;1995年我国外资企业数量为233564户,到2018年增长到584665户,增长了1.5倍。进出口规模的不断扩大,以及外商投资和外资企业的不断增加,使得我国市场与国外市场的联系更加紧密。引进外资的情况在一定程度上可以反映我国国外技术引进的情况,外资企业以及外商直接投资额的增加,为我国市场带来大量先进技术,极大地促进了基建拉动的创新活动。

(二)创新活动的演进趋势

1. 引进技术高度化

该类创新活动通过技术引进和消化吸收,然后再创新形成我国的自主知识产权,实现了对国外技术的超越,我们将这一过程称之为引进技术的自主高度化。由于行业不同、技术种类不同,基建拉动的创新在实际应用过程中受具体施工现场的环境影响较大,引进的外来技术,并不一定普遍适用于这类特殊场景,多数情况下都需要根据具体应用环境对引进技术在消化吸收后进行大量的改进和革新。例如桥梁建造有别于制造业企业的创新活动,这些工程一是地理位置特殊,二是桥梁要求特殊,三是建桥环境特殊,四是材料使用特殊,五是设计施工周期特殊。所以每一座桥梁就是一个研发项目。桥梁建设项目的特殊性决定了每一座桥梁都因自然条件的差异在设计、施工和材料选用上有所不同,所以需要发现、分析和解决新问题。由于气候环境、地理构造和桥梁建设标准的综合作用,许多特型桥梁的建设和施工在国内外并无先例可借鉴,迫使桥梁建设企业在桥梁设计、施工方法和异型装备等方面持续进行自主创新,形成系列自主建桥技术。

2. 专利组合多样化

由于该类创新活动依托国家大型项目、大型工程建设,再加上我国经济体制和社会制度的不同,使得该类创新活动具有以下几种创新形式:

一是"国有专利+民营专利"。这种创新模式可以发挥作用主要有以下两个原因:第一,经济体制和社会体制的优势。由于经济体制和社会体制的不同,和西方国家相比,我国可以举全国之力,在大型项目和大型工程的建设中充分发挥集中力量办大事的体制优势。第二,民营企业在国民经济中的重要作用凸显。在该类创新中,起到主体作用的主要是大型中央企业,民营企业往往承担着一些配套工程的建设。随着混合所有制改革的深化,民营企业在国家大型项目和大型工程建设中正在发挥越来越大的作用。所以,该类创新需要国有企业与民营企业协同。

二是"主体专利+配套专利"。大型项目和大型工程的建设可以分为主体工程的建设和配套工程的建设,主体工程一般指能够支撑整个工程,维持结构整体性、稳定性和安全性的结构体系,配套工程一般指与主体工程相配套的工程,其作用主要是保障主体工程正常运行。在不同工程的建设过程中可能会形成不同类型的技术成果。

三是"项目专利+制造专利"。一般来说,大型项目、大型工程的建造往往需要一些专门的设备、工程车辆等来辅助完成建造任务。例如,为了实践海上长桥整孔运架及装备方案,中铁大桥局集团有限公司先后投入十几亿元,打造了十多艘海上施工船舶,涵盖了深水基础施工、海面重型桥墩和大型桥梁的运输安装、海上的抛锚定位等领域,成功实现我国桥梁建设由内河转向海上的跨越。所以,该类创新活动中,不仅仅在项目建造过程中可能会实现技术突破,在一些相关设备制造过程中,也可能实现技术突破。

3. 创新成果多元化

由于建筑行业的特点,使得该类创新的创新成果多样化,不仅只有专利。首先,该类创新产生大量著作权。著作权是建筑设计单位所形成的主要技术成果,并且主要包括各类专业设计图纸、图集、手册、汇编、设计说明书、标准规范、技术总结、正式发表的论文以及拥有自主知识产权的计算机软件等。其次,该类创新产生大量的工法,由建筑行业的相关统计数据可知,近些年我国建筑企业所获国家级和省部级工法数量不断增加。第三,该类创新推动一些大型设备的研发制造。制造项目建设所需的特殊设备和特殊车辆也是重要的创新成果。

三、该类创新活动面临的问题及相关对策

由于基础设施建设过程中所涉及的技术较为复杂,产生的技术成果也不单单只是专利这种形式,还有工法和著作权等,所以有必要对该类创新过程中产生的有关问题进行

梳理，并提出相应的改进建议，以促进该类创新的良性发展。

（一）相关问题的归纳

1. 资质认定问题

尽管以中铁大桥局集团有限公司为代表的中国桥梁设计建造企业形成了全国领先、世界先进的技术成果，为我国桥梁事业的发展做出了重大贡献，但也遇到难以达到高新技术企业认定标准的困境。其主要原因是高新技术企业认定标准未能反映桥梁设计建筑企业研发活动的特殊性，缺乏对自主创新和实施知识产权战略贡献的评价。由此可见，该认定指标体系尚未体现建筑企业创新活动的技术经济特征。

2. 市场拓展问题

该类创新活动所形成的创新成果，大都是在特定项目中，为解决特定环境下的特定问题形成的，这就使得该类创新成果的拓展应用受到限制。以桥梁建设为例，每个桥梁的建设都可以被看作一个研发项目，这就使得在桥梁建设过程中形成的专利技术应用范围受限，如果不能有效地拓展该类创新成果的应用市场，在降低投资回报率的同时，也在一定程度上造成了资源的浪费。

3. 管理机制问题

作为该类创新活动主体，大型建筑央企仍然面临国有管理体制尚未与时俱进的掣肘，表现为以下几点：国有企业高管与政府公务员具有同级别调动的相关规定，致使部分企业高层管理者选择将提高企业绩效与行政级别关联的短期化行为，不愿进行牺牲短期绩效而投资产生长期利益的创新活动；国有企业，尤其是中央企业，一般规模庞大、业务繁多、拥有众多分公司和子公司，客观存在管理效率低下的"大企业病"；创新主体多元化与财务决策多层次化，也增加了集团总部对各种创新所需资源的配置难度。

（二）该类创新的专利战略调整

1. 修正资质认定体系

工程设计建造中的创新活动有别于制造业中的创新活动，主要表现为前者具有全过程、多样化和复杂性特征。直接表现为工程设计建造中的研发费用与设计和建设费用交织重叠。另外，需要厘清建设单位创新活动支出与总承包项目收入的关系。所以应充分认识建筑行业技术研发活动的重要性和特殊性，鼓励将高度集成现代科技的设计和建筑企业纳入高新技术企业认定的范围。

2. 积极开拓国外市场

该类创新活动形成的专利技术不得不面对应用场景的限制，具有先进技术的建筑企业应主动实施"走出去"战略，积极参与国际市场的竞争。以高铁为例，首先，我国高铁技术集成了先进国家的技术优势；其次，我国拥有广阔的陆地，与周边国家建成了铁路网；再次，我国高铁拥有全天候的建设经验；最后，我国高铁技术积累了"走出去"的坚实基础。利用现有技术成果积极开拓国外市场，在一定程度上可以突破创新成果的应用局限。

3. 优化创新机制

该类创新活动是依托国家大型项目和大型工程建设进行的，其创新主要是一种混合式创新。混合式创新模式的完善需要把握以下三点：

第一，促进国企民企协同。尽管在国家大型项目和大型工程建设中发挥主要作用的大都是国有企业，但民营企业在建筑领域的异军突起彰显的体制和机制比较优势值得高度重视。应把握社会资本进入基础设施建设领域的优势，发挥民营企业以及社会资本的重要作用。在国家信用公平配置的趋势下，国有企业与优秀民营企业寻求合作，有可能将国家信用，民营机制和外资经验集成优化，发挥混合效用。

第二，促进大小企业协同。促进该类协同，一方面有利于中小企业的发展，另一方面也有利于大企业提高创新效率，降低创新成本，从而实现"合作共赢"的局面。大小企业协同，切入点在于解决大企业与中小企业信息不对称，应建立信息共享机制，由建筑行业先进企业发布需求信息，尤其是创新需求信息，帮助中小企业找准创新方向，激发中小企业创新积极性和创新活力，并促进资源有效利用。

第三，做好系统集成创新。该类创新通常会在同一领域，涉及不同国家不同技术的引进消化和吸收。所以系统集成创新至关重要，系统集成创新，是相关创新活动之间的有机协同。如我国高速铁路系统，其中包括工务工程、牵引供电、通信信号、动车组及运输管理等各个子系统。而且各子系统之间相互关联、相互作用，并构成一个有机的整体。系统集成创新活动既需要研究各子系统本身所涉及的专业技术，又要研究不同子系统之间以及本系统与外界环境之间协同效应，形成一个完整的系统。

作者简介

汪海粟，教授、博士生导师，中南财经政法大学企业价值研究中心主任。中国工业经济学会副理事长，中国资产评估准则委员会技术委员会委员，中国资产评估协会资深会员。2001~2012年曾任中南财经政法大学MBA学院院长。长期研究工业经济、资产评估、企业战略管理、无形资产和中小企业问题。主持并完成与上述研究领域高度相关的3项国家自然科学基金项目、1项国家社会科学基金项目和数十项省部级和企业横向科研项目。在《管理世界》《中国工业经济》《Journal of Small Business and Enterprise Development》等国内外专业刊物发表文章130余篇。

价值链整合视角下的国企作用再认识[①]

汪　涛

摘要：新一轮产业革命正在引发广泛产业领域的价值链整合；产业价值链整合的三种模式中，企业整合模式是规避传统的市场整合和政府整合模式的双失灵、实现市场机制与政府调控意图的桥梁。实践表明，我国所取得的重大产业技术突破，很多是由国企主导价值链整合实现的。因此，应将推动具备领先用户身份的国有企业成为产业价值链整合的主导者，作为未来产业创新政策的着力点之一。

关键词：产业变革；价值链整合；模式；国企作用；产业创新政策；

一、形势研判：新一轮产业革命掀起价值链整合浪潮

产业结构是特定需求结构、技术水平和资源结构的综合反映，并在这些因素变动的影响下不断演变。产业发展环境中的需求、资源、技术等变化和相互作用，将导致价值创造活动发生诸多方面的本质变化。数字化技术发展引发了第四次产业革命，产业发展环境正在发生巨变。产业创新活动正以全新的方式展开，通过产业价值链整合重塑产业边界及相应的组织边界[1]，新的专业化分工体系正在形成。

二、产业价值链整合的三种模式

产业中的各类组织因其所开展的价值创造活动而获益，价值链整合意味着成员分工及利益格局的改变，需要制定"规则"或"机制"来约束主体的行为、决定整合方向、利益分配格局等，引导整合过程——市场和政府分别通过"无形之手"和"有形之手"对此施加影响。

（一）两种传统整合模式

资源具有稀缺性，因此竞争普遍存在，需要制定约束竞争行为的规则。根据推动整合的主要外部影响因素，价值链整合有两种传统模式：市场整合和政府整合。

1. 市场整合模式

市场机制对创新活动的基础性作用主要表现在利益诱导。当预期的潜在收益大于

[①] "产业创新模式与激励政策研究"（科技部创新体系建设办公室委托，项目编号：2013cxb24）研究成果。

创新成本时,企业产生创新动力,按照"无形之手"的指挥,发挥各自优势,从事产品或服务价值的创造和传递。生产型企业研发和制造它们所擅长的产品模块或组装产品模块;服务型企业围绕产品研发、生产、销售和使用,提供服务。在此过程中,除了价格机制引导资源流向边际收益大的创新领域,并以丰厚的利润回馈、奖励创新行为外,没有、也不需要某个组织者挥动"有形之手"来操纵。

如果创新活动不能获得市场认同或者收益达不到预期,则创新者会重新设计、修正创新目标、方向或技术路线,向着有更好潜在利益的方向开展创新活动。即:市场通过利益诱导机制推动价值活动主体按照市场需求重组和优化资源,塑造了产业价值链。

2. 政府整合模式

计划体制下,基于"政府能够准确把握需求且有能力高效率配置资源"的假设,由政府选定产业发展方向、制定产业发展规划、决定产业技术路径、调控资源和主体间的利益关系,借助"有形之手"直接组织产品研发和生产,构建产业体系,保证产业发展符合国家意图。

在"两弹一星"、神舟系列卫星的研制过程中,政府既是用户,明晰自己的需求;也是制造商,按照设定的目标开展价值创造活动,供、需集于一身,"举国体制"取得了较大成效。

政府整合模式的主要缺点是不能保证资源配置效率。随着我国逐渐强化市场机制在资源配置中的主体作用,在绝大多数产业中政府整合模式的作为空间越来越小。

(二)企业整合模式

推动整合的外生力量,不论来自市场还是政府,都要作用于价值创造活动的主体——企业。企业的价值创造活动是以价值链为载体进行的。在产业价值链上,能够为企业带来高额利润的经营活动范围被称作利润区。随着外部环境的改变,利润区会发生转移。市场经济中的价值活动主体总是希望将所从事的低利润率的价值活动剥离并聚焦和引入某些高利润率活动,于是依据利润率信号并结合对行业发展前景的判断和自身资源能力的分析,来重构其内部价值链,并改变其产业价值链上所处位置。企业这种策略性行动汇聚成推动产业结构重塑的力量。即企业作为发起者和组织者,可以改变产业中主体间关系及其在价值活动中的角色,从而改变产业体系的价值分配格局,主导产业价值链整合。

(三)三种整合模式分析:企业整合模式是规避"双失灵"的可能途径

自由主义经济学者认为,在完全竞争的市场中,生产者追求利益极大化,消费者追求效用极大化,通过价格机制实现资源有效配置,实现供需均衡。在有些情况下,市场无法有效率地分配商品和劳务,即存在"市场失灵"。

凯恩斯主义者指出,政府是能够弥补市场失灵的非市场力量,可以通过财政、税收和金融等政策等调节和干预经济活动,改善资源配置效率。但是,公共选择理论指出:政府活动未必能校正市场失灵并达到政策干预的预期目标,还可能造成更大的资源浪费,甚至在某些条件下导致比"市场失灵"更坏的结果,即"政府失灵"。在产业创新活动中,"政府失灵"表现为:① 政府缺位:如国家扶持高新技术产业的法律法规建设及引导扶持政策滞后,或者政策短期化、措施配套和落实不彻底等;② 政府错位:由于对产业创新发展规律的认识有偏差、把握不充分等,导致定位不清或者决策失误、行为失当;③ 政府越位:对市场过度调节、干预,"插足"本该由市场或企业承担的责任,既当"运动员"又当"裁判员"。这在我国市场经济体制逐步完善过程中是一种常见现象。

随着我国的市场经济体制建设的推进,在一般商品领域,市场机制成为资源配置的决定力量。为了解决市场失灵所导致的产业发展路径依赖、"低端锁定"、赶超目标难以实现等问题,我国政府开展了很多政策实践,但很多领域的政策目标并不令人满意,政府失灵普遍存在。面临该局面,应借助"组织间关系"[2]整合产业价值链,即采用企业整合模式(图1)。因为企业作为价值创造活动的主体,既是市场经济中的决策主体,又是政府为达成宏观调控意图而实施的各项政策的作用对象,当其成为价值链整合的主导者时,既能充分发挥市场机制的高效率优势、又能落实政府调控的导向性意图,可以成为弥补"双失灵"、政府制定和实施产业创新政策的施力点。

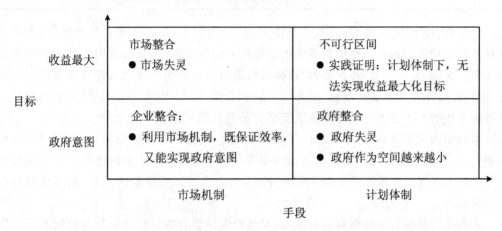

图1 政府整合模式和市场整合模式的比较

三、企业整合模式的作用机理和国有企业作用的再认识

(一)企业整合模式的作用机理

国家创新体系理论认为创新发生在"有组织"的市场环境中[3]。资源依赖理论进一步指出组织间关系网络是价值活动主体共享和交换资源、共同开发新创意和新技能的一种方式。因此,本文认为企业整合模式建立了政府与市场协同作用的一般逻辑。

政府整合和市场整合是理想化的两极,前者基于"政府高明"且"立场中立、公平优先、追求效率"假设,利用"有形之手"调控产业发展;后者则以"纯粹市场""无为而治"为出发点,将产业价值链整合完全交给"看不见的手"。真实世界中,政府并非万能,市场也不完美,企业整合模式在理想化的政府和市场之间搭建了更有效的、能够发挥政府和市场协同优势的桥梁。

企业整合模式的行为主体依据"交易成本(完全市场机制下)+科层成本(一体化组织内)"最小化原则,为获取资源或在资源争夺中取得优势地位而改变产业价值链上主体间关系结构,从而改变了产业价值网络的结构。这种形式的整合,既超越了"看不见的手"的"自组织"失灵,又能发挥市场机制配置资源的效率优势;既可以避免"看得见的手"行政干预导致的"政府失灵",又能反映和落实政府发展产业的意图(表1)。

表1 三种整合模式比较

	市场整合	政府整合	企业主导整合
目标	有限资源,最大效率	公共利益,社会公平	组织利益最大化
手段	看不见的手	有形之手	有形之手,同时服从看不见的手
优势	效率	立足长远、全局谋划	利用市场机制,既保证效率,又能实现政府意图
局限性	市场失灵	政府失灵;作为空间越来越小	个体局限性,协调力有限;系统失灵

企业整合的动力来源包括:政府意图的硬、软约束力;企业谋求自身发展、最大程度获利的内在动机。以神华集团高端液压支架自主创新为例[4],政府意图起到了软约束力的作用。我国的"十一五"规划提出"将振兴装备制造业作为产业结构优化升级的一个重要方面"的目标。为落实该目标,国务院先后于2006年和2009年发布了《关于加快振兴装备制造业的若干意见》《装备制造业调整和振兴规划》(规划期为2009～2011年),通过政府采购和购买补贴政策,推动解决国内设备制造商的"首台套"瓶颈。在此背景下,作为领先用户,神华集团主动支持高端液压支架研发,为解决自己和其他煤炭生产商长期采购国外先进液压支架所带来的采购成本巨大、交货期无法保证的问题,是其整合行动的直接动力。

企业实施整合行动的基础性条件是:发起和主导整合者应该握有整合所需的关键资源——对企业获取或保持业务的持续竞争优势有至关重要影响的资源。在特定产业中,关键资源并不一定唯一,且在产业发展的不同阶段有所改变。关键资源的稀缺程度、可替代性和分布特点,决定了产业竞争格局和企业的相对地位。改变竞争格局和企业的竞争地位,意味着改变关键资源的分布状态;反之,改变关键资源的分布状态,必然改变企业间的关系。

例如,我国高端液压支架制造企业因技术基础差、资金投入不足导致技术落后、用户不愿意采购;从而,制造商的研发活动面临巨大的经济压力和高度的市场不确定性,产业长期陷入低端锁定。对于国产高端液压支架制造业而言,关键性资源是市场机会和技术资源。神华集团作为高端液压支架的领先用户,能为国内制造商提供市场机会;同时,在长期技术引进过程中,神华集团积累了国外设备图纸、掌握了装备的技术特性和使用诀窍等,拥有样机测试条件。凭借所掌握的关键性资源,神华集团决定顺应国家的"自主化""国产化"导向,改变采购进口设备成本高、交货周期长等不利局面,将国内制造商、零部件供应商和科研单位组织起来开展创新活动。在此过程中,神华集团决定了创新方向和技术参数,采用"研制代采购"方式,为制造商提供市场机会、降低市场不确定性,并为创新活动提供资源保障和组织支撑,成为产业创新发展的领导者、组织者、支持者和"首台套"测试和商业化应用者。

除具备上述基础性条件外,企业整合者还应具备前沿技术把握能力、资金实力、组织能力、战略谋划能力和风险承担等能力。在神华集团的高端液压支架创新案例中,虽然国内制造商仍是研发过程的主要执行者,但制造商因长期处于"低端锁定"局面,多方面能力缺失,需要用户和其他相关主体的补充。神华集团作为用户,扮演了创新方向引领者、技术资源提供者、研发活动支持者、多主体协同创新组织者和首次商业化采用者,承担这些角色,需要具备相应的能力。

总之,企业为了获得政策支持,跟随政府意图,制订战略行动方案,并凭借所掌控的产业关键性资源,发挥主导者力量和配套的核心能力,主导产业价值链整合,通过资源分布状态和价值链上主体间的关系结构而占据优势地位,推动产业结构的升级(图2)。

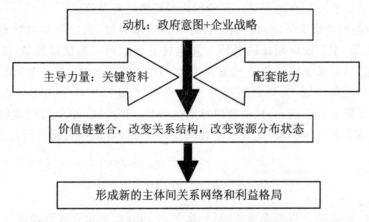

图2　企业整合价值链的动力、条件和机制

(二)国企作用的再认识

在我国的高新技术产业、重要支柱产业和自然垄断性行业中,仍有大量国有企业在从事价值创造活动。经过30年的改革发展,各领域的国有企业已经初步建立起现代企业制度,运用市场手段参与竞争的主体意识不断加强,已具备传导国民经济调控意图(并获得政策支持)、利用市场机制来达成企业成长目标的能力。它们掌握整合所需关键资源(往往具备领先用户身份,具有提供市场机会的能力),直接受到政府的软硬约束("自主化""国产化"、首台套突破、自主创新),有强烈动机将国内制造商、零部件供应商和科研单位组织起来开展创新活动,并为创新活动提供资源保障和组织支撑,且具备整合所要求的前沿技术把握能力、资金实力、组织能力、战略谋划能力和风险承担能力等。实践中,国企主导的价值链整合,建立或者改变了现有的产业价值活动主体间的关系,是摆脱路径依赖、解除低端锁定、实现赶超目标的有效手段,已经涌现了多个成功案例[4~6]。

四、启示和建议

本文认为:

(1)应从产业创新活动中企业主导价值链整合的视角重新认识国有经济成分的作用,以国有企业作为产业创新政策的重要着力点,发挥其协同市场机制和政府调控作用,实现既充分发挥市场机制配置资源的效率,又能有效规避市场失灵;既能贯彻国家的产业调控目标,又能防范政府失灵的改革发展意图。因此,应通过考核指标、社会责任等方面的软、硬约束,促进、鼓励和支持(大型)国企承担产业价值链整合的责任。

（2）应开展企业整合产业价值链的研究、试点工作。包括：① 制定鼓励、支持企业整合产业价值链的试行政策,包括财政、税收、市场准入以及与整合有关的优惠政策。② 依托有能力的研究咨询机构,重点针对成长中的产业(主要是新兴产业)、需要升级的产业、发生重要创新的产业,梳理产业价值链,识别出市场整合失灵(不能自动整合)而政府又不宜直接干预的产业；鉴别出有资源和能力整合产业价值链的企业；考察候选企业的整合意愿,对备选企业进行评价、筛选；每个产业选择1~2个企业；由企业提出整合方案；政府有关部门组织专家评审方案后批准实施。③ 跟踪并分阶段评价整合情况,适时调整支持措施；总结经验和存在的问题。评价推广的可能性和条件。

（3）产业创新政策应从面向价值链各环节和技术领域,到面向价值活动主体。传统的产业创新政策,主要面向创新链各环节和领域来制定和实施扶持政策,肢解了创新活动的有机体系,导致系统绩效低于政策预期,产生"系统失灵"。企业作为创新活动的主体,基于利益最大化原则,为提高资源配置效率,会充分捕捉和利用市场机制传达的信号；为获得国家的政策支持,会接受政府意图的引导。因此,以企业为产业创新政策的施力点,能保证政策的整体绩效,是兼顾宏观调控和资源配置效率目标的可行途径。

参 考 文 献

[1] 青木昌彦.企业的合作博弈理论[M].北京:中国人民大学出版社,2005.

[2] Oliver C. Determinants of inter-organizational relationships:integration and future directions [J]. Academy of Management Review. 1990,15(2):241-265.

[3] Lundvall B. Innovation as an interactive process:from user-producer interaction to the national system ofInnovation[M]//Dosi G,Freeman C,Nelson R,et al. Technical change and economic theory. London:Pinter Publishing,1988.

[4] 苏楠,吴贵生.领先用户主导创新:自主创新的一种新模式——以神华集团高端液压支架自主创新为例[J].科学学研究,2011,29(5):771-776,800.

[5] 张文彬,蔺雷,廖蓉国.架构能力引领的复杂产品系统产业链协同创新模式研究:以中广核工程有限公司为例[J].科技进步与对策,2014,31(3):57-62.

[6] 刘建新,王毅.后发国家产业技术追赶模式与绩效的关系研究[J].科研管理,2013,34(8):68-74.

作者简介

汪涛,北京理工大学管理与经济学院教授、博士生导师,长期从事创新管理与政策激励研究。近年来主要关注数字经济与产业转型相关前沿问题,在创新与变革管理、商业模式创新、互联网+与产业转型升级、平台经济等领域具有丰富的学术底蕴和教学实践经验。

以系统性力量协同攻克高端装备制造产业技术瓶颈制约

张玉臣

摘要：从技术、市场、制度三个方面阐述了以系统性力量协同攻克高端装备制造产业关键核心技术制约的合理路径和科学道理。首先，揭示了现代高端装备由数字化系统驱动、生产制造过程由数字化装备完成、系统设计依赖数字化平台支撑等现实，论证了在科技自主创新路径选择上必须确保形成系统性数字技术的原则；其次，阐释了新兴技术应用的基本逻辑，论证了立足于在应用中完善技术、逐步提高技术成熟度的重要性，分析了同步构建技术应用条件的重要性，提出了要立足装备全寿命周期提升其应用经济性的构想；再次，分析了在高端装备产业技术攻关中推动制度创新的重要性，论证了保持市场竞争活力、以政策激活和引导市场的基本原理。

关键词：系统性；协同；高端装备；技术瓶颈

高端装备是现代工业的"母机"，是最具代表意义的兴国重器、强国根基。高端光刻机、燃气轮机等重要装备长期受制于人，成为压在国人胸口的"巨石"。正如习近平总书记指出的"核心技术受制于人是我们最大的隐患"，"重大核心技术必须靠自己攻坚克难"，"要下定决心、保持恒心、找准重心"，加速推动核心技术突破。然而，新技术革命背景下的装备制造产业科技创新非常复杂，受技术、市场、制度等多方面因素共同影响。必须深入研究新技术革命背景下装备制造产业技术创新的演变规律，基于其技术特征、应用规律和制度需求等，以系统性力量协同推进自主创新。

一、基于产业技术本质特征确定科技创新路径

为什么高端装备制造产业技术学习如此之难？关键是新技术革命背景下，装备制造产业技术体系、技术研发及生产方式都发生了革命性变化。不论是以蒸汽机为代表、以机器应用为标志的第一次科技革命，还是以电动机为代表、以大规模流水线为标志的第二次科技革命，都是将技术知识转化为功能性构件，然后融入一体化产品中作用于社会生产过程。而以计算机、控制技术为代表的第三次科技革命却与之不同，其在推动重要产品，特别是工业装备自动化和信息化的同时，也引致了生产组织方式的颠覆性变化，出现了产品研发、设计、生产制造的模块化分工。

这种变化引致制造业技术出现三个重大变化：一是核心技术与一般技术分离，即以功能性零部件生产制造、装配等为代表的一般技术与以核心零部件及控制技术为代表的核心技术分离，出现头脑性技术和功能性技术分别研发及制造现象；二是体系化，即为保

证模块化生产下的零部件具有高度兼容性,通过标准将产业技术连接为一个完整体系,并经过市场竞争筛选出行业主导设计;三是平台化,即基于对设计、研发、产品生产制造及运行等数据的积累,形成支撑产品研发及设计的知识平台,成为产业核心技术的基础性依托。至此,基于平台的产品规划和设计技术、控制系统技术等成为复杂装备的关键核心技术,也成为确定功能和制造技术的重要依据。产业技术体系化、平台化无疑都极大提高了技术学习的门槛,而核心技术与一般技术分离使得企图通过功能性构件生产制造技术学习获取产业关键核心技术、控制技术变得极为困难。同时,由于依赖数据平台而成的数字技术形成及演化规律都不同于功能性构建技术,且数据平台具有先发优势和网络外部性,使后发者的技术学习难度递增。

在以移动互联为代表的新技术革命背景下,适应需求多样化、个性化及制造个体化等趋势,装备制造产业将出现更为开放和多元的专业化分工,产业技术标准化、体系化、平台化趋势将持续强化,并在全球化网络下演化和升级为生态系统。产业技术创新的更加开放和分散,将为技术学习带来机遇;而产业技术体系化、平台化趋势的强化,也将使技术学习面临更严峻挑战。

在这样的背景下推进装备制造产业技术自主创新,必须在专有化和系统化两条路径上协同推进。专有化主要指功能性零部件技术,系统化主要指规划设计和控制技术。审视我国装备制造产业的技术学习,绝大多数企业从装配制造技术起步,然后开始组织零部件技术攻关,即逐步提高企业专有技术上水平,期望在攻克关键或核心零部件技术之后,再通过技术集成开发出完整的自主产品。实际上,这种技术学习路径忽视了通过专有技术学习不能获得系统性技术的事实。同时,单纯专有技术学习不能有效积累产品规划和设计的数据,不能建立自主的产品研发和设计平台,使企业建立自主规划和设计能力的愿望长期不能实现。因而,在引进学习制造技术的基础上,装备制造企业必须协同推进专有化和系统化学习。在通过专有技术学习获得关键零部件技术的同时,必须开展基于本土市场需求和大量实验基础上的自主的产品规划和设计,逐步探索和积累系统性技术,并在设计过程中做出控制系统的规划。专有技术的学习相对容易,系统技术的学习非常困难,但这是不可逾越的技术知识和能力积累过程。

二、按照产业技术应用机理确定市场拓展战略

产业技术创新的根本目的在于提高价值创造能力。技术应用是自主创新价值实现的核心环节,也是技术走向成熟的必由之路。任何新技术、新产品都是在反复应用中逐步完善、走向成熟的。对高度复杂、系统化的装备产品而言,难以在样品研制成功之时就实现技术稳定,也不大可能在短期内就具备商业竞争力,特别是存在着在位者竞争、价格打压的市场环境下。同时,技术应用也不是单纯的技术问题,而涉及一系列应用条件和环境。近年来,我国一些自主创新装备之所以未能在实践中有效应用,既有受技术学习难度制约、技术成熟度较低有关,也与未能协同推进技术应用的环境和条件等有关。因而,必须科学制定自主创新装备的市场应用及拓展战略。

第一,立足于在应用中完善技术,逐步提高技术成熟度。我国军工领域的自主创新之所以能够取得较好成绩,除了国家大力投入、研发队伍稳定等外,更重要的是创新成果能够得到实际应用,并在多轮试用中逐步完善;高速铁路等自主创新的成功,也与创新成

果能够得到广泛应用密切相关。然而,绝大多数民用自主创新装备的市场应用难以得到保证,极大地延缓了其技术成熟过程。近年来,国内组织了不少重要装备的科技攻关并成功研制产品,但其初期工作质量很难达到进口设备水平,跨国公司再大幅降低同类产品价格,使自主研制装备难以得到市场应用。由于民用装备的应用者主要是多元化的市场主体,其自主选择质优价廉的进口装备无可厚非。如果缺乏有效的社会支持,装备产品研制主体不可能持续投入进行技术改善,这样的自主创新成果只能胎死腹中。巨大市场是我国自主创新的独特优势,装备产品的市场应用不仅能有效促进其技术成熟,更能够积累产品设计及运行数据,构建自主的研发和制造平台。如果我们不能对如何利用市场优势做出系统规划,很多重要装备产品可能就失去自主发展机遇。燃气轮机、集成电路装备等自主创新都面临这样的问题。

第二,要与产品技术创新同时推动技术应用条件和环境构建。产业技术在市场中得以应用很大程度上不是因为技术突破本身,而是由于技术具备了应用的条件。按照克里斯坦森的说法,技术应用条件实质上是价值网,具体指产业技术竞争、生存和应用的特定环境,主要包括技术得以生存的物理条件支撑、原材料供给、消费者需求、政策环境等。克里斯坦森认为,技术及其创新主体应该在价值网中确定消费者需求,并对其采取应对措施,包括解决各种问题、征询消费者意见、应对同行竞争等,并通过合理的成本结构实现利润最大化。著名技术演化专家汉密尔顿将技术从研究到进入市场的发展过程分为四个阶段,佩雷斯认为新兴技术发展成为产业包含三个过程,其中技术的供给和需求条件、应用条件和价值网等,都是其竞争性进化的重要依据。我国在前些年以科技重大专项等形式支持重要装备科技创新中,关注了产品类型及技术成熟,但对同步培育技术应用条件及价值网却重视不足,导致创新成果在市场应用遭遇瓶颈制约。成功的重要产业创新案例表明,技术应用条件和价值网并不是在技术成熟以后构建的,而是在技术衍生和发展过程中与其共同进化的。

第三,要立足装备产品全寿命周期逐步提升其应用的经济性。由于需要大量研制投入,通常还会遭遇在位垄断企业的价格恶性竞争,自主装备产品在面市初期一般不具有价格优势。因而,要努力争取以"产品购价+装备使用及维护费"为主要内容的全寿命周期成本优势。基于全球化、开放式背景下的模块化或个体性创新及生产方式,我们有条件率先建立零部件的自主研制能力,要把这种能力与构筑装备产品的全寿命周期成本优势结合起来,即通过协同发展配套企业、创造应用条件等,使装备产品维护及使用成本降低到较低水平。以某发电厂从 GE 公司引进的两台 300MW 燃气发电机为例,其 2009~2011 年的检修维护费就高达 3.83 亿元。跨国公司利用垄断地位谋取维护费等暴利,为本土装备制造企业谋求产品全寿命周期成本优势创造了条件。

三、依据我国产业科技创新需求推动制度创新

装备制造产业技术链长、系统性高,在进入信息化、模块化发展阶段后,产业技术便开始呈现收敛特征,很多高端复杂性装备,已经进入高度收敛阶段。一些重要装备的核心技术只掌握在少数产业巨头手中,市场呈现寡头垄断结构。在这样的背景下,作为后发国家开始技术学习及自主创新活动,必须依据其创新活动特点,特别是产业技术攻关、市场化应用等多个环节的现实需求,以制度创新提供政策等方面的保障。

第一,必须以系统化的力量和竞争机制攻克技术难关。技术创新不仅有路径选择,更有主体选择问题。由于装备制造技术高度复杂,必须以组织起来的系统性力量承担自主创新任务。这里涉及两个基本问题:一是由谁来组织和主导系统性力量,二是不同主体之间的组合机制。由于民用装备主要是市场化产品,其需求主要由市场决定;特别是就全球而言,很多装备已经是高度市场化的成熟产品,必须充分尊重消费者主权,依据消费者的需求组织研发及生产。显然,只有具备充分市场意识、能够快速辨识消费者需求的企业适宜承担组织工作,而居于行业领导地位的大企业具有天然的主导优势。实际上,以骨干企业构建系统性研发联盟也是普遍的国际经验。既然是企业主导,合理的研发联盟组合机制自然是竞争机制,即不同创新主体通过竞争获取参加联盟的机会。政府的作用主要在于推动,给予必要的引导性支持。竞争不仅在于保证不同创新之间的优胜劣汰,更是一种开放的组织运行机制。通过竞争机制,可以有效激发和保持各类创新主体的持续动力。我国很多重要装备制造产品研制以国家立项、成立政府背景的项目公司运作方式,一是由于缺乏利益机制引导,导致这类公司创新动力不足;二是由于缺乏竞争容易导致研发组织或联盟封闭,特别是远离消费者需求及市场变化,使得其难以取得良好的创新绩效。

第二,必须以政策支持引导和系统规划市场化应用。重要装备需要经过多轮试用才能成熟,在已经存在成熟产品、自主研制产品技术和价格都没有优势的情况下,尽管可以通过谋求全寿命周期成本优势获得市场认同,但绝大多数装备仍然需要必要的政策支持。对于存在市场失灵的重要装备,政府可以通过以下三种方式给予扶持:一是政府支持创新联盟建设试验环境,使重要装备在进入市场前通过充分的模拟应用和持续改进逐步走向成熟;二是将示范应用列入重要装备自主创新范畴,鼓励用户企业先期介入创新过程,参与创新联盟承担示范应用使命;三是制定和落实通过政府采购支持重要装备自主创新政策,鼓励在公共工程、大型国有企业中率先试用国产装备。同时,要进一步强化反垄断工作,抑制少数企业利用技术和市场垄断地位实施不公平竞争。通过上述措施的多管齐下,切实解决自主研制重要装备的技术成熟和市场应用问题。

第三,必须以利益机制为基础引导构建良性的产业生态。在新技术革命背景下,装备制造产业多元创新主体将有机融为一体,共同构成一个生态系统。审视我国的装备制造产业创新生态,需要着重强化以下三个方面工作:一是强化基础科学研究对产业科技创新的支撑。我国在航空发动机等高端技术领域长期不能突破,根本原因是材料、制造工艺等不过关,深层次原因在于基础科学知识及技术供给不足。当今装备产业技术重大创新,特别是颠覆性创新越来越取决于基础科学的突破,取决于材料、电子控制、制造方法等多元技术的高度融合;实现装备制造产业自主创新,必须建立并不断丰富产业的科技基础。二是要强化培育具有行业龙头地位的核心企业。装备制造产业技术链长、创新及制造环节多,由智能制造、3D打印等技术推动的更深层次专业化分工及个体化研发制造,将使产业变得更加分散。基于产业生态系统的竞争,对核心企业产业主导和整合能力的要求越来越高。首先,核心企业要驾驭产业技术发展趋势,基于联合攻关快速掌握核心关键技术,力争早日成为关键核心技术及标准的开发制定主体。其次,要形成基于全球产业链对不同类型企业、不同创新环节的系统整合和集成能力,特别是通过海外收购弥补技术短板、构建完整技术体系的能力。因而,要通过深化国有企业改革,努力培育具有全球竞争力的大型装备制造企业。三是要强化以利益机制为基础构建多元主体协同创新的动态网络。强调利益机制，就是要充分尊重不同创新主体的动机和追求，在寻求彼此利益交集的前提下实现合作。首先，要尊重高校等基础科学研究主体的自由探索精神，尊重其在重大装备基础科技创新上的知识产权，不要人为划定科学探索的空间、先验地确定基础科学研究内容；同时，要尊重基础科学研究规律，尊重科学家的成果追求，以利益机制激发其参与产业技术、产品开发的积极性。其次，依据装备制造产业必将出现的进一步专业化分工趋势，注重培育和扶持创新创业企业发展，鼓励其成为各自专业领域的隐形冠军；同时，引导大企业与小企业之间形成共生、共享、共赢的生态理念。再次，要针对我国装备制造产业机械化、信息化、智能化并存的多元化创新特征，鼓励和探索建设"众创空间"等新型创新组织形式，激发和鼓励装备制造领域的"大众创业"和"万众创新"，以全球智慧促进我国装备制造产业自主创新。

作者简介

张玉臣，同济大学经济与管理学院教授、博士生导师；同济大学中国科技管理研究院科技政策与管理研究所执行所长。长期从事科技创新及管理方面的教学与研究工作。主持和参与国家自然科学基金、国家社科基金、国家科技部、上海市科委等各类科研项目20多项。受邀参与国家中长期科技发展规划——长三角区域科技发展规划战略研究，国务院关于长三角区域经济社会协同发展指导意见——科技创新部分研究。在《中国软科学》《科研管理》等刊物发表学术论文100多篇，出版《开放式创业》《技术转移机理研究》等著作多部。曾获世界管理大会优秀学术论文奖、上海科技论坛青年优秀建议奖，上海市科技进步奖、上海市人民政府决策咨询研究奖等。

新形势下促进我国石油企业跨界创新的几点思考

杨 艳

摘要：分析了新形势下石油企业进行跨界创新的机遇及挑战，介绍了国际大石油公司与油服公司的跨界创新实践，包括与 ICT 行业、医疗行业合作的典型案例以及壳牌等公司的跨界创新机制。本文认为，健康的创新生态系统是实现跨界创新的基本前提，鼓励创新的文化与管理机制是全面促进跨界创新的基础条件，并对新形势下促进我国石油企业的跨界创新提出了几点建议。

关键词：新形势；石油企业；跨界创新

石油工业的发展史就是一部跨界融合、持续创新的历史。浮式液化天然气船（FLNG）创新了海上气田开发方式，大大加速了海上资源的开发。借助现代信息技术，油藏表征技术向多学科协同、精细化、动态表征方向发展，向真正"照亮"油藏进军。如今，新一轮产业革命正在全球孕育兴起，世界石油工业面临新的挑战，我国石油企业比以往任何时候都更加需要跨界创新。所谓跨界创新是指为获取更多资源，跨越某种边界进行资源共享合作，以期更好地实现创新的一种行为。跨界创新可以打破知识结构对技术发展轨迹的束缚，为企业提供参与技术融合、产业融合的机会。由于石油行业本就是一个应用导向、多学科多专业交叉的技术密集型行业，本文所指的"跨界创新"特指石油企业在本行业之外进行技术跨界搜索与合作，包括与 ICT、医疗、材料、航空航天等行业或领域的合作。

一、新形势、新机遇、新挑战

近年来，我国能源对外依存度不断加大，2018 年我国石油和天然气的对外依存度分别达到 69.8% 和 45.3%。我国石油企业承担着保障国家能源安全的重要使命，迫切需要持续依靠技术创新实现油气工业增储上产、降本增效。

（一）石油工业面临新挑战，亟须跨界创新

石油工业自诞生以来，始终围绕提高"资源发现率、油气采收率、资源转化率与资源利用率"不断进行技术创新。近年来，石油工业面临着资源类型多元化、开发条件复杂化以及环保要求严格化等一系列挑战。油气资源从常规向页岩气、致密气、致密油、油页岩、煤层气、天然气水合物等非常规油气扩展。开发条件从环境好的陆地向深水、深层、沙漠、极地边远地区扩展，面临更深、更远、更极端环境等挑战。世界能源转型与低碳发

展大幕拉开,要求石油公司向能源需求低碳化、过程绿色化、产品清洁化、安全环保、可持续方向发展。这些都对技术创新提出了更高要求。具体而言,石油工业的全产业链,从勘探开发、工程技术服务(物探、测井、钻完井)、地面工程、储运到炼油化工,迫切需要解决包括高清晰度成像、高性能计算、海量数据处理与快速传输、耐高温高压材料、高强度轻量化等功能性材料、防腐耐蚀抗菌、自动化智能化、无人操作与远程操控、本质安全等技术问题。可以说,石油工业对技术的需求涵盖了包括机械、电子、化学在内的几乎全部技术学科领域,面临着与医药、航空航天、电子、汽车等多个行业类似的技术挑战,迫切需要石油公司主动跨界,与其他行业深度融合,从行业外寻找新的技术解决方案。

(二)高新技术蓬勃发展为石油工业跨界创新提供了机遇

目前,新一轮科技和产业革命正以前所未有的广度和深度席卷全球,大数据、云计算、3D打印、虚拟现实、人工智能、量子计算、DNA、量子通信、物联网、区块链等高新技术快速发展,给人类生产生活方式带来巨大影响。特别需要强调的是,当今技术发展不再是单一、孤立的技术突破,而表现为互相渗透、互为支撑的群体技术突破。制造技术的发展得到了信息技术和材料技术的支撑;基因技术的突破,与近年来生物芯片测量和大规模数据处理技术的发展密切相关;材料技术为信息技术、制造技术和能源技术发展起着基础性支撑作用。高新技术蓬勃发展及其交叉融合、群体发展的协同效应为石油工业跨界创新、技术融合提供了新机会。比如,随着人工智能的快速发展,人工智能正被加速引入油气行业,国际大石油公司和油服公司高度重视智能化业务,将智能化作为新的技术创新主攻方向之一,积极加大智能化领域的研发投入,主动与IT巨头联手推进油气行业的智能化,相继推出了一些智能化油气技术,智能钻井、纳米驱油、原位改质等新一代勘探开发智能化技术体系正在陆续形成。

二、国际大石油公司与油服公司的跨界创新实践

(一)案例一:携手ICT行业的跨界合作

石油公司与油服公司在移动/通信/过程自动化、计算机、机器人/无人机/自动驾驶、钻井自动化、分析处理等方面的跨界合作十分活跃。比如,雪佛龙和微软建立合作伙伴关系;BP公司联合GE公司推动3D打印在油气行业的应用;道达尔携手谷歌云,二者联合发展人工智能技术,率先应用在油气勘探开发地质数据的处理分析,旨在为石油天然的勘探开发提供全新智能解决方案。

从2013年开始,油服公司哈里伯顿开始实施公司整体数字化转型,在智慧油气田和智能建井方面取得了显著的效果,包括:通过物联网技术实现自动与实时的数据采集;通过云技术进行数据无缝接入、存储,实现知识共享;通过大数据分析、机器学习技术,对数据进行分类和预测,最终通过人工智能、人机交互,挖掘数据内部的巨大价值。公司打造的一体化"Decision Space"技术平台,可实现油田现场数据流的实时捕捉、处理和传输的无缝对接;通过应用深度学习模型可实现钻井和油气生产优化等。2017年,油服公司与微软合作共同推进油田智能化,包括储层描述的深度学习、建模及模拟应用,利用机器学习、工业物联网、虚拟现实(AR)及嵌入式计算等技术,优化现有的上游业务解决方案。

（二）案例二：携手医疗行业的跨界合作

如果把地球看作是需要诊断与治疗的人体，就很好理解石油行业与医疗行业的天然联系。石油工业的地球物理勘探就是给地球做"B超"；石油开采和心脏手术都依赖于管道内成像和导航，都十分注重管道内的清洁和完整，所面临的最大挑战都来自管道堵塞。因此，医疗行业和能源行业都将目光聚焦在新兴科技上，如自动化和纳米材料，共同的目标促成了技术上的跨界创新合作。自2007年以来，埃克森美孚携手卫理公会医院，联合休斯顿大学一同发起了"泵和管道研讨会"。一年一度的活动汇集了在能源行业和医疗行业的研究人员，吸引了风险资本家和设备制造商，彼此交换想法，探索交叉技术。

核磁共振成像技术也是石油行业与医疗行业进行跨界合作的一个典范。埃克森美孚钻井工程师利用医院的核磁共振成像仪分析高产深水井井底流动情况，能够准确得到模型内流动参数，有效减小了压降损失，提高了油井产能，延长了油井开采寿命，大大提高了经济效益。围绕磁共振成像技术，斯伦贝谢与英国剑桥大学和美国波士顿综合医院进行技术合作开发，大大提升了岩心样品图像的采集速度。需要指出的是，虽然核磁共振成像最初的应用场景在医疗领域，经过石油公司的应用及技术改进，反过来又促进了核磁共振成像技术在医疗领域的应用。

（三）案例三：建立跨界多个行业的创新机制

壳牌公司认为，受环境、资源和技术的限制，油气田的开发成本不断上升，而新思想和新技术却难以赶上开发的脚步。2013年，壳牌公司启动了全新的Techworks项目——壳牌技术工坊（STW），旨在利用其他行业的成熟技术，跨界合作来促进壳牌技术（解决方案）从示范阶段向推广应用阶段转变。STW团队成员部分由社会招聘的创业型人才组成，与网络科技公司、大学、风险资本家和企业家进行联网合作。其关注的主要科技领域涵盖航空航天、国防、汽车、机器人、水下勘探、半导体、生物技术与理论科学等。典型项目包括开发具有特殊探测能力的无人水下运输车（人机交互）、自动化钻井部件（软硬件设计与开发）、复杂网络系统的植入式高敏型重力传感器（传感器开发与集成）、减少关键应急设备故障率（容错系统）。壳牌STW办公室选址在全球创新中心，第一家办公室设在美国波士顿。壳牌公司对STW团队的定位是短小精悍，速战速决，每个项目将在2年内完成，将技术成功推向应用。

斯伦贝谢通过与世界顶级的研究型大学MIT合作，了解相关技术在其他行业的发展应用，从而将顶尖技术引入油气行业。跨界合作的例子包括：向航空业学习如何利用材料和改进极端条件下的传感技术，向生物医药行业学习远程控制成像和数学建模等。

三、影响跨界创新的重要因素

（一）健康的创新生态系统是实现跨界创新的基本前提

俗话说，隔行如隔山，说的就是由于专业性差别、信息渠道不同以及管理语言体系差异带来的认知与沟通障碍。在一个封闭、官僚的制度体系下，即使是同一家企业的不同部门之间要做到信息共享与合作都非常困难，同一行业的不同企业之间、甚至是跨行业的信息交流与创新合作就更是难于上青天。笔者认为,这些封闭、割裂与自行其是的状态皆源于没有形成完善的市场机制以及健康的创新生态系统。创新生态系统中包括研究、开发和应用者,具有以下三种主要特征:多样性共生、自组织演化、开放式协同。创新要素有机集聚并聚合反应,创新主体共生共荣,创新系统不断演化和自我超越。有了良好的创新生态系统,企业才可能具备"千里眼、顺风耳",有效进行跨界信息搜索,且在此基础上相互信任、多方共赢,从而实现高效的跨界合作。

美国2004年发布的《维护国家的创新生态系统:保持美国科学和工程能力之实力》报告强调,美国的经济繁荣和在全球经济中的领导地位得益于一个精心编制的创新生态系统,包括:发明家、技术人才和创业者,积极进取的劳动力,世界水平的研究性大学,富有成效的研发中心(包括产业资助的和联邦资助的),充满活力的风险资本产业;政府资助的聚焦于高度潜力领域的基础研究。特别地,在研究型大学及科研机构周围会自然地聚集一大批活跃的科技创新参与者,包括由初创企业、积极寻找技术新苗头的风险投资机构、大型企业的科研机构等,它们与高校和科研院所人员之间的就近交流会形成自然活跃的创新生态,并产生任何一个个人独立无法创造的创新结果。壳牌公司之所以在全球创新中心设置STW办公室,也是希望能充分融入当地创新生态网络,获取更为开放、前沿的技术信息,尽管波士顿并非传统意义上的油气技术创新中枢。从前面的案例,我们也不难发现,不少跨界合作是以某家大学或研究机构作为"桥梁",三方共促来实现的,也充分说明了靠近顶尖研究机构的重要性。

(二)鼓励创新的文化与管理机制是全面促进跨界创新的基础条件

对于个体(企业),一方面要善于搜寻和融入创新生态系统;另一方面,要构建有利于创新的文化氛围和组织机制。如果一个企业本身的文化不利于创新、制度僵化,也很难找到适合的创新生态系统,即使找到了,在落实和执行方面也大打折扣,难以融入其中,最终被边缘化甚至退出。如何从内部体制机制上做到鼓励跨界创新?壳牌公司是第一个从公司层面明确提出需要通过"跨界"来加速技术创新且建立相关专业团队的。

此外,西门子公司的"创新无域"理念也非常值得借鉴。20世纪末,西门子工厂自动化部门成功将金融领域的应用技术引入公司工业无线通信领域,有效提升了网络服务质量。西门子意识到,尽管公司内部研发力量雄厚,但外部研发和创意也能成为西门子业务的重要创新来源。基于此认识,1999年西门子在美国硅谷成立了第一个技术转化中心,并建立一套流程,寻找外部初创技术,将其引入西门子的商业应用。西门子研究院形象地指出,"曾经,实验室是我们的整个世界,而在21世纪的今天,整个世界是我们的实验"。

四、对我国石油企业的建议

面对新形势,国际大石油公司与油服公司已经积极行动,主动跨界,携手ICT、医疗、材料、航空航天等行业进行了一系列跨界创新。与此同时,当今国际竞争焦点已从单一科技创新转向基于创新生态系统的整合创新能力。国内石油企业迫切需要顺应创新大势,在原有开放式创新的基础上,进一步融入或参与构建创新生态系统,切实提升跨界创新水平。建议如下:

第一,强化跨界创新意识,打破"石油系统"的封闭性和局限性,打造开放式创新2.0版本。要主动靠近世界顶级研究机构及其他行业的优秀企业,获取相关资源,提升创新水平。在一些共性的应用基础研究问题上,要主动与顶尖研究机构持续合作;在提升效率、改进性能等应用性技术上,要主动搜索其他行业的解决方案,"他山之石,可以攻玉"。同时,积极参与创新生态系统建设,成为创新生态中具有影响力的一分子。

第二,主动练好内功,提升基础管理能力,实现组织内部的知识与数据共享。鉴于国内石油企业目前的现状,特别需要打破科技资源和成果、数据资源的"孤岛"现象,推动科研基础设施、大型科研仪器、科研成果、数据资源、培训资源等在企业内部的开放共享,实现各类管理和生产业务信息系统互联互通,让数据在不同的系统之间无缝连接和移动。

第三,构建鼓励创新文化,建立跨界创新机制。跨界有风险,俗话说"跨界找死,不跨界等死"。国内石油企业需要在公司上下营造"鼓励创新、宽容失败"的文化。系统梳理公司跨界技术需求,借鉴西门子、壳牌等公司的做法,建立与本企业管理相适应的跨界创新机制,全面促进企业的跨界创新。

参 考 文 献

[1] 傅诚德.石油科学技术发展对策与思考[M].北京:石油工业出版社,2010.

[2] Tortoiello M, Krackhardt D. Activating cross-boundary knowledge: the role of simmelian ties in the generation of innovations[J]. Academy of Management Journal, 2010,53(1):167-181.

[3] 李万,常静,王敏杰,等.创新3.0与创新生态系统[J].科学学研究,2014,32(12).

[4] 朱恒源,杨艳.制造产业升级的中国模式[J].清华管理评论.2015(9).

[5] 陈劲,尹西明,李万,等.建设新型国家创新生态系统,加速国企创新发展[N].经济参考报,2019-03-25.

作者简介

杨艳,清华大学化学工程与工艺专业学士、生物化工硕士、工商管理(技术经济)博士。2007年进入中国石油集团经济技术研究院从事科研工作至今,现任研究院"科技发展战略与创新管理二级专家",石油科技研究所主任工程师。主要研究领域为石油石化行业技术创新战略与管理、国有企业技术创新管理、低碳发展与能源转型。先后参与国家级课题4项,公司级课题26项,其中主持10项。撰写智库报告、智库动态、呈阅件、重要咨询报告等30余份。在国内外权威论坛与期刊上发表论文近40篇。论文在国际创新管理类顶尖学术期刊《Journal of Product Innovation Management》上发表(第一作者)。中国技术经济学会第六届理事会理事(2016~2020)。

我国制造服务化的发展方向

李靖华

摘要：近年来,我国制造业服务化涉及的行业广度、服务深度、联系幅度、影响程度都不同程度地加深。伴随着经济社会发展服务化、信息化、网络化、国际化的趋势,我国制造服务化的发展方向呈现出从核心企业向企业网络发展、生产性服务业与制造服务化企业竞合、工业互联网与制造服务化深度结合,以及制造服务化国内市场与国际市场一体化等主要趋势。上述趋势表明,强大的技术能力是制造服务化发展的基础,制造业服务化和制造业高端化是相互交叉、相互支撑的。

关键词：制造服务化；服务型制造；生产性服务业；工业互联网

近年来,我国制造业服务化涉及的行业广度、服务深度、联系幅度、影响程度都不同程度地加深,企业通过提供个性化的增值服务,增强了市场竞争力。截至2018年6月,开展制造服务化(服务性制造)的企业比例已达到24.7%[①]。然而,制造服务化并不等同于高利润和高收益,伴随而来的也有常被人忽视的服务业务市场竞争和服务化风险。伴随着经济社会发展服务化、信息化、网络化、国际化的趋势,制造服务化的发展方向呈现出从核心企业向企业网络发展、生产性服务业与制造服务化企业竞合、工业互联网与制造服务化深度结合,以及制造服务化国内市场与国际市场一体化等主要趋势。因此,只有更全面地理解制造服务化出现的时代背景和发展方向,制造企业才能发挥所长、顺应潮流,实现成功的服务化转型。本文结合作者长期研究的空分、工控、航空发动机以及机床服务化领域的实际情况,结合相关统计和调查数据,对我国制造服务化的发展方向加以系统论述。

一、从核心企业向企业网络发展

制造企业服务化已成为重要的产业发展趋势和企业转型战略。随着客户需求日益苛刻及市场竞争日趋激烈,单个制造企业在寻求更高水平的服务化过程中难免会"心有余而力不足",其中不仅包括资金不足,还包括其他资源及能力的欠缺,如市场资源、创新能力等。因此,焦点企业根据自身发展需要,选择生产性服务外包、模块化等方式,与合作伙伴建立价值网络并实现价值共创,已成为制造企业服务化转型的重要途径。就本质

[①] 数据来源:国家统计局工业司.新中国成立70周年经济社会发展成就系列报告之三[EB/OL].[2019-07-10].中国经济信息网.

而言,制造服务化价值网络是一个价值实现的系统结构。

具体而言,制造企业把内部纵向链条上的生产过程向外分离,转而寻求外部供应方来供给所需产品、配套服务或应用活动,形成纵度分离。除核心企业,价值网络中最上游的是原材料提供商,然后是配件制造商及服务提供商。核心企业是整个价值网络的集成者,通过它将上游价值传递至下游客户。下游生产客户承担着生产和消费双重角色,他们接受价值网络上游参与者提供的服务和产品,并将之运用到自己的生产活动中,构成了创造价值的主要环节;价值网络中最末端是兑现所有价值的终端消费者,是价值网络的最后环节。价值随着价值网络自上游到下游的推进而逐级递增(李靖华等,2017)。

伴随着国际市场竞争的激烈化趋势,我国制造企业受设备、技术、资金、物流等多方面因素影响,发展存在较大瓶颈,在竞争中处于不利位置。在这一背景下,国内相关行业需要运用市场化手段整合行业内资源,与国外公司展开充分竞争。比如空分服务化领域,目前中国工业气体市场有四大梯队。其中,四家国际巨头占据外包气体市场份额将近50%,稳居第一梯队;以杭氧、盈德、宝钢气体等5~7家国内龙头企业属第二梯队,占30%左右的外包气体市场份额。国内工业气体企业亟须整合行业内资源,与国外公司展开充分竞争。如2018年1月26日,宝钢气体将51%股权公开挂牌转让,杭氧参与此次竞买,国内工业气体行业整合初露端倪。

二、生产性服务业与制造服务化的竞合成为常态

制造服务化现象涉及一个深层次的问题,即制造业与服务业的关系,这是服务业经济思想史中的一个核心议题。德劳内、盖雷(2011)将服务业经济思想演进分为四个时期:古典时期(18世纪晚期至19世纪中期)、"泛服务化"理论时期(19世纪中期至20世纪30年代)、第三产业和后工业化理论时期(20世纪30年代至70年代),以及新工业主义时期(20世纪70年代至今)。第一阶段的代表人物亚当·斯密认为服务业就业是非生产性的;第二阶段的许多学者倾向于将所有经济活动都视为生产性和服务性的;第三阶段通过三次产业的划分开始将服务业显著独立出来,强调了服务业对经济增长的重要贡献;第四阶段学术界的兴趣转向经济与社会结构的快速转型,强调了制造业是服务业扩张的基础,认为生产商品方式的变化带来了服务业发展的改变。

服务业中面向生产商的生产性服务业,是制造业繁荣和消费服务业发展的必要保证。近年来制造业企业为提升核心竞争力,分离和外包非核心业务,对生产性服务业的需求日趋迫切。而新一轮税改及时打通了二、三产业间税收抵扣链条,有力促进了制造业、服务业的分工细化和融合发展,生产性服务业得以快速成长。2016~2018年,规模以上生产性服务业企业营业收入年均增长13.3%,高于规模以上服务业企业年均增速0.5个百分点。其中,与制造业生产密切相关的服务行业发展势头较快。2018年,规模以上工程设计服务、质检技术服务、知识产权服务、人力资源服务、法律服务和广告服务企业营业收入较上年分别增长18.0%、10.3%、25.1%、20.1%、17.5%和17.5%。

但随着制造服务化的发展,生产性服务业和制造服务商也会存在一定的竞争关系,两者之间既竞争又合作的关系将成为常态。如在空分行业,除了制造服务商还有不少专业气体供应商,它们属于典型的生产性服务企业。其中盈德气体集团颇具代表性,该企业于2001年10月在上海成立,主营业务包括空分业务、液体销售及配送、特种气体业务

及合成气业务，主要服务于钢铁、化工、有色金属、电子及能源等行业。自2009年起，盈德便成为中国最大的独立工业气体供应商，已在国内投资建设近百套空分装置，为客户企业提供现场供气服务。SAI的2017年报告数据显示，盈德在国内工业气体市场占有率为14.2%，全年营业收入超过100亿元，净利润超过7亿元。与制造服务商相比，盈德与客户企业构建了长期的互利合作关系，建成了全天候的销售服务网络，不断强化了其在该市场上的优势；但当设备需要保养、维护或维修时，作为独立供气商，盈德仍然需要依赖于空分设备制造商的人员、技术及其备品备件。

三、工业互联网与制造服务化深度结合

工业互联网就是把机器、控制系统、信息系统、产品和人还有客户之间的网络互联，以它为基础，通过工业数据的全面深度感知来实现智能生产、运营优化和生产方式的变革。其中，数据是核心，网络是基础，安全是保障。业内预计，2019年我国工业互联网市场规模将突破6000亿元。工业互联网与制造服务化已呈现深度结合的趋势。中国工程院院士余少华认为，工业互联网平台快速集聚智能化要素，能够为制造企业基于产品联网和设备联网的服务化延伸打下坚实基础。我国部分工程机械、汽车装备、电力电子、能源设备领域的领军企业已能够搭建实时智能化监控产品和设备运行状况的工业互联网平台，正在积极布局全生命周期管理、远程运维、故障在线诊断等服务型制造新领域，推动客户交易从一次性交易向长期交易转变，引领高价值环节从制造环节向服务环节转变（徐晓兰，2019）。

例如，国内制造服务化的领先企业沈阳机床，不断利用智能制造、工业互联网等先进技术，提升产品技术水平，并加速布局智能业务发展。该企业一直努力由传统制造商向以智能制造为核心的工业服务商转型，着力推进四大核心业务，其中两个涉及智能制造、工业互联网。一是面对区域产业升级需求，全力打造生产力平台，提升5D智造谷运营质量和效率，同时在5D智造谷之外，持续扩大i5智能工厂覆盖范围，完善智能制造平台网络布局；二是依托智能终端，通过iSESOL云平台收集数据，并进行分析与处理，形成独特的工业数据产品，实现数据产品化、商品化。

我国企业界也已认识到这一趋势。刘尚文、李晓华（2019）借助2017年、2018年工业与信息化部服务型制造示范遴选工作，对中国服务型制造联盟成员企业、部分2017年和2018年服务型制造示范企业与示范项目参评企业展开问卷调查，实际回收问卷82份。问卷调查中也有一部分涉及企业对制造服务化发展趋势的认识。在对制造服务化发展的主要支撑因素的回答中，98.8%的受访企业选择了"大数据"，分别有87.8%和85.4%的企业选择了"物联网"和"云计算"，75.6%和72.0%的企业分别选择了"人工智能"和"移动物联网"，选择"3D打印""绿色低碳"和"生命科学"的企业分别为24.4%、35.4%和15.9%。可见，大部分企业认同"云大物移智"等新一代信息技术的重要支撑作用。

四、制造服务化国内市场与国际市场趋向一体化

制造服务化领域，一直存在国内市场与国外市场的一体化问题。以国内外市场划分的话，这其中包括两种情形，一是国外企业面向国内客户提供服务化业务，与国内企业在

国内展开市场竞争。二是国内制造厂商面向国际客户提供服务化业务,与国外企业在国外展开市场竞争,其中也大量存在国内企业与国外企业合作实现的对外出口。随着我国对外开放的进一步推进,国内、国际两个市场将趋向一体化。

不得不承认,总体上我国制造服务化呈现出"低端(制造)需求—低端(服务)供给"的现状(彭水军等,2017)。在国内市场上,国内企业服务化虽有一定程度的发展,但很多时候仍被外资企业排除在第一梯队之外。如国内工业气体供应市场有四大梯队,其中四家国际巨头加总占据的外包气体市场份额将近50%,稳居第一梯队。但在一些行业,这种趋势已有所改变,国内品牌在技术水平、客户信赖度和供应链方面已取得长足进步。如国内工业控制系统集成解决方案服务商,中控与和利时就已经与国外的霍尼韦尔形成了三足鼎立之势。

对外出口方面,中国制造业加工出口的服务化水平明显高于一般贸易出口的服务化水平(彭水军等,2017)。进一步从服务增加值的构成来看,加工出口的服务增加值绝大部分来自国外服务的投入,不过加工出口的服务化转型呈现出明显的"以国内服务快速替代国外服务"的态势;与之相反,一般贸易出口中的国内服务增加值却占完全绝对的优势。这表明,对外出口方面我国企业的制造服务化水平也具有上升的趋势。鉴于世界上"制造业出口服务化程度的加强有利于出口复杂度水平的提升"的规律(王思语,郑乐凯,2018),长期而言制造服务化国内市场与国际市场的一体化,也将有助于我国制造业技术水平和服务水平的提高。

五、结束语

国际经验表明,具有以下特征的制造行业更适宜制造服务化的产生和扩散:刚刚经历有形产品重大创新的行业,服务于寡头垄断客户的行业,以及拥有运用产品的知识优势的行业(甘特·莱,2017)。对我国目前情形的研究也表明,中等规模的企业最倾向于选择制造服务化,产品的复杂性越高的企业越倾向实施制造服务化,技术创新能力越强的企业涉足服务化的程度越深(肖挺,黄先明,2018)。这与国际上的特点在本质上也是相似的,即强大的技术能力是制造服务化发展的基础。因此,制造业服务化和制造业高端化两个发展方向是相互交叉、相互支撑的。特别是对于我国制造企业,在技术创新能力和服务创新能力都有待提高的情形下,应该顺应制造服务化的发展方向,以价值网络的形式共同参与制造服务化,在与纯服务商的竞争与合作中不断提升服务创新能力,以工业互联网应用同步推进制造业高端化和制造业服务化,并面向世界市场"走出去",在打响"中国制造"品牌的同时也打响制造领域的"中国服务"品牌。

参 考 文 献

[1] 金卯,晓立.航空维修调查报告[J].航空制造技术,2008(22):59-61.

[2] 甘特·莱.制造服务化手册[M].李靖华,等译.杭州:浙江大学出版社,2017.

[3] 李靖华,林莉,闫威涛.制造业服务化的价值共创机制:基于价值网络的探索性案例研究[J].科学学与科学技术管理,2017,38(5):85-100.

[4] 刘尚文,李晓华.中国服务型制造的发展现状、问题与对策[J].中国浦东干部学院学

报,2019,13(3):121-128.

[5] 彭水军,袁凯华,韦韬.贸易增加值视角下中国制造业服务化转型的事实与解释[J].数量经济技术经济研究,2017,(9):3-20.

[6] 德劳内,盖雷.服务经济思想史:三个世纪的争论[M].江小娟,译.上海:格致出版社,2011.

[7] 王思语,郑乐凯.制造业出口服务化与价值链提升:基于出口复杂度的视角[J].国际贸易问题,2018(5):92-102.

[8] 肖挺,黄先明.制造企业服务化现状的影响因素检验[J].科研管理,2018,39(2):108-116.

[9] 徐晓兰.工业互联网:为制造业转型升级赋能[EB/OL].[2019-04-08].中国经济信息网.

作者简介

李靖华,博士,浙江工商大学教授、博士生导师。中国技术经济学会技术孵化与创新生态分会副理事长、浙江省创造学研究会副理事长。主要研究领域为服务创新和制造服务化。近年来,主持国家自然科学基金"不确定环境下我国制造企业服务化的资源编排机理研究""新服务开发的前后台知识转移机制及其管理策略研究"等,参与国家社科规划重点项目"国家复杂产品生产能力比较研究"。出版的著作有:《服务创新管理》(专著)、《新服务开发的知识转移》(专著)、《制造服务化手册》(译著)、《为服务而制造》(译著)、《服务创新》(译著)等。获2014/2015全国商务发展研究成果奖二等奖等。

中国内创业的现状与对策建议

蔺 雷

摘要：内创业是企业用创业的方式，解决自身经营和管理问题的一种新方法，更是一种新的创新方式。中国的内创业从2012年开始大规模兴起，表现出自己的独特性。本文阐述了内创业的内涵，并基于大规模实地调研介绍了中国内创业的九大现状、三大痛点，提出推动我国内创业健康发展的五条对策建议。

关键词：内创业；创新；现状；痛点；对策

一、什么是内创业？

内创业是指企业提供资源，让那些具有创新意识和创业冲动的员工和外部创客，在企业内部进行创业，企业变身为一个孵化平台，内部员工则变身为创客，双方通过股权、分红、奖励、文化等多种方式成为合伙人，最终共享创业成果的一种现代创业制度。

中国当前的"大众创业"有两种方式，一种是个人独立创业，另一种就是企业内部创业。相较人们传统观念中的外部独立创业，内创业有几个独特之处：

第一，内创业是"一把手工程"。内创业必须由企业一把手来推动，一把手必须高度认同内创业的理念，为内创业配套相应的资源，同时坚持3~5年才有可能让内创业见到成效并最终成功。

第二，内创业生态是一个"三环生态"，传统的创业是二环生态，它是由创业团队和外部环境（投资人、供应商、竞争对手、客户、创业服务机构、政府相关部门）构成的。内创业则是在企业内部创业，它在创业团队和外部环境之外多了"企业"一环，这是一个由创业团队、企业、外部环境构成的"三环生态"。

第三，内创业是一种有退路的创业，如果企业内部员工创业不成功还可以再回来，这为处在犹豫心态中的企业员工提供了一种心理保险和托底制度，能让他们放心大胆投入到内创业中。

第四，内创业形成了一种新的生产关系，它把企业和员工间原来的雇佣关系，转变为一种合伙关系。所以，内创业是以激发内部人员为活力的一种新方式。

第五，内创业是一种存量创新，利用企业的冗余资源提供给企业内外部创客，将推动企业孵化出新的业务，寻找新的方向，进行各种低成本的试错。

第六，内创业对企业的价值有：留住优秀人才，推动企业转型，实现企业主业快速扩张，转化技术优势，提升品牌形象，打造统一战线，塑造创新文化。

2018年9月国务院发布的《关于推动创新创业高质量发展打造"双创"升级版的意

见》第二十条明确指出,"鼓励大中型企业开展内部创业,鼓励有条件的企业依法合规发起或参与设立公益性创业基金,鼓励企业参股、投资内部创业项目,鼓励国有企业探索以子公司等形式设立创新创业平台,促进混合所有制改革与创新创业深度融合"。内创业已经成为国家层面加以推动的双创新举措。

二、中国内创业的现状与痛点

从2017年开始,我们对中国的内创业现状展开大规模调研,前后总计调研了180余家各类推动内创业的企业,其中既有国有企业也有民营企业,既有大中型企业也有小微企业,既有传统企业也有高新技术企业和互联网企业。

(一)中国内创业的九大现状

通过这一系列调研,我们总结出当前中国内创业的九大现状:

1. 内创业规模化地出现,推动"大众创业"升级进入下半场

一是行业范围越来越广,从传统制造业到互联网行业,从媒体业到金融、餐饮业,从房地产到贸易、快递业,从企业到科研院所等,内创业主体日益增多。二是地域分布越来越广,从北上广深一线城市,到成都、武汉、杭州等创业活跃城市,再到长沙、西安、青岛、济南、宁波等创业亚活跃城市,内创业分布日益广泛。三是企业规模越来越宽,内创业不只是成熟大企业的"专有品",中小型成长企业同样在内创业。内创业的规模化出现,让"大众创业"从个人独立创业的上半场,开始进入企业内创业的下半场。

2. 内创业正在从以民营企业为主,逐步拓展到国企和科研院所

三股内创业力量开始涌动,其中民营企业是主力军,包括实体制造业、互联网巨头和高科技领域在内的一批民营企业,正在积极推动内创业。与此同时,一些国(央)企受到市场竞争和传统创新机制乏力的倒逼、人才流失的冲击,纷纷试水内创业,上汽集团的"种子基金"、联通的"沃创客计划"、电信的"天翼创投"、大唐网络的"369模式"、中信重工的"四类创客群"等都是代表。此外,部分科研院所也通过变革传统科技管理,以内创业方式调动内外部科研人员的积极性,推动科技成果产业化,西安光机所、中科院深圳先进制造院等都是代表性机构。

3. 企业纷纷通过内创业推动转型升级和创新发展

在大变革时代,企业的传统转型升级和创新试错方式,如内部研发、科研项目推进和并购等,正在因其成本高、风险大、见效慢、惰性强而逐步失效。企业转而通过内创业推动转型升级、寻找发展新方向,如海尔通过小微创业团队实现企业整体转型,大唐网络、航天科工等通过内创业高效推动技术成果产业化,中国联通紧密结合混合所有制改革推动内创业,芬尼克兹通过内创业留住核心人才、上汽集团通过内创业从底层激发员工创造性,韩都衣舍通过"三人小组"模式实现快速扩张,万科通过内创业方式打造产业链同盟军。

4. 企业正在探索多样化的内创业模式和进行相应的组织变革

当前中国企业逐渐形成了两类内创业:科技型内创业和商业模式型内创业,以科技型内创业为主。为推动这两类内创业落地,中国企业正在探索适合自身特点的四种落地模式:

模式一：围绕企业战略的内部孵化模式，如上汽集团的"种子基金"、中国联通的"沃创客"计划、万科的"小草计划"等。

模式二：搭建专业化平台吸引内外部创客的模式，如海尔的小微创客、大唐网络的"369模式"、西安光机所的"中科创星"、中国电信的"天翼创投"等。

模式三：营造宽松和允许失败的创新创业环境把员工好创意变为现实的模式，如阿里、腾讯、视源科技等。

模式四：推动内外部项目在企业内部试错和落地，如搜狗等。

其中，国有企业主要采用第一种模式，民营企业主要根据自身特点选用后三种模式。内创业企业开始推动组织架构变革，"企业平台＋内创团队"的新型组织初现端倪，企业、内创业团队和外部环境之间初步形成了复杂的"三环创业生态"。

5. 外部孵化与内创业结合正在成为新型孵化模式

外部创业资源的日益丰富，以及内部资源和经验的匮乏，将使内创业走出原来依靠内部资源的狭隘范畴，引入更多的外部资源，实现以市场化机制检验内创业成果，并为内创业输入新的管理理念和更多的资本。

6. 内创业家正在成为职业经理人后又一支企业的重要队伍

创新和企业家精神不再是企业家的专利，越来越多的企业将把造就内创业家作为与培养职业经理人同样重要的任务，招聘创业合伙人成为企业的人力资源管理体系的重要工作。

7. 内创业服务正走向精耕细作，出现专业化的内创业服务机构

越来越多的企业将通过自建服务平台为内创业团队提供各类服务，现有创业服务机构将开辟内创业服务的新业务，专门针对内创业的创投服务、人才服务等第三方服务机构将会出现。

8. 内创业的教育培训需求将呈现爆发性增长趋势

由于国内企业、科研院所的内创业活动快速持续涌现，再加上企业内部和社会各界对内创业理念、模式的认知存在差异，亟须从理念方法到操作实务加强培训辅导，全方位的内创业教育培训需求将呈现爆发性增长趋势。

9. 内创业投资正在兴起，成为创投领域新蓝海

随着内创业活动持续涌现和专业化程度提升，迫切需要外部创投机构的深度参与，以产投为标志的内创业投资也将扩大创投的传统边界，成为另一个新蓝海，"创投—企业—内创业团队"将形成新的创投生态。

（二）中国内创业的三大痛点

当前，中国内创业呈现出三大痛点：

1. 内创业的实际运行效果受到机制体制等多种因素制约

内创业在中国仍然是一个新生事物，其实际运行成效受到多种因素影响，暗礁潜藏：一是当前机制体制的刚性约束（如国有资产流失、终身追责等）；二是企业一把手理念和具体推进模式的局限（如企业领导认识不到位、不能坚持内创业、未协调好主业发展和内创业关系）；三是治理机制选择偏差和资源分配不优化（如错误选择治理模式、资源分配和激励机制不到位）；四是人才选择不平衡以及企业文化落后（如企业文化不容忍失败，内部员工能力不足)。

2. 各级政府开始重视内创业,但仍缺乏精准化专门支持政策

虽然企业或机构层面已经推出了相应制度和规定来推动内创业,但政府"双创"政策重点尚未针对企业内创业,仅有针对体制内的科研人员在职创业、离岗创业的相关规定(如保留体制内身份和待遇三年)、国家级专业化众创空间和"双创"示范基地认定等少数措施,在企业内创业的政策扶持、公共培训、资金支持、人才认定等方面尚缺乏精准、系统的政策支持,亟待研究完善。

3. 缺乏一批熟悉内创业实际操作的专业人士进行精准专业指导

中国当前的创业导师已形成规模,但内创业导师一直极为匮乏,由于内创业要求既懂企业管理又懂创业运营,所以具有较高门槛。专业导师队伍的匮乏导致企业推动内创业的成本高、效率低,重复建设和低水平建设情况严重。

三、中国内创业的对策建议

针对中国内创业的发展现状和痛点,提出如下政策建议:

一是确立内创业作为"双创"升级版的重点方向。建议在深刻领会党中央、国务院关于"双创"系列政策文件精神的基础上,借鉴国内外先进经验,全面拓展双创的广度深度,在社会化创业基础上重点推进内创业。研究出台各地"关于大力推进内创业、促进双创升级的指导意见",把内创业作为引导国有企业和科研院所体制改革向纵深发展的关键性举措,作为深化双创的重点内容,以内创业带动社会化创业,实现内创业与社会化创业的融通发展。

二是组织开展"内创业试点示范"。建议在产业基础好、转型升级迫切或发展潜力大的行业,选择一批创新创业基础较好的国有企业、民营大中型企业和科研机构,在内创业项目选择、内创业激励机制、知识产权管理、汇聚整合创业资源、内创业生态营造等方面进行试点示范,加强企业内创业规划引导,组织开展内创业专门辅导,探索形成可复制、可推广的模式和经验。

三是创新内创业的资金支持方式。建议设立"内创业基金",专门支持有发展潜力的内创业项目。创新财政资金使用方式,变一次性拨款为股权化投资。鼓励企业、科研院所设立内创业基金,政府基金可按一定比例进行参股到企业基金。以鼓励小额担保贷款、资金补贴等方式支持内创业,引导社会各类创业投资基金支持内创业发展,形成多元化、多渠道的内创业资金支持机制。

四是建立健全内创业的政策支持体系。建议将内创业人才作为一类新型人才,纳入相关人才计划予以支持,鼓励外部创客在企业内部创业。对于开展内创业的企业和科研机构,在土地、财税、人才引进等方面给予政策优惠。通过创新券、后补助等方式为内创业者购买创新服务、开展技术合作给予支持。建立内创业项目库,动态跟踪内创业进展情况,为内创业提供及时公共服务。

五是健全内创业教育培训体系。建议启动实施内创业教育工程,组织编写内创业培训教材,组建内创业师资队伍,重点针对1000名企业一把手和10000企业骨干进行分期分批开展内创业教育培训,全面普及创业理念和知识,传授内创业实施的方式方法,为内创业的应用推广奠定知识基础。

作者简介

蔺雷,清华大学经济管理学院博士,清华大学经济管理学院、美国加州大学伯克利分校哈斯商学院双博士后,现任中科院创新发展研究中心服务创新研究部主任,国家发改委、工信部、科技部、中国企业联合会创新管理与政策专家,中国企业联合会管理现代化委员会委员,全球服务设计联盟(北京)联席主席。专注于服务创新、服务管理、创业管理、企业内创业、智能制造等研究领域,已出版《第四次创业浪潮》《内创业革命》《内创业手册》《激活国企:内创业方案》《服务创新》《服务管理》《开放式服务创新》《智能制造:中国视角与企业实践》《牛津创新手册》等18部著作。

对新型农业经营主体创新发展的思考[①]

杨为民

摘要:随着我国农业经济和农村发展变革的深入,农业需求结构和供给结构发生了重要变化,农业经营主体随着社会和市场的发展而展现出新的形态。面对当前共享时代、智慧时代的到来,新型农业经营主体如何积极面对,进行经营模式创新和管理创新,已经成为迫在眉睫之事。本文从时代变迁的大环境入手,探讨新型农业经营主体创新发展的主要路径,以期实现其高质量发展与可持续发展。

关键词:新型农业经营主体;创新;智慧时代

2018年中央"一号文件"明确提出,要"实施新型农业经营主体培育工程,培育发展家庭农场、合作社、龙头企业、社会化服务组织和农业产业化联合体,发展多种形式适度规模经营"。随着社会和经济的发展,新型农业经营主体发展呈现良好势头,在农产品等社会有效供给中起到了不可或缺的积极的作用。据2018年有关统计:全国家庭农场数量超过87.7万户,其中纳入农业部门名录管理的家庭农场达到44.5万户;依法在工商部门登记注册的农民合作社数量达到190.8万家,实有成员11448万户,占农户总数的46.6%;各类农业产业化龙头企业数量达到13万家,以龙头企业为主体的各类产业化经营组织,辐射带动全国1.27亿户农户;各类农业公益性服务机构达到15.2万个,农业经营性服务组织超过100万个(杜志雄,2018)。近年来,我国经济发展呈现新的趋势:从数量型向质量型发展。面对中美贸易战等国际经济环境的变化,尤其是新的信息技术、人工智能等科学技术的发展与应用,智慧农业的发展愿景初现端倪……这对新型农业经营主体的发展提出了较为严峻的挑战。

一、面临的主要问题

(一)传统供应链体系不适应新兴技术的发展

从社会发展来看,我国科技水平经过长期的艰苦奋斗,已经厚积薄发,突飞猛进。5G的应用、人工智能的发展,使得人们的日常生活已经进入"智能化时代",无人银行、无人超市、无人快递、无人书店等,网络的发达和智能化的应用,使得人们享受到低成本、高效率、高质量的服务,尤其是大大节约了时间成本和精神成本,使得顾客让渡价值进一步提

[①] 北京新农村建设研究基地2019年专项资助项目(PXM2019-014207-000016)成果。

升。以盒马生鲜、京东7FRESH等为代表的一批线上线下业务融合发展的新业态已经较好地诠释了农产品供应链纵向一体化的发展模式,对农产品生产、加工、流通(物流)、销售、消费等形成"一揽子""一站式"服务。不仅在一定程度上引领了新的消费模式,打造了新的客户端消费群体,更对传统的农产品供应链体系构成了巨大的挑战。

尽管新型农业经营主体也开始适应这种变革,但总的来看,其发展速度还远远满足不了形势的要求。据调查,大多数家庭农场、专业合作社等虽然在组织化、规模化等方面取得很大进步,但面对庞大而富于变化的市场,仍然在一定程度上缺乏有效的及时响应。鉴于经济学中的"蛛网模型",市场信息逆向传导的滞后,反映在农产品生产加工环节,不管初级加工,还是深加工,与现代都市市场消费的需求相比均具有一定的距离,尤其是在机械化水平、信息化水平、规模化水平、一体化水平等诸多方面和发达国家存在较大差距。目前,企业之间的竞争已经演变成为供应链竞争,不管家庭农场、合作社等都是供应链的有机组成,能否纳入或建立完善现代化供应链体系,成为技术为先导的"纵向一体化"供应链发展的客观要求,这对于农业生产中较为普遍存在的分散、小规模、技术传统等无疑形成巨大的挑战。

(二)传统的生产经营模式滞后于市场需求

以市场为导向是现代营销学的基本观点,满足市场需求似乎是企业生产经营的不二选择。事实上,单纯地满足市场需求还是一种被动的应变姿态,而引领消费则是一种应对市场的主动出击,当然,要做到这一点取决于对消费者的充分了解,尤其是在市场分析基础上能够较为准确地判断和激发消费者的潜在需求。目前,很多涉农企业包括生产、加工环节等,对市场的预期和研判具有盲目性,生产什么、生产多少,似乎还是生产经营者"说了算",尤其是一些厂商盲目地认为消费者喜欢"有特色"的产品,而埋头去研发那些所谓"质量好和有特色"的产品,但怎样的产品才算有特色和质量好?其评判标准在一定程度上还是从主观出发,缺乏利用大数据手段进行系统研究,客观上还是没有摆脱"营销近视症"。

目前,市场正迎合着时代的发展,变得越来越富于变化,作为消费大国,在消费方面也发生了很大的变化,从单纯的"吃喝温饱型"向"吃、喝、玩、乐、行"综合型消费发展,食物的多样化、中高档化、便捷化、对农业多功能性(生产功能、生态功能、生活功能、教育功能、示范功能等)的诠释和供给需求,使得市场变化更具有时代特色,传统的生产经营模式出现一定程度的难以适应的困惑,供给结构与消费结构存在失衡现象。

(三)分散与集成的困惑

新型农业经营主体中,在客观上存在着"小农生产经营方式"与"工厂化生产经营方式"的交叉与融合,以家庭农场等为代表的农户生产方式,严格意义上还没有跳出传统生产经营的模式,在现代生产中或多或少地携带着分散经营、规模小、生产经营成本高等痼疾。而以现代化生产为代表的涉农龙头企业,因其庞大的体量和现代化的设备、工厂化经营方式,在与家庭农场、合作社等合作中存在明显的各种不匹配,目前,以生产基地建设为载体的"订单式"合作方式,具有一定的普遍性。这种分工与协作的方式,其实存在着权益的不对等,当农户即便是合作组织在与龙头企业的"对接"中,也存在着"话语权"

的差异。所以,规模(体量)、对核心技术(不管是生产技术还是加工技术)的掌握、对市场的把握、对现代生产经营理念和技能的掌握等这些构成了新型农业经营主体中的"差异集合"。因此,各主体高质量发展以及主体之间的"合并同类项"般的横向联合,和业务承接性的纵向合作,都要求在降低交易费用基础上的深度融合。从实地调研情况看,这方面的集成与规模经济的客观要求还存在一定差距。

二、新型农业经营主体创新不足的主要原因

(一)市场机制尚不完善

市场经济的基本规律是价值规律,同时,市场经济又是契约经济,是建立在较为完备的法律体系之内的运行机制。目前,我国经济发展速度很快,许多经济主体和经济类型的出现,有时候人们感到措手不及,而市场的多变性和复杂性又凸显了现代市场经济法律建设具有一定程度的滞后性和缺憾,不能很好地支撑市场经济所需要的"契约精神"和"契约环境"。而作为新型的农业经营主体,存在着不同程度的先天不足,脱胎于"小农经济"基础,徜徉于"人情社会"编织的"人情生意"关系学,这与市场经济所倡导的"法治精神"具有差异化,属于不同的路径。而这些所带来的一大问题就在于对做企业或做生意应遵守的"规则"和应遵循的"规律"出现认识模糊,反映在行动上就可能背离市场经济的客观要求。

(二)政府政策引导存在利益驱动

在市场经济发展中,政府的职能与作用一直是关注的焦点。"大市场、小政府"从某种角度阐述了市场与政府之间的角色扮演,当然自从凯恩斯革命之后,政府的宏观调控职能成为世界经济发展中不可或缺的要素。但不可否认的是,政府对市场的调控是应该有一个度的,如果出现"过分指导或引导"可能结果会有悖初衷。在供应链体系整合中,由于政策资金的倾斜,在组织结构中可能会出现"拉郎配"现象,尤其是在生产如种植结构调整、市场"打造"等方面,盲目地追求高目标、高速度,而恰恰失去了对市场规律的研究和洞察,可能会造成在一定区域内"供过于求"的局面。对于某些生产经营模式的"推广"也反映出政府的干涉成分较大,尤其是政府的资金导向,成为"吸金"(争取政策资金)的指挥棒,一窝蜂式的"大跃进",导致同质化现象严重。

(三)高质量发展动力不足

高质量发展是我国现阶段经济发展的客观要求,目前,我国已经成为世界第二大经济体,如何保持这一发展成果,单纯追求数量已经不符合社会发展的要求,高质量发展,不仅仅代表着数量方面的增长,更涉及发展水平、产业结构、核心技术、创新能力、投入产出、现代化、信息化、智能化等一系列指标和维度,是一个"技术、管理、发展环境"的综合体。然而,目前,有相当一部分涉农企业以及家庭农场、专业户和合作社,其现代化生产经营理念较为缺失,所关注的就是自己一亩三分地如何能挖掘出更多的金子。调研中我们遇到最多的问题就是"我的产品如何能卖出去,如何能卖个好价钱",一切围绕眼前利益,甚至利用公共资源,做竭泽而渔的"资源消耗型"运作,置可持续发展于不顾,更不要

说高质量发展。"利益"成为经营的主旨,"利润"成为经营的目标。高质量发展的目标化、指标化、驱动机制等在现实中都存在被忽视的现象。尤其是当 GDP 和单纯的"利润"成为社会追逐的动力,不能不说,我们的发展可能会驻步于低档次徘徊,反映在企业经营中就是创新投入不足。

(四) 创新人才和创新供给严重不足

新型农业经营主体因为"涉农",难免与农业的基本属性具有较大的相关性。农业是弱势产业,投入大,产出慢,周期长,效益受自然因素、市场因素、政策因素等影响大,诸多因素致使"涉农"主体更多地为现实利益所困扰。主观创新动力不足,导致某种前进惰性。而人才缺失成为不得不直面的现实问题。目前,从农业高等教育的"出口"来看,真正回到农村创业的大学生还存在数量不足,"3861部队"(妇女儿童)也是农村人口流失的现实所在,青壮年进城打工的收入远远大于"在土地上刨食儿",城市的就业机会和经济发达无论在物质上和精神上都对农村的青年具有较大的吸引力。从农村剩余劳动力结构来看,创新人才严重不足成为最为致命的制约要素。由于创新是一个系统工程,这不是一个简单地从自己的角度来定义创新供给,而是站在整个社会的角度看是否具有创新性,制度创新、机制创新、技术创新、产品创新等,面对日新月异的世界发展脚步,我们应该具有危机感,因为有时候我们沾沾自喜的所谓创新,可能是别人"嚼过的馒头",这源自于我们的眼界和思路的局限性,其根源恰恰是我们承平日久而失去了创新思维。这恐怕是我们在创新道路上最难以弥补的一课。

三、对策建议

(一) 完善市场经济体制,给新兴农业经营主体良好成长环境

不管是家庭农场还是涉农龙头企业要想发展,必须有其赖以生存的沃土。在国家经济社会高速发展的今天,加大对市场经济规律的研究,尽快完善市场经济发展所需的法律体系,使新兴农业经营主体能够在法制治理的轨道上前行。这是当务之急,因为任何经济行为都可能涉及法律层面"护佑",这也是在全社会倡导和维护法治的共同夙愿,是市场经济深入发展和可持续发展的环境诉求。

(二) 加强政策引导,激励新型农业经营主体创新投入

新型农业经营主体要想高质量发展,不仅要解决生存问题,更要解决发展问题,面对全世界创新驱动的发展大潮,不进则退,政府要积极引导,下大力气做创新激励政策研究,制定和完善一系列鼓励创新的经济政策、人才政策等,在资金导向、人才倾斜等诸多方面给予农业经营主体全方位的支持,通过适度的"输血",激发其加大创新投入。

(三) 撬动市场,引导新型农业经营主体主动创新

市场是最终的决定力量,新型农业经营主体所面对和迎合的就是市场需求,如果说政府的法制环境治理和创新政策引导是一个"推手",那么创新市场需求就是一个"拉手",而这个"拉手"的最大作用就是那只"看不见的手",任何企业和个人(农户)都会在这

只看不见的手"指挥下"将创新变成一种自觉的行为。因此,要打造"创新型市场",通过市场这一经济杠杆,将农业经营主体的创新驱动转化为内在动力,从而主动地"造血"去适应未来社会发展。

(四)加大社会服务,扶持新型农业经营主体创新

创新是一个系统工程,新型农业经营主体的创新思想、创新意识、创新思路、创新能力、创新举措、创新路径等不是单靠其自身力量能够解决的,更不是一蹴而就的事情,需要动用全社会的力量,形成助力合力。政府、企业、教育、科研、社会服务等诸多方面都需要从各个方面予以支持,并逐步建立有利于新型农业经营主体创新的长效管理机制,最终借助市场的力量,实现其跨越式发展,向发达国家农业生产经营的"标杆"看齐并超越。

参 考 文 献

[1] 杜志雄.家庭农场:中国农业生产体系的重要一环[EB/OL].[2018-06-08]. http://www.rmlt.com.cn/2018/0608/520527.shtml.

[2] 姜长云,等.当前农业产业化龙头企业发展形势及相关建议:基于对安徽省C市的调研[J].全球化,2019(6):85-97.

作者简介

杨为民,管理学博士、教授,北京农学院图书馆馆长,中国技术经济学会理事,中国农业技术经济学会常务理事,农业部农产品加工业专家委员会委员,九三学社北京市委农林专业委员会副主任。长期从事农产品流通以及农村区域发展方面的研究,曾主持国家社科重大项目子课题、教育部人文社科基金、北京市社科基金、北京市自然科学基金等省部级项目,出版专著6部,先后两次荣获北京市高等教育教学成果二等奖以及环保部科技进步二等奖等省部级奖项,两次荣获九三学社中央委员会授予的"全国参政议政工作先进个人"。

中药产业传承创新战略与政策建议[①]

丰志培

摘要：加快推进中医药现代化、产业化，推动中医药事业和产业高质量发展，是当前乃至更长时期中国中医药工作的重要任务。通过促进中医药传承创新发展实现这一目标是党中央作出的重大决策部署。本文在分析我国中药产业创新发展存在问题基础上，结合全国中医药大会要求，提出了"三个坚持"的中药产业传承创新战略，进而提出了中国中药产业创新的对策建议。

关键词：中药产业；传承创新；产业链

中医药学是中华民族的伟大创造，是中国古代科学的瑰宝，也是打开中华文明宝库的钥匙，为中华民族繁衍生息做出了巨大贡献，对世界文明进步产生了积极影响。习近平总书记多次就中医药工作做出重要论述，对2019年10月25日召开的全国中医药大会作出了重要指示，强调要遵循中医药发展规律，传承精华，守正创新，加快推进中医药现代化、产业化，推动中医药事业和产业高质量发展。

中药产业是我国拥有自主知识产权、具有极大自主创新潜力的少数产业之一，也是战略性新兴产业。新中国成立以来，针对中药产业创新过程中出现的创新基础薄弱、创新地位不明确、中药产业规范化、标准化欠缺等问题，国家出台了一系列促进中药产业创新和中药现代化的政策措施，我国中药产业坚持走创新发展的道路并取得长足发展。同时也正如《中共中央 国务院关于促进中医药传承创新发展的意见》（以下简称意见）所指出的，当前中医药发展存在着如中药材质量良莠不齐，中医药传承不足、创新不够、作用发挥不充分等诸多问题。

从中药产业领域来看，传承和创新问题贯穿于产业链、价值链各环节，具体表现为：中医药历史文献典籍、优秀中医药文化资源的保护、发掘与深度开发不足；在中医药理论创新、标准创新上亟待加强，传承与创新不足。在中药农业、工业领域，存在诸如中药材质量、中药材道地性研究、规范化种植技术研究、中药材生产组织方式等问题，中药工业的标准化和智能化问题，中药流通环节信息化程度较低，中药产业链质量追溯体系建设问题、尚未建立可追溯体系、中药产业链延伸、产业融合创新等问题。这表明上述领域标准创新、技术创新、管理创新仍很薄弱。上述这些问题的存在，意见归结为传承创新问题，从经济学和创新理论角度看，就是产业创新问题。

[①] 安徽省生物医药产业科技创新专业智库项目、安徽省科技创新战略与软科学研究项目——创新视角下中药产业升级关键环节研究成果。

无论是从中医药起源发展历程、当前中药产业发展存在的问题看,还是从意见提出的推动中药质量提升和产业高质量发展来看,推动中药产业发展的根本动力是创新。基于以上分析,运用产业经济学和创新理论,全面梳理中药产业创新存在的问题,根据中药产业创新的特点,提出中药产业创新发展战略,建立符合中药产业发展规律的产业创新体系,从而通过创新驱动促进中药产业高质量发展。

一、我国中药产业创新发展存在的问题

中药产业是指在国民经济中从事以中医药理论为指导和基础的医药及保健产品的生产、经营、研究及其相关经济活动的集合。从产业结构来考察,中药产业的链条长、环节多,包括中药农业、中药工业、中药商业和中药全产业链四个子产业组成的产业体系。尽管我国中药产业保持良好的发展势头,但成为现代意义上的产业的时间并不长,在发展过程中仍存在一些问题。

(一)中药农业领域

从中药农业看,作为产业链的源头,容易受到自然环境因素的影响,农业弱质性的特点、小农生产和"蛛网效应"等因素,使得濒危资源保护、规范化规模化种植成为制约因素,由此导致的中药材质量控制一直以来是产业发展难题,具体存在以下主要问题:①中药资源的普查、中药材野生濒危资源的保护和可持续利用问题。②全国大宗药材和优势品种的种植区划需要进一步完善。中药材讲究生产的道地性,在发展中药材生产时,必须有效地、科学地控制规模,防止盲目引种的无序生产影响中药材的质量。③中药材生产技术研究与推广尚需进一步深化,如良种繁育、药材道地性研究、规范化种植技术体系研究、农业技术推广体系建设等。④中药生产方式仍以小农分散化种植为主,组织程度低,中药材生产过程的质量控制难度大,GAP模式很难大面积推广。⑤既要防止中药材种植面积的较大波动,也要保证中药材质量的稳定和提高。

(二)中药工业领域

标准不完善,质量评价难。中药饮片、中成药和药材一样也存在这一问题。对进入市场的绝大部分中药材,缺乏明确的质量评价标准,没有质量检控的专门机构,难以实行流通环节的市场准入制度。对于饮片和成药没有建立一套科学的品质指标体系,缺乏专属性鉴别方法,单含量测定存在弊端,如中药的有效成分,目前建立的鉴别或含量测定方法大部分只是针对其指标性成分进行控制,即使达到要求,也不能说明其质量稳定、一致。质量评价难不仅直接制约着中药产业在国内的发展,也制约其走向世界。如果难以有效地评价中药材的质量,企业有何动力去采用优质中药材原料,中药材的规范化生产也就无法推进。饮片和成药的质量如果难以有效度量,必然出现"劣币驱逐良币"现象,最终导致产业发展缓慢。

产业集中度低。随着中药产业的快速发展,中药制造企业数量不断增多,但是行业集中度较低、市场分散,中药行业长期呈现"多、小、散、乱"的市场结构,不利于行业的整体发展和健康运行。我国中药制造企业规模普遍偏小,小型企业占绝大多数,很多规模小、规范程度较低的企业与大型现代化企业并存,总体呈金字塔分布,产业资源利用效率

不高,严重阻碍了中药制造业的良性发展和竞争力的提升。

(三)中药商业领域

从中药商业看,需要创新业态和商业模式。首先,中药商业流通仍以线下传统有形市场为主,且线下市场的现代化水平不高,配套设施有待完善,而线上电子商务平台以及第三方公共服务平台整体实力较弱,线上市场主体覆盖率低,交易规模小,线上线下融合发展不足。其次,中药材质量可追溯体系等市场监管机制尚未建全,药材质量信息可能随着产业链的延长以及时间的延伸而失真,很难通过市场进行有效传递,流通环节信息化程度低,无法保障流通药材的质量安全。最后,中药材期货市场尚处于探索阶段,现货交易模式使得药材交易环节多、成本高、效率低。而发展期货市场需要建立新的管理制度、新的药材检测手段以及一批专业知识过硬的期货从业人员,需要加强对期货公司的监管力度,时间周期较长,风险大,使得许多企业对进入期货市场后仍处于观望状态。

(四)中药全产业链领域

(1)处于产业链低端。中国中药产业国际市场占有率(中药出口额占天然药物贸易额比重)较低,出口的主要是初级产品,处于产业链的低端,即中药材的生产与初加工。在国际贸易中中成药制造和中药相关产品开发与日、韩和欧盟相比没有竞争优势,这与我国全球最大的中药生产和消费国的地位不相配。

(2)产业链延伸能力差。不仅整个产业处于"微笑曲线"的底端,链条的向上(研发)、向下(服务、贸易、物流)延伸能力差,而且在具有比较优势的中药材种植(养殖)和中药饮片业子产业也处于"微笑曲线"的底端,如在中药材种植(养殖)的上游良种选育和良种繁育技术、野生驯化等方面也没有形成较强的竞争力。

(3)产业创新动力不足。从整个产业链来看,各环节发展不协调,组织化程度低,产业标准缺失,导致中药质量控制评价难,使得"劣币驱逐良币"的信息不对称问题存在,整个中药产业链创新动力不足;另外,中药产业链长,产业链参与主体众多,受到"长鞭效应"的影响,客户需求的信息传递与反馈受到阻碍或内容失真,同时存在的产业链信息不对称现象,也增加了中药产品的交易成本。

从产业创新视角看,无论是中药农业、工业、商业和知识业领域的问题,还是产业组织、产业链上所存在的主要问题都可以归结为产业创新不足,技术推动乏力成为当前制约中药产业创新发展的关键问题,而这些问题都可以通过产业创新来加以解决。

二、我国中药产业传承创新发展战略

在当前的经济、技术环境下,促进中药产业健康发展,首先必须认识到推动产业发展的根本动力是创新,中药产业也不例外。"传承精华、守正创新"是党中央对我国中医药发展明确指出的发展战略,坚持传承创新的中药产业发展战略将有利于促进中药产业发展。中药产业创新发展要建立在传承基础上,并通过产业创新发展,坚持中医药基础理论指导、坚持现代化发展方向、坚持国家政策支持是我国中药产业传承创新发展的必然选择。

（一）坚持中医药基础理论研究对产业创新的引领

坚持中医药基础理论对创新的引领作用，就是巩固中医药理论在产业创新中的基础地位，发挥中医药理论对产业创新的预见和指导作用。我国中医药学是在长期实践中逐步形成发展并被检验正确的完整医学体系，是人类医学文明的巨大宝藏。加强中医药基础理论研究，能为中药产业创新提供不竭源泉和动力。

加强中医药的基础理论研究，需要在整理发掘中医药文献这一"基本内核"上下功夫，中医药的"基本内核"既是我国中药进行自主创新的优势所在，也是捷径所在；"废医存药"、脱离中医药理论指导去简单地模仿西药，最终将使得中医中药的优势丧失。同时，要吸收现代科技和文化成果这一"合理内核"，否则中医药基础理论最终将被逐步边缘化，直至萎缩。这就需要推动中医药理论与现代科学文化的融合，充分运用包括循症医学、基因组学、化学、分子生物学、信息科学等在内的现代科学手段来研究中医药理论体系，解释中医病理和中药药理，实现中医药理论质的飞跃以及方法上的突破，在辩证唯物自然观指导下，在一个新的高度形成具有整体观的医药学体系。从系统开放性的角度看，传承创新是中医药基础理论创新的必然选择，也被实践证明是可行的路径选择。新中国成立以来，中医药领域取得的一系列创新成果，都自觉运用了中医药理论的指导。

（二）坚持中药产业现代化的创新发展方向

一直以来，中药产业创新都面临着两个问题，如何运用现代科学和人文理论来认识、理解和研究中医药，如何运用现代科技去规范、提升中药产业。前者需要中医药基础理论创新（如前所述），后者需要产业创新；两者共同之处在于都需要通过中药产业现代化来解决，而中药产业现代化的本质是科技创新。

坚持中药产业现代化的创新发展方向，既是创新的应有之意，也是社会发展的必然要求。熊彼特认为创新就是"建立一种新的生产函数"，"创新必须能够创造出新价值"。从社会发展看，随着"回归自然"的趋势、人类疾病谱的改变和医学模式的转变，中医药的优势凸显，需求增加；但现代生产生活方式既影响着中药资源的来源、品质和疗效，也对中药产品的生产方式、质量控制、消费方式提出新要求。上述两个方面都要求通过中药产业现代化来实现。

坚持中药产业现代化的自主创新方向，从产业层面看，新中国成立以来一直着力解决规范化和标准化的问题，通过建立GXP系列来规范产业各环节的发展并取得明显成效；但由于中药本身的复杂性和基础性研究的薄弱，中药的标准化问题仍相对滞后。因此，未来必须制定一整套从研发、生产、质量控制直至安全评价、临床应用的标准体系。通过中医药基础理论创新提供创新源头，建立基于中药产业链的、开放式的产学研协同创新体系，引进消化吸收再创新促进产业升级，通过集成创新实现产业价值。从企业层面看，关键是形成适合企业的创新模式。近十年来，一些中药企业在实践中形成了一些具有代表性的模式：① 理论创新为先导的模式。以以岭、步长为代表的，以中医药理论创新（如脉络学说、脑心同治理论等）为先导，临床为基点，中西集合的思路进行重点产品的科技创新。② "二次开发"模式。以经典名方、院内制剂、名老中医验方等经过长期临床检验、疗效确切的中药为基础，实施产业化开发。如天士力的复方丹参滴丸、广州药业的消渴丸、北京双鹭药业的三氧化二砷注射液、云南白药集团的云南白药等。③ 构筑平台、联合开发模式。如以广药、上药为代表，构筑研发平台、加强国际合作（如广药的国家工程中心、广药研究院的建设，上药与张江集团的合作）等模式进行科技创新。④ 研发服务外包的兴起。随着研发分工的专业化，CRO、CRAO（合同研究组织、合同注册组织）应运而生；在未来大数据时代，基于互联网思维的新创新模式也会不断涌现。

（三）坚持国家中药产业政策对创新的支持

坚持国家中药产业政策对创新的支持，从创新能力看，政府通过在人才培养、科技项目、产业发展、财税制度等诸方面的扶持，中药产业从建国初期的幼小产业成长为战略性产业。政府整合科技资源，设立重大科技专项对中药领域的基础性、前沿性科学实现科技攻关，有助于迅速提高创新水平，这点应予以坚持。但作为竞争性行业，政府对中药产业创新支持的侧重点应发生转变，应通过制定有利于中药企业科技创新的优惠政策，激活企业创新积极性，最终目标是建立以中医药为特色、企业为创新主体、产学研协同、具有自主创新能力的中药创新体系。

三、我国中药产业传承创新对策

针对我国中药产业诸领域和产业链系统存在的主要问题，要在传承创新发展战略指引下，通过产业创新来解决，产业创新的范围远比技术创新要广泛得多，但往往从技术创新开始；且从层面上看集中在产业层面，中药产业创新先由企业开展，然后不断扩散或者形成一个新的子产业或者一个区域创新系统。具体而言提出以下对策建议：

（一）针对产业领域重大科学问题推进中药创新

落实全国中医药大会精神，围绕国家战略需求、中药重大科学问题、中药产业创新关键环节，建立多学科融合的科研平台，组织重点联合攻关。在中药产业重点领域建设国家重点实验室、工程研究中心和技术创新中心。在中央财政科技计划（专项、基金等）框架下，研究设立国家中医药科技研发专项、关键技术装备重大专项和国际大科学计划、加快中药新药创制研究。突出中医药特点和发展需求，建立科技主管部门与中医药主管部门协同联动的中医药科研规划和管理机制。

（二）完善中药产学研一体化创新模式

以产业链、服务链布局创新链，支持企业、医疗机构、高等学校、科研机构等协同创新。构建基于"创新链"的产学研协同创新模式。

（1）在创新链上游，以大学为主导，发展中药产业基础研究。中药产业基础研究以大学为主导，一是要搭建基础研究平台，解决重大共性技术、关键技术；二是要注重人才培养，完善体制机制。

（2）在创新链中游，以科研机构为主导，发展中药产业应用基础研究。中药产业应用基础研究以科研机构为主导，结合市场需求，实现基础研究与应用研究的过渡与衔接，使企业需求与科研活动相匹配，加强产学研结合的紧密程度。一是加强中药的研发水平，尤其是中药的二次开发，是提升产业创新力、加快中药现代化进程的重要途径。二是与大学合作组建高新技术转移模式。三是搭建基于网络的中药产业产学研技术联盟互动平台。

(3) 在创新链下游,以企业为主导,发展中药产业应用研究。中药产业应用研究以企业为主导,结合企业自身的研发需求,与大学、科研机构建立研发联盟、共建研发实体或建立科技园区等方式,提升企业的自主研发能力,提高产学研结合的紧密程度及合作成效,从而促进科技成果的转化。一是要建立企业研发联盟模式。二是围绕中药行业关键技术,共建研究开发实体。三是与大学/科研机构共建科技园区。

(三) 加强中药产业链创新和要素支撑

(1) 将创新贯穿于中药产业链全过程。建立濒危野生中药材种子种苗研究基地和药用动植物种质资源库,确保野生资源可持续利用。开展野生资源变家种的关键技术研究,开展道地药材的道地性研究,逐步建立道地中药材规范化生产体系。大力推动中药农业技术推广、传统技术挖掘和转化应用,提高研发能力。应用现代科学技术,进行中药炮制关键技术研究,突出技术优势和中药饮片功效。实施重大新药创新计划,大力培育优势中成药产品,以创新带动中药产业转型升级。

(2) 强化标准建设和平台支撑。建立健全标准体系。筹建中国中药标准研究院,完善大宗中药材、饮片加工、饮片炮制、提取等技术标准和规范,完善物流(包装、仓储、养护、运输行业)标准研究,建立中药产业全链条的优质产品标准体系。建立覆盖中药全产业链的质量追溯体系,加大信息技术的应用。建立第三方质量检测中心,确保中药质量安全。

(3) 培育创新人才。加强中药高层次和国际化专业技术人才引进与培养,鼓励科技创业,加大对创新型科技领军人才及创新团队的资助力度。重视高等院校中医、中药专业的人才培养,鼓励高校毕业生到中药产业创业就业。建立中药师承教育培养体系;加强中药材种植养殖技术人员和基层中药材生产、流通、炮制从业人员培训;培养一支强有力的中药资源保护、种植养殖、加工、鉴定技术和信息服务队伍。

(四) 完善有利于创新的中药产业创新系统

(1) 产业创新系统是实施产业创新的基础。产业创新系统是以市场需求为动力,以企业为创新主体,以良好的内外环境为保障,以创新性技术供给为核心,以实现特定产业创新为目标的网络体系。在中药产业创新系统中,中药企业处于中心位置,企业与企业之间以及企业与其他创新活动主体之间存在着互动关系。中药产业创新系统中,系统运行的动力机制具有鲜明的需求拉动性;技术系统是整个产业创新系统的核心;研究与开发活动是整个技术系统的核心;政策的调控和政治、经济、文化背景对创新的成功具有深刻的影响;产业创新系统的最终目标是通过产业创新提高产业竞争力。各中药产业的企业应该在产业创新维度中寻找适合自己的创新形式,各地区应发展具有区域特色的中药创新系统,进而通过产业内新技术扩散,使创新在产业内和区域间得到了普及,提升中药产业发展质量;或通过创新形成新的中药子产业,促进中药产业创新。

(2) 提高产业创新能力主要通过产业创新系统思想来指导。整个中药产业的发展是一个系统工程,中药生产要素、需求条件、产业内企业及企业之间的联系、相关产业和支持产业的表现,以及政府因素和国际环境构成的中药产业创新系统也是一个整体。特别是政府部门,需要从系统观念出发,综合考虑中药产业面临的国内外环境和整个市场的供给与需求,对整个中药产业的发展制定切合自身发展的政策、战略和策略,以促进中药产业创新能力的提升。

(3) 产业组织、产业集群、产业链整合等问题可通过积极有效的产业创新政策得到解决。在产业创新系统中,政府通过产业政策对系统中的要素进行积极有效的调控,能够解决中药产业的集中度、区域布局和产业链整合问题。

参 考 文 献

[1] 中共中央,国务院.关于促进中医药传承创新发展的意见[A].2019.

[2] 丰志培,常向阳.我国中药产业发展的问题与管理措施:基于产业创新理论的视角[J].科技管理研究,2009(8).

[3] 丰志培,陶群山,彭代银,等.我国中药产业自主创新历史演进、特点与启示[J].中国中药杂志,2015,40(11).

[4] 刘志迎.产业链视角的中国自主创新道路研究[M].北京:科学出版社,2014.

作者简介

丰志培,管理学博士,安徽中医药大学医药经济管理学院院长、教授,安徽省教学名师,教育部首批万名创新创业导师,安徽发展战略研究会常务理事,安徽经济学学会理事。研究领域为中药产业经济。在《中国中药杂志》《中药材》《中草药》《农业技术经济》《江淮论坛》《科技管理研究》等发表论文40余篇,获得安徽省社会科学成果三等奖1项,安徽省发改委系统优秀学术成果一等奖2项,安徽省教学成果一等奖1项、二等奖1项。

中国创新50人笔谈
50 Essays on China's Innovation

区域创新

开放创新背景下厦门市转型发展的短板和路径

李 平

摘要：在开放式创新背景下，城市发展必须依赖创新驱动，构建区域科创中心成为城市发展的重要途径。本文在充分分析厦门市城市转型发展必要性的基础上，深入揭示厦门市向开放创新型城市转变面临的短板，面向未来城市发展大趋势，为厦门市向开放创新转型发展提出了若干对策建议，以资厦门市转型发展参考。

关键词：厦门市；城市转型；开放创新；区域科创中心

目前中国发展的内生动力、面临的国际国内环境都发生了重大变化，厦门市如何转型发展适应新时代的发展变得尤为重要。厦门市要明确建设区域科创中心转型发展的定位，构建高水平开放创新窗口；深化体制机制改革，强化市场内生创新激励，打造一流营商环境；培育优势产业和产业集群，形成以中心城市带动区域创新协调发展的新格局；完善创新基础设施建设，全方位培育创新能力；优化评价激励机制，全面聚集创新人才。

一、厦门市城市转型发展刻不容缓

一是全面开放新格局下，厦门市对外开放的相对优势地位逐渐下降。厦门市是我国改革开放初期最早设立的四个经济特区之一，作为国家改革"试验田"和对外开放"窗口"在政策先行先试、资源配置、减税降费、招商引资等方面获得了大量政策优惠。厦门市凭借沿海地缘优势以及首批经济特区、计划单列市（副省级城市）等头衔成为改革开放初期我国最具发展潜力的城市之一。党的十八大以来，党中央根据国内外发展新形势作出"推动形成全面开放新格局"的重大战略部署，提出要以"一带一路"建设为重点，形成陆海内外联动、东西双向互济的开放格局。在此背景下，中西部地区将逐步从开放末梢走向开放前沿，与东部沿海地区共享新一轮高水平对外开放红利，而厦门市比较优势也将随之减退，港口地位逐步下降，货物贸易呈现见顶停滞态势。

二是全球制造业格局重构背景下，厦门市利用制造业转移形成大规模快速发展的路径现已不复存在。改革开放后，我国尤其是珠三角等东部沿海地区，凭借低廉的劳动力成本优势、临海的区位优势等承接来自港澳以及世界主要发达经济体的劳动密集型加工产业转移，形成了大规模生产优势，实现了以外向型为特征的高速经济增长。然而，随着国内外形势的深刻变化，全球制造业格局面临重大调整，我国同时面对发达国家"高端制造回流"与发展中国家"中低端制造分流"的双向挤压，过去我国珠三角、长三角等地区通过承接国外制造业转移获得大规模生产优势、并由此实现经济迅速发展的模式在当前新形势下已难以复制,因此厦门市想要再借助区位优势、政策优惠等承接国外制造业转移实现大规模快速发展的机会窗口已经不具备了。

三是国际经济形势复杂多变,厦门市作为外向型经济将面临较大的风险与挑战。依托世界发达经济体的强劲需求市场带动是我国外向型经济传统发展模式,因此国际形势、特别是发达国家发展态势将对我国外向型经济产生重要影响。考虑到自2008年全球金融危机爆发以来全球经济持续复苏乏力,以英国脱欧、特朗普当选等一系列标志性国际政治事件为代表的保护主义、"逆全球化"等明显抬头,新一轮的以中美贸易摩擦为起点的发达国家全面制裁和封锁,以及世界局部冲突动荡频发,恐怖主义、地缘纷争、安全威胁等问题层出不穷,世界经济发展的不稳定性持续加剧,为我国外向型经济发展带来了极大的风险和挑战。

四是厦门市尚未充分受益于城市群崛起,面临不进则退的严峻形势。以城市群为抓手推进区域协调发展、打造协作互补的整体新优势,将会显著改变非中心城市的地位。"十三五"规划确立了城市群作为推进城镇化的主体形态,京津冀、长三角、珠三角、东北地区、中原地区、长江中游、成渝地区、关中平原城市群等纷纷发展壮大,京津冀协同发展、长江经济带发展、粤港澳大湾区建设等上升为国家战略。党的十九大报告提出以城市群为抓手的区域协调发展新机制,用以打造分工协作、优势互补的整体竞争新优势。2018年中共中央、国务院颁布的《关于建立更加有效的区域协调发展新机制的意见》明确提出要"建立以中心城市引领城市群发展、城市群带动区域发展新模式,推动区域板块之间融合互动发展",以城市群为主体的区域一体化发展已成为区域未来发展的主要趋势以及有效推进区域协调发展的重要抓手。厦门市目前所在的海峡西岸城市群尚处于规划建设当中,发展缓慢,在以城市群为主体的区域协调发展新模式下未占据有利境地,或将成为厦门市经济未来发展的现实约束。

二、厦门市向开放创新型城市转变面临的短板

一是厦门市科技创新中心建设布局不足,恐失创新高地争夺先机。随着创新全球化和网络化趋势日益凸显,科技创新中心成为开展创新活动和配置创新资源的中枢,引领辐射周边创新发展的高地以及参与国际合作与竞争的主体。北京、上海、深圳等城市紧抓历史机遇,较早布局科技创新中心建设,陆续启动具有全球影响力的科技创新中心(上海市)、全国科技创新中心(北京市)等建设工作。与此同时,近年来,成都市、武汉市争建综合性国家科学中心,杭州、西安和合肥等城市致力于打造区域创新中心,积极抢占未来创新高地。厦门市"十三五"经济社会规划中才明确提出2020年要建设成为区域性创新中心和研发中心的发展目标,且工作推进力度不够,缺少有效实现区域性科创中心功能的实现路径和政策措施,特别是在财政资金引导方面存在资金管理有待统筹、投入力度有待加强、投入方式有待创新、投入结构有待优化等问题,在争建科技创新中心、积极抢占创新高地的竞争中布局明显不足。根据首都科技发展战略研究院发布的《中国城市科技创新发展报告》,2018年厦门市在我国289个城市的科技创新指数排名中位居第17位,比2017年的第11位下滑了6位,被西安、青岛、长沙等城市超越。

二是经济发展规模不足以支撑科创中心功能,创新驱动经济高质量发展任重道远。一方面,在中国经济投资驱动的高速成长阶段,厦门市经济未能形成规模发展。厦门市

经济总量长期处于我国 15 个副省级城市后位,截至 2017 年,厦门市 GDP 总量仅为 4351.7 亿元,仅仅高于珠海市(2675.2 亿元)和汕头市(2351.0 亿元),而深圳市、广州市、成都市、武汉市、杭州市、南京市和青岛市均已迈入了"万亿俱乐部"。特别是,同样作为沿海城市、经济特区和计划单列市(副省级城市)的深圳市,目前已跻身全国四大一线城市,2017 年 GDP 总量更是超过广州市位列全国第三。厦门市当前 4000 亿元的经济规模尚不足以支撑区域科技创新中心的功能,面临不进则退的严峻形势。另一方面,厦门市的工业总量偏小、产业竞争力不强。2017 年,厦门市规模以上工业增加值(1437.16 亿元)在福建省内排名第三,落后于福州市(22700.92 亿元)和泉州市(3926.19 亿元),在副省级城市中排名倒数第三,仅高于哈尔滨市(1206.7 亿元)和沈阳市(1276.4 亿元)。而且产业发展后继乏力,增加了集聚高端创新资源的难度,产业转型升级面临巨大压力,导致厦门市竞争力不足。

三是科技创新支撑产业发展的力度不够,整体创新能力有待提高。企业整体自主创新能力不强,主要产业附加值低,2010~2017 年厦门市规模以上工业增加值率在大多数年份低于全省平均水平。厦门市民营企业占比明显偏低,2017 年厦门市私营企业总产值占规上工业企业比重仅为 16%,创新活力不足。厦门市外向型企业占比较大,存在研发和市场两端在外的问题,留在本地的大多是低端加工制造业。尽管近年来厦门市技术创新体系初步形成,但是高等院校、科研院所、科技中介机构等创新主体仍显不足。高水平的科研院所和企业技术创新中心并不多。与先进城市相比,厦门市对行业有重要影响的产业关键共性技术创新平台相对缺失,导致产业关键共性技术供给体系相对缺失。产学研结合不够紧密,与企业的创新合作和产业化的互动机制不够理想,技术合同成交额不高。科技成果转化的中介服务体系不够完善,缺乏高质量线下技术交易平台,科技成果转让评估缺乏规范、合理、市场认可度高的科技成果定价机制,科技成果转化服务机构服务人员素质有待进一步提高。

四是海峡两岸合作潜力发挥不足,台湾对厦门市的创新发展带动效力有限。厦门市凭借毗邻台湾的地缘优势不断深化海峡两岸科技创新合作以推动本地科技创新和经济社会发展。然而,由于合作过程中受到两岸关系、交通条件、科技实力、产业结构关联程度、政策环境等多方面因素影响,台湾对厦门市的合作带动效果总体并不乐观,与香港繁荣带动深圳市相比更是存在明显差距,而一些大型高端台商甚至跳过厦门市选择与广东省、上海市、江苏省、浙江省等省市进行投资合作。与此同时,考虑到中美关系或将导致美国对台湾地区政治经济干预力度加大以及台湾地区经济持续低迷与社会基层日趋分化等现实因素,厦门市未来利用与台合作实现自身发展的路径将更具诸多不确定性。

三、厦门市向开放创新转型发展的政策建议

(一)明确未来中长期发展定位,构建高水平开放创新窗口

综合考虑新一轮改革开放形成的重大机遇,国家创新驱动发展的战略需求,厦门市应紧密对接国家扩大对外开放水平的战略部署,充分利用自由贸易试验区和对台优势,以制度创新为核心,解放思想、先行先试,探索在新一轮国际贸易投资重构背景下,构建高水平的开放创新平台的路径和方法。未来可定位于海峡两岸合作创新发展示范区、中

国新型产业创新体系引领区,厦漳泉为核心的东南沿海企业研发中心重要集聚区以及福建省战略性新兴技术的策源地和产业化高地。支持本地企业嵌入全球创新链,鼓励有实力的本地企业"走出去"获取国际高端技术要素,整合利用全球创新资源。明确未来中长期发展定位,并一以贯之,长期坚持实施。

(二)强化市场内生创新激励,打造一流营商环境

实施市场准入负面清单和外商投资负面清单管理制度,对各类市场主体实行一致管理,同时确保负面清单的透明度与市场准入的可预期性。以法治为基础建立现代产业与创新治理体系。率先建立同国际投资和贸易通行规则衔接的政策体系,形成法治化、国际化、便利化的营商环境,以更高水平的对外开放促进创新要素向厦门市的集聚。重视加强知识产权创造、保护与应用等相关法律体系及执行机制的完善,依法建立严格保护知识产权的长效机制。构建各类企业、创新创业主体公平竞争的市场环境。控制优惠政策的范围和规模,规范优惠政策制度,提高优惠政策的透明度。

(三)培育优势产业和产业集群,形成以中心城市带动区域创新协调发展的新格局

在传统优势行业和新兴战略产业中确定一批行业龙头企业、优势企业进行重点培育。着力在产业和企业层面形成集聚效应,在优势产业基础上不断完善产业链、创新链、生态链,继续鼓励技术研究院通过整合科研、产业、资本等要素,重点打造多个百亿级乃至上千亿级的产业联盟。加强厦门市与漳州市、泉州市等地在区域产业链上的协作和在创新链上的联动发展。依托行业龙头企业的力量,率先在集成电路、装备制造、生物医药等少数几个行业领域,把原始创新主体、科技成果转化中介、风险投资机构、小试中试基地、产业化基地等各类载体和创新主体联系起来,构建成功能齐全、体系完整、协作紧密的创新网络,覆盖产业链、创新链上中下游和关联配套环节。

(四)完善创新基础设施建设,全方位培育创新能力

整合完善厦门市现有技术转移机构,建设高效、务实的技术转移中心。建立以厦门市为中心辐射海西经济区的技术转移中心,建成促进创新成果转移和转化的综合性科技服务公共平台。建立新型的公共研发机构,完善创新经费、人事、运作等机制,为产业应用技术开发提供支撑。鼓励本地领先企业通过在海外联合设立研发机构,加强科技合作与信息交流,加强区域创新平台共建共享,带动更大区域范围内的企业分享创新资源。加快教育改革,强化和完善基础教育阶段和高等教育阶段的科学教育,系统提高学生科学意识、创新精神和创新创业能力。积极探索厦门市本地高校与海峡两岸一流高校、国际一流高校合作办学,共同培养高素质科技人才。

(五)优化评价激励机制,全面聚集创新人才

针对当前厦门市的创新成本偏高、房价走高、环境保护成本提高、员工子女入学不便等导致现有创新人才和团队流失严重等问题,应该全面解决人才的住房、出入境、医疗、子女入学、配偶安置等实际问题,努力营造适合高层次人才创新创业的发展环境。创新

科技人员管理与激励体制,加大科研成果转化的奖励力度,充分调动科技人员的积极性。在人才选拔、职称评定、人才奖励方面尽可能减少行政干预,适度放宽岗位数量和人数比例限制。鼓励科研机构、高等院校及企业通过顾问指导、短期兼职、候鸟服务、对口支持、合作研究等方式柔性引进海内外高层次人才。

作者简介

李平,中国社会科学院数量经济与技术经济研究所所长、研究员,中国数量经济学会理事长,中国技术经济学会理事长,主要从事技术经济、产业经济、能源经济等方面的研究工作。2014年"获全国优秀科技工作者"称号,2016年入选"万人计划领军"人才。主持过国家社科基金重大项目和重点项目、国家自科基金应急项目、国家软科学重大项目以及国家发改委、科技部、铁道部、水利部、国家知识产权局等部门委托的项目,曾任国家863项目执行负责人。在《数量经济技术经济研究》《管理世界》《中国工业经济》等权威和核心刊物上发表有关生产率研究、项目评价、科技创新政策、科技创新战略研究等学术论文100余篇,出版具有影响力的学术著作20余部。

技术多样化与技术收敛
——典型主题情景及区域创新多样化

陈向东

摘要：本文结合作者团队以往研究，总结分析了有关技术收敛和技术多元化（也叫作技术发散）发展规律研究主题，特别是与三类主题相关：① 企业内在的技术多元和收敛发展规律及其相关的平台型技术收敛发展的特殊意义，特别是多元化创新为技术收敛提供更宽阔的技术资源选择，而本土市场和政策环境下的技术收敛又有可能形成有竞争力的平台技术；② 外来强势技术（如 FDI 和跨国公司）可能导致东道国产业技术收敛，从而有可能降低东道国技术多样化水平；③ 结合上述两种类型的区域型技术发展观测，可提供以城市为聚焦点分析区域技术创新性质的研究窗口。这些研究尤其对发展中国家特别是新兴经济体国家的发展具有重要意义。本文以我国 106 个典型城市为代表，构造相应的分析框架，结合城市产业技术传统和产业经济规模等背景因素，通过主成分分析观测其创新活动性质，突出其中的多元化创新和可持续创新水平，其研究结果有一定的参考意义。

关键词：技术收敛；技术多元化；区域创新；中国城市创新

技术创新活动中存在三种所谓技术收敛和技术多样化的发展主题，往往都是融合多个学科领域（或者说是跨学科）研究方向的发展主题，非常值得技术创新领域的学者和相应的参与者高度关注。

一、产业技术收敛发展与国际投资（乃至国际政治经济）相联系的主题

产业层面的技术多元化或收敛，主要涉及产业技术资源的收敛和多样化发展问题，属于产业技术国际化、国际技术转移、跨国直接投资的研究领域，同时又和本国本地区的高新技术发展关系密切结合。产业技术资源的收敛，不但预示着当前产业实力的强化和当前竞争力，同时也说明未来产业技术资源的发展潜力（可能的技术选择）的局限；而产业技术资源的多样化则依赖于本地本国的高新技术创业企业或产学研联盟的作用。技术多样化发展成为一种资源储备，在全球化技术资源趋向流动的背景之下，外国高新技术创业企业及其创业型技术也可能构成技术多元化发展的来源，而外资企业（特别是大型跨国公司）的资本型技术发展，则可能抑制本土和本国产业技术多样化，使得产业技术路径的选择狭窄化。

二、技术多元化与技术收敛与战略型新兴技术发展分析主题

这一主题关注本地本土技术发展规律,由于企业技术跨产业技术收敛的发展特征往往预示着某种所谓平台型技术发展资源和发展机遇,因而技术的收敛发展是发现和辨识平台型新兴技术的重要观测角度。企业技术的多元化发展更多源于本国本地区的创新活动,例如高新园区的企业群体、创新创业群体、中小企业群体等,也可能来源于大型企业研发机构的扁平型组织机制。毫无疑问,在分析和辨识新兴技术场合,或者开展所谓探索型(Explorative,即无事先设定主题,但有具体领域)新兴技术分析时,此类平台型技术是重要的分析落脚点。

三、技术及创新多样化与区域创新技术特征分析主题

技术的收敛和多元化发展可以是产业发展的重要资源(和契机),同时也可能是地理区域意义上,区域创新活动的重要支撑。因此,在区域创新活动或区域创新体系的分析意义上,观测不同区域层面上相应的技术创新发展,特别是技术资源的收敛和多元化发展,也是区分不同区域(或城市)在技术领域发展的品质差别特征,并分析其当前竞争力和潜在竞争力的重要依据。

(一)有关产业和企业层面技术收敛和技术多样化发展的理论认识

Rosenberg(1976)[①]早在20世纪70年代就曾研究技术收敛这一特殊现象。他将技术收敛定义为两个完全不同的工业部门分享共同的知识和技术基础的过程,由此揭示出技术跨产业收敛的发展趋势,预示了相应的平台型技术的发展类型。

但在技术收敛发展的认识上,其实还存在着内在创新活动驱动的收敛机制的认识和外部资本驱动的技术收敛的认识这两种类型,前者是一种技术创新规律的认识,后者则是一种外在资本力量驱动的,使本土技术发展路径日益缩窄的类型。下面予以分别讨论。

1. 技术收敛活动的内在创新机制认识

自20世纪90年代开始,对技术多样化和技术收敛的研究日渐增多,主要以美国、日本和欧洲一些技术比较先进的企业为研究对象。Kodama(1986)[②],Oskarsson(1993)[③]和Granstrand、Sjolander(1990)[④]等学者发现技术多样化在欧美日等工业科技发达国家是非常普遍的现象,许多技术型企业尽管采取了业务和产品聚焦战略,却仍然保持着技术能力的多样化趋势,特别是电子、化学和汽车等行业的企业在核心业务领域之外都拥

---

① Rosenberg N. Perspectives on technology[M]. Cambridge:Cambridge University Press,1976.
② Kodama F. Technological diversification of Japanese industry [J]. Science,1986(223):291-296.
③ Oskarsson C. Technology diversification-the phenomenon, its causes and effects:a study of Swedish industry[D]. Doctoral Dissertations. Chalmers University of Technology,1993.
④ Granstrand O,Sjolander S. Managing innovation in multi-technology corporations[J]. Research Policy,1990(19):35-60.

有大量的技术专利(Patel 和 Pavitt,1998)[①]。种种情形表明,技术收敛或聚焦反映的往往是多元化发展的技术资源的选择性扩散的结果,而所谓平台型技术的发展也是与多元化技术发展资源的进步紧密相关的。因而,这些起自20世纪90年代相对集中的研究越发表现出,技术收敛现象存在着非常重要的技术创新活动的发展规律。

从技术多样化和收敛发展的关注主题看,大致分为两个角度:一类是产品因素,强调多元化;一类是市场环境因素,强调技术的收敛。

从产品因素角度,表现技术多样化是企业开发核心产品和新产品的需要,同时,产品的专业化和多样化都需要技术的多样化来支持,即在核心产品开发和产品的专业化发展过程中,需要一个范围较宽的技术基础(Kodama,1986)。一些相应的关键概念就此出现,例如,Grandstrand、Patel、Pavitt(1997)[②]的研究工作所提出的"分布式能力"概念,强调企业不仅需要构筑核心能力,也需要构筑背景能力。

从市场环境作用角度看,为提高技术开发和应用效率,通过产业技术合作渠道,技术的收敛过程就往往表现为一个高效的选择和发展过程。技术收敛的结果应当是在众多不同技术类型中的市场选择结果,其技术收敛的质量在于原有技术资源的多样性,也受制于特定的市场需求质量。而在产业间发展的技术收敛,则极有可能产生具有战略意义的新兴技术,形成某种通用技术;同时,另一方面,也可能实现行业结构调整,促进新产业和新行业的诞生(图1)。

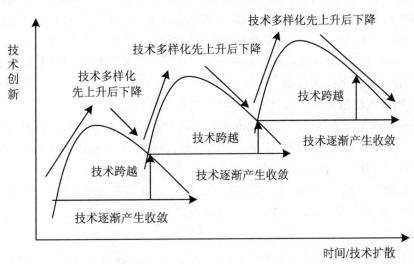

图1　技术多样化与技术收敛的关系[③]

由图1可见,技术多样化发展与技术收敛过程是交替变化的。但图1中对技术跨产

---

① Patel P,Pavitt K. The wide (and increasing) spread of technological competencies in the world's largest firms:A challenge to conventional wisdom[C]. Chandler A. D. The Dynamic Multinational Firms,Oxford University Press,1998:192-213.

② Grandstrand O,Patel P,Pavitt K. Multi-technology corporations:why they have distributed rather than distinctive core competencies[J]. California Management Review,1997 (39):8-25.

③ 林娟娟,陈向东.我国高新资源技术多样化与技术收敛分析[J].科研管理,2014,35(6):14-23.

业收敛的现象还没能重点描述,实际可以作为技术收敛的平台宽度来考虑,即属于独立于技术多样化水平(纵轴)和技术扩散水平(横轴)之外的第三轴。技术多样化与技术收敛的交替变化是一种技术的产业化复杂性维度,也代表了技术收敛的质的维度。

2. 外在资本驱动型技术收敛活动的认识

如果把技术收敛活动放在国际环境考察,就会看到,随着全球化经济的发展和技术创新的速率加快,大型企业和跨国公司在研究与开发过程上面的导向力量和辐射作用越来越大,而技术创新的"本土"特性和"自愿""自发"特色就会有所下降,即国际化研发机构可以有效吸收多样化资源的发展机制(Garybadze 和 Reger,1999)①。总体而言,跨国公司主导的技术发展道路会制约技术资源多样化的发展,尤其可能会制约新兴经济体国家本身资源为基础的新兴技术的发展。

例如 Radosevic(SPRU,1999)②对南美国家的研究就说明,跨国公司的发展和技术转移使得当地生产技术和生产模式高度收敛和趋同,产品的复杂性和多样性降低,自然资源的使用量上升,而产业附加价值的含量下降。与此相对,D'Costa(2001,1998)③的研究则特别指出日本和韩国在发展本国产业技术时利用政策调节引导本土技术的分领域收敛,从而与外来技术形成互补趋势的成功一面,对比说明了印度的不利情形。

从区域(特别是城市)经济发展层面分析技术创新活动的多元化与收敛趋势具有特别的意义:由于以往的研究都认为,技术的转移在地理区域上存在障碍,主要是由于其中默悟形态的技术难以模仿因而难以转移,原因在于技术开发和推进过程中的载体文化差异,所以,地理区域层面上的技术多样化和收敛特征就显得更为常见(如 Varga 对美国的研究,1999④;以及 Caniels 对欧洲国家的研究,2000)⑤。如果把观测对象聚焦在城市层面,则这类活动展现的差别性和多样性应当更为明显。

3. 中国城市创新体系的观测——多样化创新与技术收敛

本文作者及其团队曾专门定义城市创新体系(2009)⑥,希望更为全面地将区域创新的传统和文化因素引入技术创新体制来加以考虑,以便更为清晰地理解具体区域(城市)范围的技术多元化和技术收敛发展的背景。

本文共选取中国 106 个城市,并通过其经济总量、开放程度和能耗水平(更好表现传统经济特点)来初步划分这些样本城市的经济发展背景,如表 1 所示。

---

① Gerybadze A,Reger G. Globalization of R&D:recent changes in the management innovation in transnational corporations[J]. Research Policy,1999(28):251-274.

② Radosevic Slavo. "International technology transfer policy:from "contract bargaining" to "sourcing"[J]. Technovation,1999(19):433-444.

③ D'Costa A P. Coping with technology divergence policies and strategies for India's industrial development[J]. Technological Forecasting and Social Change,1998,58(3):271-283.

④ Varga A. Time-space patterns of US innovation:Stability or change? [M]//Innovation,networks and localities. NewYork,Springer Berlin Heidelberg,1999.

⑤ Caniëls M C. Knowledge spillovers and economic growth:regional growth differentials across Europe[M]. Edward Elgar Publishing,2000.

⑥ 宋丽思,陈向东. 我国四大城市区域创新空间极化趋势比较研究[J]. 中国软科学,2009(10):100-108.

表 1 中国典型城市经济发展格局分类(作为城市创新活动观测的背景)

经济发展性质及工业传统 分北方(N)和南方(S)城市	能耗水平低 (企业平均能耗) 后 30 位城市	中等能耗水平 (企业平均能耗) 其余城市	高能耗水平 (企业平均能耗) 前 21 位城市
经济特质 (产值+开放程度) 产值前 15 位 开放程度前 12 位	"新兴经济城市" (用 NE1 代表) 共计：N3+S4	"高经济总量城市" (用 TE1 代表) 共计：N1+S4	"高经济总量城市" (用 TE2 代表) 共计：N1+S2
经济特质 (产值+开放程度) 产值前 16—60 位 开放程度前 13—60 位	"新兴经济城市" (用 NE2 代表) 共计：N3+S10	"中等经济城市" (用 M 代表) 共计：N13+S10	"传统工业城市" (用 TR2 代表) 共计：N9+S0
经济特质 (产值+开放程度) 产值后 46 位 开放程度后 46 位	"边远经济城市" (用 RM1 代表) 共计：N4+S6	"边远经济城市" (用 RM2 代表) 共计：N10+S14	"传统工业城市" (用 TR1 代表) 共计：N11+S1

本文选取以下指标(主要取自《中国城市年鉴·2016》)，结合相关专利指标，来尝试刻画城市创新活动的综合表现。通过对 106 个样本城市相关指标数据做主成分分析，提取出 4 个相应的主成分(表 2)，对样本城市间在 13 个指标上的差异信息提供累计 83.45% 的贡献率。

表 2 指标选取与相应的指标类型划分

指标代码	指标内容	指标类型
RFD	外资比率(占所有样本城市外资总量的比例,%)	F1 (显性经济和创新指标)
RPG	授权专利体量(对所有样本城市拥有授权专利的平均值的比率)	
FDF	外资对本地投资(固定资产投资)比率(%)	
RGA	绿地比率(所有样本城市绿地总面积中占比,%)	
RIQ	工业企业体量(当地企业数占所有样本城市企业数平均值的比率)	
PSA	平均每个科研人员的专利申请数量	F2 (创新效率指标)
PSG	平均每个科研人员的授权专利数量	
HSE	平均每 100 位科研人员的科研活动支出	

区域创新

续表

指标代码	指标内容	指标类型
HPC	平均每100名当地居民中的旅客量	F3（知识流量潜力指标）
HIE	平均每100人口互联网接入数	
HEE	平均每100人口的教育支出费用	
UFG	平均每单位固定资产的城市产值	
PEP	平均每个企业的电能耗费（千瓦小时,KW）	F4（当前产业特质）
UWI	每吨水耗城市生产产值	

而从所提取的四个主成分的代表性意义看,也符合表2对这些指标的归类。具体可以参考表3。

表3 主成分提取与原始指标之间的相关性

指标	F1 24.19%	F2 23.03%	F3 23.00%	F4 13.23%
RFD	0.926	0.176	0.051	−0.052
RPG	0.813	0.002	0.287	−0.047
FDF	0.746	0.269	0.332	−0.081
RGA	0.746	0.269	0.332	−0.081
RIQ	0.654	0.562	0.236	−0.220
PSA	0.053	0.958	0.093	−0.071
HSE	0.094	0.940	0.153	−0.041
PSG	0.153	0.943	0.146	−0.079
HPC	0.058	0.101	0.888	−0.087
HEE	0.414	0.143	0.797	0.155
UFG	0.257	0.149	0.779	0.007
HIE	0.290	0.169	0.808	0.021
PEP	−0.094	−0.117	0.049	0.939
UWI	−0.062	−0.060	−0.016	0.930

于是,以表1中这些样本城市的经济发展背景类型为依据,引入F1和F2所构成的二维平面(图2),并特别将样本城市划分为南方城市和北方城市(借以突出其中的商业文化差异),可以看出,"新兴经济城市(NE类型)"在创新效率方面表现突出,"高经济总量城市(TE类型)"在显性经济和创新指标上反映突出,而"传统(TR类型)"和"边远(RM类型)"则表现差距较大。在F1和F3构成的二维平面上,"高经济总量"城市则显示具有较大潜力,即信息和知识富集程度较高,也说明中国的大型经济城市具有吸引知识流量和知识存量的优势。

如果以创新效率维度(F2)与产业特质维度(F4)构造二维平面,则样本城市的创新活动和产业传统特质对照明显。显然,新兴经济城市(NE)在F2表现突出,而传统产业特质(表现为能耗水平较高)城市在F4维度占据高位,可以大致据此看出,产业特质的根本转型对于发展新兴经济城市十分关键,而新兴经济城市的重要标志之一便是技术创新的效率。通常,只有新兴产业和新兴技术发展才可能为大幅提高创新效率提供机会。

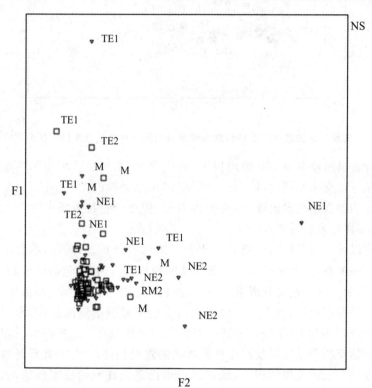

(注:▼代表南方城市,□代表北方城市,下同)

图2 典型样本城市在区域显性经济创新维度(F1)和创新效率维度(F2)的分布比较

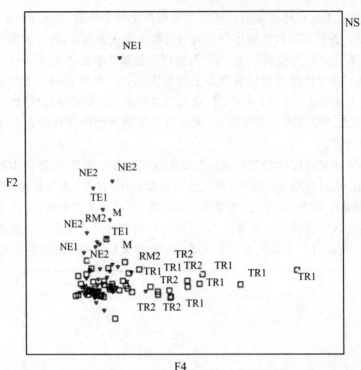

图 3 典型样本城市在区域创新效率维度(F2)和产业特质维度(F4)的分布比较

进一步分析典型样本城市的地理位置,可以看出,新兴经济城市和其他类型的城市在地理位置是可以交叉发展的,因而也会形成多样化创新的发展空间,但与传统特质的产业发展地区的融合则相对困难,客观上也表明,传统产业特质城市的产业技术收敛程度较高,缺乏多样化发展的弹性。

本文研究以城市为载体的创新多样化和可能的收敛状态;同时,本着区域创新活动多元影响的网络关系,需要考察城市创新活动的种种背景因素,包括经济和产业特质、地理因素等,也作为一种产业文化因素,这些考察包括了当前的典型创新活动指标(这里仅仅应用了相应的专利数据,具有一定局限性),也包括知识信息流量(考虑创新活动的网络化条件和相应市场活力)维度和创新效率维度的一些指标。这些指标一定程度上反映城市单元创新活动的多元化以及产业技术收敛的发展趋势。当然,如果开展针对技术细节的多元化发展和收敛发展的研究,最好再应借助更为详细的技术数据,如分领域专利数据,来考察城市创新活动的多元发展特征。这也是作者及其团队正在开展的工作。

参 考 文 献

[1] Xiangdong Chen, Ruixi Li, Xin Niu, et al. Diversified metropolitan innovation in China[C]//Ulrich Hilpert Eds. Diversities of Innovation. Routledge, 2019.

[2] Xiangdong Chen, Ruixi Li, Xin Niu, et al. Metropolitan innovation and sustainability in China: a double lens perspective on regional development[J]. Sustainability, 2018, 10(2): 489.

［3］ Xiangdong Chen, Xin Niu, Li-si, et al. Chinese geographical based innovation clustering-Major driving forces and their functions[C]//Ulrich Hilpert Eds. Routledge Handbook of Politics and Technology. Routledge, 2015.

［4］ 林娟娟,陈向东. 我国高新资源技术多样化与技术收敛分析[J]. 科研管理,2014,35(6):14-23.

［5］ 宋丽思,陈向东. 我国四大城市区域创新空间极化趋势比较研究[J]. 中国软科学,2009(10):100-109.

作者简介

陈向东,社会科学与经济学博士,北京航空航天大学教授。长期从事国际技术转移、技术创新、专利及知识产权管理领域的教学和科研。作为参与者或主要撰写人出版有关国际技术转移、技术创新管理、专利技术管理相关主题中英文专著及教材共计17部,在国际国内重要学术期刊发表相关中英文科研论文超百篇。近年来研究工作主要以技术创新质量和专利价值评价研究、新兴技术辨识和发展机制研究、产学研发展的技术创新评价等主题为主;国际科技合作工作成果丰富,与德国、巴西、美国、荷兰等国家的学者在知识产权研究领域长期开展科研合作,并致力于新兴经济体国家地区的技术创新质量和发展课题研究。

深入推进京津冀协同创新共同体建设[①]

武义青

摘要：进入新时代，我国经济已由高速增长阶段转向高质量发展阶段，京津冀区域作为未来中国经济增长第三极，深入推进京津冀协同创新共同体建设可以为中国经济高质量发展提供创新驱动经济增长新引擎。本文首先对京津冀协同创新共同体的内涵进行了详细阐述，分析了京津冀协同创新共同体建设的内在动因；其次分别从创新共同体建设、产业协同发展、创新资源共享集聚、重大合作项目四个方面对取得的成果进行了概述，提出了在建设过程中存在着制度壁垒和政策落差、产业关联度低和三地技术势差大、公共资源配置不均和公共服务水平差距大等障碍；最后针对存在的障碍提出了相应的对策建议。

关键词：京津冀；协同创新共同体；障碍；建议

一、京津冀协同创新共同体的内涵

创新共同体最早由 Lynn(1996) 提出，他认为创新共同体由扎根于密集社会经济关系网络的交互人群所构成，着重注意参与成员之间的互动来往关系，以及新兴技术与创新共同体的相互促进作用。随后 Sawhney 和 Prandelli(2000)、Raunio(2014)等学者基于不同的制度环境对创新共同体的概念进行了不同的阐述。总的来说，学者们一致认为[1]，创新共同体是一个由多方参与合作、寻求共同发展的载体，创新共同体的形成必须具有一定的基础，即首先，各成员地理位置比较临近，能够快速流动和充分共享优质资源；其次，协同创新共同体具有一定的政治基础、经济基础、文化基础、制度基础，有共同的创新愿景和目标，彼此之间能够形成紧密的联系。

京津冀协同创新共同体是面向中国特色社会主义新时代，应对新挑战、战胜新困难而组建的一个寻求共同发展、互惠互利的团体，也是三地创新主体在长期的交流合作中形成的稳态系统，包括教育、科技、信息、交通等构成因子，具有丰富多彩的内涵[2]。一是创新资源共享共用。京津冀三地通过消除体制机制的障碍，共享信息资源、创新政策、基础设施、生态环境等。二是创新要素自由流动。京津冀地区拥有丰富多样化的人才、科技成果和资本投资等核心创新要素，在遵循市场原则的前提下，可以自由流动、优化配置。三是创新和产业结构错位。京津冀地区在产业链、创新链上各有分工，通过优势互

[①] 国家社会科学基金重大招标项目(18ZD044)成果。

补、合作共赢,打造极具特色的产业群和创新基地。四是创新合作常态化。京津冀地区创新主体——大学、科研院所、政府、企业、中介机构,通过多样化的合作形式和多元化的合作途径,使创新合作成为常态。五是创新文化相互融会贯通。京津冀地区创新文化、产业文化、合作文化等要相互激发、相互融合,打造良好的创新生态文化。

二、京津冀协同创新共同体建设的内在动因

京津冀三地唇齿相依,合作由来已久,但与珠三角和长三角相比,对于国家经济社会发展的贡献还有很大潜力。京津冀三地地理位置独特,具有协同发展的内源优势;特别是在当前我国经济转向高质量发展阶段和中美贸易战的复杂国际形势下,急需加快协同创新共同体的建设,打造新的经济增长极。

(1)顺应国家高质量发展的时代需求,应对复杂多变的国际形势。当前我国经济已经由高速增长阶段转向高质量发展阶段,京津冀协同创新共同体的建设顺应了"创新、绿色、协调、开放、共享"的新发展理念;同时,把京津冀协同发展置于全球化格局中考虑,努力建成中国经济增长的第三极,可以为当代中国发展提供一个创新驱动经济增长新引擎。

(2)可以充分发挥三地各自的优势。京津冀地缘相接,北京作为首都(所在地),创新要素富集、创新人才密集、创新成果丰厚;天津作为沿海城市,物流优势突出、人才资源丰富、技术引进成果显著;河北环绕京津,技术需求旺盛、资源丰富、市场潜力巨大。京津冀三地完全可以合理利用这些优势,促进科技资源和创新要素的优化配置和合理流动。

(3)破解京津冀地区发展遇到的瓶颈。北京、天津城市化进程的加快,给两地带来了很多自身不可调和的矛盾,如人口拥挤、交通堵塞、环境污染、城市空间逐渐缩小等一系列问题;而河北省产业基础薄弱,存在着人才短缺、发展动力不足的问题,急需承接北京、天津的产业升级转移和优质要素辐射。京津冀协同发展有利于缓解北京、天津的压力,同时还可以带动河北的发展,实现三方共赢。

三、京津冀协同创新共同体的进展情况

(一)建设成效

1. 创新共同体建设成效显著

截至2018年,京津冀三地共同建立了11个协同创新共同体,其中天津拥有宝坻京津中关村科技城、滨海中关村科技园2个协同创新共同体;河北拥有9个协同创新共同体,包括中关村海淀园秦皇岛分园、雄安新区中关村科技园、张北云计算产业园、中关村(曹妃甸)高新技术成果转化基地、保定中关村创新中心等[3]。这11个协同创新共同体为京津冀三地创新驱动以及产业协同发挥了重要的支撑和促进作用。

2. 产业协同发展有序推进

近年来,京津冀三地科技主管部门及多地协同办等机构建立了工作联络机制,成立了京津冀协同发展科技成果转化促进平台,围绕"引领新常态、构建高品质、服务京津冀"三大重点任务,不断深化产业对接和协作交流,实现了跨区域产业链布局的发展局面,产

业协同发展成果显著。目前,京津冀三地产业协同,已经从传统的领域逐步转向金融、科技和商业等领域。

3. 创新资源共享、集聚效果显著

京津冀三地通过互联互通的建设,在创新资源共享方面取得了明显成效,实现了区域内科学数据、科技文献、重大基础设施等开放共享。尤其是北京作为科技中心,对天津、河北的辐射效应不断增强。河北省积极与中国国际技术转移中心对接,推动建立了中国国际技术转移中心河北分中心;与中国技术交易所对接,与中国技术交易所有限公司签署协议,在石家庄挂牌成立京津冀技术交易河北中心,河北创新资源要素的聚集能力进一步增强。

4. 重大合作项目成果丰硕

京津冀三地围绕环境污染治理、工程建设、民生就业等焦点问题实施了一批重大项目。京津冀科技部门联合组织实施了科技治霾重大项目和示范工程,白洋淀生态环境治理和保护规划也正在加紧实施过程中。科技成果转化承载能力进一步增强,雄安新区、京南示范区建设等一批重大工程取得突破性进展。

(二)京津冀协同创新共同体建设的障碍

1. 制度壁垒和政策落差是制约京津冀协同发展的主要障碍

创新环境是各种制度和各项政策综合作用的结果。虽然京津冀协同发展中各地政府做了大量的工作,但依然存在着三地之间政策落差大,各种政策在不同的区域不一致的现象。如京津的企业转移到河北需要重复注册等问题,虽然在部分高新区有所突破,但总体来看问题依然没有得到解决。再者,企业转移导致当地政府税收流失也是阻碍企业转移较大的制度影响因素。例如围绕国家税务总局的《京津冀协同发展产业转移对接企业税收收入分享办法》至今还没有出台相应的实施细则,而且政策门槛高,使得很多企业无法享受到相关政策,从而导致政策执行难以落地[3]。另外,三地产业转移面临巨大的环境成本和公共服务成本,这些成本在进境地与来源地之间的分担不合理。再加上京津冀三地责任主体不明确,后期的考核监督跟不上,严重影响了政策的落实程度和工程进度,制约了产业转移的积极性。

2. 三地产业关联度低、技术势差大,导致产业融合困难

近年来,京津冀地区逐步建立了产业分工体系,形成了一些各具特色的产业集群,但是三地合作依然存在较大的提升空间。北京科技创新资源丰富,产业体系主要以服务业为主导;天津形成了技术密集型产业集群,是现代装备制造业的重要基地;河北省资源丰富,以资源加工和资本密集型产业集群为主[4]。三地的产业结构差距过大,彼此的依赖程度较低,关联性较弱,难以通过资源共享、产业合作、产业融合的方式形成产业互动,另外,三地技术存在着巨大势差,也导致了京津的产业绕过河北,直接转移到江苏、重庆等地。

3. 京津冀创新资源配置不均、公共服务水平差距过大

京津冀的公共服务水平差距过大,公共资源配置不均衡,导致大城市人口过于膨胀、中小城市吸纳力严重不足,对三地的人口、产业、功能产生了显著的负面影响,限制了人才的自由流动。北京、天津作为直辖市,政府财力较为充足、基础设施比较完善,吸引了大量的人才、资源流入,而河北经济实力比较薄弱,政府财力非常有限,导致大量优质资源流出,京津地区虹吸现象仍然比较严重。

四、深入推进京津冀协同创新共同体建设的对策建议

(一)加强京津冀协同创新的顶层设计

要从国家层面加强统筹规划、顶层设计,制定相关政策、法律、法规[5]。制定京津冀三地合作创新发展总体规划,定期发布协同创新技术路线图,建立协作创新监测评价体系,引导经济协同创新的战略方向。深化财税体制改革[6],改进不利于产业转移的税收政策,消除影响创新要素自由流动的政策壁垒。提高三地的公共医疗、教育等公共服务均等化水平,建立公平一致的教育、医疗体系,破解限制人才转移的医疗保障政策和子女入学问题,促进科技人员的合理流动。规划和发展京津冀地区的综合公共设施和服务。

(二)依托三地产业优势,调整产业布局,推进产业协同创新

首先,立足现有京津冀科技资源优势和现有产业基础,加强遴选相关产业进行产业对接。根据三地产业特点和资源分布情况,修订和完善京津冀区域协同创新的中长期规划,理顺产业链条,形成梯度适度、布局合理、错位发展的创新产业布局,合理支持协同创新的研发集群和产业基地。其次,加大项目投资力度,推进研究机构和高校等重大创新项目的科技成果转化,促进产业协同创新。

(三)着力打造产业研究院或创新战略联盟,加强京津冀协同创新平台和载体的建设

支持三地充分发挥各自的资源优势,建立跨区域的三地共同参与的产业技术研究院或创新战略联盟,实现产业协同创新,带动产业结构升级优化。依托产业聚集、创新要素集中的创新园区,突出支持新兴产业培育和升级,探索产业创新联盟组建模式,实现协同创新。积极推进以资本为纽带的方式联合组建研究院运营载体,建立地方政府主导、市场化运行的发展模式,促进"创新、创业、服务"三位一体的功能集成,强化领军人物领衔的研发运营团队建设,实现产业链前后环节相互衔接,形成多单位共同参与的协同创新,解决重大科技问题,引领和支撑产业快速发展。

(四)建设技术交易市场,打造良好的科技服务体系,促进京津冀科技成果转化

目前,京津冀地区存在着京津科技成果在河北转化难的问题,河北一方面产业转型升级对科技创新需求巨大,而另一方面,有效的科技成果供给严重不足。2017年数据显示,河北技术合同成交额397亿元,交易规模在全国居中下游,吸纳京津技术成交额163.7亿元,仅占京津技术向外省市输出额的6.25%,远低于广东、重庆等地区。建好技术交易市场是河北完善科技成果转化服务体系、促进京津科研成果尽快在河北转化、促进京津冀协同发展的重要途径和手段。要以国际视野打造河北技术交易市场,探索市场化运营模式,采用"互联网+"的手段创新服务模式,要注意提高服务收入、特别是价值链

两端的增值服务收入,同时尽可能地降低服务成本,从而实现盈利,促进其可持续发展。

深入推进京津冀协同创新共同体建设意义重大。通过京津冀地区各创新要素高度分享、高效流动,有利于构建创新的合作伙伴关系,实现跨边界的联系,破除行政区划的隔离,共同提高三地区的创新实力和创新绩效。京津冀协同创新共同体的建设能最大限度地发挥创新主体的个体价值和社会价值,从而推动三地创新、协调、可持续的发展,打造全国创新驱动经济增长新引擎,成为高质量发展的区域样板。

参考文献

[1] 王峥,龚轶.创新共同体:概念、框架与模式[J].科学学研究,2018,36(1):140-148,175.

[2] 胡宗雨,李春成.从科学共同体到创新共同体:溯源与运行机制[J].商,2015(38):116-117.

[3] 王秀玲,王亚苗.加快京津冀协同创新共同体建设[J].经济与管理,2017,31(2):14-16.

[4] 薄文广,刘阳,李佳宇.京津冀协同创新共同体发展研究[J].区域经济评论,2019(3):139-146.

[5] 武义青,李伟红.着力构建京津冀协同创新共同体[N].河北日报,2016-12-07.

[6] 段铸.创新驱动下京津冀协同发展研究[J].经营与管理,2018(6):98-100.

作者简介

武义青,管理学博士,河北经贸大学副校长、学术委员会副主任,二级研究员,《经济与管理》期刊主编;中共河北省委、河北省人民政府决策咨询委员会委员,河北省推进京津冀协同发展专家咨询委员会委员,河北省人民政府参事;中国人民大学博士生导师,北京大学首都高端智库学术委员会委员,京津冀协同发展联合创新中心副主任;中国数量经济学会副理事长,全国经济复杂性跨学科研究会副理事长,中国技术经济学会荣誉常务理事;全国政协委员,全国优秀科技工作者,第七届中国科协全国委员会委员。出版学术著作多部,发表学术论文百余篇。多项报告建议得到国家领导人、省部级领导的批示采纳。

推进京津冀高新技术产业高端化发展

王玉荣

摘要：在高新技术产业蓬勃发展的同时，我国高新技术产业却陷入了"高端产业、低端制造"的困境，京津冀作为全国科技创新的"火车头"，实现高新技术产业高端化已经刻不容缓。从全球来看，京津冀高新技术产业发展面临"高端封锁"与"中低端分流"双重挤压的国际形势。京津冀高新技术产业高端化取得一定成绩，但存在产业商业化转化能力不足、地区和产业间发展不充分不平衡的问题。本文针对京津冀高新技术产业发展现状，提出推动高新技术产业高端化发展的对策建议。

关键词：京津冀；高新技术产业；高端化

一、引言

党的十九大报告提出的"促进我国产业迈向全球价值链中高端，培育若干世界级先进制造业集群"，为我国产业发展指明了方向。高新技术产业是以高新技术为基础，从事一种或多种高新技术及其产品的研究、开发、生产和技术服务的企业集合，具有知识密集、技术密集等特点[1]，对其他行业有一定的带动作用，具有高于其他产业的经济效益和社会效益，符合我国创新驱动发展的要求。现阶段，我国高新技术产业规模虽然位居全球第二位，同时也呈现出低附加值、缺乏核心技术和对外依存度高等低端化现象[3,4]，高新技术产业在蓬勃发展过程中陷入了"高端产业、低端制造"的困境[6,7]。

京津冀高新技术产业发展在全国名列前茅，从全球价值链来看，京津冀高新技术产业依然处于产业微笑曲线底端，国际竞争力不足。京津冀作为全国科技创新的"火车头"，实现高新技术产业高端化升级已经刻不容缓。探索具有中国特色的京津冀高新技术产业高端化发展路径，对于推动京津冀高新技术产业迈向全球价值链中高端，实现"中国制造2025"战略目标具有重要的指导意义。

二、京津冀高新技术产业发展现状及存在的问题

（一）产业发展面临"高端封锁"与"中低端分流"的双重挤压

新一轮科技革命和产业变革正在孕育兴起，全球制造新竞争格局将面临重塑，并由单极向多极变化，京津冀高新技术产业高端化发展面临发达国家和新兴经济体的双重挤压。一方面，欧美国家开始总结经济危机教训、调整产业结构，从战略层面推动"再工业

化",调整产业结构,促进制造业回流,如美国"工业互联网"、德国"工业 4.0"等。同时,以美国为首的西方国家对我国实施高科技封锁,企图遏制中国高新技术产业发展,如中美贸易战持续升级、"中兴事件"和"华为事件"等。另一方面,发展中国家的经济和科技实力稳步增长,新生代制造大国正在崛起。印度已经超过了意大利和巴西成为第七大经济体,依靠其庞大的人口红利、国内市场和消费潜力,"印度制造"逐渐受到发达国家和跨国企业的青睐。墨西哥得益于制造业成本优势、紧邻美国市场的地理优势、宽松的贸易环境,已经成为世界第七大制造业出口国。此外,印尼、孟加拉国、越南和柬埔寨等国家也相继进入中等收入国家行列。

京津冀高新技术产业要想实现高端化发展,并在全球竞争中取得胜利,不但要突破欧美发达国家对先进技术和高端市场的封锁,而且要防止其他新兴经济体的追赶。因此京津冀高新技术产业高端化发展面临严峻的国际形势。

(二)京津冀高新技术产业高端化取得一定成绩,但产业商业化转化能力不足

高新技术产业高端化具有动态化、多层次、立体化的特点,是高新技术产业在基础研发和成果转化等多方面"螺旋式上升"的过程。本文利用 2009~2016 年《中国高技术产业统计年鉴》数据,采用两阶段 DEA 模型,分析高新技术产业基础研发和商业化两个阶段全要素生产率的变动情况,结果如图 1 所示。

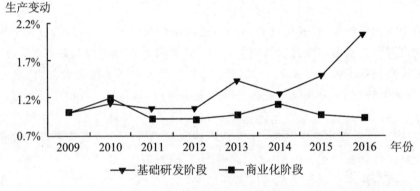

图 1　高新技术产业高端化进程

在 2010~2016 年间,京津冀高新技术产业高端化的基础研究以每年 10.8%的速度增长。2010~2013 年间,全要素生产率明显提升,但在 2014 年出现下降,其原因可能是,在 2013 年之前,我国的技术创新和技术进步主要通过引进消化吸收,并进行二次创新带动产业发展。随着技术水平的不断提升,二次创新模式已经无法满足京津冀地区对于高端化的需要,自主创新成为主导力量,推动京津冀高新技术产业实现高端化。

2009~2016 年间,商业化阶段以每年降低 1%的速度降低。特别是从 2010 年到 2011 年出现较大的下滑,2012 年后有短暂上升态势。可能的原因是,2008 年全球经济危机中,我国应对国际金融危机的一揽子计划,降低了高新技术产业受金融危机的影响,并获得了嵌入全球产业链中高端的机会。但是随着全球经济复苏,京津冀高新技术产业在商业化中逐渐失去优势。京津冀高新技术产业高端化发展中,商业化阶段发展整体处于

下滑状态。

(三) 区域之间和产业之间发展不平衡

京津冀三个地区五大高新技术产业高端化发展的基础研发和商业化两个阶段评价结果如表1所示。

表1 分地区高新技术产业高端化进程

地区	行业	基础研发阶段			商业应用阶段		
		TFP	排名	地区排名	TFP	排名	地区排名
北京	电子信息	1.14	5	2	0.97	11	4
	航空航天	1.32	3	1	1.01	2	1
	计算机设备	1.10	9	5	1.00	5	2
	医疗仪器	1.11	7	3	0.97	9	3
	医药制造	1.11	8	4	0.97	12	5
天津	电子信息	1.03	11	4	0.98	8	3
	航空航天	1.42	2	1	1.00	4	1
	计算机设备	0.90	14	5	0.98	7	2
	医疗仪器	1.08	10	3	0.97	10	4
	医药制造	1.14	6	2	0.95	13	5
河北	电子信息	0.97	13	4	1.00	3	2
	航空航天	1.48	1	1	1.08	1	1
	计算机设备	0.76	15	5	0.85	15	5
	医疗仪器	1.21	4	2	0.95	14	4
	医药制造	0.99	12	3	0.99	6	3

在基础研发阶段，有11个产业在基础研发阶段的全要素生产率大于1，排名前三的产业依次为河北航空航天器及设备制造、天津航空航天器及设备制造和北京航空航天器及设备制造三个产业。其中航空航天器及设备制造行业表现最好，而电子信息通信和计算机及办公设备制造的高端化水平相对落后。这也与不久前发生的"中兴事件"相吻合，在电子信息通信行业依然缺乏自主创新，在全球价值链中被"低端锁定"。

在商业应用阶段，只有河北航空航天器及设备制造和北京航空航天器及设备制造两个产业的全要素生产率大于1。不同产业之间的高新技术产业高端化的进程存在很大差异,航空航天器及设备制造产业在商业应用阶段依然保持领先地位。

借鉴波士顿矩阵的四象限法,以基础研发和商业化全要素生产率是否增长为标准,将高端化发展划分为四个象限:全面高端化、研发高端化、转化高端化和初期高端化,如图2所示。

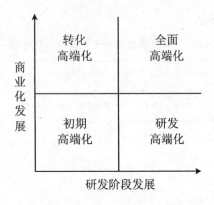

图2 高端化发展四象限

将京津冀三个地区的十五大高新技术产业分别对应到高端化发展的四象限矩阵中,用以识别京津冀高新技术产业高端化的进程,结果如表2所示。

表2 基于四象限分类的京津冀高新技术产业高端化进程

发展进程	产　业
全面高端化	北京航空航天器及设备制造、北京计算机及办公设备制造、天津航空航天及设备制造、河北航空航天及设备制造
研发高端化	北京电子信息通信、北京医疗仪器设备及仪器仪表制造业、北京医药制造业、天津电子信息通信、天津医疗设备及仪器仪表、天津医药制造业、河北医疗仪器设备及仪器仪表制造业
转化高端化	河北电子信息通信制造业
初期高端化	天津计算机及办公设备制造、河北计算机及办公设备制造、河北医药制造业

在2009～2016年间,京津冀高新技术产业高端化的整体进程中,全面高端化产业有4个,占总体的26.7%;研发高端化产业有7个,占总体的46.7%;转化高端化产业有1个,占总体的6.7%;初期高端化产业有3个,占总体的20%。从以上分析可知,京津冀高新技术产业高端化发展已经在少数几个产业初现端倪,但大多数产业并未实现产业的高端化发展,特别是在商业化阶段表现较差,有接近70%的高新技术产业在商业化阶段遇到瓶颈。

三、京津冀高新技术产业高端化的对策建议

(1)构建高新技术产业生态系统,提高国际影响力。整合全球创新资源,实现京津冀高新技术产业的全球布局,在更大范围、更广领域和更高层次上参与国际资源配置。首先,整合全球技术、人才、资源、资本和渠道等,构建世界性的资源供应保障、研发、生产和

经营高新技术产业生态系统,提高京津冀高新技术产业整体竞争实力。其次,加强国际合作,拓宽发展空间,依托"一带一路",推动京津冀高新技术产业国际合作。第三,以标准引领高新技术产业转型升级。坚持标准引领,用先进标准倒逼高新技术产业转型和质量升级,不断提高高新技术产业标准水平,积极参与国际标准制定。第四,鼓励具有优势的企业"走出去"。开展对外投资合作,与上下游企业、研发机构通过上市、兼并、联合、重组等形式,组成战略联盟,实现优势互补,打造具有自主知识产权的国际知名品牌。

(2) 依托雄安新区建设,强化京津冀创新协同发展。依托雄安新区建设,吸纳和集聚创新要素资源,构建完整的创新生态系统,加快高新技术企业高端化发展。首先,以雄安新区建设为契机,建立共享的创新平台,促进京津冀区域科技创新资源的流动配置与共享。加强三地科技服务互动,促进科技成果的转化。其次,构建产学研资源共享机制,打破壁垒。利用京津两地高等院校、科研院所的资源优势,形成互联互通的技术市场、资本市场和人才要素市场,使技术、资金和人才等创新要素能在京津冀顺畅流动。第三,强化产业布局和战略性转移,通过政策引导、支持和鼓励,实现跨区域协作组织、会议和机制的建立。引导和推动高新技术产业的聚集与创新发展。

(3) 以创新为核心,多元战略共同推动。高新技术产业高端化是基础研发和商业化两个阶段相辅相成,实现螺旋式上升的过程,既要增强基础研发,提高基础创新能力,又要探索商业模式创新,实现产品价值。首先,继续强化基础研发创新能力。加强政府对高新技术产业基础研发的直接支持和企业研发的补贴和减免等激励政策;同时,积极引导民间资本和企业资金流向基础研发。其次,促进科研成果转化及高新技术企业间的技术转让。第三,鼓励商业模式创新。在基础研发的基础上,依托"物联网""智能制造"等最新技术,积极开展商业模式创新,实现高新技术产业高端化发展。

(4) 调整产业结构,实现产业同步发展。首先,进一步培育和发展优势产业,通过高端先导产业的发展,促进产业间协同和优势互补,延伸产业链,推动高新技术产业高端化。其次,加快产业集群建设,提高产业竞争力。围绕高新技术产业的培育和发展,积极推动创新型产业集群建设,加速集群内部的技术转移、成果转化和资源集聚,强化产业集群的科学布局和良性发展。第三,发挥国家高新区的产业载体作用,规范市场竞争环境。依托产业间的协同发展,力争集群在高新技术产业的重点细分领域取得定价权、标准权等国际话语权,提升各产业集群的整体竞争力。

(5) 集聚高端人才,打造人才高地。首先,落实国家中长期人才发展规划,继续完善人才引进和培育的政策和机制,切实发挥人才高地的作用。进一步优化人才政策,建立和完善以市场需求为目标的人才选拔机制、用人机制和评价机制。其次,以产业需求为导向,在世界范围内开展人才招聘和选拔,着力引进一批国内外高端技术人才和管理人才,服务于京津冀高新技术产业的发展和高端化。第三,建立健全高端人才激励机制和服务体系,对于有重大技术突破和突出贡献的精英人才基于高额奖励,实行公平的竞争机制,为发展潜力的人才提供良好的发展平台和充足的晋升空间。鼓励企业实行优秀员工持股计划,进一步增加高端人才与企业之间的紧密关系。

参 考 文 献

[1] 张同斌,高铁梅.财税政策激励、高新技术产业发展与产业结构调整[J].经济研究, 2012,47(5):58-70.

[2] Hauknes J,Knell M. Embodied knowledge and sectoral linkages:an input-output approach to the interaction of high-and low-tech industries[J]. Research Policy, 2009,38(3):459-469.

[3] 任保全,王亮亮.战略性新兴产业高端化了吗?[J].数量经济技术经济研究,2014 (3):38-55.

[4] 王玉荣,高菲,张皓博.高端装备制造产业研发投入与创新绩效的实证研究[J].统计与决策,2015(10):135-137.

[5] 刘英基.我国高技术产业高端化与技术创新耦合发展实证研究[J].软科学,2015, 29(1):65-69.

[6] 刘志彪.战略性新兴产业的高端化:基于"链"的经济分析[J].产业经济研究,2012 (3):9-17.

[7] 苏敬勤,高昕.中国制造企业的低端突破路径演化研究[J].科研管理,2019,40(2): 86-96.

[8] 蔡瑞林,陈万明,陈圻.低成本创新驱动制造业高端化的路径研究[J].科学学研究, 2014(3):384-391,399.

[9] 陈耀,陈梓,侯小菲.京津冀一体化背景下的产业格局重塑[J].天津师范大学学报(社会科学版),2014(6):1-6.

[10] 李兴光,王玉荣,周海娟.京津冀区域创新能力动态变化分析:基于《中国区域创新能力评价报告(2009~2016)》的研究[J].经济与管理,2018,32(2):9-16.

作者简介

王玉荣,经济学博士、教授、博士生导师,对外经济贸易大学创新与创业管理研究中心主任,北京技术经济及管理现代化学会副会长,中国技术经济学会理事、中国商业统计学会理事。入选全国万名优秀创新创业导师人才库。主要研究领域包括风险投资、企业投融资、创新与创业管理、企业数据化决策。主持和参与国家、省部级及横向课题20多项,发表论文50余篇,出版专著及教材多部。

长三角一体化创新网络发展的问题与对策[①]

赵 炎

摘要：长江三角洲区域一体化发展已经上升为国家战略。长三角一体化创新网络目前仍然存在一些问题，具体包括资本合作网络密度不高、企业间合作网络强度不足以及人力资源网络的可达性不够。相应问题解决的对策包括：为创新创业企业创造与风险资本直接面对面接触的机会，创新创业企业与高校和大型企业建立战略联盟和深度合作，中小城市出台政策解决创新创业人才的工作和生活问题，打造独特的城市文化等。

关键词：长三角一体化；创新网络；资本合作网络；企业间合作网络；人力资源网络

长江三角洲（以下简称"长三角"）区域一体化发展已经上升为国家战略。落实新发展理念，构建现代化的科技经济体系已经势在必行。

长三角要建成具有全球影响力的创新增长极，关键在于本区域创新网络的形成。建设创新网络的前提是实现发展模式和创新管理模式的转型。创新，意味着在科学知识、技术知识、产业知识以及其他生产要素相结合的基础上，以价值创造为核心，最大限度地激发各个参与主体的创造性和创意，实现最大限度的可持续发展。任何科学研究活动、技术开发活动、产业发展活动，只有创造了价值，才算完成创新。

然而，长三角一体化创新网络目前仍然存在一些问题，这些问题已经在很长时间内制约了长三角区域一体化的发展。对这些问题的深入研究和解决，已经成为当务之急。

一、长三角一体化创新网络发展面临的问题

（一）资本合作网络密度不高

目前，长三角地区的资本合作仍然不足。本土的创新创业者、海外归来的创新创业人才在企业开设和业务开展的过程中，难以获得足够的资本支持。从2015年开始，某生物科技企业的创始人、一位海归创业者，在长三角经过了两年的艰苦创业，长期受制于资金短缺，难以正常开展技术研发、人才招聘、生产外包等活动。为了解决资金不足的问

[①] 国家自然科学基金项目——基于自组织理论的联盟创新网络中"派系-知识流动"耦合的中国实证研究（基金编号：71673179）；国家科技基础条件平台专项课题——国家科技创新基地多元化投资与知识管理（基金编号：2018DDJ1ZZ0）成果。

题,该创业者经常奔波在参加各种投资峰会的路上,然而一直难以觅得风险投资。其中的原因非常明显:尽管在长三角地区有大量的投资洽谈会、资本对接会、投资论坛的召开,甚至达到两天一场的惊人频率,但是每一次会议和论坛只有为数不多(往往是3~5家,少数规模较大的会议能够吸引8~10家)的投资商参加。并且,这种会议的召开并不意味着投资意向的必然达成,而只是为资金供需双方搭建了初次见面的桥梁。而从投资意向的达成到真正的投资发生又要经历漫长的尽职调查、审慎评估、方案确定,其中存在很大的不确定性。最终获得投资的可能性微乎其微。因此,对于一家新创企业、尤其是面临一定的技术风险和市场风险的高科技创新创业企业来说,仅仅依靠参加这种会议、论坛是远远不够的。创新创业企业与投资公司之间的资本合作网络的密度不足,仅仅依靠投资会议、论坛这种非常规性的活动来维系,很容易出现事前信息不对称而导致的逆向选择。这就使得风投公司在进行投资决策的时候更加谨慎。作为区域创新网络中重要的支撑性要素,资本合作网络的密度不高,极大地制约了企业的创新创业活动的开展。

(二) 企业间合作网络强度不足

在区域创新系统中,作为核心组成部分的制造业企业,发挥着完成创新全过程的"最后一公里"的功能。在一个区域创新系统中,企业之间(尤其是制造类企业与研发类企业之间)的合作,在很大程度上依赖于相互之间的信任和风险承受能力。然而,创新创业企业往往是草根型的,缺少政府背书。在与制造类企业的合作谈判中,受限于资金不足,这些创新创业企业(往往是研发类企业)往往处于弱势地位,在生产线建立、市场开拓、收益分配等方面处于被动。一旦企业间信任机制不能建立,创新创业企业的技术研发成果就很难真正进入生产环节、实现产品化。

以上海为龙头,包括江苏、浙江、安徽在内的长三角地区,工业基础雄厚,商品经济发达,水陆交通方便,文化积淀深厚,契约精神较好,是我国重要的制造业基地,承担着我国实现产业基础高级化、产业链现代化的重任。这一先天优势意味着创新创业企业一旦自身开发出较好的技术成果,就可以就近利用本区域内优越的生产制造能力,获得巨大的产业化潜力。然而,长三角地区所具有的深厚的文化积淀和良好的契约传统,在此时往往成为一柄双刃剑,因为这意味着制造业企业往往不愿承担较高的风险。这种较强的风险规避意识,加上深层次信任机制的缺失,使得制造业企业缺乏与草根型创新创业企业进行合作生产和合作营销的动力。因此,创新创业企业在事实上难以将技术研发成果实现产业化。上述案例中的生物科技企业,就是由于资金不足,且缺少政府的引导性风险投资的背书,长期难以获得潜在的制造商伙伴的信任,无法说服制造商单独投资建立生物医疗器械的生产线,也就无法将其获得发明专利的技术成果付诸生产实践。这一情况导致其市场化进程拖延了近两年的时间,直到该企业在区域外的其他省份找到合作厂商才算解决。在长三角区域创新系统中,企业间合作网络的强度不足,成为核心层内的关键瓶颈之一。

(三) 人力资源网络的可达性不够

在人力资源方面,仅上海一个城市就有能力吸纳长三角地区近五分之一的高校毕业生。而将长三角城市群作为一个整体来看,应届毕业生的平均留存率超过了九成。这表明,长三角区域已形成良性的人才留存氛围和流动机制,长三角区域的高校培养出来的人才许多留在了当地或周边城市。然而,长三角区域内外的人才流动日益频繁,出现了区域内不同城市之间流入流出的不均衡。区域内的人力资源网络各节点的中心性分布不均匀。上海的应届生留存率高居榜首,超过85%;而对于南京、合肥的应届生来说,留存率仅仅略高于50%。

长三角区域的人力资源网络的可达性不够,主要表现在:本区域内一线城市的大学毕业生不愿意到二、三线城市的企业,二、三线城市的大学毕业生又不愿意到四、五线城市的企业;反之,中小城市的人才又希望利用各种机会,到大中城市就业。这就出现了"人才-城市鄙视链"。在大城市工作和生活,往往意味着更高的收入水平、更多的就业机会、更公平的就业环境。这种状况在短期内难以发生根本改变。这就造成了人力资源网络中人才流动的单向性,使得人才主要集聚在一、二线城市,而中小城市的企业缺乏人才,尤其是高端人才。对那些处于中小城市的创新创业企业来说,这就造成了严重的创新型人才短缺的困扰。上述案例中的生物科技企业,就是处于江苏南部某开发区,然而无法吸引来自上海的高级管理人员和高级技术人员,因此难以开展持续性的技术创新和市场开拓。这种情况,也一直持续到该企业迁移到区域外其他城市才得到解决。

二、长三角一体化创新网络发展的对策

(一)提高资本合作网络密度

为了助力长三角打造世界级产业发展集群,沪苏浙皖的大型企业已经联合发起设立了长三角协同优势产业基金,就各方作为有限合伙人参与基金事宜在认缴出资额度、基金管理机构、基金经营期限、基金投资方向、保密条款等内容上达成了意向。

在此基础上,应当利用资本力量,在人工智能、物联网、区块链、集成电路、生物医药、智能制造、新材料、航空航天和新能源汽车等产业方向上,进行创新创业企业的评估和遴选,重点关注那些底层技术有突破、商业成本有下降、技术应用有场景、产业配套有基础的企业,择优进行多种形式、多种目的的投资。这将不仅极大地支持创新创业企业的成长,更将补缺和完善长三角的产业链上的短板,有可能培育出一批独角兽企业,甚至助推其成长为有国际竞争力的优势企业。此外,还需要从机制体制上进行改革,为创新创业企业创造与风险资本直接面对面接触的机会,例如建造专门的创新创业投资大厦、规划专业的风险投资与私募基金园区等。

(二)增加企业间合作网络强度

可依托政府、高校、大型企业,使之成为创新网络的专业枢纽,打通创新链上科技成果转换的缺失环节。一方面,创新创业企业可以通过建立合资公司、开展项目合作等形式,与高校、大型企业(尤其是国有企业)建立战略联盟,从而实现科技成果的快速产业化,创新创业企业在此过程中获得快速增值,并且加速向以科创板为代表的资本市场迈进。另一方面,通过与创新创业企业在生产制造、品牌推广、市场渠道和工业旅游等方面进行深度合作,传统企业有可能将一些老字号品牌进行重新塑造,实现"传统品牌+优势制造"的产业互补,推动新型制造和产业升级。

(三)提升人力资源网络的可达性

人才在区域创新系统内各个城市间流动的时候,除了要考虑企业因素,例如专业匹配度、工作平台和能否有效发挥作用外,还要考虑个人因素,例如配偶工作、父母赡养、子女教育,以及城市因素,例如住房成本和医疗便利性等。这就会导致人才的流动由单纯的工作导向转向生活导向。相比企业因素,个人因素和城市因素往往更显著地影响人才流动。因此,有的人才为了子女教育离开南京来到上海,也有的人为了自己喜爱的生活方式离开上海来到南京。

人才流动是自我组织的过程,有利于人才作用的最大化发挥。要实现大学本科学历以上人力资源在长三角区域内完全自由流动,必须提升人力资源网络的可达性,这就要求跨地区人才流动从单向转变为多向。长三角区域的中小城市应当出台政策,尽力解决创新创业人才的配偶工作问题、父母赡养问题、子女教育问题,并且切实帮助人才落实住房问题、医疗问题等。此外,由于历史的原因和发展路径的依赖性,区域内各城市之间,不仅社会经济发展水平差异很大,而且形成了不同的人才地理文化氛围,例如南京的秦淮河文化、杭州的西湖文化等。这些文化因素成为影响人才在区域内城市之间流动的重要因素。因此,中小城市应当着力打造属于自己的独特城市文化,尤其是富有历史积淀和人文传统的中小城市,应当努力树立自己的城市形象和文化标识,这样才能在收入、工作条件等物质吸引力之外,为中高端人才创造更富有层次的文化认同、精神认同,从而吸引高层次的创新创业人才的入驻。

作者简介

赵炎,博士,上海大学管理学院教授,博士生导师。国家自然科学基金委员会通讯评议专家,中国生产力学会常务理事,中国技术经济学会技术管理专业委员会常务理事,技术孵化与创新生态分会常务理事,中国科学学与科技政策研究会科技管理与评价专业委员会委员、公共管理专业委员会委员、科技成果产业化专业委员会委员,上海市生产力学会副会长,上海工程管理学会技术创新专业委员会副主任,中国科协评估专家组成员。长期从事创新战略、知识密集型服务业、产业集群与科技园区、创新联盟和企业间网络、风险投资的前沿研究。主持科研项目20多项。出版著作四部。自2009年以来,在国内外管理类重要期刊,发表论文40余篇。

高度重视区域智力资本,提升区域创新能力

王学军

摘要:本文阐述了在高度智能化信息化的时代环境下,为什么要特别重视区域智力资本;在综述研究的基础上,阐释了智力资本的内涵;分别从人力资本,关系资本和结构资本三个方面,分析了智力资本各要素是如何影响区域创新能力的;最后提出了如何凝聚更多的智力资本来提升区域创新能力的建议。

关键词:区域智力资本;区域人力资本;区域关系资本;区域结构资本;区域创新能力

一、为什么要高度重视区域智力资本

在高度智能化信息化的时代里,智力资本已经成为继资本和劳动力之后,推动区域和企业不断发展的"第三资源",经济的增长更直接地取决于对智力资本的投资和智力资本的运作。智能化时代的到来完全改变了传统区域创新能力的构成,不同于传统的资本概念,智力资本(主要包括人力资本、结构资本和关系资本)正作为一种动态的资本发挥着越来越大的作用。一个区域运用智力资本实现创新正成为一种崭新的知识性的创新活动,智力资本的主要构成要素对于促进区域创新能力有着至关重要的作用。相关的国家已经把智力资本上升到国家的高度开始实施国家智力资本管理的实践。我国应该高度重视区域智力资本,全面提升国家和区域创新能力。

二、何为智力资本

Amidon(1999)是最早承认可以将智力资本理论应用于宏观经济层面的学者。Malhotra(2001)指出国家经济首脑正在寻找一种可靠的测量知识资产的方法。Robert Huggins Associates(2002)建立了一个区域智力资本模型。Martins 和 Viedma(2004)将区域智力资本分为四类:研究机构和区域政府构建的板块;现有的以环境为基础的资源板块;人力资本;社会资本板块;经济绩效板块。Nick Bontis(2004)在其研究中将国家智力资本定义为"个人、企业、研究机构、社区和区域所拥有的隐性价值,它们是当前和未来财富创造的源泉"。Andriessen 等(2005)认为国家智力资本是"国家或区域可以利用的所有无形资源,它能够产生比较优势,通过整合能够创造未来的利益。"

Jose Luis Hervas-Oliver 和 JuanIgnacio Dalmau-Porta(2007)建立了一个测度区域智力资本的模型。Giovanni Schiuma,Antonio Lerro 和 Daniela Carlucci(2008)建立了一

个知识仓库树(Knoware Tree)框架来评价区域智力资本。Pirjo Stahle 和 Ahmed Bounfour(2008)研究了如何从动态的角度来理解国家智力资本。王勇、许庆瑞(2002)总结出智力资本评估方法。刘晓宁(2005)研究了智力资本对区域经济发展的影响。刘晓宁(2006)又参照 Yogesh Malhotra 博士的研究设计并提出了一套智力资本评价的指标体系。陈钰芬(2006)运用 Skandia 导航器模型建立了评估区域智力资本的测度指标体系。李平(2006)将区域智力资本划分为区域人力资本、区域结构资本和区域关系资本三因素。陈武(2009)的博士论文系统研究了区域智力资本与区域创新能力关系。刘晓莉(2015)出版《智力资本:中国智库核心竞争力》。刘燕华、王文涛(2017)认为,智力资本将占领价值链的高端。

综观国内外学者对区域智力资本(包括国家智力资本)的界定,我们发现对其含义的理解和表述最为完整、并为广大学者所接受的观点主要是 Bontis(2004)所下的定义(Jose Luis Hervas-Oliver,2008)。在综合国内外其他学者的观点基础上,我们沿用 Bontis 的定义:区域智力资本是符合某一国家或地区社会经济发展战略需要的,个人、组织和区域等行为主体所拥有的,能够在区域网络范围内存在和流动的具有价值创造功能的知识,它能够为区域发展带来新的动力和活力、直接和间接的经济和社会效益。区域智力资本包括人力资本、结构资本、关系资本三个方面。

区域人力资本可从区域内的教育水平、区域内的医疗卫生水平、培训与迁移投资三个方面进行识别。区域内的教育水平体现区域人力资本的素质、质量以及人的知识、技能和能力等;区域内的医疗卫生水平体现区域内人力资本的健康保障;培训与迁移投资则直接反应人力资本的"培训和迁徙"。

李平(2006)认为区域关系资本是指区域与外部(区域之间、区域与国际、市场环境、金融环境、宏观经济状况等)相联系的所有资源,包括跨国界(区域)的联系与联结、区域合作能力、政府和金融机构的支撑等无形资产。李平(2007)参照 Edvinsson & Malone 的观点,认为区域社会资本是指区域与外部相联系的所有资源,是"能够通过推动协调的行动来提高社会效率的信任、规范以及网络",包括跨国界(区域)的联系与联结、区域合作能力、政府和金融机构的支持等无形资源。它蕴含或者深嵌于社会架构、社会网络与社会文化之中,既非市场因素,也不是组织一体化的因素,但能够通过技术扩散、信息流通、生产组织、市场规模效应等渠道充分发挥其作用。

陈钰芬(2006)指出关系资本在国家层次的智力资本模型中表示一国同世界各国的交往关系,因此在区域层面则表示同国内其他地区或世界各国的经贸往来。

结合广大学者对区域关系资本的定义,我们认为区域关系资本指区域内部各行为主体之间的相互联系以及与区域外部相联系的所有无形资源,包括对内和对外的经济、贸易关系以及对外的人员交流等。

我们部分赞同王小明和李平的观点,认为区域结构资本指那些保证区域经济安全、有序、高效运转以及区域人力资本和关系资本发挥作用的资产,包含"软"和"硬"两部分,"软"的部分是指区域的制度规范、区域文化、区域机制、区域政府办事流程和效率等,"硬"的部分指区域的信息技术系统、网络通信系统、图书馆建设以及区域的知识流通媒介、出版物等,它们嵌入于区域创新网络之中,形成区域社会运行平台。简言之,区域结构资本实际上也就是确保区域内的经济、社会活动顺利展开的各种体制、制度、机制以及社会环境氛围等。我们将区域结构资本划分为产业结构、政府效能发挥水平、社会沟通与交流机制、信息流通机制和社会保障五个维度。

三、智力资本及其各要素对区域创新能力的影响

(一)区域智力资本与区域创新能力的概念框架

二者之间的关系如图1所示。

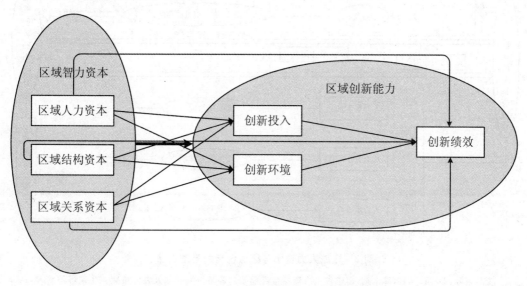

图1　智力资本与区域创新能力的概念框架

(二)区域人力资本与区域创新的关系

如图2所示,区域人力资本与区域创新之间的关系是双向互动关系。一方面区域人力资本对区域创新有拉动和支撑作用,必将提升区域的科技创新能力、产业创新能力和环境创新能力,最终实现区域创新绩效的全面改善;另一方面随着区域创新能力的提升和改善,会促使区域经济加快发展,从而改变区域人力资本的投资、配置和利用效率。

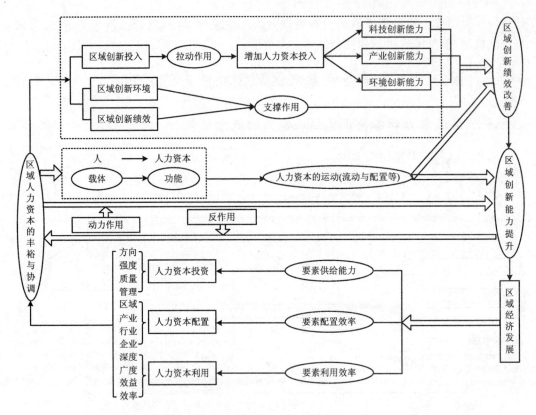

图 2　区域人力资本与区域创新的互动关系

资料来源:参考张其春、郄永勤《福建省人力资本与产业结构调整协同现状及发展研究》(华东经济管理,2006年第3期)和《区域人力资本与产业结构调整的互动关系》(现代经济探讨,2006年第8期)绘制。

(三) 区域关系资本与区域创新的关系

如图3所示,高质量的关系资本能够减少创新网络成员间的竞争和冲突性行为,促进合作,并促进区域创新绩效的产生:① 减少交易和生产费用,如降低签约、履约和监督的费用,促进生产协作等;② 增进知识转移高质量的关系资本能有效促进创新网络成员间知识的交流与转移;③ 提高协调和利用资源的能力。

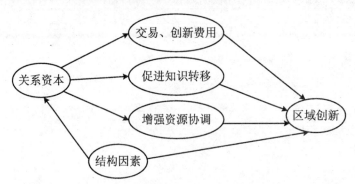

图 3　关系资本对区域创新绩效的影响作用

资料来源:参考宝贡敏、王庆喜《战略联盟关系资本的建立与维护》(研究与发展管理,2004年第3期)绘制。

（四）区域结构资本与区域创新的关系

如图4所示，区域结构资本与区域创新的关系可概括为如下四个环节：①区域的制度安排规定了区域内创新主体的创新激励和创新空间，并为创新提供保险和约束机制、信息机制、整合机制；②随着区域创新系统的成熟和市场/技术环境的变化，结构资本的不均衡将要求进行特定层次的结构资本改善和制度创新，进而为区域创新系统建立新的制度平台；③从创新活动中产生的知识、文化、人才以及展现出来的发展远景，既为区域结构资本的改善和制度创新规定了方向，也为之提供了适当的条件和资源；④结构资本的改善和区域创新能力的提升奠定了区域下一步创新的制度与技术基础，两者的互动正是重建其技术/制度特异性的适应性过程。

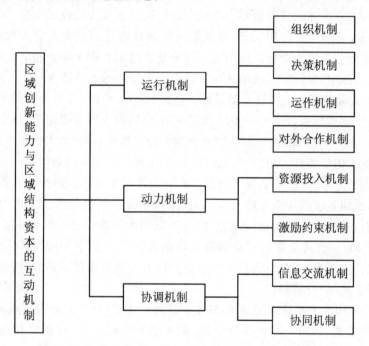

图4　区域创新能力与区域结构资本的互动机制构成

四、如何凝聚更多的智力资本来提升区域创新能力

（1）要用战略眼光努力提升区域智力资本水平，强化智力资本对区域创新能力的引导作用，要从战略上不断地进行制度创新和结构资本优化。陈武（2009）指出，区域智力资本整体、区域人力资本、区域关系资本与区域创新能力之间存在Johansen协整关系，即存在长期均衡。区域结构资本与区域创新能力之间只有短期均衡关系。因此相关区域政府必须放眼长远，努力提升区域智力资本整体、区域人力资本、区域关系资本的水平是能够长期有效提升区域创新能力。而区域结构资本对区域创新能力的贡献存在时效性，因此制度创新要不断地推陈出新。

（2）区域智力资本各要素对提升区域创新能力的贡献度不同，区域结构资本很大程度上决定和影响着区域关系资本的水平和区域人力资本水平。因此提高区域结构资本水平显得最为突出,制度创新是提升区域创新能力的关键。因此应努力优化创新环境以培育更多的关系资本,汇聚更多的人力资本。

(3) 人力资本是培育区域创新能力的基础,但需要与智力资本等其他要素紧密配合,我国需要改善区域结构资本以避免其对人力资本产生束缚。陈武博士研究成果表明,从区域人力资本与区域创新能力的偏相关系数来看,当剔除智力资本其他两个要素的影响时,二者的相关系数从原来的 0.947 以上降低到 0.687;当仅剔除关系资本的影响时,二者的相关系数从原来的 0.947 以上降低到 0.469;当仅剔除结构资本的影响时,二者的相关系数从原来的 0.947 以上(0.977,0.993)上升到 0.962。这说明区域人力资本需要与区域智力资本其他两个要素紧密配合才能有效提升区域创新能力,也就是说区域政府在加大人力资本投资的同时,也必须同时兼顾对关系资本和结构资本的投资与培育,只有这样才能使人力资本在区域创新能力培育中的作用得到最大限度的发挥;关系资本在人力资本的作用发挥中中介作用明显,也就是说区域政府在加大人力资本投资的过程中,人力资本对区域创新能力的促进作用有一部分是通过关系资本来间接转化的,因此区域政府要从人力资本视角培育区域创新能力就必须充分考虑关系资本的优化。

(4) 尽最大限度释放人力资本的潜能。陈武(2009)指出,人力资本作用发挥受限是智力资本的短板(贡献系数为 -0.062),关系资本和结构资本的贡献明显(贡献系数分别为 0.465 和 0.596)。因此,在培育区域创新能力的过程中,应补齐人力资本的短板,从而使我国人力资本的潜能最大限度地释放,并最终全面促进区域创新能力的提升。应该继续一系列人力资本制度改革,实现人力资本的更大范围的流动。继续不断深化人才兴国战略的内涵,加强各项政策措施的落实,不断引进人才。从区域人力资本对区域创新能力的贡献来看,正规教育的贡献(贡献系数为 0.563)大于医疗卫生水平及迁移的贡献(贡献系数为 0.436)。这暗示着我国必须进一步提升医疗卫生水平,不断深化医疗体制改革;进一步完善人才市场制度,通过人才市场实现人才的自由流动;逐步推进和深化户籍制度改革,打破区域户籍限制。

(5) 应继续加大关系资本的改善,转变经济增长方式,在发展外向型经济的同时兼顾内向型经济的发展,激励人才的国际流动,扩大国际金融合作,加强科技合作和技术转移,坚定不移地走自主创新道路。陈武(2009)指出,关系资本的要素中国内贸易和国际人员流动的贡献最大(贡献系数为 0.659),国际科技合作、国际金融合作和技术转移的贡献次之(贡献系数为 0.215),国际贸易的贡献最小(贡献系数为 0.127)。这说明国内贸易始终是提升区域创新能力的基础,尤其在当前中美贸易战的形势下,转变经济增长方式、优化经济结构,从出口型经济向内需型经济转变是必需的;而国际人员流动则有利于区域内思想观念的更新,应该采取更加有利于国际和区域间人口流动的政策措施。关系资本的要素中国际科技合作、国际金融合作、技术转移对区域创新能力的贡献系数较大,因此应该鼓励国内外企业建立研发联盟甚至跨国研发联盟;创造更好的金融服务和外部环境。

(6) 进一步优化结构资本,优化产业结构,深化社会保障制度改革,加强信息流通机制建设。陈武研究成果表明,从区域结构资本对区域创新能力的贡献来看,社会保障和产业结构的贡献最大(贡献系数为 0.932),政府效能保障的贡献系数次之(贡献系数为 0.144),但是信息流通机制的贡献较差(贡献系数为 -0.077)。因此,应该在进一步强化产业结构和不断推进全民医保、全民社保的基础上,特别注重信息流通机制的建设。

参 考 文 献

[1] 陈武.基于智力资本的区域创新能力研究[D].武汉:武汉大学,2009.

[2] 宝贡敏,王庆喜.战略联盟关系资本的建立与维护[J].研究与发展管理,2004(3).

[3] 张其春,郄永勤.福建省人力资本与产业结构调整协同现状及发展研究[J].华东经济管理,2006(3).

[4] 张其春,郄永勤.区域人力资本与产业结构调整的互动关系[J].现代经济探讨,2006(8).

作者简介

王学军,武汉大学经济与管理学院教授、博士生导师,先后担任工商管理系副主任,技术经济及管理研究所副所长、所长;担任省部级重点学科——技术经济及管理学科的学术带头人,EMBA 和 MBA 指导导师;国家级精品课程《人力资源管理》主讲教授。近年来,先后承担国家自科基金课题、省部级和大型企业委托课题 50 余项,出版《创新集群的演化机理》《项目融资与风险管理》等相关学术专著 8 部;在《中国工业经济》《管理工程学报》《中国人口资源与环境》《世界经济研究》等国内外重要学术期刊发表论文 150 余篇。

黑龙江省高等学校科技成果转化困境及对策[①]

王宏起

摘要：我国及各省市创新驱动战略深入实施，使高校成为国家及省域重要的科技创新要素集聚区和科技成果供给的重要源泉。针对我国及各省市科技投入逐步加大，高等院校承担的各类科研项目数量持续增加，科研队伍和科技成果积累量越来越大，高校科技成果转化相对滞后的问题，通过理论研究、实际访谈、问卷调查与数据统计分析，剖析黑龙江省高校科技成果转化面临的主体定位不清、动力不足、渠道不畅、效率低下等困境及成因，提出加快黑龙江省高校科技成果转化相关对策，为黑龙江省以及东北和西部省份促进高校科技成果转化提供借鉴与参考。

关键词：高等院校；科技成果转化；困境与对策；问卷调查

一、研究背景

党的十九大以来，党中央把建设"世界一流大学和世界一流学科"上升到国家战略，黑龙江省委、省政府也制定了《黑龙江省"双一流"建设实施方案》，并明确提出要提升科技、文化创新和成果转化能力，以高质量、高效率的科技成果转化推动重点产业发展。近年来我国科技投入大幅度攀升，据统计 2018 年 R&D 经费已达 19657 亿元，同时阶段性成果积累存量越来越大；高等院校承担的各类科研项目数量持续增加，科研队伍和科技成果积累量越来越大，但是，科技成果转化不尽如人意。由于科技资源具有易逝性，科技成果转化不到位或滞后，其损失不可估量，也是一种巨大浪费。

由于高校是科技资源集聚区，高校科技成果转化是实施"科教兴省—人才强省—创新驱动"重要战略的基础，在创新驱动中具有举足轻重的作用，如何加快高校科技成果转化已成为各级政府及社会各界高度关注的重大课题。结合黑龙江省高校科技成果转化实际，通过理论研究、调查问卷、实地访谈和数据分析，剖析高校科技成果转化困境及成因，提出促进其高校科技成果转化对策建议，具有重要的实际意义。

[①] 国家自然科学基金项目——"区域科技资源共享平台生态化演进机理、集成服务模式与管理方法研究"（71473062）；2018 黑龙江省经济社会重点研究项目——"黑龙江省高等学校科技成果转化困境及对策研究"（18020）成果。

二、黑龙江省高校科技成果转化现状

（一）高校高质量科技成果大多向外省转化

以哈尔滨工业大学（哈工大）和哈尔滨工程大学（哈工程）为代表的高校在机器人、新材料、高端装备等产业领域拥有丰富的科技成果和良好的转化效益，但在黑龙江省转化落地项目不多。例如哈工大机器人集团成立4年来，产值近10亿元，主打产品在省内几乎没有需求。

（二）技术开发和技术服务是高校成果转化的主要方式

高校科技成果转化的方式包括技术开发、技术服务、技术咨询与技术转让。而黑龙江省高校技术开发合同金额与技术服务合作金额占到四类合同总金额的95%以上。截至2017年，黑龙江省主要14所高校2015~2017年发明专利申请总数为15787个，其中哈工大占比46.46%。调查发现，只有部分专利以3~5万元的价格转让给一些企业，大部分专利长期搁置。

（三）省属高校成果不足且转化收益少

省内大量优质的科技资源集聚在哈工大和哈工程，而其他省属院校的成果数量及转化收益明显偏少。省属高校科研管理部门关注成果的技术成熟度问题，而哈工大和哈工程科研管理部门更关注政策环境问题。调查18所高校，哈工程2017年技术开发合同金额1.3亿元，而其他高校2017年技术开发合同总额为9100万元。

（四）高校科技成果转化氛围不浓且支撑体系不完善

据调查，有14所高校制定了专门的成果转化政策及相关规定，有2所高校设立科技成果管理部门。缺乏成果转化方面的人才和教师转化意愿不强是当前阻碍成果转化的2个主要内部因素，而技术产权交易体制和科技服务体系不完善是阻碍成果转化的2个外部因素。

（五）省属高校对各类科技成果转化平台需求十分迫切

对"科技成果转化途径的建议"调查显示，18所高校中有14所高校选择通过科研人员宣传，13所高校选择参加成果展示交易会，各类科技服务平台的作用尚未发挥。16所高校科技管理部门认为应该创立市场化的专业中介机构，搭建校企合作平台。

三、黑龙江省高校科技成果转化困境及成因

（一）高校教师问卷调查结果

（1）半数被调查者拥有科技成果，但能够转化的成果不到30%。调查显示，2675份有效问卷中拥有科技成果的占50.06%；而拥有科技成果的教师有350份问卷中选择进行了科技成果转化，占拥有科技成果问卷的26.14%。

(2) 高校教师成果省内转化意愿强烈但存在转化障碍。调查显示,2675 份有效问卷中选择愿意首先在本省进行成果转化的达到 88.86%。56.42% 的高校教师认为科技成果与市场需求脱节是制约成果转化的主要因素,44.82% 的教师认为人员激励机制不完善,36.34% 的教师认为高校科研评价导向不利于转化。

(3) 转化启动资金短缺成为教师成果未转化的主要原因。2675 份有效问卷中有 74.53% 教师资助资金主要来源于纵向课题。在未转化原因调查方面,有 1339 份样本有科技成果,但未转化的有 989 份,其中 42.16% 认为缺少启动资金。

(4) 科技成果转化政策知晓率偏低且宣传手段落后。对国家的科技成果转化政策,40.11% 的教师不了解;对黑龙江省的相关政策,45.98% 的教师不了解;对本单位的政策,32.22% 的教师不了解。从信息获取来看,56.34% 的教师是通过学校宣传知晓相关政策,其次是从媒体和公共服务平台渠道获取信息。

(5) 科技成果转化政策激励效果不足。调查显示,2675 份有效问卷中有 350 份问卷选择进行过成果转化,占 13.08%,其中仅有 4.6% 享受过成果转化优惠政策,可见黑龙江省科技成果转化政策的激励作用不够强。

(二) 高校科技成果转化困境及其成因

经调查、走访和研究,科技成果转化"最后一公里"的形成,是由于成果转化链上的成果需求、成果源(研发)、中试、产业化等各环节存在"缺口"或薄弱环节。

(1) 科技创新文化和成果转化意识较弱。由于受区位条件、计划经济的惯性和区域文化等因素影响,黑龙江省高校科技成果转化管理者和科技工作者的创新意识和科技成果转化观念与发达省份相比较为保守和落后,在调查中,仍能感受到"满足验收条件即可""能够评奖就行""项目合同中没有规定的一般不干""不愿冒风险"等落后思想。黑龙江省高校面向本省社会经济发展服务定位的不足 30%,大多数更关注面向世界、国家或行业前沿,很少关注本省社会经济发展,高校尚未形成主动服务地方的共识。

(2) 企业对科技成果需求严重不足。调研发现,相对外省企业而言,黑龙江省企业对高校科技成果需求严重不足,尤其是哈工大等高校许多高质量科技成果在省内没有企业承接,只好转移到外省,这直接影响成果转化落地,其原因:

一是黑龙江省民营经济不发达。改革开放 40 多年,受计划经济影响较大,国有企业比重大;民营科技企业数量少,规模小,发展滞后,对成果需求不足。企业受传统的"等、靠、要"思想和习惯的影响,缺乏对高校科技成果转化的积极性和主动性。对民营企业服务支持不够,也影响科技成果转化落地;而到外省转化反而要容易得多,并深受外省地方政府和企业欢迎。

二是企业对高校科技成果转化的认识滞后。由于高校科研力量主要承担国家各级政府计划项目,企业对高校科技成果认识还停留在以往"论文、专利和验收或鉴定的项目"上。而目前黑龙江省高校科研已取得了长足发展,积累了大批科技成果,并培养了一批研发能力强的创新型人才和团队,可为政府和企业创新发展提供咨询服务和技术支撑。然而由于企业与高校科技合作与沟通较弱,利用高校科技资源抢占产业价值链高端的积极性和主动性不足。

三是政府对科技成果转化落地引导不到位。黑龙江省一直缺少科技成果转化计划项目,虽然2018年增列该类计划项目,但其项目规模偏小,项目种类少,难以满足黑龙江省高校科技成果转化需要。对高校面向地方重点产业创新发展和成果转化引导还不到位。

(3) 多数高校科技成果成熟度相对较低。黑龙江省高校每年能够完成一批国家、省市项目,取得一系列科技成果,但是除了少量有国家级、省部级科技创新平台支撑的研究成果成熟度较高以外,大部分研究成果成熟度较低。这主要是各高校教师关注项目任务规定要求,只要达到项目验收要求指标,按时结题即可。多数省属高校缺少中试基地、平台和设备等,大多数项目相关技术成果"中试"环节缺失,导致其成果成熟度不高。在黑龙江省高校职称、岗位聘任和考核中,科技成果转化往往不作为主要考核指标,引导和激励的作用弱。

(4) 对科技成果转化引导及服务不到位。由于科技计划项目立项、成果验收和科技奖励时,对科技成果转化要求不够,没有将向非参与方转移转化和扩散等内容作为验收或评奖的重要考核指标,导致教师主动发现和提炼具有转化前景的技术成果或模块积极性不高。科技成果转化主体众多,风险较大,转化路径复杂,仅依靠高校和企业通常难以高质量地完成对接工作。同时,对支持高校软科学研究成果转化的智库建设相对滞后。

(5) 高校科技成果信息孤岛现象突出。高校科技成果转化过程中,与企业之间信息沟通不充分,"信息孤岛"现象突出,高校的重要项目大都是面向国家及行业重要需求开展,大多数企业仅知道学校、学科,甚至教授及其团队,但不了解教授及其团队研究方向、水平和科技成果及其实际科技服务能力如何,是否满足企业创新实际需求。由于大部分高校网站科技成果有效信息不足,而且现有科技资源共享平台或科技创新服务平台上虽然会有些科技信息,甚至也举办科技交流与对接会,也难以满足企业掌握高校科技成果信息需要。

(6) 成果转化人才队伍不足。目前黑龙江省缺乏技术成果推广的专业人才和具备敏锐市场嗅觉的企业家队伍。以哈工大、哈工程为代表的高校拥有相对成熟的技术成果,然而黑龙江省缺少专业的服务人才和机构去主动对接这些优秀的技术成果,现有科技服务机构其服务和能力不足以支撑高技术成果的转化落地,导致一批好的技术成果外流。一些高校科研管理者提出,高校有一些好的技术成果,但真正能实现产业化的拳头产品不多,初创企业主要关心技术问题,但做到一定程度时,发现遇到的最大困境是缺乏既懂技术、又懂市场的专业人才。

部分被访者认为黑龙江省大型企业对高校的先进技术和市场竞争压力不敏感,而科技型中小企业才是高校科技成果重要的承接主体。目前黑龙江省缺乏适合中小微企业成长环境,难以培育出本土民营企业家队伍。

(7) 成果转化政策落实不到位。黑龙江省已经出台了多项促进成果转化的相关政策文件,高校也有支持成果转化的意见和办法,但政策落实效果并不理想。多数被调查者不知道或者没有享受过相关激励、奖励政策。一些政策措施难以落地,没有达到应有的效果。

四、促进黑龙江省高校科技成果转化的对策建议

(一) 构建现代科技成果转化文化

在创新驱动战略全面实施背景下,如何继承和发扬龙江"北大荒精神""铁人精神"等

优秀的艰苦创业精神,积极培育适应新时代发展的新型"创新与成果转化的文化理念"——"科技成果是宝贵的战略资源,具有很强的易逝性""科技成果使用才更有价值""区域科技创新的核心是不断产出高质量科技成果,并最终实现落地转化"等。应促进高校强化科技成果转化意识和责任,"持续创新,就会有成果""有成果,就应转化",并建立健全高校成果转化容错机制,以形成积极主动地创新和转化的新型文化。应大力宣传高校科技创新成果和优秀创新团队,把科技成果转化落地作为创新驱动战略实施重要内容,以增强高校科技成果转化意识,强化产学研合作的文化理念。

(二)加强企业科技成果转化需求引导

(1)大力发展民营科技型企业。改革开放实践表明,民营科技企业是最有创新活力和积极性的,因此,黑龙江省要全面改善创新创业发展环境,积极引进和培育一大批"民营科技企业",有效扩大企业对创新与科技成果转化的需求。

(2)加强企业科技成果转化的引导和激励。为进一步克服落后的"等、靠、要"传统思想和惯性思维的影响,应扩大"创新券"使用范围与规模,激励企业利用"创新券"积极引进、消化和吸收先进科技成果,提高创新效率,降低创新成本和缩短创新周期;同时落实研发费用加计扣除政策和科技型企业研发费用投入后补助政策等各类优惠政策。

(三)加大成果转化类计划项目支持

增加高校科技成果转化类计划项目投入,做好基于成果技术成熟度的分层分类管理。加大高校科技创新平台(重点实验室、工程中心等)建设,增加有关科技成果"中试"项目的计划引导,提高其经费支持力度。注重将科技成果向项目非参与方转移转化规模和效果作为立项、结题和科技评奖的重要指标,对于在黑龙江省转化落地科技成果给予奖励或项目支持。

(四)加强科技成果转化专业服务人才及企业的引进和培育

政府要从实施创新驱动战略高度,重视科技成果转化专业服务人才引进和培养。根据黑龙江省科技成果转化实际需要,积极引进高水平科技服务人才及科技服务团队。加大科技服务类企业及人才的培育力度,孵化一批科技成果转化平台和科技服务企业,满足成果转化需要。进一步完善"保留岗位""保留待遇"等政策,鼓励有科研和管理经验的教师引领或参与创办科技服务企业。

(五)加强科技成果转化政策落实的督导检查

建立和完善科技成果转化政策落实效果评估机制,通过开展第三方评估,或专项督查,对全省高校科技成果转化政策落实情况进行评估。奖励政策落实效果突出的单位,并对其科技成果转化计划项目、科技服务平台建设项目和政府科技服务培训项目等给予优先支持。

(六)加强高校科技成果转化工作力度

鼓励和支持高校定位应面向地方社会经济发展,将科技成果转化落地作为高校对地方的重要贡献。做好高校科研政策"松绑",破除制约高校教师创新活力的条条框框;进一步完善教师职称评审和岗位聘任政策标准,增设成果转化服务类岗位;增加科技成果转化相关指标,做好高校教师科技成果转化引导和激励。鼓励高校与企业和科研院所联合共建产学研联盟、协同创新中心或产业研究院,支持企业在高校建立技术中心,联合创办高新技术企业,以促进产学研深度融合。

加强高校科技成果转化数据库及平台建设。鼓励和支持高校建立科技项目及成果数据库;依托黑龙江省"双一流"高校建立科技成果转化服务平台,或依托黑龙江省科技成果转化平台,建立高校成果转化子平台;依托国家及省"双一流"高校经管类等社科,加快省高校智库建设,提高科技咨询服务水平。

参 考 文 献

[1] 武建龙,黄静,王宏起.战略性新兴产业创新机理与管理机制研究:基于多维视角[M].北京:科学出版社,2018:1-2.

[2] 王宏起,吕建秋,王珊珊.科技成果转化的双边市场属性及其政策启示:基于成果转化平台的视角[J].科学学与科学技术管理.2018,39(2):42-51.

[3] 吕建秋,王宏起,王雪原.科技成果转化系统的生态化策略[J].学习与探索,2017(5):146-149.

[4] 王雪原,王宏起,李长云.促进科技成果转化的政府行为研究.科技进步与对策[J].2015,32(11):5-9

[5] 杨仲基,王宏起,武建龙.利益相关者视角下区域科技成果转化能力评价及实证研究[J].工业技术经济,2018(1):153-160.

[6] 王宏起,李婧媛.区域双创政策对科技创新创业活动的影响机理[J].科技进步与对策,2017,34(18):36-41.

作者简介

王宏起,博士,教授,博士生导师,哈尔滨理工大学经济与管理学院学术分委员会主席;国务院政府特殊津贴专家(1999),龙江学者(2007,2011),黑龙江省优秀中青年专家(2007),黑龙江省劳模(2017),黑龙江省领军人才梯队带头人、哈尔滨理工大学"管理科学与工程"学科博士点和博士后科研流动站学科带头人,黑龙江省高校人文社会科学重点研究基地"哈尔滨理工大学高新技术发展与管理研究中心"主任,黑龙江省高校哲学社科学术创新团队"高新技术发展与战略管理"学术带头人;黑龙江省劳模和工匠人才创新工作室"高新技术发展与战略管理工作室"负责人;中国技术经济学会常务理事,中国管理科学与工程学会常务理事,中国管理科学学会理事,黑龙江省管理学会副理事长,黑龙江省知识产权学会副会长。

培植科技引领新支点　赋能区域创新共同体

戚 湧

摘要:根据《国家中长期科学和技术发展规划纲要(2006—2020年)》和长三角一体化国家战略部署,长三角地区积极稳步推进各项任务,打造科技创新协同发展示范模式。长三角区域创新体系建设总体顺利,区域协同机制建设取得进展,科技协同创新活动日益活跃,产业协同发展格局初见雏形,要素协同有效供给持续扩大。但是,在区域创新政策协调不充分,创新资源要素分配不均衡,区域创新服务体系不完善等方面仍有待进一步完善和提升。新时代,长三角地区三省一市要加强顶层设计,谋划区域产业创新布局;加强基础研究,实现关键核心技术突破;加强区域协同,推动科技资源共建共享;加强服务保障,构建一流区域营商环境;加强成果转化,打通产学研全产业链条,紧紧围绕长三角一体化国家战略部署,高质量布局建设长三角科技创新共同体,加快培育长三角科创圈,绘制长三角产业地图,建设数字长三角,携手打造全球创新新高地。

关键词:科技规划纲要;长三角一体化;科技创新共同体

《国家中长期科学和技术发展规划纲要(2006—2020年)》颁布以来,长三角地区围绕科技规划总体部署,积极稳步推进各项任务,推进长三角一体化发展,打造科技创新协同发展示范模式。在新时代,长三角地区三省一市要紧紧围绕长三角一体化国家战略部署,高质量构建长三角科技创新共同体,加快两大综合科学中心联动发展,加快培育长三角科创圈,绘制长三角产业地图,加快建设数字长三角,携手打造全球创新高地。

一、长三角区域创新体系建设总体顺利

(一)区域协同机制建设取得进展

一是成立专门管理部门。2018年2月,三省一市联合组建的长三角区域合作办公室正式挂牌,统筹规划长三角一体化战略实施,协调推进重要事项和重大项目。二是持续区域战略布局。2018年,长三角联合办公室编制《长三角地区一体化发展三年行动计划(2018—2020年)》,提出要基本形成创新引领的区域产业体系。三是地方配套不断完善。江苏省委十三届六次全会专门印发《〈长江三角洲区域一体化发展规划纲要〉江苏实施方案》,推动实现产业创新、基础设施、区域市场、绿色发展、公共服务、省内全域"六个一

体化"。

（二）科技协同创新活动日益活跃

一是研发投入显著提高。长三角地区研发经费增速普遍高于GDP增速，2017年总体R&D投入强度为2.71%，高于全国2.13%的平均水平。二是科技资源共享不断推进。截至2018年年底，长三角区域科技资源共享平台已集聚区域内628家单位价值50万元以上的仪器设施达20407台（套）。三是区域科研合作网络初步形成。上海、杭州、南京、合肥四大城市已成为长三角地区科研合作网络的核心节点，其中上海"首位城市"地位明显，形成有"上海—南京"G42沿线、"上海—杭州"G60沿线的科研合作主干线，以及"上海—合肥""南京—杭州"的次级干线。

（三）产业协同发展格局初见雏形

一是错位发展加快产业集聚。三省一市基本实现细分领域的错位发展格局，有效发挥特色产业的集聚效应。《2016—2022年中国智慧园区建设运营态势与发展前景分析报告》显示，长三角地区以其雄厚的工业园区作为基础，成为全国智慧园区建设的三大聚集区之一。二是优化区域产业链。三省一市在高新技术产业、主要支柱产业以及传统产业等方面，初步形成了技术创新链上的分工合作，形成"产业集聚＋产业分工＋产业链细分＋区域分工"的区域产业发展模式。三是深化产业园区合作。建设"嘉昆太科创产业园"探索创建"科创飞地"，建立产业链跨区域的创新联盟，预计2020年，长三角协同创新核心圈的GDP总量将超8000亿元。

（四）要素协同有效供给持续扩大

一是形成多元科研投入体系。长三角银行、证券、信托、保险和基金公司共643家，机构资产合计约8793亿元，占全国的18%。2018年共有8家互联网金融独角兽落户长三角地区，估值合计1158亿美元，数量和估值分别占全国互联网金融企业的38%和73%。二是创新平台体系建设稳步推进。长三角地区集中了全国1/4的国家重点实验室、国家工程研究中心，获批"2011协同创新中心"16家，占全国的42.11%。长三角地区共有18个国家重大科技基础设施，占全国的27%，形成了张江综合性国家科学中心和合肥综合性国家科学中心两大具有一定国际影响力的科学中心。三是科技人才团队培育壮大。高端人才规模位于全国前列，长三角地区目前拥有两院院士350多人。江苏省实施留学回国人员创新创业计划，截至2018年年底累计引进留学回国人员14万人。浙江西湖大学已经集聚一批世界顶尖人才，签约50余名全球青年科学家。

二、存在的主要问题和挑战

（一）区域创新政策协调不充分

近年来，国家和地方出台了一系列推进长三角地区科技创新资源共建共享的政策法规,但受限于行政区划限制和既有的利益格局,长三角地区科技创新仍存在着政策协调不充分、对接不广泛等问题。

(二)创新资源要素分配不均衡

长三角不同区域在创新要素分配上存在差异,"强者愈强、弱者愈弱"的"马太效应"仍然存在。长三角地区的大型科学仪器、大科学装置、重点实验室、科技文献档案等公共科技基础资源仍相对集中。

(三)区域创新服务体系不完善

长三角地区仍存在着科技中介服务功能单一、服务水平较低等问题,科技成果价值评估、投融资咨询、信用评价等专业化机构严重缺乏,技术转移中的中试环节普遍缺失,高校院所可转化科技成果中80%以上未经过中试,科技服务信用体系有待完善。

三、强化长三角区域创新体系建设的建议

(一)加强顶层设计,谋划区域产业创新布局

一是完善区域科技创新协同顶层设计。发挥长三角地区主要领导座谈会决策议事功能,推动长三角区域合作办公室更好承担统筹谋划、综合协调和督促落实等职责。以张江、合肥综合性国家科学中心建设为龙头,发挥苏南、杭州国家自主创新示范区带动作用,加快发展世界顶尖级的科技创新策源增长极,构建区域创新共同体。强化战略互动,联动建设上海和浙江自贸试验区,加快推进长三角世界级港口群建设。做好政策衔接,促进区域叠加和复制推广,进一步发挥区域整体优势和效益。二是加强区域科技创新协同机制建设。探索共决互信机制,负责对长三角地区科技创新协同重大问题的研究,开展决策咨询和共同评估。构建运转高效与功能完善的科技公共服务平台体系,相互开放国家级和省级重点实验室、中试基地和科技经济基础数据等信息资源,提高科技成果的展示和交易服务能力。探索推动政务数据资源的对外开放和与市场数据的融合应用,率先实现"数字长三角"。在园区共建方面开展股份合作模式、援建模式、托管模式、产业招商模式以及"异地生产、统一经营模式",共同分享产业园区带来的投资收益。三是打造区域产业创新共同体。进一步消除市场壁垒和体制机制障碍,共建国际市场一体化规范运作体系,建设规则相同、标准互认、要素自由流通的统一市场,推动政务协同、监管协同、服务协同。以上海建设具有全球影响力的科技创新中心为引领,加强张江、宁波、温州、苏南、杭州、合芜蚌六个国家自主创新示范区合作互动,通过合作建立科技园区或建立成果转化基地等方式,加强基于创新链的前后向联系,不断推进长三角地区创新链与产业链深度融合。建立人才战略高地,制定实施长三角人才全球战略,建立海外高层次人才储备库和留学回国人员数据库,定期发布紧缺人才需求报告,建立长三角国际"猎头"体系,实现区域内所有高层次人才信息的互联互通,构建长三角"全球人才枢纽"。

（二）加强基础研究，实现关键核心技术突破

一是加强地方实验室和重大科技基础设施建设。聚焦国家战略和三省一市优势产业发展，对标国际最优最好最先进水平，打造国家实验室"预备队"，加快推进三省一市战略性新兴产业领域省级实验室建设，加强高水平创新成果的知识产权布局及运用。充分赋予地方实验室研究方向选择、科研立项、技术路线调整、人才引进培养、职称评审、科研成果处置和经费使用等方面的自主权。支持符合条件的省实验室申报设立博士后科研流动站或工作站，开展联合培养，争取自主招生。二是优化基础与应用基础研究基金资助体系。联合组建长三角地区基础与应用基础研究基金，形成以重大项目为牵引，以重大平台与基地建设为支撑，以面上项目为补充的基础科学资助体系。持续稳定支持基础与应用基础研究重大项目，围绕未来网络与通信、人工智能、物联网、高端新品、纳米材料及器件、智能机器人、智能制造、高端装备制造、高效能源、新能源汽车等产业前瞻领域，解决重点领域重大科学问题。实施长三角地区、省际、省企等联合基金项目，打造立足江苏、面向全国乃至全球的开放型科学基金体系。三是加强基础和前沿领域产学研合作。围绕企业提出的受制于人、"卡脖子""牵鼻子"的重大技术需求，建立产业目标导向科学问题库。引导大中型骨干企业聚焦在国家层面具有影响力的地方优势支柱及战略性新兴产业，建设技术创新中心、高水平企业研究院和企业重点实验室。鼓励企业建立跨区域、跨国界的新型研发机构，布局建设海外研发机构，以科研众筹众包、揭榜挂帅等方式解决战略性新兴产业、先导支柱产业和优势传统产业发展中的关键科学问题。

（三）加强区域协同，推动科技资源共建共享

一是发挥高校科教资源优势。实施长三角地区高校知识服务能力提升工程，对接国家"2011 计划"，深入开展长三角地区协同创新中心建设布局。实施"助推计划"，充分发挥高校科研成果资源优势，促进校企合作，产学研互动发展，更好地为中小企业转型发展服务。定期联合举办各类区域性展会平台，展示推广高校科技创新成果，促进产学研对接与合作。鼓励长三角地区产业龙头企业牵头整合高校院所科教资源，鼓励高校院所人员在企业兼职从事技术创新活动。二是创新科技资源共享服务模式。建立长三角地区科技资源基础数据库，基于研发、生产、销售与服务等全过程，形成科技人才、科研机构、科学数据、科技金融、科研条件等十大资源分类清单，构建面向全行业的基础数据库。提供一键式搜索服务，建设一个覆盖三省一市的科技资源搜索引擎。重点培育并优先发展科技类社会组织，推进所有权与经营权分离形式的试点，重点建设 40 家科技成果转化中介服务机构，对受托组织重大科技成果转化的中介机构采取政府购买服务的方式支持，建立长三角地区中介服务机构信用体系和评价机制。三是整合国际科技资源。建立多层次多类型国际合作网络，与"一带一路"沿线国家（地区）共建联合实验室和研发基地。积极争取国际科技组织或其分支机构落户长三角地区，提供人员出入境、居留手续、知识产权保护和办公条件等方面的支持。支持联合申报科技计划项目，探索建立国际大科学计划组织运行、实施管理、知识产权管理等新模式、新机制。支持外资企业在长三角地区

设立实验室、研发中心、创新中心、企业技术中心和博士后科研工作站,鼓励外资研发中心转型升级成为全球性研发中心。

(四)加强服务保障,构建一流区域营商环境

一是加强知识产权保护。制定出台《长三角地区专利促进条例》,提高知识产权侵权法定赔偿上限,加快推进知识产权条例立法调研工作。部署开展打击侵权假冒专项行动,强化重点专业市场、展会和互联网领域知识产权保护,完善重点企业知识产权保护直通车制度。加强行政执法和刑事司法衔接,建立知识产权纠纷行政、司法、仲裁、调解、行业自律等多元解决机制。加快长三角地区国家知识产权保护中心建设,支持苏州、无锡、宁波等创新能力较强的地区申建知识产权保护中心。二是完善科技金融服务。促进风投创投发展,协调推进创投小镇、基金小镇、财富小镇等功能区建设,在风险可控的前提下促进私募股权、创业投资机构落户发展。创新科技金融产品,推动银行形成多类针对科技型企业的金融产品,引导银行与投资机构积极探索专利许可收益权质押融资等新模式,积极协助符合条件的创新创业者办理知识产权质押贷款。通过利用科技金融产品"组合拳",使轻资产的科技企业切实享受到低门槛、便捷高效的融资服务,有效缓解"融资难、融资贵"的问题。三是营造鼓励双创氛围。完善政府守信践诺机制,建立健全政务和行政承诺考核制度,规范招商引资行为。加强负面清单的管理制度,深入推进"一口受理、并联审批"改革,不断简化企业准入程序。加快推进企业登记全程电子化,打造网上受理、办理、反馈、查询在线审批直通车。依托舆论宣传强势,培植鼓励创新、宽容失败的社会氛围。

(五)加强成果转化,打通产学研全产业链条

一是建立区域科技创新成果的应用标准。推动制定科技信息和数据的统一标准,充分应用国家在科技信息和数据方面的统一标准,在整合区域科技信息资源的基础上,推动升级建设长三角科技资源共享服务平台,实现数据信息的互联互通。推动长三角地区实现资质互认,对经三省一市科技部门认定的包括高新技术企业、高新技术产品、科技型中小企业、科技中介服务机构、技术经纪人等实现资质互认,享受与本地同等的优惠条件。二是健全区域技术转移体系。支持江苏技术产权交易市场、浙江科技大市场、安徽科技大市场、上海国际技术交易市场深化合作,在长三角技术交易市场联盟的合作框架下,通过实现信息资源、服务资源、创新资源等信息的交换共享,共同打造全球技术交易枢纽。积极融入国际技术转移体系,充分发挥各地尤其是上海在参与国际技术转移工作中的优势,开展国际技术转移服务,培养国际技术转移人才,探索融入国际技术转移体系的有效途径。三是全面赋能区域创新网络建设布局。将G60科创走廊、G50绿色制造走廊、G42新兴产业走廊作为长三角科技创新和产业发展一体化的重要实践区和先行区,认真梳理三条产业主干道建设推进过程中的经验和做法,为长三角科技创新圈建设提供借鉴。研究制订推进长三角一体化发展科技协同创新行动方案,在重大科技基础设施建设、科技创新资源开放共享、技术转移体系构建、科技合作交流、创新环境优化等方面明确时间节点和重点工作任务,为长三角科技创新一体化发展提供方向指引。

作者简介

戚湧,工学博士、管理学博士后,教授、博士生导师,南京理工大学知识产权学院常务副院长、创新管理与评价研究中心主任,荣获科学中国人(2017)年度人物,入选江苏省"333工程"中青年领军人才和江苏省"六大人才高峰"高层次人才项目,江苏省高校优秀科技创新团队带头人,中国软科学研究会常务理事、中国技术经济学会理事、中国科学学与科技政策研究会理事,出版《科技资源市场配置理论与实证研究》《科学研究绩效评价理论与方法》》等专著5部,在《Electronic Commerce Research and Applications》《中国软科学》《管理学报》《中国管理科学》《科学学研究》《科研管理》等重要期刊和学术会议发表论文130多篇;主持国家重点研发计划政府间国际科技创新合作重点专项、国家自然科学基金等国家和省部级项目60余项;发表决策咨询报告20余篇,获中央领导、江苏省主要领导等批示;获中国产学研合作创新成果奖、中国管理科学学会管理创新奖和省部级优秀成果一等奖5项、二等奖13项、三等奖14项以及全国学术会议优秀论文奖16项。

内陆非省会城市的创新发展路径[①]
——以"万里长江第一城"四川省宜宾市为例

黄 寰

摘要：创新驱动发展战略对内陆非省会城市建设具有重要指导意义。作为"万里长江第一城",四川省宜宾市凭借"双轮驱动"战略以及"双城"建设两大举措,成为长江经济带内陆城市的创新高地。本文从产业转型、政策扶持、要素保障以及平台建设等方面分析宜宾经济运行特点,讨论宜宾如何将创新驱动发展战略的内涵特征与城市经济运行特点相结合。以宜宾的"双城"建设、"双轮驱动"战略以及港产城融合为抓手研究其创新发展改革路径,进而从科技创新、金融创新以及制度创新三个方面为长江经济带内陆非省会城市的创新驱动发展提出对策建议。

关键词：创新驱动发展；内陆非省会城市；宜宾市；长江经济带

党的十九大报告中,习近平总书记强调我国要坚定实施"创新驱动发展战略"。在经济新常态下,我国发展环境和条件发生了深刻转变,地方经济面临着产业调整和转型发展压力。随着经济增长空间不断从沿海向沿江内陆拓展,如何通过增强创新驱动发展新动力以更好地服务经济顺利转型和健康发展,是内陆非省会城市亟需审视的关键问题。

在四川省积极打造省域经济副中心的背景下,宜宾市委、市政府提出实施"双轮驱动"战略,作出了"打造科教强市,建设宜宾大学城和科技创新城"(以下简称"双城")的重大部署。充分运用宜宾作为长江经济带的起点、"一带一路"的交点以及"一干多支"的高点等突出地理区位优势,以新发展理念为指引,以创新驱动为引擎,积极实施产业发展"双轮驱动"战略,大力推进"双城"建设,着力打造临港新区,引进创新和智力资源优势,逐步成为长江经济带内陆城市新兴起的创新增长极,走出了内陆非省会城市的创新发展之路。

一、宜宾经济运行特点分析

(一)传统产业转型升级,新兴产业强势崛起

传统优势产业转型升级。白酒产业链整合加快,截至 2018 年年底,五粮液 30 万吨

[①] 宜宾市新型智库项目、宜宾市"十四五"规划前期课题、四川省社科重点研究基地西部交通战略与区域发展研究中心一般项目(XJQ18003)阶段性成果。

陶坛陈酿酒库等50个重点项目开工建设,六尺巷酒业技改扩能等41个重点项目加快建设,宜宾纸业生活用纸等82个重点项目建成投产;轻纺产业积极承接产业转移加快提质转型,东西扶贫协作浙川纺织产业园首批6户纺织企业已经入驻;建筑业实现快速发展,新晋升和引进建筑业高等级资质企业14户。

新兴产业强势崛起。汽车、轨道交通、智能终端等产业从无到有,2018年,八大高端成长型产业完成投资191.8亿元,同比增长46.1%;规上工业总产值突破400亿元,达到408.7亿元;规上工业增加值增长31.2%,增速较2017年加快6.4个百分点,增加值占全市规上工业总量的17.6%,产业影响力迅速提升,其中:智能终端增长3.2倍、轨道交通增长37.4%、页岩气增长26.1%、新材料增长15.6%、节能环保增长11.6%、医药增长2.6%、新能源汽车暨汽车下降2.5%。

(二)政策扶持精准到位,要素保障持续优化

先后推动出台《加快建设现代工业强市的若干政策措施》《关于进一步支持五粮液集团有限公司做强做优做大的实施意见》《关于支持白酒产业高质量发展的实施意见》《支持汽车产业发展壮大的若干政策》《关于大力支持宜宾凯翼汽车发展的意见》《加快推进工业品牌建设实施意见》等系列重大政策措施。

电力改革发展取得突破。国网宜宾供电公司"托管"长宁县电力公司,成贵铁路"4+2"和宜宾新机场重点供电工程快速推进,协助落实国家和省一般工商业电价下降10%及户表居民用电丰水期优惠政策。

产融合作推进有力。总规模3亿元的中小企业转贷资金,累计提供转贷57次、金额12.75亿元;为21户企业发放57笔出口退税扶持贷款2.13亿元;建立首期5亿元规模的市智能终端企业出口退税资金池。

中小企业服务优化升级。出台《宜宾市中小企业公共服务示范平台管理暂行办法》,升级"中国中小企业宜宾网",与32家优秀服务机构签订合作协议,引进在线服务专家54名为全市中小企业提供164项专业服务。

信息化和无线电管理加强。五粮液中国白酒大数据中心、联通向家坝国际区域IDC中心等大数据产业项目加快推进,积极开展打击"伪基站"、黑广播和卫星电视干扰器排查等非法设台专项治理行动,认真做好重要时段无线电安全保障,努力保障无线电网络和信息安全。

(三)创新平台再上台阶,安全环保有力提升

截至2019年8月,宜宾已与17所高校签署合作协议,其中与14所签署了项目落地协议,设立了88个企业技术中心,10个国家重点实验室,14个工程技术研究中心,4个高新技术产业化基地,4个产业技术创新联盟,6个科技企业孵化器,17个产业技术研究院,11个院士(专家)工作站,98个众创空间以及6个博士后科研工作站和创新实验基地。

建立完善工业企业安全生产考核机制,出台《安全生产党政同责一岗双责实施办法》,全力推进主管行业领域企业安全生产监管,进一步加大了化工、食品、酒类、加油站等行业全覆盖安全检查力度,督促问题整改,提高本质安全水平。全面落实环境保护党政同责一岗双责制度,积极推进中央、省环保督查问题整改。2018年全年全市规上工业

单位工业增加值能耗 1.15 吨标准煤/万元,下降 5.3%。六大高耗能行业增加值占全市规上工业的比重为 18.5%,较 2017 年下降 5.2 个百分点。

二、宜宾创新发展的主要举措

(一)"双城"建设加快创新崛起

宜宾市经济发展水平长期位居川南城市第一,但在过去曾长期面临着人才资源相对匮乏的问题,在 2016 年之前市内仅有 1 所宜宾学院和 1 所宜宾职业技术学院,知识储备不足,科技支撑不够,人才队伍总量偏少,素质不高,特别是高层次人才、创新型人才匮乏,成为宜宾经济转型发展的严重阻碍。

为此,2016 年宜宾市委、市政府立足市情,站在历史的起点,以世界的眼光、战略的高度和战术的深度,提出"双城"建设,按照"城市围绕大学建、产业依托教育兴"理念,系统谋划"双城"空间、基础、功能等规划布局,将"双城"选址在国家级经济技术开发区。"双城"总规面积 36 平方千米,由国内外顶尖团队规划设计,突出生态、开放、共享、共融,将高校和科研院所布局在三江之畔、两山之间,突出历史积淀与现代文明结合、科教氛围与建筑形态结合、地域文化与生态环境结合,做到山中有城、城中有山、山水相融,形成"山、水、城、校、业"的立体格局,着力把"双城"建设成为科教之城、产业之城、开放之城、宜居之城,实现"产、学、研、港、城"融合发展。

"双城"建设从战略高度上把科技创新、人才培养作为推动宜宾实现新一轮大发展的切入点、着力点和突破口,聚集高校、院所的优质教学和研究资源,打破高层次人才、创新型人才匮乏导致创新发展滞后的僵局,体现出了宜宾市委、市政府和宜宾全体人民集体智慧和创新思维的结晶。

除此以外,"双城"建设以宜宾市当前经济发展所面临的主要矛盾为抓手,从战略的高度对宜宾市的产业发展进行了布局,以产业建设为中心,推进产学研更深层次的融合与发展,以全面提升宜宾市高等教育水平,壮大宜宾高素质人才队伍,完善宜宾新经济创新体系建设,提升宜宾科技成果转化率,推动科技与经济深度融合。此举充分体现宜宾市委、市政府大力实施"双轮驱动"、科教兴市的决心,旨在为宜宾市的产业转型、创新发展提供坚实有力的智力保障和科技支撑;作为促进教育、科技和经济相结合的有效载体,从根本上解决宜宾人才与经济脱离,科技与经济脱离的历史难题。

(二)"双轮"驱动推进产业升级

宜宾地处长江上游地带,是长江上游生态屏障的重要支撑,其不仅拥有省内最大的内河综合枢纽港宜宾港,还处于"一带一路"、长江经济带、西部大开发等国家战略实施的交汇处,具有发展的战略先机。为贯彻落实党的十九大精神,抓住国家战略实施的发展机遇,宜宾市依据自身区位、资源、产业优势制定了"双轮"驱动发展战略,一方面巩固提升市内传统优势产业,如白酒、建材以及能源产业等;另一方面在巩固提升传统产业的基础上,加快新兴产业如轨道交通、新能源汽车、智能制造、通用航空、新材料、页岩气等的布局与发展,全面推进宜宾市产业发展转型升级的进程。

首先,在改造提升传统支柱产业的进程中,为支持促进特色优势产业的转型升级和传统产业的持续做大做强,宜宾市制定了《宜宾市传统产业改造提升实施方案》,其以提升产业发展的效率为落脚点,从产业的局部调整与整体布局两个角度出发,提出宜宾传统产业的发展要坚持创新、效益、集约、生态的发展之路。

其次,在新兴产业的建设与发展的过程中,宜宾市从产业发展的顶层设计出发,针对不同类型产业,建立配套的领导团体,坚持解放思想、对外开放的理念进行引领发展,大力培育壮大以新材料、轨道交通、智能制造、新能源汽车产业等为代表的八大高端成长型产业。

与此同时,宜宾市充分做好基础设施的搭建、联通与高效利用,充分发挥轨道交通、铁路运输、水路运输等运输方式的载体优势,以智能终端产业为特色带领传统制造业的转型与智能产业的兴起,打造为集研发、制造、生产、经销为一体的国家智能终端产业示范性基地。

(三)临港新区促进产城融合

宜宾市依照城市多功能融合共建思路,依托临港优势提出"一区五城"的布局构想,建设集科教之城、创新之城、产业之城、开放之城、宜居之城五位一体的改革先行示范区、新城市样板区,打造以新经济为驱动的科技产业集聚区,建设临港新区产城融合新典范。

科教方面依托大学城为载体,促进产学研的一体化发展。以科技教育为抓手带动新经济转型,形成科技教育强市品牌。

创新方面,以创新驱动为战略纲领,实现技术创新以及优势转换,增强发展动力、提高生产附加值。同时全面推进体制改革及创新,促进资源合理流动以及资源高效配置,从而优化产业生产链制度,以全面深化创新改革为重点增强宜宾市核心竞争力。

产业发展方面,重视引进高端先进研发制造项目,加强产业政策引导,推进现代贸易服务业、高新科技产业、高端先进制造业等的产业集聚,形成临港区的产业合力。

对外开放方面,宜宾市拥有得天独厚的地理位置优势,是"国家区域级流通节点城市",注重基础设施的搭建与互联互通,依托临港区优势与长江黄金水道,提升运输综合能力,打造四川最大的集水运、陆运、空运为一体的内河枢纽港、贸易港,促进宜宾市对外贸易发展。

宜人宜居方面,作为"万里长江第一城",宜宾市拥有较好的生态资源基础。推进绿色产业发展利于建设优美的城市生态环境,宜人居住的生态环境是保证城市经济持续繁荣发展的前提条件,是人与自然和谐相处的持续发展的基础保障。在优化升级产业对资源环境的保护的同时也要健全商务区、文化创意区、医疗公共服务区、高端服务区等配套体系,构建现代都市生活的国际现代新城。

三、内陆非省会城市创新发展的启示

(一)科技创新驱动区域产业发展

科技创新具有乘数效应,不仅可以直接转化为现实生产力,而且可以通过科技的渗透作用放大各生产要素的生产力,提高社会整体生产力水平。科技创新驱动产业结构升级,推动城市经济绿色化;驱动产业布局优化,促进城市空间和能源、资源的高效集约利用。因此,科技创新有助于提高区域经济增长质量和效益,有助于推动区域经济发展方式转变。

宜宾在城市建设过程中,始终以创新驱动为战略纲领,通过技术创新增强发展动力、提高生产附加值。内陆城市建设深化阶段,科技创新驱动的关键还是要落脚到产业发展上,加强科技成果转化、培育创新生态至关重要。一方面,强化产学研融合。简化高等院校、科研院所进行科技成果转化的审批或备案程序,创新科技成果转化收益分配方案并下放处置权,发展支撑科技成果转化的技术市场、信贷、保险等产品,改革科技成果转化人员的绩效考核、职称评聘、人才引进等政策;另一方面,结合科技创新趋势、产业发展规律以及城市产业基础,针对重点扶持产业出台具体的发展支持政策、搭建共性技术平台,创设良好的产业发展生态环境。

(二)金融创新促进贸易发展

在创新驱动发展阶段,金融环境是影响创新要素集聚、驱动创新主体运转的关键资源,金融市场的完善、金融产品的开发、金融监管的健全、金融风险的配置都需要金融创新来实现。

宜宾市在"双城"建设中创新了投融资模式。由宜宾市政府出资一次性注入17亿元到市科教集团公司中,以科教集团公司作为融资主体,建立基金,并由科教集团公司负责"双城"项目投融资和建设运营,变政府投入为企业投资,以市场化的方式解决了资金问题。在深化城市创新发展的过程中,应尽快实现金融创新工作的突破。一方面,借助"长江经济带"战略优势,拓宽投融资渠道,实现银行与非银行金融机构多样化。另一方面,针对科技型中小企业在初创期、早中期研发投入大、风险高、销售收入少、固定资产有限从而难以获取银行贷款,天使投资和风险投资支持不够的突出问题,建议政府加强引导,推动社会资本投向初创期企业,充分发挥行业协会的作用,加强企业与各类产业发展基金的对接。

(三)制度创新驱动配套发展

让生活更美好,是城市创新发展的题中之意,也是根本。深化内陆城市创新建设,必须与切实改善民众的基本生存和生活状态、提高民众的基本发展机会、基本发展能力和保护基本权益等相结合。

宜宾在创新建设过程中一直秉承"宜学宜研、宜居宜游"的原则,提供高水平配套综合设施以及高品质拓展公共服务,这也为高层次人才的培养引进、科技成果孵化转化和产业转型升级提供重要支撑。内陆城市创新发展需要在制度创新方面狠下工夫,一方面,加大对创新创业人才的倾斜力度,满足低成本居住需求,支持用人单位通过贷款贴息、房租补贴等形式实施人才住房资助计划;另一方面,实施高端人才引进便利化服务措施,从完善居住证、居转户和直接落户等方面实施国内人才引进政策,逐步完善人才培养、双向流动和市场化的评价机制。如此,才能消除创新创业人才的后顾之忧,使其安居乐业。

作者简介

黄寰,成都理工大学教授,中国人民大学长江经济带研究院研究员,四川省政府参事室特约研究员,地质灾害防治与地质环境保护国家重点实验室固定研究人员。研究方向为区域创新与可持续发展。国务院政府特殊津贴专家、中组部"西部之光"访问学者、美国北卡罗来纳大学教堂山分校国家公派访问学者、四川省学术和技术带头人、四川省杰出青年学术技术带头人、"区域可持续发展四川省青年科技创新研究团队"带头人。兼任中国技术经济学会理事、全国经济地理研究会长江经济带专委会副主任委员、宜宾市新型智库首席专家、中国区域经济学会常务理事、成都市科青联副主席兼秘书长、成都理工大学区域创新与绿色发展研究中心主任等。主持国家社科基金、国家软科学项目等各级纵向课题80多项,发表论文90多篇,出版专著8部,先后获中国青年科技奖、全国优秀科技工作者等奖励。

区域创新生态系统国际化
助力区域创新发展的建议

陈衍泰

摘要：通过解析区域创新系统国际化的内涵和运行机理，构建了"要素-结构-功能-环境"四维度的评价指标体系，并运用因子分析法和TOPSIS综合评价法对中国24个城市的区域创新系统国际化水平进行评价。主要结论为：城市的区域创新系统国际化水平与其综合创新能力呈正相关；区域创新系统国际化水平受创新要素、创新网络结构、创新国际化功能和创新生态环境综合因素影响；城市圈辐射效应显著，大城市带动提高了相邻城市的创新系统国际化水平。

关键词：区域创新生态系统；创新国际化；区域创新发展

尽管近年来全球出现"逆全球化"的少数行为，但在这个经济全球化、信息全球化和科技全球化的时代，区域创新也需要与时俱进，要参与和融入全球创新的网络中获取资源。区域创新系统国际化的参与主体包括政府、企业、高校、科研机构、中介组织等，这些主体是如何进行国际互动和交流的？它们发挥着什么样的作用？区域创新系统国际化的影响因素是什么？这是本文重点探讨的几个问题。对于以上问题的回答，一方面可以了解区域创新系统国际化的运行机理，另一方面也可以帮助政府制定更加合理的创新国际化政策。区域创新生态系统国际化运行机理和影响因素如图1所示。

一、区域创新生态系统国际化的影响因素

区域创新生态系统国际化中的创新资源包括区域内外部的创新人才、新技术、新知识、资本和信息等各种要素与国际上的其他国家或地区发生联系和互动，它是一个创新主体参与和融入全球创新网络的过程。本文认为区域创新系统国际化的运行机理指区域内部和国际上的创新主体通过构建创新平台、建设基础设施，在国内外创新生态环境的支持下，按照特定的创新网络结构将双方的创新资源进行国际互动，产生影响和效用的过程。

首先，在区域创新生态系统国际化的过程中，创新主体进行国际化行为的基本目的是集聚和整合更加优质的创新资源，即技术、知识、人才、资本和信息等要素。这些要素通过国际间产学研政合作等途径实现跨国流动和扩散，以促进区域内创新资源迭代更新。其次，要素的配置是按照一定的创新网络结构进行的。在这里，可以将创新网络结构分为技术创新网络和知识创新网络。技术创新网络以企业为主体，进行技术研究、开发、运用与扩散，将研究产品投入相关产业和领域中。知识创新网络以大学和科研机构

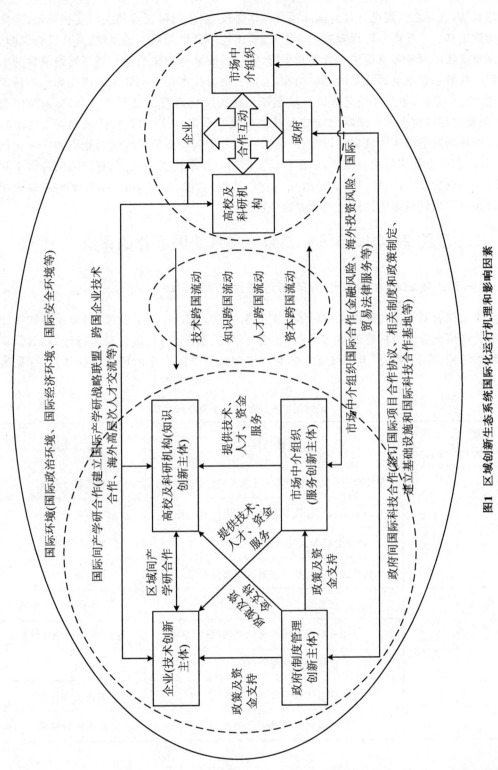

图1 区域创新生态系统国际化运行机理和影响因素

为主体,进行知识创造与供应。在区域创新系统国际化的创新网络结构中,所有创新主体以国际间产学研政合作的方式开展国际化活动,企业和高校通过建立国际产学研战略联盟、跨国企业技术合作、举行海外高层人才交流会议等途径促进技术、知识、人才等要

区域创新 \ 145

素的互动，政府之间则进行签订国际项目合作协议、制定国际贸易相关制度和规定、建立基础设施和合作基地等以保障国际合作开展，市场中介组织就金融风险、海外投资风险、国际贸易法律服务等方面进行合作和支持。再次，要素的跨国流动与创新网络结构的水平影响区域创新系统国际化的整体功能，主要表现为技术创新国际化功能和知识创新国际化功能。最后，创新环境是保证区域创新系统国际化进行的必要条件，对要素跨国流动、创新网络结构水平和国际化功能都有着较大的作用。总而言之，区域创新系统国际化是以创新网络结构为基础的，创新网络结构决定了创新要素的配置及相应的国际化行为，从而会产生相应的功能绩效，创新环境又影响着要素跨国流动、创新网络结构水平和创新国际化功能发挥，所以本文提出从"要素-结构-功能-环境"四个维度来构建评价指标体系对区域创新系统国际化进行评价分析。

二、我国24个城市区域创新生态系统国际化的评价

（一）区域创新生态系统国际化的评价指标体系

本文结合刘云构建的国家创新体系国际化"要素-制度-功能-阶段"四维模型和柳卸林评价区域创新能力构建的指标体系，遵循科学性、系统性、权威性和可行性等原则，从"要素-结构-功能-环境"四个维度来建立区域创新系统国际化的评价指标体系（详见表1）。

表1 区域创新系统国际化评价指标体系

一级指标	二级指标	三级指标	数据来源
要素	要素投入	全社会R&D经费投入占全市GDP比重（%）	城市统计年鉴
		地方财政科技拨款占财政支出比重（%）	城市统计年鉴
		全社会研发人员占就业人数比重（%）	城市统计年鉴
		教育经费实际投入占财政支出比重（%）	城市统计年鉴
	要素跨国流动	国外技术引进合同数（个）	各省、市科技统计年鉴
		国外收录我国科技论文数（篇）	各省、市科技统计年鉴
		实际利用外资额（亿美元）	城市统计年鉴
		外商直接投资合同项目数（个）	城市统计年鉴
		全年新批外商投资企业数（家）	城市统计年鉴

续表

一级指标	二级指标	三级指标	数据来源
结构	技术创新网络	新认定国家级高新技术企业数量（家）	高新技术企业认定管理工作网
		世界500强企业在华各城市研发中心数量（家）	根据世界500强企业名单筛选
	知识创新网络	国际科技交流合作研究派遣人次（人）	各省、市科技统计年鉴
		国际学术会议交流论文数（篇）	各省、市科技统计年鉴
功能	技术创新国际化	全球2500强研发企业中的本土企业数（家）	根据欧盟委员会公布的全球2500强研发企业名单筛选中国企业名单所得
		世界500强本土企业数（家）	《财富》世界500强排行榜
		高新技术产品出口额占出口总额比重（%）	城市统计年鉴
		高新技术产品进口额占进口总额比重（%）	城市统计年鉴
	知识创新国际化	国际论文发表数（篇）	Web of Science 统计整理
		国际专利申请量（件）	WIPO官网统计信息
环境	基础设施	互联网宽带接入用户数（万户）	城市统计年鉴
		基础设施投资占全社会固定资产投资比重（%）	城市统计年鉴、城市统计公报
	国际市场	进出口差额（出口额－进口额）（亿美元）	城市统计年鉴
		全市进出口总额增长率（%）	城市统计年鉴
	金融环境	金融机构境内贷款余额（亿元）	城市统计年鉴
		金融机构境外贷款余额（亿元）	城市统计年鉴

（二）数据来源与研究方法

本文的研究对象为中国24个城市，涵盖了东部、中部和西部地区，而选取的城市以东部地区为主，中西部地区的城市较少，主要是因为中西部城市的相关指标数据缺乏，并且其与国际创新资源的互动交流并不密切，其创新系统国际化水平相对较弱，因此选择了24个城市作为本文的研究对象。本文的数据来源详细见表1第四列。

本文通过借鉴学习先前学者的理论和方法，运用因子分析法对24个城市在2012～2016年的截面数据进行分析得出因子综合得分及排名，以贴合度的高低来描述各个城市的创新系统国际化水平。

（三）24个城市区域创新生态系统国际化的评价实证研究

本文将通过因子分析法综合评价法对中国24个城市2012～2016年的创新系统国际化水平进行实证研究，分析各城市创新系统国际化的差异性，并进行综合评价，以全面掌握中国24个城市创新国际化水平的综合情况。24个城市第2012～2016年综合因子得分及排名如表2所示。

表2 24个城市2012～2016年综合因子得分及排名

城市	2012年	2013年	2014年	2015年	2016年	2012排名	2013排名	2014排名	2015排名	2016排名
北京	4.14163550	2.62172498	2.5823067	2.48435337	2.46089184	1	1	1	1	1
深圳	0.98831741	0.94131977	0.94545709	0.93466343	1.04014844	2	2	2	2	2
上海	0.02564075	0.30759311	0.21548825	0.44900032	0.60892976	6	3	3	3	3
苏州	−0.13117865	0.0637157	0.03129668	−0.00033534	0.13787908	10	4	8	9	4
广州	0.11844779	0.02381833	0.06158921	0.16022192	0.09587708	3	6	6	7	5
天津	0.04841722	−0.00241868	0.13855462	0.16296796	0.08275076	5	7	4		6
武汉	0.08572728	0.02751078	0.13135428	0.16705685	0.0566517	4	5	5	5	7
南京	−0.15288266	−0.50387705	−0.17774496	0.14051345	0.0154264	11	9	12	8	8
杭州	−0.00610700	−0.07069897	0.03617956	0.19382121	−0.04778996	7	8	7	4	9
佛山	−0.03907788	−0.0790494	−0.06349242	−0.01556995	−0.09883178	9	10	10	10	10
济南	−0.19462843	−0.2867792	−0.3326833	−0.19786085	−0.14426024	12	19	20	13	11
珠海	−0.21023413	−0.179665	−0.20527785	−0.22011345	−0.17853778	13		14	13	14	12
成都	−0.23741692	−0.27400486	−0.27704419	−0.37232382	−0.18104664	14	17	16	19	13
青岛	−0.02004207	−0.11027769	0.00858365	−0.25451075	−0.24819296	8	12	9	16	14
大连	−0.44690704	−0.09398151	−0.32305003	−0.16899457	−0.26304068	18	11	19	11	15
宁波	−0.34756786	−0.22194524	−0.22323854	−0.26944583	−0.264456	16	16	15	17	16
长沙	−0.25499649	−0.07749337	−0.08430552	−0.19684827	−0.26586318	15	18	11	12	17
南昌	−0.50227485	−0.27912726	−0.4403074	−0.5226237	−0.26865322	21	24	23	23	18
重庆	−0.41081102	−0.22150932	−0.34164972	−0.40621046	−0.30022918	17	15	21	20	19
福州	−0.51326192	−0.43927472	−0.47769375	−0.51459751	−0.35761274	22	23	24	22	20

续表

城市	2012年	2013年	2014年	2015年	2016年	2012排名	2013排名	2014排名	2015排名	2016排名
石家庄	−0.52487500	−0.17572765	−0.20772549	−0.46162702	−0.39570256	23	13	14	21	21
哈尔滨	−0.45916428	−0.29187449	−0.29505886	−0.25031887	−0.44353882	19	20	17	15	22
合肥	−0.48556032	−0.31623532	−0.30306338	−0.28351184	−0.47576906	20	21	18	18	23
贵阳	−0.66583574	−0.36173873	−0.39846556	−0.55769954	−0.56503646	24	22	22	24	24

数据来源：作者计算整理而得。

由表2可以看出，中国24个城市在2012～2016年中每一年的综合因子得分的最高分与最低分差距较大，且每一年至少有超过一半的城市的得分为负值，这表明中国整体城市创新系统国际化水平较低，且城市之间的创新系统国际化水平差异性明显。每年排名前十的城市基本上处于东部沿海地区，主要是因为地域交通上的便利性和经济的发达性，加强了与国外的创新资源互动和国际间的产学研合作，而中部地区则相对落后，因此城市的综合因子得分较低，排名靠后。另外，从2012～2016年的排名变化趋势可以看出，北京、深圳、上海的排名较稳定，占据前三位，而苏州、南京的排名总体呈上升趋势，在2016年分别上升至第4名和第8名，将来可能会继续上升，将重新定义城市创新系统国际化水平的排名。

同时，从表2中观察可知，在这5年期间，每个城市的综合得分每一年都不相同，并且在排名上大部分城市在5年里都有一个起伏波动，这主要是因为本文搜集的是一个由截面数据构成的面板数据，在进行因子分析时是按照每一年的数据计算的，而截面数据之间的关系是相互独立的。

三、促进区域创新发展的相关建议

通过构建区域创新系统国际化水平的评价指标体系，运用因子分析法综合评价法计算出了中国24个大中城市的创新国际化水平及排名，本部分得出如下结论：①城市的区域创新系统国际化水平与其综合创新能力呈正相关。②区域创新系统国际化水平受创新要素、创新网络结构、创新国际化功能和创新生态环境综合因素影响。③城市圈辐射效应显著，大城市带动提高了相邻城市的创新系统国际化水平。

基于以上分析，本文认为要提升区域创新系统国际化水平需要注重以下方面：

（1）促进创新要素在区域之间和区域及国际之间的流动。每个城市的经济、科技、教育、文化等都有差异，要充分发挥一个区域内创新极的辐射带动作用，实现区域间的创新要素流动，从而能促进区域间的优势互补和协调发展。政府要积极引导区域内的创新要素与国际接轨，实现区域与国际间的知识、技术、人才与资金等创新要素的转移与扩散，共同提升双方的创新系统国际化水平。

（2）创造良好的创新环境。政府要为企业、大学、中介机构提供便利的创新平台，促成区域与国际间的产学研合作，通过制定相应的财政、金融和税收政策，更好地保障高新技术企业和研发机构进行国际化知识创新和技术创新。

（3）不同区域应结合自身特点制定不同的创新国际化战略。东部、中部、西部地区在创新国际化水平上存在着较大的差异性，东部地区经济较发达，已经具备较好的创新资源与创新环境，应朝着自主研发创新的发展战略努力；中部地区应以获取优质的创新资源为目标，通过引进人才和技术，吸引外资，提升自身的创新能力和影响力，再进一步提高创新国际化水平；西部地区首先应营造一个良好的创新环境，通过加强基础设施的建设，制定优惠的创新政策吸引企业和人才，凝聚较好的创新资源以促进自身创新能力。

参 考 文 献

［1］胡志坚,苏靖.区域创新系统理论的提出与发展［J］.中国科技论坛,1999(6):20-23.

［2］于晓宇,谢富纪.基于DEA～Tobit的区域创新系统资源配置优化策略研究［J］.研究与发展管理,2011,23(1):1-10.

［3］Su Yu-Shan,Chen Jin. Introduction to regional innovation systems in East Asia［J］. Technological Forecasting and social Change,2015,100:80-82.

［4］高月姣,吴和成.创新主体及其交互作用对区域创新能力的影响研究［J］.科研管理,2015,36(10):51-57.

［5］倪鹏飞,白晶,杨旭.城市创新系统的关键因素及其影响机制:基于全球436个城市数据的结构化方程模型［J］.中国工业经济,2011,25(2):16-25.

［6］刘顺忠,官建成.区域创新系统创新绩效的评价［J］.中国管理科学,2002,12(1):76-79.

［7］颜莉.我国区域创新效率评价指标体系实证研究［J］.管理世界,2012,35(5):174-175.

［8］高太山,柳卸林,周江华.中国区域包容性创新绩效测度:理论模型与实证检验［J］.科学学研究,2014,32(4):613-621,592.

［9］Archibugi D,Michie J. Technology,globalization and economic performance［M］. Cambridge:Cambridge University Press,1997.

［10］Bartholomew S. National systems of biotechnology innovation:complex interdependence in the global system［J］. Journal of International Business Studies,1997:241-266.

［11］刘建华,苏敬勤,姜照华.基于网络结构—要素行为—创新绩效视角的国家创新体系国际化水平评价［J］.管理学报,2015,12(3):410-416.

［12］陈衍泰,吴哲,范彦成,等.新兴经济体国家工业化水平测度的实证分析［J］.科研管理,2017,38(3):77-85.

［13］Carlsson. Internationalization of innovation systems:a survey of the literature［J］. Research Policy,2006,35(17):56-67.

［14］刘云,叶选挺,杨芳娟,等.中国国家创新体系国际化政策概念、分类及演进特征:基于政策文本的量化分析［J］.管理世界,2014(12):62-69,78.

［15］孙玉涛,苏敬勤.G7国家创新体系国际化模式演化及对中国启示［J］.科学学研究,

2012,30(4):591-599.

[16] 陈衍泰,吴哲,范彦成,等.研发国际化研究:内涵、框架与中国情境[J].科学学研究,2017,35(3):387-395,418.

作者简介

陈衍泰,浙江工业大学管理学院执行院长(行政负责人)、教授,德国洪堡学者,兼任浙江省新型重点专业智库——浙江工业大学中国中小企业研究院秘书长,入选国家万人计划青年拔尖人才、浙江省钱江学者特聘教授等。主要研究方向为技术与创新管理(创新生态系统、研发国际化等)、中小企业成长等。目前主持教育部哲学社会科学研究重大攻关项目(17JZD018)、国家万人计划青年拔尖人才项目、国家自然科学项目(71772165)、国家软科学研究计划项目等。在创新管理及世界经济 SSCI 期刊以及《管理世界》《管理科学学报》《光明日报》《成果要报》等中英文期刊和出版物发表论文 40 余篇。多篇研究成果被中央领导、国家部委和浙江省主要领导批示和相关部门采纳。

吉林省企业科技创新现状、问题与建议

李雪灵

摘要：本文在对吉林省1136家企业科技创新活动进行数据调研和抽样访谈的基础上，从企业的基本情况、科技创新投入、科技创新产出和企业经营绩效四个方面，对吉林省部分企业科技创新现状进行了数据统计和分析，针对吉林省企业科技创新活动开展过程中普遍存在的问题，提出相应的政策建议，为新形势下省域创新驱动发展战略的实施提供启示与借鉴。

关键词：吉林省；调研企业；科技创新；政策建议

国家创新驱动战略强调科技创新是提高社会生产力和综合国力的战略支撑，必须摆在发展全局的核心位置。企业的科技创新能力对推进区域经济高质量发展具有重要意义，吉林省科技厅与吉林大学联合开展了吉林省科技企业创新活动的调研工作。为了最大限度地扩大调研范围，确保结论的准确性和可靠性，调研采取线下实地走访、集中座谈和线上问卷发放等方式，调研企业合计1136家。基于调研数据的面板统计和回归分析，以及吉林省企业科技创新所存在的问题，提出了改进的政策建议，为促进区域经济发展提供借鉴和参考。

一、吉林省企业科技创新活动现状

根据企业抽样的调研结果可见吉林省企业科技创新活动的分布情况以及创新能力情况，具体数据见表1。其特征表现为以下方面：① 行业分布。先进制造、电子信息、生物医药和医疗器械领域的企业研发创新实力增长明显快于其他行业企业。② 地域分布。长春地区企业创新能力和成效明显高于吉林省其他地区。③ 规模分布。中小微企业创新意识和创新活力高于其他类型企业。④ 性质分布。私营企业的科技创新能力略高于国有企业和混合企业。⑤ 经营状况。企业整体在销售收入、销售增长率、企业利税额、利税增长率和企业资产及其增长率三个方面均实现了增长。⑥ 人员投入。大部分企业的R&D人员集中在50人以内，且R&D人员占员工总数的百分比集中在10%～30%的区间范围内，硕士及以上的R&D人员占总R&D人员比例不到10%，科研人员投入水平较低。⑦ 自主研发投入。相较于2016年，2018年吉林省企业R&D资金投入和R&D资金占销售收入的比重均呈现出上升趋势。⑧ 技术吸纳。2018年吉林省企业在购买技术合同数和购买技术成交额两方面均表现出逐年递升的态势。⑨ 平台建设。吉林省企业的科技平台数量较少，级别高的平台占比较低，国家级平台只占2.73%。⑩ 新产品/新工艺产出数量。2018年吉林省企业的新产品/新工艺产出数量、销售收入及其销售收入占比均实现了不同程度的提升。⑪知识产权。2018年吉林省知识产权中技术秘密总数、专利总数和计算机软件著作权数占比增幅显著,明显超过其他类别知识产权的数量。⑫技术输出。从出售技术合同数和出售技术合同额两个方面来看,吉林省企业技术输出量有所增长,但是技术合同额并不高,外向意识增加,科技含量较低。

表1 吉林省企业科技创新的总体分布

企业基本情况	行业分布	先进制造	生物、医药和医疗机械	电子信息	农业	其他	新材料及其应用	新能源与高效节能	环境保护与资源综合利用	城市建设与社会发展	现代交通	核应用航空航天
	频数	239	201	183	136	112	90	65	51	43	15	1
	占比	21.04%	17.69%	16.12%	11.97%	9.86%	7.92%	5.72%	4.49%	3.79%	1.32%	0.08%
	地域分布	长春市	吉林市	通化市	四平市	白城市	白山市	辽源市	延边市	松原市	公主岭市	梅河口市
	频数	718	89	89	93	21	5	72	34	12	2	1
	占比	63.20%	7.83%	7.83%	8.19%	1.85%	0.44%	6.34%	2.99%	1.06%	0.18%	0.09%
	规模分布	微型		小型		中型		大型		特大型		
	频数	268		639		210		16		3		
	占比	23.59%		56.25%		18.49%		1.41%		0.26%		
	性质分布	私营企业			国有企业			混合企业				
	频数	947			32			157				
	占比	83.36%			2.82%			13.82%				
企业经营绩效	经营状况分布	销售收入(元)	<800万	800万~2000万	2000万~5000万	5000万~1亿	1亿~4亿	≥4亿				
		频数	423	214	187	104	163	45				
		占比	37.24%	18.84%	16.46%	9.15%	14.35%	3.96%				
		销售增长率	0以下	0~5%	5%~10%	10%~20%	≥20%					
		频数	231	264	209	147	285					
		占比	20.33%	23.24%	18.4%	12.94%	25.09%					
		企业利税(元)	<200万	200万~500万	500万~1000万	1000万~5000万	5000万~1亿	≥1亿				
		频数	761	165	69	103	16	22				
		占比	66.99%	14.52%	6.07%	9.07%	1.41%	1.94%				
		利税增长率	0以下	0~5%	5%~10%	10%~20%	≥20%					
		频数	305	449	143	58	181					
		占比	26.85%	39.52%	12.59%	5.11%	15.93%					
		企业资产(元)	<800万	800万~2000万	2000万~5000万	5000万~1亿	1亿~4亿	≥4亿				
		频数	358	179	181	144	198	76				
		占比	31.51%	15.76%	15.93%	12.68%	17.43%	6.69%				
		资产增长率	0以下	0~5%	5%~10%	10%~50%	50%~100%	≥100%				
		频数	198	420	208	212	59	39				
		占比	17.43%	36.97%	18.31%	18.66%	5.19%	3.43%				
科技创新投入	人员投入分布	R&D人员总数	<10人	10~50人	50~100人	100~500人	≥500人					
		频数	434	577	83	39	3					
		占比	38.2%	50.79%	7.31%	3.43%	0.26%					
		R&D人员占总体人员比例	<10%	10%~30%	30%~50%	50%~80%	≥80%					
		频数	292	540	157	100	47					
		占比	25.7%	47.54%	13.82%	8.8%	4.14%					
		硕士及以上人员占R&D人员比例	<10%	10%~30%	30%~50%	50%~80%	≥80%					
		频数	909	162	37	14	14					
		占比	80.02%	14.26%	3.26%	1.23%	1.23%					

续表

科技创新投入	自主研发投入分布	R&D资金投入总额	<50万	50万~100万	100万~500万	500万~1000万	≥1000万
		频数	341	216	340	148	91
		占比	30%	19%	30%	13%	8%
		R&D投入占销售收入比例	<2%	2%~5%	5%~10%	10%~30%	≥50%
		频数	170	341	307	193	125
		占比	15%	30%	27%	17%	11%
	技术吸纳分布	购买技术合同数	1~3项	3~5项	5~10项	大于10项	
		频数	218	39	28	12	
		占比	19.19%	3.43%	2.46%	1.06%	
		购买技术成交额	<10万	10万~50万	50万~100万	100万~500万	≥500万
		频数	233	35	12	10	7
		占比	78.35%	11.88%	4.05%	3.43%	2.29%

		研发机构级别	国家级			省级			市级		
	平台建设分布		1个	2个	3个	1个	2个	3个	1个	2个	3个
		频数	27	3	1	187	23	7	152	12	10
		占比	2.38%	0.26%	0.09%	16.46%	2.02%	0.62%	13.38%	1.06%	0.88%
		研发机构成立年限	小于1年			1~3年			3~5年		大于5年

研发机构成立年限	小于1年			1~3年			3~5年			大于5年		
	1个	2个	3个	1个	2个	3个	1个	2个	3个	1个	2个	3个
频数	55	7	3	145	19	9	77	5	5	135	13	17
占比	4.84%	0.62%	0.26%	12.76%	1.67%	0.79%	6.78%	0.44%	0.44%	11.88%	1.14%	1.50%

科技创新产出	新产品/新工艺产出数量分布	新产品/新工艺数量	无	1~5	1~10	10~20	≥20
		频数	224	413	181	239	79
		占比	19.72%	36.36%	15.93%	21.04%	6.95%
		新产品/新工艺销售收入	<10万	10万~50万	50万~100万	100万~500万	≥500万
		频数	295	154	134	141	412
		占比	26%	13.6%	11.8%	12.4%	36.3%
		新产品/新工艺销售收入占比	<5%	5%~10%	10%~30%	30%~50%	≥50%
		频数	307	159	148	102	420
		占比	27%	14%	13%	9%	37%

	知识产权产出分布	技术秘密总数				专利总数				计算机软件著作权数			
		1~3	3~5	5~10	10~50	10>50	1~3	3~5	5~10	10~50	>50	1~3	3~5	5~10	10~50	>50
	频数	142	144	49	52	8	245	104	175	169	11	74	37	123	147	13
	占比	12.5%	3.9%	4.3%	4.6%	0.7%	21.6%	9.2%	15.4%	14.9%	1.0%	6.5%	3.3%	10.8%	12.9%	1.1%

	技术输出情况分布	出售技术合同数	1~3项	3~5项	5~10项	大于10项	
		频数	120	46	29	40	
		占比	10.56%	4.05%	2.55%	3.52%	
		出售技术合同额	<10万	10万~50万	50万~100万	100万~500万	≥500万
		频数	190	14	10	10	11
		占比	10.56%	6.1%	4.2%	4.1%	4.7%

注：① 技术吸纳分布中，抽样调查的吉林省有购买技术行为的企业297家。② 平台建设分布中，抽样调查的吉林省企业共拥有研发机构490个。③ 知识产权产出分布包括技术秘密总数、专利总数、生物医药新品种数、计算机软件著作权数、设计著作权数、植物新品种数、集成电路布图设计专有权数，由于技术秘密总数、专利总数和计算机软件著作权数的占比明显超过其他类别知识产权的占比，故选取此三项知识产权产出进行分析。④ 技术输出情况分布中，吉林省有出售技术行为的抽样企业235家。

二、吉林省企业科技创新存在的问题

(一)企业对科技创新投入不足

2016年吉林省企业研发经费支出占名义GDP比重(R&D经费投入强度)在全国排名中位居倒数第九位,R&D经费投入强度为0.94%;2017年排名倒数第八位,R&D经费投入强度为0.86%;2018年排名倒数第七位,R&D经费投入强度为0.76%。从统计数据可以看出,吉林省企业的R&D经费投入强度连续三年下滑,且均低于全国平均水平。

企业对科技创新投入不足的原因有以下两个方面:第一,区域市场环境的不断萎缩导致企业存活困难,大部分企业的主要生产经营活动围绕生存绩效展开,少有能力开展科技创新投入,导致研发投入强度不高。第二,吉林省经济整体性滑坡,2019年全国前三个季度的经济统计数据表明,在全国31个省市自治区中吉林省GDP增速为1.80%,位列全国末位,与去年同期相比的4%倒退明显,市场萎靡造成财政紧缺,政府推动科技创新的支撑乏力。

(二)企业科技人才极度匮乏

吉林省拥有62所高校,其中本科院校37所,专科院校25所,层次跨越了985、211以及省重点院校,培养了大批的高科技人才,但是吉林省的企业却面临人无人可用的局面,"近水楼台而得不到月",企业招人难,留人更难。根据辽宁、吉林、黑龙江发布的2018年统计公报,2018年末东北三省常住人口减少38.57万人,其中吉林省减少13.37万人;三省劳动年龄人口减少近百万人,其中吉林省减少11.45万人。并且调研数据显示,吉林省的研发人员学历偏低,大多数企业硕士及以上学历人员占比不到10%。

基于此次调研访谈,上述现象有以下三方面的原因:第一,吉林省区域及企业为科研人员提供科技创新活动的机会有限,科研人员的能力得不到有效的锻炼和提升,研究视野难以打开,限制了职业发展空间。第二,很多企业重引进不重留用,缺乏系统、有效的人才留用制度,人才的福利待遇无法与国内平均水平接轨,不能满足高层次人才的个人需求。第三,吉林省的人才引进政策机制不够灵活,以房落户的形式对于年轻科技人员而言门槛较高。

(三)产学研合作存在结构性矛盾

访谈中企业指出,高校院所实验室产出的科研成果无法直接在企业实现市场化和产业化,产学研难以实现密切、有效、顺畅合作是阻碍企业经济效益提高和产业竞争力提升的主要障碍。

主要原因是:第一,企业与高校、科研院所在市场价值和学术价值取向方面的差异导致了技术供给与技术需求的严重脱节。第二,技术转移的中间主体缺乏,技术转移通道不顺畅。第三,按照国有资产管理办法规定,高校科研成果属于职务发明,其价值评估缺乏弹性议价空间,使得在企业进行技术转移时存在制度性障碍。

（四）创新主体与科技服务主体间联系不紧密

企业的科技创新活动离不开科研机构和院校在技术上的共同攻关、科技创新服务平台在技术设施及资料方面的共用共享、金融和担保机构的资金支持以及第三方机构在技术评估评价、技术转移、成果转化等方面的服务。企业与科技创新活动的主体之间关系并不紧密，彼此之间未形成强纽带关系，政府搭建的产学研平台、银政企平台、科技成果转化平台、科技咨询服务平台等对服务功能的促进作用并未显现出来。

以上问题的原因是：第一，研究成果重理论与产业化重市场之间的价值取向存在矛盾，科研院所与企业之间的利益分割存在冲突。第二，科技创新服务平台建设滞后，服务功能不完善，部分企业转向外省寻求帮助。第三，中小企业银行贷款审批条件严苛，金融担保机构的利率标准上浮过高，自有资金有限难以满足创新活动需求。第四，为企业提供专利申请、技术价值评估、信息咨询等服务的科技中介机构较少，且专业化程度不高，无法满足企业创新的需求。

（五）尚未形成良好的产业生态环境

吉林省产业种类多、覆盖面广，有汽车、石化、农产品三大支柱产业，以及装备制造、医药健康、光电子等特色产业，但是各产业无论是在产业丰厚度上，产业链条的延伸上还是产业间的协作上还未能形成良性循环，缺乏生态位-生态链-生态网的有机组合。

原因有以下三个方面：第一，从生态位看，企业自身定位不清晰，未根据资源、能力和特色在产业中合理定位，发挥其应有的功能和作用，在位企业与新进企业之间无法形成时间、空间及功能上的优势互补，从而导致企业间的无序竞争而非相辅相成。第二，从生态链看，部分产业已在区域上形成了较好的集群态势，例如长春的汽车产业，吉林的化工产业，通化的医药产业，但产业链"头重脚轻"的现象明显，头部企业所占的比重过大，产业和区域经济发展对头部企业依赖程度过高，产业链存在结构性失衡。第三，从生态网络看，区域优势产业、特色产业与其他产业间的协同作用没有形成，难以形成共生共演的良性发展。

三、吉林省企业科技创新的政策建议

（一）加强对企业科技创新活动的引导与扶持

企业是科技创新的主体，切实引导企业树立强烈的科技创新意识，使企业真正成为科技创新决策、投资、开发、成果转化和受益的主体。促进企业建立良好的科技创新机制，加强以企业研发中心为主要形式的研发机构建设，使其成为企业提高自主创新能力、引进与转化科技成果的主体力量。引导企业主要依靠自身力量在科技创新上有所突破，在一些关键领域掌握更多的知识产权和核心技术。

企业科技创新活动的全过程是包括技术研发及其产业化的完整链条。政府各部门应根据企业科技创新不同阶段的特点，有针对性地给予分类支持。企业对扶持政策的希望是"不要太多，有用就行"。对此，各相关部门要对现行扶持政策进行全面梳理，要淘汰"无用政策"，扫除政策盲点，将"有用的政策"汇集成册印发企业，实现企业与政策精准对接,确保企业充分享受到政策红利。

（二）转变思想观念,做好人才引育,夯实企业科技创新根基

人才流入不等于人才红利,要多措并举进一步挖掘人才潜力、激发人才活力、实现人才价值。首先,要坚持结合吉林省情制定人才引入标准,坚持"外来人才"和"本土人才"一视同仁,不能顾此失彼。应充分挖掘"本土人才"资源,在吉林大学、长春光机所等省内重点高校、科研院所开展人才流动政策落实试点,探索健全省内高校、院所和企业创新人才双向流动机制,支持"本土人才"创新创业。在海外高层次人才引进计划、创新人才推进计划等相关重大人才工程和政策实施中,支持企业引进海外高层次人才,引导和支持归国留学人员创业。

其次,加强专业技术人才和高技能人才队伍建设,培养科技领军人才、优秀创新团队。健全科技人才流动机制,鼓励科研院所、高等学校和企业创新人才双向流动和兼职。继续坚持企业院士专家工作站、博士后工作站、科技特派员等科技人员服务企业的有效方式,不断完善评价制度,构建长效机制,对于服务企业贡献突出的科技人员,采取优先晋升职务职称等奖励措施。广泛开展职工合理化建议、技术革新、技能大赛等群众性技术创新活动,对有突出贡献的职工优先晋升技术技能等级,充分调动职工参与技术创新的积极性,提高企业职工科技素质。

最后,引导企业制定人力资本入股策略,采用股权、期权等激励措施更好地留住人才,完善落实股权、期权激励和奖励等收益分配政策,将人才与企业的发展密切结合到一起,帮助企业建立引人、用人、留人的良好环境,努力解决企业人才短缺问题。

（三）搭建产学研结合平台

建立健全国际间、省部间、省区间、城市间、院所间的合作机制,为企业搭建高水平对外合作平台,帮助企业走出去、请进来,加快创新发展。以"走出去,请进来"为指导方针,定期开展"百家企业进院校,千名专家到企业"的活动,带领企业走进院校和科研机构,多方面了解相关产业领域的前沿研究成果,从市场的角度审视科研成果的转化可行性;定期举行科技项目发布会,引进外部科技资源,支持和鼓励企业与高校院所共建产学研联合实体,帮助企业解决技术创新问题以及转型发展问题。

实施卓越工程师教育培养等计划,推行产学研合作教育模式和"双导师"制,鼓励高等学校和企业联合制定人才培养标准,共同建设课程体系和教学内容,共同实施培养过程,共同评价培养质量。推动科研院所、高等学校面向市场转移科技成果,有条件的科研院所、高等学校应建立专业技术转移机构和技术成果供需平台。完善事业单位国有资产处置收益政策和人事考核评价制度,鼓励科研院所、高等学校科技人员转化科技成果。

积极拓展产学研合作的渠道和方式,利用网络、会展以及论坛等载体,以虚拟科学院、产学研研究院的形式进一步提高科技合作的层次和水平。

（四）强化创新平台建设,优化科技服务供给,为企业科技创新提供条件支撑

一要打造孵化平台升级版。建设完善集孵化、转化、产业化功能于一体的科技企业

孵化器(众创空间)和加速器等高水平平台载体;建立平台载体运营绩效考核与补贴机制,鼓励支持平台载体开展深度特色服务,形成高水平的技术服务、天使投资、人才培训、政策咨询、市场开拓、企业诊断、知识产权保护等服务能力,为企业科技创新提供全方位的便利条件。二要加快新型研发机构(平台)建设,以东北亚创新研究院等筹建为契机,谋划启动省属科研院所体制改革,整合优势资源,打造若干面向吉林省支柱产业及优势行业关键共性技术研发平台、科技成果转移转化及产业化平台,与企业共同承担科研成果到产业化之间的工程技术风险,让创新资源切实转变成支撑企业科技创新的源动力。三要面向行业技术创新需求,促进科技资源整合和优势互补,推动形成一批专业领域技术创新服务平台,培育一批专业化、社会化、网络化的示范性科技中介服务机构。以中央财政资金为引导,带动地方财政和社会投入,支持围绕地方特色优势产业和战略性新兴产业创新发展的区域公共科技服务平台建设。推动平台面向中小企业提供研发设计、检验检测、技术转移、大型共用软件、知识产权、标准、质量品牌、人才培训等服务,提高专业化服务能力和网络化协同水平。

（五）加快产业空间布局,提升行业集中度,增强企业创新发展能力

首先,深入贯彻落实吉林省委、省政府《进一步优化区域协调发展空间布局的意见》,聚焦"一主、六双"等重大战略规划,加快提升行业集中度,通过集群式发展,降低企业生产成本、增加企业利润,进而吸引创新要素聚集,提高企业科技创新能力。其次,支持细分市场科技创新领军企业、特别是创新能力强的产业"孤岛"企业围绕自身产业领域建设特色园区,利用企业自身科技创新优势,吸引上下游产业集聚,将产业链条做大、做强,以产业发展带动企业科技创新。再次,以长吉图开发开放先导区战略实施为牵引,以推进长春自主创新示范区建设为核心,利用先行先试政策,打造区域企业科技创新示范引领高地,吸引高新技术企业、新兴产业集聚,带动区域经济高质量发展。

参 考 文 献

[1] 刘方柏,雷林,胡涵涵,等.优化四川创新生态系统的对策研究:基于提升企业创新主体活力视角[J].西部经济管理论坛,2019(6).

[2] 张玉华,陈雷.政府科技投入对技术创新影响的区域性差异分析[J].统计与决策,2019(23).

[3] 王慧艳,李新运,徐银良.科技创新驱动我国经济高质量发展绩效评价及影响因素研究[J].经济学家,2019(11).

[4] Rodrigues M G, da Costa F J P. Technology and competitveness: technological innovation for developing economies growth [J]. International Journal of Advances in Management and Economies, 2018.

[5] Bezpalov V V, Fedyunin D V, Solopova N A, et al. A model for managing the innovation-driven development of a regional industrial complex[J]. Entrepreneurship and Sustainability Issues, 2019.

作者简介

李雪灵,吉林大学创新创业研究院副院长,吉林大学管理学院教授、博士生导师,美国印第安纳大学访问学者,吉林大学匡亚明特聘教授。先后入选"教育部新世纪优秀人才支持计划""教育部全国万名优秀创新创业导师"。近年来主要从事创新创业与中小企业管理等领域的教学和科研工作。承担多项国家自科基金、省部级项目。

中国创新50人笔谈

50 Essays on China's Innovation

制度创新

我国城市营商环境评价及优化建议

李志军

摘要:本文从当前国内营商环境的实际情况出发,提出城市营商环境评价的原则、指标及方法,对4个直辖市、5个计划单列市、27个省会城市及其他254个地级市的营商环境进行评价,并就进一步优化我国城市营商环境提出建议。评估结果表明,在全国范围内推行"放管服"改革背景下,各地政府通过制定一批负面清单,有效地改善了企业的经营环境,政府服务效率有了较大的提升,公共服务水平不断提高。同时,随着经济发展模式转变,城市市场环境逐渐分化,各个地区之间创新环境还不平衡,社会资本区域流动差异显著,及人力资源分布仍然集中。

关键词:营商环境;评价指标体系;政策建议

党的十八大以来,党中央、国务院高度重视优化营商环境,为打造国际化、法治化、便利化的营商环境,作出了一系列关于持续优化营商环境、提高综合竞争力的重大部署。

各地区各部门按照党中央、国务院部署,关于简政放权、放管结合、优化服务(简称"放管服")进行了一系列重大改革,大力优化营商环境,取得积极成效。通过大幅度削减行政审批事项,提升行政审批效率,减少企业开办和项目审批时间,全面营造高效、规范、透明的营商环境和政府服务体系。这一系列举措对于激发市场活力、增强内生动力、促进投资便利化具有重要意义。同时持续优化城市的营商环境是建设现代化经济体系,实现高质量发展的重要基础。根据城市发展情况,设计营商环境评价体系,评价城市营商环境水平具有重要意义。

一、营商环境的涵义

根据世界银行《全球营商环境报告》(《Doing Business》)的定义,营商环境是指一个经济体内的企业在开办企业、金融信贷、保护投资者、纳税等覆盖企业整个生命周期的重要领域内需要花费的时间和成本的总和。除此之外,企业还需要与企业雇员、消费者、政府等市场主体产生互动。鉴于此,本文认为企业营商环境主要是指一个经济体内的企业在其完整的生命周期中,与其他市场主体之间互动的综合体,包括政府(开办企业许可证、公共服务设施)、银行等金融系统(信贷融资支撑)、劳动力市场(人力资源供应)、消费者(产品销售)等因素。

二、城市营商环境评价指标体系

(一) 指标体系设计

根据可操作、可量化及科学性等评价原则(李志军等,2016)[1],本文围绕政府服务、人力资源、金融信贷、公共服务、市场环境、创新环境这 6 个因素,参考世界银行《全球营商环境报告》[2]、《中国分省企业经营环境指数 2017 年报告》[3]、《中国城市企业经营环境评估报告:方法与数据》[4]等多份国内外知名报告,并依据当前我国城市经济发展的实际情况,提出衡量我国城市营商环境指标体系,包括政府效率、人力资源、金融信贷、公共服务、市场环境、创新环境 6 个一级指标,下设 17 个二级指标,指标名称、权重及数据来源见表 1。

表 1 我国城市营商环境评价指标体系

一级指标	二级指标	权重(%)	基础数据来源
政府效率(0.15)	一般预算内支出(万元)	50	中国城市数据库
	政府效率	50	中国地方政府效率研究报告
人力资源(0.2)	平均工资水平(元)	40	中国城市数据库
	高校在校人数(人)	30	
	年末单位从业人员数(万人)	30	
金融信贷(0.15)	民间融资效率(万元)	50	中国城市数据库
	总体融资效率(万元)	50	
公共服务(0.2)	人均道路面积数(平方米/人)	15	中国城乡建设数据库
	供水能力(万吨)	25	
	供气能力(万立方米)	25	
	供电能力(万千瓦时)	25	中国城市数据库
	医疗卫生服务(张/万人)	10	
市场环境(0.2)	人均 GDP(元)	40	中国城市数据库
	固定资产投资总额(万元)	30	
	当年实际使用外资金额(万元)	30	
创新环境(0.1)	科学支出(万元)	50	中国城市数据库
	创新能力指数	50	中国城市和产业创新力报告

对于数据的缺失值和异常值,本文采取以下几个步骤进行处理:第一步,手工整理相关省市统计年鉴和统计公报,进行核对;第二步,如若无法核实,将异常值处理为缺失值,利用均值插补法、平滑法、回归插补法进行处理。具体地,如果 2015 年数据缺失,则利用

2014 和 2016 年值取平均值填补 2015 年数据；如 2016 年数据缺失，利用 2014 和 2015 年值以变量的增长率为依据进行平滑处理得到 2016 年数据；如果 2015 和 2016 年都缺失，以存在缺失值的变量为因变量，人均 GDP 等为自变量进行回归插补。

（二）评价方法

单一指标采用直接获取的各省区市数据来表示，在无量纲化处理时采用效用值法，效用值规定的值域是 $[0,100]$，即该指标下最优值的效用值为 100，最差值的效用值为 0，假定 i 表示指标，j 表示区域，x_{ij} 表示 j 区域 i 指标的指标获取值，$x_{i\max}$ 表示该指标的最大值，$x_{i\min}$ 表示该指标的最小值；y_{ij} 表示 j 区域 i 指标的指标效用值。计算公式如下：

$$y_{ij} = \frac{x_{ij} - x_{i\min}}{x_{i\max} - x_{i\min}} \times 100 \tag{1}$$

权重选取。本文采用主观与客观相结合的方法确定权重，客观方法为变异系数法，具体思路为：假设有 n 个指标，这 n 个指标的变异系数为

$$V(i) = S_i / \bar{x} \tag{2}$$

S_i 代表第 i 个指标的标准差，$\bar{x}$ 代表样本均值，则各指标的权重为

$$w_i = V(i) / \sum_{i=1}^{n} V(i) \tag{3}$$

加权综合。加权计算是分层逐级进行的，在基础指标无量纲化后，分层逐级加权得到最后的创业发展指数。

三、全国城市营商环境评价结果

（一）东、中、西部以及东北地区差异较大

东、中、西部以及东北地区（简称"四大区域"）营商环境的差异较大。其中，东部地区城市营商环境水平优势较为明显，且排名进入前 100 名的城市多数为经济发展水平较高的东部城市，这在一定程度上表明地级市营商环境指数排名与城市经济发展水平具有一定的正相关关系。

（二）区域内城市之间差异仍然显著

2018 年四大区域内部不同城市的营商环境指数之间也存在较大的差距。东部地区营商环境整体水平较高，中、西部地区的营商环境指数较低，但中、西部以及东北地区城市最高得分均大幅度高于东部地区最低得分表明东部地区城市之间营商环境的差距相对较大。这主要是因为一、二线城市主要集中在东部地区，形成了大城市效应，对周围城市的各种资源形成了"虹吸效应"，导致越来越多的资源涌向大城市。

（三）政府服务效率不断提升

政府效率指数反映了地方政府服务水平。2018 年全国各城市政府效率指数的均值为 7.76，表明我国各城市政府仍有较大空间提升其行政效率、公共服务水平，并不断深化内部管理体制改革。对比 2017 年和 2018 年政府效率指数，发现四大区域内政府服务指

数排名前100城市数量所占比例变动较小,其中东部地区上升、中部下降,而西部、东北地区没有变动,表明"放管服"改革以来,东部地区取得较好的成效,这与东部地区经济发展水平、对外开放程度紧密相关,也进一步说明政府效率指数是一项综合性指数,涉及政府管理的方方面面。

(四)融资效率严重制约企业发展

金融服务水平是影响一个城市企业经营环境的重要因素,金融服务指数主要是用来评价城市中企业的融资效率与规模。从金融信贷指数前100名地级市的分布来看,东部、中部地区占有相对优势,西部、东北地区融资环境相对较差。对比2017年和2018年的金融信贷指数,发现东部地区地级市进入前100名的数量在下降,而中部地区在增长,西部、东北地区保持不变。说明中部地区城市逐渐成为社会资本的重要流入地,这主要是因为我国产业结构升级,东部地区部分产业向中部地区转移,从而中部地区城市拥有较多的投资机会,而西部、东北地区投资机会相对较少。

(五)城市之间市场环境逐渐分化

市场环境是企业经营选址的重要考虑因素,直接决定了企业产品消费渠道与市场需求的规模大小。从2017~2018年四大区域内进入市场环境指数排名前100名城市的数量占比变化来看,东部、中部地区城市数量在增长,西部地区保持不变,而东北地区下降速度较快,反映出东部、中部地区城市经济发展越来越好,而东北地区的经济发展持续恶化。

(六)城市公共服务水平不断提高

公共服务水平反映了一个城市用于满足公民生活、生存与发展等直接需求的服务水平。分区域来看,2018年四大区域内地级市公共服务指数排名进入100强的数量依次为:东部(51个)、中部(26)、西部(18)、东北地区(6),分别占各地区城市的比例为69%、35%、24%、20%,相对其他几个分项指标,公共服务指数区域分布相对平衡,虽然东部地区仍然占有优势,但东部地区与中部、西部、东北地区之间的差距相对较小。

(七)区域之间创新环境还不平衡

创新环境指数主要用来衡量城市企业的创新环境,是一个企业经营环境的重要构成。2018年全国各城市创新环境指数的均值为2.46,表明整体上我国各城市营造的创新环境仍有较大发展空间。从区域分布来看,创新环境指数进入前100强的地级市分布呈现出东部、中部、西部和东北地区梯度分布,东部地区占据绝对的优势,中部地区属于第二梯队,西部与东北地区相对较差。

(八)人力资源发挥重要支撑作用

人力资源指数主要用来衡量一个城市企业经营环境的劳动力资源供应的情况。2018年全国城市人力资源指数均值为14.66,处于较高水平。从区域分布来看,2018年,四大区域中人力资源指数进入前100名城市的数量,东部城市53个、中部地区14个、西部地区32个、东北地区只有1个。东部地区的人力资源占据绝对的优势,而东北地区表现最差。

四、进一步优化城市营商环境的建议

(一)深化"放管服"改革,提升政府服务效率

一是进一步简政放权、放管结合、优化服务,减少政府对微观经济事务的管理,大幅精简企业开办、纳税、施工许可、水电气报装、不动产登记等审批事项,压缩办理时间;清理行政事业性收费,规范非税收入的征管,对政府收费项目实行动态清单管理,取缔"乱收费、乱罚款、乱摊派"的制度外收入;清理取消经营服务性收费和行业协会商会收费,降低通关环节费用,减轻企业负担。二是充分利用先进技术提升现有政府管理职能的服务效率,以推进"数字政府"建设为抓手,构建政府信息化平台,推进"互联网+政务服务",建设统一政务服务平台,实行"一号申请、一窗受理、一网通办",实现政务的标准化、制度化、程序化,提高行政审批效率,方便企业和群众办事;同时,整合不必要的申办程序,通过"多证合一"的模式,优化企业办事流程,实现"网上办理"或"最多跑一次"。

(二)加快市场对外开放,促进国内消费增长

一是全面深化对外开放,积极推进落实"一带一路"倡议,促进贸易进出口;完善"一项制度""两张清单",以清单方式列明限制和禁止进入的领域;对于开放的领域,加大开放力度,缩减外资进入审批程序,简化进出口流程,实现海关与检验检疫业务全面融合,统一申报单证、统一现场执法等;推动监管部门之间的同步受理、同步查验,进一步规范市场经营秩序,减少不规范企业行为对市场正常运行的干预。二是完善促进消费体制机制,增强消费对经济发展的基础性作用,大力推进国内消费市场兴起;促进"新零售"、互联网消费等新消费发展,缩减产品流通过程,降低流通成本,使消费在经济发展中发挥更大作用;加强产品质量监督,提升消费品质,促进消费升级。

(三)优化企业融资环境,破解企业融资困境

一是利用政府有形之手,完善创业投融资体系,积极引导政府资金促进企业融资,成立发展小额贷款公司,通过小额委托贷款、贷款担保等形式,解决中小企业融资困难等问题;积极发挥财政资金杠杆作用,通过阶段参股等方式引导社会资本支持天使投资群体和创业投资机构发展。二是创新中小企业担保机制,尝试由国家、省、市共同建立担保机制,组建由政府部门隶属的中小企业信用担保公司,整合社会资源以完善中小企业服务平台,以扩大担保规模、增强担保能力;利用大数据、区块链等先进技术,构建综合融资服务平台,整合信用系统与金融信贷系统,以"线上税银互动平台"等方式有效整合、精准对接企业融资需求与银行、创投等各类金融服务机构资本供给,缓解企业融资难题。

(四)完善公共服务设施,提升服务效率及水平

一是完善社会公共服务设施,构建政务服务平台,积极公开面向市场主体的政策事项;及时解决企业面临的水、电、气等问题,降低企业生产运营成本,促进水、电、气等市政

公用服务企业入驻城市政务服务中心；推动电力便利化改革，实现水、电、气等企业受理材料共享、开展在线审批、联合审批、"多审合一"，提高企业办理效率。二是提升城市的公共服务质量，提倡均等化服务水平，积极利用互联网等先进技术，推进"互联网＋医疗健康""互联网＋教育"和"互联网＋医保"，推进优质教育资源均等化，缓解城市的就学、就医等紧张状况，解决企业员工后顾之忧。

（五）促进创新环境改革，优化人才市场供给

一是深化科技体制改革，构建能够良好互动的创新平台，推动不同领域的互动与交流，促进城市之间技术溢出；充分利用政府引导方式，激励企业和社会力量加大基础研究投入，加强基础科学研究，提升原始创新能力；促进学术成果成功转化，加大产权综合保护力度，让市场主体安享发展成果。二是创新人才培养与评价机制，大力培养高层次人才，引进战略科技人才，加大中青年人才储备；扩大科研人员自主权，支持高校和科研院所自主布局基础研究，完善学术成果的评价机制；加强不同区域之间科研合作，促进人才交流，加大中西部地区人才引进力度；构建劳动力市场供求综合信息系统，构建人才市场信用体系，形成标准化服务，促进人力资源合理流动，引导人才供给与企业需求相匹配。

参 考 文 献

[1] 李志军,等.各省区市创业环境评估报告［R］.北京:国务院发展研究中心内部报告,2016.

[2] The Wordl Bank. Doing business 2013：smarter regulations for small and medium-size enterprises［R］. World Bank Publications,2012.

[3] 王小鲁,樊纲,马光荣.中国分省企业经营环境指数2017年报告［M］.北京:社会科学文献出版社,2017.

[4] 任颋,等.中国城市企业经营环境评估报告:方法与数据［M］.北京:企业管理出版社,2017.

作者简介

李志军,经济学博士,对外经济贸易大学、中国人民大学、中国社会科学院大学博士生导师。《管理世界》杂志社社长、研究员,兼任中国技术经济学会常务副理事长。享受国务院政府特殊津贴专家,全国新闻出版行业领军人才。主要从事技术经济、产业经济、创新创业、知识产权、公共政策评估等领域的研究工作,完成系列重要课题研究、调研报告和重要文稿,参与国家许多重要战略和规划的研究与起草工作,出版多部学术著作。

非对称创新战略：中国情境与实现路径

魏 江

摘要：在核心技术相对落后的情境下，如何通过非对称创新战略实现赶超是中国企业面临的核心问题。通过整合非对称资源并将之逐步转化为有价值的核心竞争优势是中国企业突破关键资源约束实现赶超的关键。而这些非对称资源根植于中国特殊的制度形态、市场体制和技术体制中。本文基于作者团队20年来的研究基础，探析中国企业实现非对称创新的MIT情境、战略选择和具体实现路径，为中国企业实现创新赶超领先提供思路。

关键词：非对称创新；中国情境；制度形态；技术体制

新中国成立70年来，中国企业一直在创新追赶和超越的路上努力奋斗，并取得了显著成就。然而，总体上受限于科技基础和"卡脖子"技术的制约，"引进、消化吸收、再创新"这一追赶路径已经遇到瓶颈，中国企业的创新追赶和超越到了关键的转折期，亟须探寻创新型追赶战略和路径。华为、万向等企业的成功为这一探索提供了思路：从根植于中国独特的市场体制（market regime）、制度形态（institutional regime）和技术体制（technological regime）中寻求"非对称资源"，并将其嵌入于自身企业情境中，逐步形成"非对称创新能力"；基于"非对称创新能力"采取非对称创新战略逐步获取领域内国际话语权，最后通过组织设计、制度设计、学习方式设计等路径突破技术垄断实现创新赶超。

一、MIT框架：非对称资源的来源

非对称资源定义为外国竞争者难以获取、难以模仿的技巧、程序和资产，这些资源在传统意义上可能并非核心竞争优势的来源。识别非对称资源需要探究中国情境的独特性，本文从市场体制、制度形态和技术体制这三个方面揭示根植于中国独特情境中的非对称资源。

（1）**市场体制**——根植于大市场中的非对称资源。中国14亿人口组成了世界上最大的市场，自改革开放以来，中国市场已经成为跨国公司的兵家必争之地。中国企业的独特优势是对于这一广阔而复杂的市场需求的深入理解。首先，对于国外的跨国公司而言，中国市场被冠以"高度动荡性"：不同地区消费者需求差异巨大且消费需求偏好变化

---

① 国家哲学社会科学基金重大项目（17ZDA050）成果。

迅速;市场竞争异常激烈等。动荡的环境实际上为中国企业基于对本地市场的深刻理解并把其转化为"非对称能力"提供了可能。例如,淘宝网能够赢得与 eBay 中国竞争的关键在于把对中国消费者需求的深入理解转化成为非对称能力:支付宝的诞生解决了信任的问题,成为了淘宝网获胜的核心关键。其次,中国市场的不均衡性亦蕴含着大量的非对称资源。华为以代理程控交换机起家,逐步赢得与已经掌控中国市场国际电信巨头之间竞争的关键在于对中国广大农村市场的深刻理解,并形成"低成本、快速响应"的非对称创新能力,避开核心技术之间的竞争,逐步实现农村包围城市的战略并获得竞争胜利。

(2) 制度形态——根植于强政府中的非对称资源。转型过程中的中国有着复杂的制度体系:政府、行业协会、战略集团、社区等不同主体带来的制度逻辑复杂性;中央政府、地方政府等带来的制度层级复杂性;正式制度与区域文化和规范之间的制度内容复杂性等。西方理论往往把中国制度形态冠以"制度缺失"等帽子,认为这会限制企业的创新发展。但实际上,复杂的制度中蕴含了许多非对称资源可以帮助中国企业构建非对称创新能力。例如,政府通过控制和分配要素资源引领创新的方向,甚至催生"制度型市场"——国家在解决战略需求过程中依靠制度变迁带来的市场需求——支撑某些产业的发展。海康威视、大华技术等民用安防企业就是从"平安中国""智慧城市"等政策中寻求机会,结合政府创造的市场,整合自身的能力,形成非对称能力,逐步成为世界安防领域的领导者。

(3) 技术体制——根植于弱技术体制中的非对称资源。由于技术能力薄弱,早年弱知识产权保护体制和以代工为主要模式的大规模制造帮助中国逐步形成了完善的制造体系:中国大量的技术集群里存在大量专业化中介组织和标准化模块生产企业,通用部件的大规模生产使得单个部件的成本大幅下降。尽管传统文献认为能够购买到的资源不是核心竞争力的来源,正如小米公司的做法,依托大规模制造的低成本,结合互联网思维和对中国消费者的理解,以"性价比"为核心诉求形成非对称能力,逐步占据了相当的市场份额,并进入世界五百强榜单。

总之,识别出根植于中国独特的市场体制、制度形态和技术体制中的资源,可能帮助中国企业形成"非对称创新能力"的关键资源,是中国企业实现创新追赶的首要步骤和关键所在。这些非对称资源从传统视角看来,特别是在发达国家跨国公司看来可能并非核心竞争优势的来源。中国企业需要通过重新定义这些资源,并和特定企业的优势进行整合,形成"非对称创新能力",进而在与跨国公司的竞争中胜出。

二、非对称创新战略:实现路径

从市场体制、制度形态和技术体制中识别和重新定义非对称资源,而后把其战略性嵌入企业内部形成非对称创新能力是核心。中国企业需要从学习机制设计、组织设计、制度安排设计和追赶路径设计几个角度确定非对称创新战略,才能最终实现赶超。

(1) 学习机制设计的非对称。非对称创新战略的核心逻辑是"农村包围城市"——把传统意义上并非竞争优势来源的资源逐步变成核心竞争力,而后逐步掌握国际话语权。这就要求中国企业采取独特的学习模式。首先,通过团体同盟式学习形成创新网络。例如,吉利在逐步发展过程中的一个重要策略是与国内供应商企业共同成长:从资本、技术等角度全面支持供应商的创新能力提升,最终形成一张覆盖面较广的创新网络。这种同盟式的学习方式使得吉利汽车制造成本一直处于同行中的较低水平,同时模块创新不断涌现。其次,通过"降落伞式""滩头阵地式""中介经纪式"等学习方式延伸触角。当技术能力累积到一定水平,同时形成一些特定非对称创新能力后,拓展创新网络的边界变得十分重要。华为通过把研发中心建在国际电信巨头所在园区;而万向则通过万向美国这一"滩头阵地"连续并购20余家美国企业。通过拓展创新网络,同时结合自身的非对称创新能力,中国企业可以在核心技术领域逐步实现突破。吉利并购沃尔沃后逐步实现二者协同的核心基础在于吉利汽车基于创新网络形成制造能力的优势和基于对中国市场的了解形成的市场能力是沃尔沃所不能比拟的。

(2)组织设计的非对称。非对称创新战略的实施同样离不开组织设计的保障。首先,在中国运营的企业需要适应中国的独特情境。例如,美国学者评价海尔的优势在于通过大规模制造的方式满足特定利基市场。这一优势是典型的非对称创新能力:扎根于对中国市场不均衡性的深入理解所形成的市场能力和对中国技术体制的深入理解形成的制造能力。而要完美发挥这些能力,需要设计对应的组织体系:海尔的创新在于通过"人单合一"模式,激发员工了解利基市场客户需求,而后制造基地平台化,实现基于利基市场的大规模制造。其次,国际化的中国企业更需要非对称组织设计。例如,中国的海外子公司不可避免面临双重合法性压力:外部合法性需求(在东道国的合法性)和内部合法性需求(在中国企业内部的合法性)的优先选择权不同,中国企业需要根据这一优先选择权的演化来设计进入模式和治理结构。

(3)制度安排设计的非对称。与组织设计直接关联的是制度安排的设计,特别是对撬动全球创新资源的企业内部网络和吸纳全球创新资源的企业外部网络的治理机制设计。例如,由于制度和技术差距,在发达国家的分支机构(例如子公司和并购的企业)不可避免面临组织身份不对称的问题,通过隐性协调机制、实时沟通机制、协调人机制和模块化机制等治理机制的设计,可以有效缓解外部形象和地位不对称以及内部文化和惯例不对称的情况。

(4)追赶路径的非对称。通过学习机制设计、组织设计、制度安排设计保障了中国企业通过不对称创新追赶路径实现超越。首先,从"市场的边缘到核心"这一创新追赶路径是许多中国制造业企业实现赶超的策略选择。例如,华为在开始聚焦于被国际主流电信巨头所忽视的农村市场,在中国市场占据一定地位后逐步通过进入非洲、亚洲等的十几个"第三世界"国家,而后逐步包围发达国家,慢慢打开市场。这一策略的好处是通过进入边缘市场可以获得大量资金以支撑技术的开发,同时边缘市场中独特需求往往蕴含着许多创新的机会,甚至可能颠覆主流市场。其次,从"产业链的环节到完整产业链"是另一条常见的非对称创新追赶路径。例如,万向集团从"万向节"这一特定汽车零部件起家,先通过强大制造基础占据这一零部件领域世界领先地位后,逐步通过跨国并购等策略不断扩大生产零部件的范围,形成从零件到部件到系统到整车,并于近期启动"万向创新聚能城"项目,试图构建创新生态系统,引领产业的未来发展。这一从产业链环节到完整产业链的路径的好处是在特定技术领域稳扎稳打,相对快速获取国际话语权,同时基于技术累积延伸产业链拓展相对容易。最后,从"互补性技术到核心技术"亦是一条常见的非对称创新赶超路径。例如,吉利汽车从开始就依托广阔的低端市场,专注于降低互补性技术部件的成本,而核心技术通过购买的方式获取,快速累积知识,而后逐步通过跨国并购等策略掌握核心技术,实现赶超。这一路径的优势在于避开技术壁垒,通过特定细分市场获取资金和累积行业相关知识基础。

三、实践启示

第一,识别和构建根植于中国特殊情境的非对称资源。对企业而言,识别和重新定义根植于中国独特市场体制、制度形态和技术体制中的非对称资源至关重要。主流西方理论观点认为的中国情境的劣势(例如市场动荡、制度缺失等)很有可能可以被重新定义为中国企业核心优势的重要来源。本文提供了一些识别非对称资源的思路,但考虑到非对称资源转化为非对称创新能力需要特定企业把这些资源和自身组织情境进行整合,企业管理者需要根据自身企业特质进行甄别。对政府而言,利用和创造可以帮助中国企业获取非对称资源的制度安排异常重要。

第二,采取非对称创新战略实现创新追赶。对企业而言,利用非对称创新能力掌握特定领域的话语权需要采取特定的非对称创新战略。本文从学习机制设计、组织设计、制度安排设计和追赶路径设计等角度识别了一些非对称战略得以实现的具体路径,管理者需要根据企业自身情况和行业特征进行进一步探索。对政府而言,需要制定相应政策支持体系保障中国企业的非对称创新战略的实施,特别是从边缘到核心的关键节点给予政策支持,保障企业实现非对称赶超。

参 考 文 献

[1] 魏江,等.非对称创新战略:中国企业的跨越(理论辑)[M].北京:科学出版社,2018.
[2] 魏江,等.创新全球化:中国企业的跨越(案例辑)[M].北京:科学出版社,2016.
[3] 魏江,刘洋.中国企业的非对称创新战略[J].清华管理评论,2017(10):20-26.
[4] Wei J,Wang D,Liu Y. Towards an asymmetry-based view of Chinese firms' technological catch-up[J]. Frontiers of Business Research in China,2018,12(1):20.
[5] 魏江,等.向谁同构?中国跨国企业海外子公司对制度双元的响应[J].管理世界,2016(10):134-149,188.
[6] 魏江,等.制度型市场与技术追赶[J].中国工业经济,2016(9):93-108.
[7] 魏江,等.启发式规则与后发企业追赶战略抉择:一个探索性研究[J].管理学季刊,2016.
[8] 魏江,王诗翔.从"反应"到"前摄":万向在美国的合法性战略演化(1994~2015)[J].管理世界,2017(8):136-153,188.
[9] 魏江,杨洋.跨越身份的鸿沟:组织身份不对称与整合战略选择[J].管理世界,2018

(6):140-156,188.

作者简介

魏江,教授、博士生导师,浙江大学管理学院院长、浙江大学中国科教战略研究院副院长、浙江大学创新创业学院副院长、浙江大学全球浙商研究院院长。国务院学位委员会工商管理学科评议组委员、教育部长江学者特聘教授、湖北省楚天学者讲座教授、宝钢优秀教师奖获得者、国家新世纪优秀人才、浙江省151第一层次重点资助对象、浙江省青年科技奖获得者、中国战略学者高端论坛主席、中国创造学研究会副理事长、中国科学学与科技政策研究会副理事长、教育部科技委管理学部委员、中国管理现代化研究会组织与战略委员会副主任委员、创新与中小企业委员会副主任委员、政协第十二届浙江省委员。曾主持国际合作项目6项,国家自然科学基金项目12项(重点项目2项),国家"十二五"重大科技支撑计划项目1项,国家社科基金重大项目1项,其他国家和省部级项目60多项(重大和重点项目15项)。在《Management and Organization Review》《Technovation》《Asia Pacific Journal of Management》《R&D Management》《管理世界》《新华文摘》等国际国内有关刊物上发表论文300多篇,出版专著16部,获省部级以上奖励12项。

构建有利于创新型企业家发展的制度环境

田杰棠

摘要：缺乏创新型企业家是未来我国创新发展面临的关键短板之一，如果说创新是引领发展的第一动力，那么企业家就是引领创新的第一动力。创新型企业家是主导或组织研发及应用新技术、开发新产品、创新生产或商业模式、开拓新市场等活动，创造市场价值的企业控制者和决策者。我国已形成一个初具规模的创新型企业家群体，但仍缺乏培育创新型企业家的政策工具和崇尚创新的社会环境，创新型企业家的权益还有待进一步保障。应建立更加有利于创新型企业家成长的市场环境，落实保护企业家创新权益的政策，增加创新型企业家的参政议政机会，将培育创新型企业家作为人才政策的重点之一，逐步形成崇尚创新型企业家的文化氛围。

关键词：创新；企业家；制度环境

经过多年在科技领域的不懈努力，我国研究开发人员总数已经位居世界第一位，已经超越了美国。不过，如果比较创新型企业家群体，我们与美国相比差距还很大。我国规模以上工业企业的研发投入强度仍然不到1％，而发达国家企业的这一比例平均为2％左右①。缺乏创新型企业家是未来我国创新发展面临的关键短板之一。应进一步优化市场环境和政策机制，培育能够滋养创新型企业家的社会土壤，使创新型企业家队伍不断壮大。

一、新时代呼唤创新型企业家

（一）企业家是引领创新的第一动力

随着我国从高速增长阶段转向高质量发展阶段，创新作为新发展理念的重要组成部分，其重要性更加突出。党的十九大报告明确指出，创新是引领发展的第一动力，是建设现代经济体系的战略支撑。创新与科技不同，其本质上是一个经济概念，没有商业化应用价值的科技成果不能称之为创新。而这种商业化价值的实现恰恰根植于市场机制，需要依靠创新型企业家的智慧和贡献。正如创新经济学鼻祖熊彼特所言，企业家精神是推动创新的最关键力量，也是人类社会经济发展的根本动力。

---

① 经济日报"自主创新"调研小组. 我国自主创新能力建设2015年度报告[N]. 经济日报，2016-04-21.

创新型企业家不仅擅长将新的发明创造或者创意思路转变为经济效益,而且还可以通过对研究开发活动的持续投入产生新技术,甚至参与一部分带有公共产品性质的基础研究并创造出科学成果,从而使原本被视为"外生"的科学发展和技术成果成为一个市场经济体系的"内生"产物,实现"科技—商业化—科技"的良性循环,推动经济社会不断向更高阶段迈进。如果说创新是引领发展的第一动力,那么企业家就是引领创新的第一动力。

(二)新时代的企业家亟须转型升级为创新型企业家

在当前新的历史发展时期,无论是从需求还是供给角度分析,我国企业家群体都应该向成为创新型企业家的方向努力奋进,这是新时代的必然要求,也是关系到企业家自身未来能否持续发展的重要抉择。

从我国发展的内在需求来看,消费者需求特征正在从大规模、同质化走向高质量、个性化。如果说改革开放初中期企业家主要是为了满足人们生活衣食住行的基本需求,那么到了今天的新时代,企业家则需要更多的创新精神,需要更注重于提供满足人民美好生活需要的多样化、高质量产品和服务。从国际形势的发展变化来看,一方面,世界正处于下一次技术和产业革命的孕育期,新一代信息技术、人工智能、生物医药、新能源等各领域新技术不断涌现,创新的机遇期正在到来;另一方面,个别国家制造贸易摩擦、发起贸易战,技术封锁越演越烈,我国企业不得不致力于掌握关键技术。企业家一定要抓住机会、迎接挑战,逐步实现自身从传统企业家向创新型企业家的转变。

二、创新型企业家的含义与主要特征

(一)创新型企业家的经济学含义

马克·史库森(2005)把企业家分为两种类型,一是套利型企业家,他们通过将生产资源或产品在不同行业、不同区域之间转移而获利,促使市场从不均衡走向均衡状态;二是创新型企业家,他们致力于创新活动,通过开发新技术或新产品拓展出新市场,打破旧的市场和产品生产过程。美国学者拜格雷夫将这两种企业家对经济活动的作用结合起来,把企业家通过创新打破市场均衡、然后又通过套利促进市场均衡的循环往复过程定义为企业家过程,形成了对企业家及企业家精神的全面理解。

从经济发展的历史长河来看,尽管套利型企业家和创新型企业家的作用都不可忽视,但是起到决定性作用的还是创新型企业家。其原因在于,经济增长的过程从长期来看终究还是一个人类不断推动技术进步、提高自然资源利用效率的结果。

(二)创新型企业家的定义与主要特征

结合上述分析,创新型企业家可以定义为:主导或组织研发及应用新技术、开发新产品、创新生产或商业模式、开拓新市场等活动,创造市场价值的企业控制者和决策者。这一定义至少包含三个要素:一是要直接组织和引领企业的创造性活动;二是要创造市场价值;三是企业家必须是企业的真正控制者和决策者。

创新型企业家身上往往会有一些与众不同的特质,这就是他们区别于普通企业家、科学家和工程师的典型人力资本特征。管理学家杰弗里·戴尔和克里斯滕森等认为,创新型企业家包含五个方面的特征:一是善于联系,能够将看似无关的问题或来自不同领域的想法整合起来,产生新思路、新创意;二是善于提问,创新型企业家常常不断提出各种挑战常识的问题;三是善于观察,往往以独特的视角看到一些潜在的市场机会;四是勇于实验,把整个世界都当作自己的实验室,不断优化新创意和新产品;五是建立交流网络,经常与各种不同背景的人士进行交流探讨,激发灵感,验证新想法、新观点[①]。

(三)市场机制和文化氛围是培育创新型企业家的关键

创新型企业家群体不是靠自上而下的指令培养出来的,而是在相对自由灵活的市场机制和创新文化共同构成的"土壤"中滋养而生的。当然,政府可以通过优化法律制度和社会环境,对创新型企业家成长发挥积极作用。

创新型企业家是伴随着历史上几次科技和产业革命而产生的一个群体,而这些科技革命无一不是来源于市场经济国家。正如熊彼特和鲍莫尔等经济学家所指出的,市场机制的最根本特征不在于通过均衡实现静态的福利最大化,而是通过激发创新来极大地促进经济快速增长。在这个过程中,创新型企业家作为创新活动的引领者和推动者,发挥不可替代的关键作用。同时,一个不断创新的经济体也会在长期积淀中形成敢于挑战、包容失败的创新文化,这种文化氛围会影响一代又一代的企业家,甚至形成一种创新的意识形态和世界观,使创新型企业家层出不穷,为经济社会发展提供动力之源。

三、我国创新型企业家群体的发展现状

(一)我国已形成一个颇具规模的创新型企业家群体

目前关于创新型企业家还没有统一的认识和标准,一个相对简洁的办法是从创新型企业的数量来大致推断创新型企业家群体数量。根据2014年全国企业创新调查结果,在我国64.6万家规模以上企业中,有26.6万家企业开展了创新活动,占41.3%。另一个更狭义的口径是高新技术企业,根据科技部火炬中心的数据,截至2016年年底,全国高新技术企业已突破10万家,达到10.4万家。根据这些数据来判断,我国已经形成了一个颇具规模的创新型企业家群体。当然,我国企业的整体创新能力与发达国家还存在很大的差距,这也反映出创新型企业家群体的国内外差距。差距不在于数量,而在于质量。

(二)我国创新型企业家的典型类型

在改革开放40年的市场经济实践中,我国涌现出一批各具特色的创新型企业家。这些企业家各有其亮点,按照创新链条的不同环节,可以分为三种类型。一是技术创新型企业家,其特点是将核心和关键技术视为企业安身立命之本,敢于对未来可能带来经济效益的新技术进行预先研究,对技术发展趋势具有前瞻性的敏锐眼光,典型代表是华

---

① 戴尔,格雷格,克里斯滕森.创新者的DNA[J].管理@人,2010(1).

为技术公司的任正非。二是管理创新型企业家,其特点是善于通过创新管理模式来提升企业效率,这意味着要不断革新内部组织模式,避免大企业病的产生和蔓延,保持企业的活力和员工的积极主动性,典型代表是青岛海尔集团的张瑞敏。三是商业模式创新型企业家,这一类企业家充分利用了我国人口众多、市场庞大的优势,引入互联网、云计算、大数据等新技术,对效率较低的传统商业模式进行了"创造性破坏",并创造出新的商业模式,典型代表是阿里巴巴的马云。

除了这些已经成功的创新型企业家,我国还有在"大众创业、万众创新"大潮中涌现出来的大批创业者。2017年,新注册企业高达607.4万户,平均每天新设1.66万户。在这些新企业中,与创新有关的领域占比越来越高,海外留学归来的高学历创业者也越来越多。假以时日,这一批充满激情的创业者很有可能成长为未来中国创新型企业家的主力军。

(三)创新型企业家培育政策呈现"地强央弱"格局

在中央政府层面,目前还没有形成专门针对创新型企业家培养培育的政策体系,但是在相关的政策文件中已经明确了这一导向。2017年9月发布的《中共中央 国务院关于营造企业家健康成长环境弘扬优秀企业家精神更好发挥企业家作用的意见》明确提出,要依法保护企业家创新权益,支持企业家创新发展,加强企业家队伍建设。不过,这个政策文件并没有明确提出创新型企业家这一概念,而且也缺乏后续的实施细则和可操作措施。相比之下,一些地方政府在几年前就已经明确提出要重点培养创新型企业家,而且陆续制定出台了一批实施细则。例如,早在2012年湖南省就在国内率先提出实施"创新型企业家培育计划"。之后,四川、安徽、江苏等地先后制订了各具特色的创新型企业家培养计划。典型政策措施包括组织开展培训、给予实践锻炼机会、直接或间接给予资助、做好人才服务等。总体而言,创新型企业培育政策体系呈现出"地强央弱"格局,地方政府、尤其是中西部省份在制订创新型企业家培养计划方面更加积极。

四、影响创新型企业家发展的主要问题

(一)市场资源配置扭曲使企业家更倾向于套利而不是创新

由于改革不到位、政府过度干预等原因,"畸形"的套利机会仍大量存在。2015年我国房地产业、煤炭工业、石油化工工业的利润率分别为15%、9.6%和7.5%,上市银行的净利润率基本都在30%左右,而高技术产业利润率只有6.4%。在这种扭曲的市场资源配置情况下,许多企业家从制造业转向了虚拟经济领域。近几年来,随着合理整顿金融秩序和抑制房地产泡沫的等重大政策措施的实施,以及多种因素造成的能源价格走低,再加上简政放权改革的持续推进和"双创"的蓬勃发展,市场资源扭曲配置的问题得到了一定缓解,但是要彻底解决尚需进一步深化改革。

(二)企业家创新权益不能完全保障

首先是知识产权保护力度仍不足。尽管知识产权法律、政策和执法环境等方面的举措都取得了重大进展,但是对知识产权还没有提供足够的保护,尤其跨区域的监管和执

法仍是难点。其次,某些不正当竞争行为在一定程度上影响了企业家创新创业积极性。率先成功实现商业模式创新的企业常常会面临一些虚假宣传、恶意诋毁、扰乱市场正常竞争秩序的行为,有的大企业还利用自身的市场和信息优势对创新型中小企业进行打压,这些行为都不利于创新型企业的成长与发展。

(三)创新型企业家在政策制定中作用发挥不足

一是参政议政的机会有待进一步增加。近几年,我国非公企业建立党组织的越来越多,非公企业党组织应建已建率达99.9%。但是,民营创新型企业家在党的代表大会中所占比例不大。在党的十九大的2287名党代表中,有148位企业负责人代表,其中只有27位来自民营企业。二是企业家在创新政策制定过程中的参与度仍不够。各部门创新政策的制定仍以政府官员以及相关研究机构为主导,企业家更多的是政策的接受者,在政策制定过程中缺少话语权。

(四)国家层面对创新型企业家人才缺乏系统性培养和鼓励政策

尽管许多政府部门曾明确表示"要像尊重科学家一样尊重企业家",但是从国家层面的各类人才计划和政策来看,与创新人才相关的政策还是主要集中在科研人才上,对创新型企业家还没有力度较大、针对性较强的政策。在实际调研中民营企业家反映,与政府官员、高校科研院所人员和国有企业管理者等"体制内"人员相比,民营企业家在交流、培训、学习等人才政策方面仍缺乏公平机会。

(五)缺乏崇尚创新型企业家的文化与社会氛围

我国传统文化中对企业家一直是比较轻视的,而且也缺少崇尚创新的文化氛围。正如中粮集团董事长宁高宁所指出的:"中国文化中充满了做买卖的文化,搞企业就是搞买卖,没有长远的产业心态,没有技术创新、产品至上的心态。"在这一点上,我们与美国的差距要大于科技实力之间的差距。此外,创新型企业家也需要进一步得到整个社会和新闻媒体的宣传和肯定。

五、建立有利于创新型企业家发展的市场环境和政策机制

培育创新型企业家的根本在于完善自由竞争的市场机制。此外,在市场发育不完善的特殊时期,可以结合我国经济社会发展的实际情况,实施一些阶段性的扶持政策,为创新型企业家发展提供助力和动力。

(一)建立更加有利于创新型企业家成长的市场环境

一是要继续实施稳定房地产市场、整顿金融领域秩序等大政方针,营造公平竞争的市场环境,形成对创新活动的市场内在激励机制,降低创新型企业家的机会成本;二是坚定不移地推进国有资本运营管理体制改革和国有企业混合所有制改革,给创新型企业家更大的竞争空间,使他们能够通过参股和参与管理等方式获得帮助提高国有资本效率的机会。

（二）落实保护企业家创新权益的政策

一是要落实已有政策，制定实施细则，尽快在现有法律法规框架下提高以知识产权的损害赔偿额度，加快建立非诉行政强制执行绿色通道，探索建立跨省份的知识产权法院，集中审理不同省市区之间的知识产权纠纷和诉讼。二是要保护正常的市场竞争秩序，对各种扰乱市场竞争秩序的行为，尤其是针对创新型中小型企业的不正当竞争行为，必须通过行政或司法渠道依法严处。

（三）增加创新型企业家的参政议政机会

一是在国家重要会议中适度增加民营企业家尤其是创新型企业家的代表名额。二是在创新政策制定中给予企业家更多的话语权。邀请创新型企业家更多地参与政策咨询和讨论过程，重点选择企业家作为征求意见的对象。当然也要注意不能以企业利益为导向制定国家政策。

（四）将"培育创新型企业家"作为人才政策重点之一

建议将"培育创新型企业家"纳入中组部和人社部人才规划和政策体系，作为未来一段时期的一项重点实施的政策内容。一是组织实施"国内创新型企业家培养计划"。针对科技型中小企业的企业家开设专门培训计划和培训班，以政府购买服务等方式组织企业家出国交流，定期组织"创新型企业家"评奖，重点奖励中青年企业家。二是优化"海归"及外籍创新型企业家服务体系。进一步打造服务的"绿色通道"，建立专业的服务机构，帮助来华投资或创业的企业家了解和申报优惠政策，并协助办理移民、居住证、保险、子女教育等一系列繁琐事务。

（五）逐步形成崇尚创新型企业家的文化氛围

一是正面宣传创新创业文化，并将其逐渐渗透到学校教育中。要鼓励年轻人有梦想、敢于挑战、敢于创业，从政策制度设计上建立鼓励创新、宽容失败的良好环境。二是引导媒体多宣传创新型企业家。在主流媒体设置宣传创新型企业家的专栏或专题报道，对国内遵纪守法、开拓进取的典型创新型企业家进行正面宣传，引导全社会尊重创新型企业家、学习创新精神。

参 考 文 献

[1] 戴尔,格雷格,克里斯滕森.创新者的DNA[J].管理@人,2010(1).
[2] 李慧.公众对创新型企业家的人格特征的认知[J].人才资源开发,2007(10).
[3] 张焕勇,杨增雄.市场非均衡、知识与企业家过程[J].中南财经政法大学学报,2008(4).
[4] 史库森.经济逻辑:微观经济学视角[M].杨培雷,译.上海:上海财经大学出版社,2005.
[5] 鲍莫尔.资本主义的增长奇迹[M].彭敬,等译.北京:中信出版社,2004.

[6] 李亚辉,苏中锋.创新型企业家激励方式的选择[J].工业技术经济,2006(6).
[7] 拜格雷夫,查克阿拉基斯.创业学[M].3版.唐炎钊,等译.北京:北京大学出版社,2017.

作者简介

田杰棠,国务院发展研究中心创新发展研究部副部长、研究员。先后在清华大学、中央财经大学和中国社科院工业经济所获得工学学士、经济学硕士和博士学位,2016年1月至7月在哈佛大学肯尼迪学院做访问研究。长期从事创新领域的政策研究工作,先后主持和参加各类重大课题90多项,撰写国务院发展研究中心调研报告70多篇,在各类报纸和期刊发表文章近百篇,出版个人学术专著3部,多次获得中国发展研究奖、国家发改委优秀成果奖、中国技术经济奖等各类学术奖励。兼任中国技术经济学会副秘书长、中央国家机关第五届青联委员、国家"互联网＋"行动专家咨询委员会委员、《技术经济》编委等。

负责任研究与创新实践框架

计国君

摘要:中国企业在短时间内快速连续推出新产品的能力可以促进下一代创新,由此受到全世界关注。探讨并建立一个概念框架,以期帮助企业在研究和创新的过程中实现可持续和负责任创新的理念;论证中国企业如何能在加速产品和服务创新时成功地避免对环境和社会的潜在影响;通过该概念框架来为RRI奠定基石并探讨其实施的挑战。

关键词:负责任研究与创新;企业社会责任;概念框架

一、前言

1990年美国人类基因组研究计划首次在国家支持的大科学计划中加入人文社会科学研究理念,成为负责任研究与创新(responsible research and innovation,RRI)理念的渊源,特别是在欧美其受到学术界和科技政策领域的广泛关注。Rene von Schomberg(2011)对RRI定义:RRI是一个透明和互动的过程,社会行动者和创新者通过该过程相互响应,以达到(道德)可接受性、可持续性和社会对创新过程及其可销售产品的潜在需求(让科技发展适当地嵌入社会中)。遵循该理念旨在消除类似德国大众汽车柴油排放的丑闻。事实上,该企业被发现有意设计装有专门应对尾气排放检测的涡轮增压直喷(TDI)柴油发动机,满足车辆输出在监管测试时达到美国标准,但在正常驾驶中排放污染物最多达到美国法定标准的40倍,2009~2015年,在全球约1100万辆大众汽车涉嫌违规,严重损害了"德国制造"的声誉。

通常,RRI过程涉及:多样性和包容性、预期和反思、公开透明、对变化的响应和适应(Stilgoe等,2013)。RRI概念及其普适性曾受到质疑,学者们(Davis,Lass,2014;von Schomberg,2011)认为存在不一致,因为其强调可销售产品及其西方社会愿景。同时,一些问题受到关注:提出的理念过于强调技术创新(Blok,Lemmens,2015);利益相关者在创新过程中的参与有限,因为他们的议程相互冲突且在面对社会实践存在分歧,难以预测RRI过程创新所有成效。另外,RRI的概念并非完全新颖。20世纪90年代生态创新在中国、欧洲和美国就得到广泛实施。中国当下的很多产品赋有美学、和谐和各种功能,非常适合在技术驱动下保持人性化、环保性和连接性等鲜明特点。例如,腾讯公司是世界领先的社交媒体和游戏公司,其在企业社会责任(CSR)和加速创新方面声誉成为最具影响力的公司之一(Tencent,2019)。类似于腾讯这种拥有在短时间内快速连续推出新产品能力的中国企业已经赢得全球关注,这为下一代创新提供证据。综上,RRI思路是尽早让公众参与产品研发过程,并将该过程纳入完善的科学和技术风险评估方法中(Stilgoe等,2013)。截至目前,因对RRI的期望值较高,因此更需要严格审查(Nerlich & McLeod,2016)。可见,学术界和业界亟待需要一个易于理解的概念框架,以便在实践中更好地理解和运用RRI。

二、RRI概念框架

OECD(2005)将创新分为四类:产品创新、流程创新、组织创新和营销创新。Tan和Yamada(2018)以及Xu和Nash(2013)将创新分为四个维度:产品创新、流程创新、业务创新和社会创新,此表述与OECD的维度有所重叠。特别地,OECD(2005)的组织和营销创新维度归入了Xu和Nash工作的业务创新维度。

Koops(2015)强调RRI界定了产品方法和过程方法之间的区别,认为RRI旨在实现产生负责任创新的目标,并提出实现该目标的不同方法。Pacifico Silva等(2018)指出,产品方法首先必须从一组共同价值和规范程序中提取规范性RRI框架开发并应用,但是应用这些框架来确定特定技术应具备诸如在道德上可接受、可持续和社会化期望的特征。另外,过程方法将RRI视为一个遵循一系列规范过程标准的持续和递归过程,并以负责任方式应用于研发中。

本文以Tan和Yamada(2018)以及Xu和Nash(2013年)的四种创新结构、Koops(2015)产品和过程方法作为建立RRI框架的理论论据,承认利益相关者(即政府、非政府组织、社区行动者、员工等)在负责任的创新中发挥着重要作用,如公司和利益相关者之间频繁有价值互动可以影响经济、环境和社会活动,将所拟定的概念框架与负责创新理念相结合,结合中国企业实例来谈论如何将其应用在当下中国。

(一)产品创新

产品创新不只是改善功能、质量和美感等方面,还应关注社会生态、社会和个人需求等各个因素。以资生堂为例,其作为亚洲领先的护发企业之一,生产许多知名产品,通过美容让人们快乐,且在其业务运营中支持女性赋权,尊重多元化美妆(Shiseido,2018)。该企业坚持促进有道德的供应链资源的循环利用(见表1)。资生堂的每件产品都经过深思熟虑,关注采购、制造、物流、销售和回收的整个链条。

表1 产品创新

产品创新	社会生态	社会	个人
资生堂	道德供应链,资源回收	女性赋权,尊重多元化的美妆	通过美容使人们快乐

(二)流程创新

流程创新通常涉及新的生产或方法。例如,海尔集团是蜚声国际的大型企业集团,连续10年是全球大型家电品牌零售量第一,其核心竞争力就是生态创新能力。从技术创新上实现顾客体验,构建一个开放性研发体系,结合各国客户需求偏好,由海尔来整合各方资源,将其形成方案展现给用户并供其选择。在平台创新上建立创新载体,通过社交平台及时感知顾客需求并将解决方案提供给顾客,从而提高客户黏性。在机制创新上达到创新保障,提出了由用户付薪的创新机制,每位员工都要直接面向用户创造价值。在生态创新上承担企业社会责任,提出了"定制美好生活 X.0"的理念,尊重顾客个性化、多样化需求,为顾客不的确定性需求寻找答案,同时通过全流程创新提供定制化方案,再者 X 意味着研发方案是不断迭代、不断升级的共生方法(见表2)。

表 2 流程创新

流程创新	社会生态	社会	个人
海尔	基于全流程的社会和系统	技术、平台、机制和生态创新的集成	尊重所有利益相关者

(三)业务创新

在企业战略上,业务创新旨在为企业创造价值。通常通过商业模式提供(或捆绑)现有产品或服务为顾客创造更高的价值。特别地,随着互联网的发展与运用,许多公司能通过业务创新"打乱"现有参与者。新商业模式通过整合服务、解决方案和独特的顾客体验来开辟新的路径、增加收入并为顾客创造价值。例如,京东电子商务允许顾客在家购物,这是一种为全球顾客提供便利的服务。通过京东的所有购买都受到保护,有时顾客可享受比从实体店购买更多的"特权"(如延伸服务保证和更长退款日期等)(见表3)。通过使用最新技术,京东还与社区一起启动解决本地体验化项目(Jindong,2018)。凭借其特定的经营理念和丰富的大数据驱动供应链,京东与当地企业家共生发展,并促进社会和谐。

表 3 业务创新

业务创新	社会生态	社会	个人
京东	社会企业家计划	解决当地问题的最新技术	个人购买保护

(四)社会创新

社会创新关注对社会产生影响的变化(新技术或商业计划)。腾讯则是社会创新的典型例子,其使命不仅带给顾客乐趣和娱乐,也实现"用心创造快乐"(Tencent,2018),为了确保其产品满足不同群体需求,特别是确保幼儿安全,建立自己的开发设计安全标准。游戏评级系统使个体能够选择适合各自的游戏。此外,腾讯的产品还为家长提供综合管控,让家庭成员可以放心地享受游戏(见表4),通过利用其日积月累的经验和创造愉快体验的能力实现社会创新,让顾客得到更多回馈(腾讯,2018),如红包功能允许全家人一起享受娱乐并改善交互关系。

表 4 社会创新

社会创新	社会生态	社会	个人
腾讯	严格的内容指南,游戏符合当地法规和文化	将游戏纳入学校课程以加强学习	目标年龄范围的游戏评级系统,综合家长控制

基于上述四个创新结构,我们提出基于共同参与负责任创新的社会、环境、政治和道德四个层面集成的RRI框架(见表5),目标是为业界、学术界和政策制定者提供参考,以使研究和创新更具包容性和响应性。与Tan和Yamada(2018)的思路一致。将四种创新视为RRI的结构,但并非是接续式。事实上,有些案例可能是通过业务创新开始的,有些则是通过社会创新、产品创新或流程创新来实现的。因此,这些步骤不是一体化的连续阶段,而是步骤间存在相当大的迭代。表5中循环箭头指示迭代的循序渐进甚至可跨越。该框架使管理者能了解公司在多大程度上将道德、环境、社会和治理因素融入创新中,并最终了解这些因素对公司和社会的影响。

RRI框架提供一个对社会生态、社会和个体的四个创新维度具有公开性和批判性的反思。该框架可使多利益相关者参与到富有成效的早期阶段探索。最终,通过生成在框架的四个价值领域表现不佳的社会生态、社会和个人配置的证据,政策制定者和业界能更清楚地界定企业在实施RRI时面临的瓶颈。例如,性别是RRI成员关系中的一个重要问题,可以作为一个独特的维度进行整合。我们认为性别应跨越多个维度的价值领域,因其与诸多方面相关。同样要关注不同部门的不同社会群体的歧视问题,如族裔和社会经济地位。因此,为了在简约性和特殊性之间取得平衡,所构建的该框架可以解决广泛责任问题,另外还包括一个经济价值领域,采用系统论方法,即投资者和企业家承诺开发特定解决方案之前,关注特定创新的多视角影响。

表5 负责任创新框架中的迭代过程

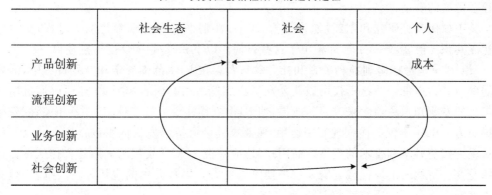

三、讨论

RRI强调创新应以道德和民主的方式发生,同时在社会经济挑战时保持其竞争力(Nerlich,McLeod,2016)。RRI框架体现了负责任创新的本质,该框架将产品/创新与社会、公众参与、性别平等参与者等均衡化,并将道德和治理之间关联起来,可见框架不是负责任创新的"银弹"。传统上,管理者过于专注于创新的产品。该框架旨在塑造创新和责任问题之间的建设性参与视角,并允许管理者在创新过程早期就考虑到科学、社会、伦理、治理和平等等影响。显然,关于RRI的研究将在未来需要协同探索,因为科学和创新在全球化下变得非常复杂,作为企业关注焦点的科学技术已失去了创造负责任创新的潜力。中国已经把握了可持续创新的范式,涵盖政策引导下的社会生态、社会和个体,全员创新的内生动力已经风起云涌。通过解析中国不同的实践创新和商业模式,展示了负责任产品创新能力,同时所构建框架包括企业各个利益相关者且符合中国改革开放以来的创新情境,这将能够在中国以创纪录的速度发生。

虽然RRI的框架是直截了当且令人信服的,但在实践中仍需要在若干运营战略维度(结构、基础设施和文化等)进行变革。过于频繁地进行创新和与更广泛社区的接触是相对非正式的。一个正式的框架提供了缓解这一趋势的机制,允许管理者/研究者分解RRI框架的复杂性,从而付诸实践。管理者对其组织、产品和服务的运作方式有不同的心理范式,因此可能对潜在的RRI策略提出不同的思路。该框架使管理者能够深入探索不同创新维度和可持续性,同时保持可持续视野和透明的轨迹,增强流程的严谨性;允许管理者能够更为可视化地理解RRI的维度和利益相关者的联系;为迭代小组讨论提供了一个正式的工具。当然,管理者随着时间的推移可以学习和修改其对RRI的理解,包括思想、信念甚至思考过程。总之,该框架可以提供对RRI的各个方面的见解并可作为进一步研究的基础。

四、对RRI应用的建议

本文证明所提出的框架如何促进RRI的生成和应用,同时强调该框架应该整合流程、产品以及将这些流程应用于设计和推广产品的利益相关者的需求特点。我们相信该框架可直接为学术界和业界的RRI研究提供指针。该框架突出了全球面临的公平和可持续性挑战问题,并阐明了在整个产品创新发展过程中必须考虑的问题,以便找到有利于社会发展的解决方案。

关于如何改进研究和创新,如将道德、诚信、性别平等和公众参与纳入过程,全球已经达成共识。但实践RRI远远超出了这些方面。以下是实施RRI的五点建议:

(1) 尽早地考虑多利益相关者和社会参与者。在RRI范围界定和开发过程中,需要不同参与者共担责任。这不仅可以让公众了解研发活动的内容和方式,还可以通过增加更广泛的专业知识和理念来改善其成果,使RRI更具社会可接受性,最终具相关性、效率和影响力。RRI不仅关注在现实中运用,还兼顾社会可持续发展而得以推广。公众不仅应被视为接受科学和技术的最终产品用户,还应被视为RRI发展与运用的合作伙伴。这意味着在一定程度上现代教育需要在早期阶段就着力培养公民的责任心,并在高等教育努力培养引领未来的研究者和创新者。

(2) 尽可能多地预判且考虑不确定性的影响。应深入探索各种因素的影响,并考虑到研发将如何塑造未来以及这些变化对社会和环境的影响,包括思考开展研发的目标及其影响,关键是关注不确定性,这是RRI不可忽视的因素。当然,已有各种技术和方法用于解决不确定性问题,例如情景规划就是一种思考未来的系统方法。

(3) 做到公开透明。研发的公开是建立公众信任的关键,这意味着将方法、信息和结果以更为透明、有意义和多方面对话形式呈现给各利益相关者。这种对话可以促进社会对RRI进一步的接受,并带来更有价值的结果。开放性和透明度是RRI特别重要的特征,因为这将为问责制奠定基础——使研发人员对其行为和后果担责。开放科学允许那些不参与科学技术的人,例如公众或从事商业活动的人,审查研究和创新,并获取他们的意见。

(4) 响应与适应意见。利用RRI是改变思维和工作方式,并在必要时需要改变整个组织结构，以回应社会的反馈。除了社会看法外，响应多利益相关者的观点很重要，如决策者和那些将RRI商业化的人更需得到积极倾听和开放思想。这也是适应新科技革命和不断变化的全球动态环境的关键所在。

（5）研究与视角。结合新时代中国国情深入研究RRI理论需要拓宽更多视角，例如，需要考察负责任研究与创新过程中面临的社会和伦理情境、各种利益相关者、贸易摩擦带来的国别创新竞争以及企业创新演化路径的适应性等问题。从研究方法上，可深入挖掘实践性中涌现出来的成功案例，如借助于行动研究方法，贯通学术界和业界的无缝联动。在负责任研究与创新方式上，一方面，结合"一带一路"倡议，跨国创新更需建立多文化、多制度、多地区差异下利益相关者协同的RRI理论，从而推进相关国家的共同发展，另一方面，在结合我国70年、特别是近十多年研发成功经验基础上，如何构建适用于企业创新者代际变化以及新一轮产业转型的RRI操作性框架，这些问题的解决必将对我国企业走向领跑产生积极影响。

参 考 文 献

[1] Beatty, S Taking a standardized approach in pursuit of zero casualties from traffic accidents [EB/OL]. [2018-10-09]. https://driving.ca/toyota/sponsored/auto-show/taking-a-standardized-approach-in-pursuit-of-zero-causalities-from-traffic-accidents.

[2] Blok V, Lemmens P. The emerging concept of responsible innovation：three reasons why it is questionable and calls for a radical transformation of the concept of innovation[M]//Koops B-J, Oosterlaken I, Romijn H, et al. Responsible Innovation 2 -Concepts, Approaches, and Applications. London：Springer：19-35.

[3] Davis M, Laas K. "Broader impacts" or "responsible research and innovation"？A comparison of two criteria for funding research in science and engineering[J]. Sci Eng Ethics, 2014, 20(4)：963-983.

[4] Ji Guojun, Gunasekaran A. Evolution of innovation and its strategies：from ecological niche models of supply chain clusters[J]. Journal of the Operational Research Society, 2014, 65(6)：888-903.

[5] Koops B-J. The concepts, approaches, and applications of responsible innovation-an introduction[M]//Koops B-J, Oosterlaken I, Romijn H, et al. Responsible Innovation 2-Concepts, Approaches, and Applications. London：Springer, 2015：1-15.

[6] Mazzoni M. Toyota's social innovation umbrella[EB/OL]. [2018-10-09]. https://www.triplepundit.com/2014/11/qa-net-impact-14-toyota-uses-know-better-communities/Accessed.

[7] Meier M, Tan K H, Lim M K, et al. Unlocking innovation in the sport industry through additive manufacturing[J]. Business Process Management Journal, 2018, 25(3)：456-475.

[8] Nerlich B, McLeod C. The dilemma of raising awareness "responsibly"：the need to

discuss controversial research with the public raises a conundrum for scientists: when is the right time to start public debates? [J]. EMBO reports, 2016, 17(4): 481-485.

[9] OECD. Oslo manual: guidelines for collecting and interpreting innovationData [M]. 3rd edition. Paris: OECD Publishing, 2005.

[10] Silva P, et al. Health research policy and systems [EB/OL]. [2018-09-10]. https://doi.org/10.1186/s12961-018-0362-5.

[11] Pham S. Toyota will invest billions in new self-driving car company [EB/OL]. [2018-03-02]. https://money.cnn.com/2018/03/02/news/companies/toyota-self-driving-car-company/index.html.

[12] Shiseido [EB/OL]. [2019-08-04]. https://www.shiseidogroup.com/sustainability/ accessed.

[13] Stilgoe J, Owen R, Macnaghten P. Developing a framework for responsible innovation [J]. Research Policy 2013, 42(9): 1568-1580.

[14] Tan K H, Yamada T. A conceptual framework for responsible innovation [J]. Journal of Japanese Management, 2018, 3(1): 22-29.

[15] Tencent [EB/OL]. [2019-08-29]. https://www.tencent.com/zh-cn/index.html accessed.

[16] Toyota [EB/OL]. [2019-08-24]. https://www.toyota.co.jp/jpn/sustainability/csr/index.html accessed.

[17] Toyota Global. The future of mobility realizing a smart mobility society [EB/OL]. [2019-08-26]. https://www.toyota-global.com/innovation/intelligent_transport_systems/mobility/ Accessed.

[18] Schomberg V, Rene. Prospects for technology assessment in a framework of responsible research and innovation [M]//Technikfolgen abschätzen lehren: Bildungspotenziale transdisziplinärer Methode. Wiesbaden: Springer VS; 2011: 39-61.

[19] Xu F, Nash W R. The structure of innovation [J]. Kindai Management Review, 2013, 1(1): 105-115.

[20] Yamada T. Design issues for inverse manufacturing systems in Japanese cases [C]. Northeast Decision Sciences Institute Proceedings, 2008: 551.

[21] Zavrl M S, Zeren M T. Sustainability of urban infrastructures [J]. Sustainability, 2 (9), 2950-2964.

作者简介

计国君,厦门大学管理学院博士生导师、教授,厦门大学教务处长、厦门大学管理科学与工程学科带头人、英国赫尔大学-厦门大学联合物流研究所所长,2006年至今兼马萨诸塞大学商学院创新研究中心国际学术顾问,主要从事供应链管理、生态产品创新、系统工程、顾客行为等领域研究。兼任教育部物流教学指导委员会委员、中国技术经济学会理事、中国自动化学会经济与管理系统专业委员会副主任、中国高等教育学会理科教育专业委员会常务理事、教育部教育教学评估专家、国家自然科学基金项目和国家社科项目评审专家。在国内外学术刊物上发表论文300多篇,150多篇被SCI、EI收录,出版专著6部,出版教材7部,主持国家自然科学基金、教育部哲学社会科学重大攻关项目以及省部级以上课题20多项,获国家级教学成果二等奖2项、福建省教学成果特等奖2项、福建省社会科学优秀成果三等奖2项。

政府资助对科技型企业技术创新路径的动态效应研究

庞守林

摘要：本文基于技术创新的完整性和连续性，将政府行为和企业行为纳入同一个研究框架中，通过对参与双方的动态分析，比较不同种类政府资助对企业技术创新的作用差异，探讨长期效果下的最优制度安排。政府资助能对企业创新决策、创新投入、创新生产、创新产出各个环节产生作用，以财政补贴为代表的直接资助方式和以税收优惠和政府采购为代表的间接资助方式在作用效果上各有侧重。为打破发展桎梏，提高企业自主创新能力和创新效率，需要建立健全国家科技创新资助体系，因地制宜实行差异化的资助政策，引导企业将政府资助内源化为技术创新的竞争优势。

关键词：政府资助；技术创新；动态路径；科技政策

加快实现供给侧结构性改革，从生产领域增加优质供给，提高全要素生产率和社会生产力水平，是转型经济体制下的首要问题，技术创新的"内生性增长"理论为我们解决这一问题提供了思路。一方面，技术创新作为一种要素供给制约着产业结构升级转型；另一方面，经济新常态的一个重要特征就是"从要素驱动、投资驱动转向创新驱动"，因此，只有依靠不断的技术创新才能打破发展困境，实现跨越式发展。我国政府为了促进企业技术创新，先后出台了大量财税金融政策，政府资助已经成为企业创新的重要推动力。但整体上，我国企业的技术水平仍处于较低状态，原始创新动力不足，在关键技术和核心领域上仍受制于人。在这一过程中，一些企业也出现了激励扭曲，由此导致"骗补"和科研经费腐败事件频发，使得社会公众对政府科技资助政策的质疑越来越多。因此，为了提高资助效率节约政府资源，必须加强对资助体系的有效引导，明确我国政府资助的实际效用，寻找最优制度安排。

一、企业技术创新的动态路径

企业技术创新路径分析，学界主要沿用 Rothwell(1992)总结的五代企业创新过程模型，其他一些比较有代表性的研究包括技术创新的"链环模型"(Kline, Rosenberg, 1986)、"创新共生模型"(Dittman, 1988)、"A-U 创新过程模型"(Abernathy & Utterback)以及"开放式创新模型"(Henry Chesbrough, 2003)等，这些研究都是基于西方发达国家技术革命和产业发展的实际。从企业科技创新管理的视角，中国企业技术创新的路径主要划分为创新决策、创新投入、创新生产和创新产出四个阶段。实践中，首先，要对是否进行技术创新、技术创新方向、技术创新方式等问题进行决策,是否开展创新活动是创新决策的逻辑起点,创新方向和方式选择是创新决策的核心部分;其次,企业开始研发资源的投入,包括研发人员和研发资金投入;最后,对研发成果进行转化,企业进入具体的生产环节。企业良好的技术创新产生创新绩效,形成整个企业技术创新的动态循环路径,获得持久的竞争优势。

二、政府资助作用于企业技术创新的动态路径分析

(一)基础理论分析

目前,科技创新资助的研究主要基于四种理论:① 市场失灵理论。从市场机制角度来看,创新成果的公共物品属性使投资者无法独占创新收益,在没有外力作用的情况下,私人的R&D水平会低于社会最优水平[1-4],这是政府公共科技资助最早的理论发端。② 创新风险理论。熊彼特(1912)认为技术创新是一项高成本高风险活动,企业面临内源性融资不足[5-7],创新成功与否,成果能否顺利转化、能否收回投资,以及创新成果的强外部性和溢出性,都使得私人企业和社会资本对技术创新缺乏足够热情[8]。③ 信号传递理论。从缓解融资约束角度,获得政府资助可以向社会传递积极信号,表明企业有良好的发展前景,有助于增强社会投资者的信心,获得更多外部资源,提高技术创新效率[9-11]。④ 制度学派理论。从加强规则和秩序安排的角度,认为制度安排决定技术创新,好的制度会促进技术创新。政府的职责在于通过科技政策构建一个完整的创新体系,纠正外部性,降低交易成本,为技术创新提供基础平台,保证技术创新活动的平稳有序开展[12]。

但是,这些研究大都将技术创新视为一个整体,将政府资助作为一种独立的外部资源,分析政府科技资助对企业技术创新的单向作用,关注的重点是创新投入和创新产出。而技术创新涉及多个环节,特别是对市场经济正处于逐步完善的中国企业,政府资助既是一种外部资源,也构成了企业生存的制度环境。在开放环境中,政府资助是否会影响技术创新的各个环节,作用机理是什么,作用效果如何,各个环节又如何相互制约,对这些问题的研究需要将政府资助纳入技术创新的具体路径过程,从动态角度构建政府资助作用于企业技术创新全过程的演化模型,为形成科学的政府科技资助体系提供依据。

(二)政府资助作用于企业技术创新的动态路径分析(D-I-P-O模型)

由于企业技术创新的复杂性,政府资助对企业技术创新的决策、投入、生产、产出过程产生综合影响,构建影响的D-I-P-O模型如图1所示。

决策环节的影响。企业对是否从事技术创新主要是从风险和回报角度考虑,只有当创新所带来的预期收益为正时,企业才会开展创新。由于创新本身的风险性和技术成果的外部性,企业往往不愿过多投入自身资源,转而希望通过技术引进、技术溢出等其他方式获取创新成果,这与我国企业缺乏自主创新意识,实行"创新跟随"战略的现实相符合。此时获得政府资助一方面降低了技术创新成本,能够激励企业收益预期,同时有利于降低自主研发过程中可能的技术风险和市场风险,引导企业提高自身资源投入,影响企业创新决策。

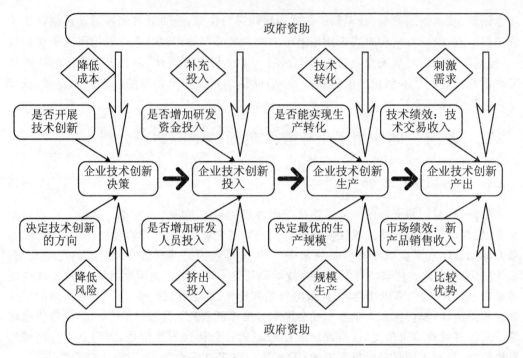

图 1　政府资助对企业技术创新全过程影响的 D-I-P-O 模型

投入环节的影响。政府资助会产生两种作用：一是促进企业研发投入，政府资助降低研发成本，弥补了私人收益与社会收益间的差距，激励企业增加内部投入，提高研发强度；二是抑制企业研发投入，这是政府资助在项目选择上的"错配"和对资助对象的"选择偏好"导致的，即资助了企业依靠自有资源就能够完成的项目，或在资助分配上，对国有企业或某些特定产业和地区中的企业的资助倾斜诱发了企业"寻租"，挤出了企业自身研发投入。

生产环节的影响。企业面临的主要问题是创新成果的生产转换并实现规模生产，政府资助企业技术创新的本质目的是生产技术提升，促进经济增长。政府必然通过资助推动创新成果转化，提高生产率，企业可能会积极寻求外部技术合作，加快生产转化，也可能会扩大生产设备等要素的投入，发挥规模效应，提高生产能力。

产出环节的影响。企业面临的主要问题是能否取得创新成果在商业化上的成功，获得创新收益。此时政府资助一方面能够培育买方市场，刺激对创新成果的消费需求，另一方面通过降低边际成本，增强其相比其他产品的竞争力，帮助企业扩大市场份额。资助政策中的政府采购直接创造需求。这些都有利于企业顺利实现产品销售，提高创新收益水平。

三、政府资助类别对企业技术创新的差异性效果分析

政府技术创新资助方式分为直接资助和间接资助，一般认为企业对直接资助的反应速度更快，信号传递作用在缓解创新融资约束、加快产业升级和区域协同发展上具有独特优势[7,9,13-14]；同时也有观点认为直接资助易造成不公平竞争，导致政府"选择性偏差"和企业滋生"骗补"问题。间接资助具有受惠面广、政策导向强、市场干预少、管理成本低

等优点[15-17],其作用过程受税收等相关部门核准,更具规范性和稳定性,与企业技术创新和经营活动的联系也更密切[18-19],有利于实现激励最大化。

考虑到技术创新的动态连续性和开放环境中政府行为与企业行为的交互作用,以财政补贴为代表的直接资助方式和以税收优惠、政府采购为代表的间接资助方式对技术创新各个环节的作用机理和作用效果可能存在较大差异。在创新决策环节,由于直接资助采用研发合同契约的形式,往往在研发开始之前就对企业创新决策产生影响,而税收优惠和政府采购更多是针对研发活动发生后的结果进行补助,因此直接资助方式的影响效果从理论上要优于间接资助方式。在创新投入环节,我国为鼓励企业技术创新所施行的税收优惠政策,直接允许企业对从事高新技术生产而进行的各项投资(包括人员、设备)和费用税前列支或加速扣除,与企业研发投入挂钩,对企业研发经费投入和人员投入的影响更为有效,税收优惠效果更好。在正试投产环节,政府对企业科技资助希望能够提高专利产出量,提高创新水平和创新资源利用效率,促进社会进步和经济增长,更希望新产品产值增加,推动实现业绩水平提升。受政府直接资助的企业虽然能够提高生产能力,但面临较大市场不确定性,企业很有可能停止生产,寄希望于通过技术交易收回成本获利,而政府采购则通过创造新需求降低了企业开发新产品的市场风险,激励企业积极寻求外部力量合作,提高产品转化率并扩大生产规模,对技术创新的作用效果更好;在创新产出阶段,由于间接资助方式中的税收优惠政策直接规定了对符合条件的生产经营所得实行优惠税率或所得税减免,政府采购则直接增加了企业新产品销售收入,对企业创新绩效产生正向激励,因此间接资助方式在此阶段效果更加显著。

四、政策建议

目前,我国正处于产业升级和供给侧结构性改革的关键时期,如何打破发展桎梏,形成新的竞争优势是抢占经济制高点、实现跨越式发展的关键。结合我国在关键技术上受制于人、原始创新水平较低的现实,应发挥政府资助对技术创新的导向作用,加快企业科研步伐,提高自主创新能力和创新效率。

(1) 健全创新资助体系,确保政府资助的持续性和稳定性。在创新决策阶段,政府资助有效引导企业开展共性技术研发,撬动创新投入,增加专利产出和新产品产值。政府应继续加大科技资助力度,增加R&D支出以支持企业有效开展技术创新,加快落实政府资助的常态化和系统化,在专业机构指导、监督、评估的基础上确保资助落地,促进和引导中小企业有计划、持续性地增加研发投入,避免企业在技术创新上的短视行为。

(2) 因地制宜,实行差异化的资助政策。目前,税收优惠已经成为国外政府激励企业加大研发投入的常用政策工具,主要发达国家都在努力改革对企业的直接财政资助方式,注重税收调节,积极探索逐渐减少直接资助,更多采用税收优惠、政府采购等间接资助等普惠性政策,培养企业自主创新实力和核心竞争力。在政策制定中,要注重发挥企业的创新自觉意识,逐步探索补贴在创新领域的退出机制。但是在现阶段,直接的财政补贴对处于创新初期的企业仍存在一定引致作用,因此,必须加强对政府补贴支出的科学化管理,明确财政资金的流向、用途并建立动态反馈机制,从根本上杜绝企业"寻租"或"骗补",节约政府资源,提高资助效率。

(3) 引导企业将政府资助内源化为技术创新的竞争优势。在我国经济结构转型和产业调整升级过程中,通过技术创新增加有效供给和提升产品竞争力是企业创新发展的必然要求,对企业成长壮大具有重要战略作用。政府科技资助作为一种重要外部资源,通过抑制"市场失灵"引起的消极影响进而刺激企业创新决策和加大创新投入。但是,我国企业在技术创新上存在明显的从研发到生产、产出上的"脱节"现象,因此在传统财税政策之外,政府应促进搭建产学研合作平台,在全球范围内整合创新资源,鼓励企业间组建创新战略联盟,进行开放式创新和合作创新,以加快技术成果转化,提高生产能力,实现经济发展和社会进步。

参 考 文 献

［1］ Arrow K. The economic of implication of learning by doing[J]. Review of Economic of Studies,1962,29(3):155-173.

［2］ 李万福,杜静,张怀. 创新补助究竟有没有激励企业技术创新资助投资?来自中国上市公司的新证据[J]. 金融研究,2017(10):130-145.

［3］ Nicolae B. The implications of State aid to R&D on economic development in the European Union[J]. Economic Science Series,2012,(21):96-101.

［4］ 白俊红,李婧. 政府 R&D 资助与企业技术创新:基于效率视角的实证分析[J]. 金融研究,2011(6):181-193.

［5］ Simachev Y,Kuzk M,Feygina V. Public support for innovation in russian firms: looking for improvement in corporate performance quality[J]. International Advances in Economic Research,2015,21(1):13-31.

［6］ 翟淑萍,顾群. 融资约束、代理成本与企业创新效率:来自上市高新技术企业的经验证据[J]. 经济与管理研究,2012(5):73-80.

［7］ 杨洋,魏江,罗来军. 谁在利用政府补贴进行创新?:所有制和要素市场扭曲的联合调节效应[J]. 管理世界,2015(1):75-86.

［8］ 肖兴志,王伊攀. 政府补贴与企业社会资本投资决策:来自战略性新兴产业的经验证据[J]. 中国工业经济,2014(9):148-160.

［9］ Kleer R. Government R&D subsidies as a signal for private investors[J]. Research Policy,2010,39(10):1361-1374.

［10］ Klette T J. R&D investment responses to R&D subsidies:a theoretical analysis and a microeconometric study [J]. World Review of Science Technology & Sustainable Development,2012,9:213-234.

［11］ 李新功. 政府 R&D 资助、金融信贷与企业不同成长阶段实证研究[J]. 管理评论, 2018,30(10):73-81.

［12］ 解维敏. 政府 R&D 补贴,企业研发实力及其行为效果研究[J]. 工业技术经济,2013(10):117-125.

［13］ 汪秋明,韩庆潇,杨晨. 战略性新兴产业中的政府补贴与企业行为 [J]. 金融研究, 2017,40(7):43-53.

［14］ Dai X Y,Cheng L W. The Effect of Public Subsidies on Corporate R&D Investment:An Application of the Generalized Propensity Score[J]. Technological Frocasting and Social Change,2015,90:410-419.

[15] 唐清泉,罗党论.政府补贴动机及其效果的实证研究:来自中国上市公司的经验证据[J].金融研究,2007(6).

[16] 唐清泉.政府R&D资助,企业R&D支出与自主创新:来自中国上市公司的经验证据[J].金融研究,2009(6):86-99.

[17] 郭炬,叶阿忠,陈泓.是财政补贴还是税收优惠？政府政策对技术创新的影响[J].科技管理研究,2015(17):25-31.

[18] 储德银,杨珊,宋根苗.财政补贴、税收优惠与战略性新兴产业创新投入[J].财贸研究,2016(5):83-89.

[19] 柳光强.税收优惠、财政补贴政策的激励效应分析:基于信息不对称理论视角的实证研究[J].管理世界,2016(10):62-71.

作者简介

庞守林,博士,中央财经大学商学院教授、博士生导师。研究方向集中在技术创新与创业投资、公司金融、品牌规划和农村经济等领域。主要成果发表在《管理世界》《经济学动态》《中国农村经济》《宏观经济研究》《投资研究》《技术经济与管理研究》等学术期刊。作为主要负责人参与国家自然科学基金、社会科学基金、国际合作项目多项。主持完成"十三五"提高制造业核心竞争力研究("十三五"规划预研究)等省部级课题多项,主持完成经济社会发展规划、科技园区规划、工业园区规划、农业园区规划等十多项。曾任多家公司品牌策划顾问,企业投融资和资本运营顾问。现任中国技术经济学会常务理事,多家上市公司独立董事。

研究生教育管理创新[①]

朱永明

摘要：中国特色社会主义已经进入了新时代，对研究生教育管理提出了更新和更高的要求，而我国现阶段研究生教育在培养模式、人才培养质量、国际化程度与师资队伍方面存在的问题，已成为影响我国高等教育内涵式发展的潜在威胁。在立足我国国情与社会需求的基础上，以"立德树人"为根本，以"人才培养"为核心，以"学术自信"为导向，以"教育自信"为主线，通过创新研究生培养模式、课程体系改革、学术话语体系构建、国际化学习交流等举措，贯彻落实教育强国的重大战略，实现向高等教育强国的历史性跨越。

关键词：研究生教育；研究生管理创新；高等教育改革

教育是国之大计。习近平总书记指出，"'两个一百年'奋斗目标与中华民族伟大复兴中国梦的实现，归根到底靠人才、靠教育"。党的十九大报告提出以建设创新型国家为目标，坚定"科教兴国战略"作为中华民族伟大复兴的基础工程地位，明确了建设科技强国的总体目标和教育强国的现实任务。《中国教育现代化2035》和《统筹推进世界一流大学和一流学科发展总体方案的通知》则进一步明确了我国由"教育大国"向"教育强国"转变的行动框架[1]。因此，以一流的研究生教育为引领，培养创新型人才、产出优秀学术成果、增强学术影响力与学术自信，促进高等教育内涵式发展，是实现教育强国的必经之路。那么如何通过研究生教育管理创新发挥其在我国高等教育大国向高等教育强国历史性跨越过程中高端引领与战略支撑作用，是高等教育在新时代必须解决的新命题。

一、我国研究生教育管理创新发展现状

党的十九大提出要"实现高等教育内涵式发展"，对新时代研究生教育提出了更新和更高的要求，为研究生教育管理创新指明了前进之路。

清华大学在《攻读博士学位研究生培养工作规定》中提出，要强化研究生思想教育建设，创新研究生遴选机制，推动研究生学科交叉培养模式建设。浙江大学校长吴朝晖在研究生教育工作会议上从招生规范化建设、教学改革以及探索研究生融合创新培养体制

---

① 河南省教育厅项目"'4I+2C'培养导向下管理类专业课程体系改革研究""'一带一路'背景下河南省研究生培养国际化发展策略研究"研究成果。

三个宏观层面提出了建议。北京大学副校长、研究生院院长高松在研究生招生工作会议上提出"打造具有国际竞争力的研究生教育,以服务于'双一流'建设"为目标。厦门大学围绕提高研究生教育质量这一主线,在研究生人才培养模式、教育体制机制等方面进行了一系列改革,着力提升研究生教育质量[2]。在郑州大学的研究生教育工作会议上,副校长关绍康强调要坚持以"服务一流、提高质量"为核心,以改革研究生培养机制、创新培养模式为重点,以国际化培养、科教结合、产学协同为抓手,加快一流研究生教育建设步伐。

二、我国研究生教育管理创新存在的问题

目前,研究生教育在国家发展中的战略地位不断提升,国务院前副总理、国务院学位委员会前主任委员刘延东已经明确表示,学位与研究生教育是国家创新体系的新生力量,是高层次拔尖创新型人才的主要来源和科学研究潜力的主要标志,是高等教育质量和国际竞争力的直接体现。因此,如何准确认识和把握"以科教创新为核心动能,深化对创新发展规律、科技管理规律、人才成长规律的认识"已成为高校教育特别是研究型大学重点关注的问题。

(一)研究生教育培养模式的中国特色不够突出

1935 年,《学位分级细则》《硕士学位考试细则》的相继颁布标志着中国现代学位制度与研究生教育相结合的真正开始[3]。自新中国成立以来,我国研究生教育历经了八个阶段,在曲折中不断前行[4]。1984 年全国首批试办研究生院建立,至今不足 40 年,这就使得借鉴西方一流大学的办学经验贯穿于我国研究生教育从无到有的全过程,并且已经对我国研究生教育在新时代下的管理创新发展产生了一定阻碍。

首先,由于近年来我国高校引进、翻译了大批外国原版教材,使得我国研究生的学科教材深受西方思想影响,我们的学术评价体系也深受西式学术教育的浸染。其次,部分高校在争创世界一流大学、一流学科建设中陷入了国际认证的误区,过度追求以达到国际认证为办学目标,在研究生课程设置与培养模式方面迎合这些所谓的国际评价标准,丧失了中国特色社会主义大学的主体地位。

(二)研究生教育人才培养质量有待进一步提高

当前我国高校都将硕士学位论文作为学位授予的关键指标之一,其论文质量直接关乎研究生学位授予与人才质量水平的评定。

首先,我们需要明确的一点是,硕士学位论文只是现阶段研究成果的"报告形式",且对于绝大多数学科来说,只有着眼于"国内"与"国际"两个大局,以解决国家战略部署中的重难点为导向,才能为社会经济科技发展和国家重大战略实现做出实质性贡献。因此以论文发表为导向衡量研究生培养质量是否能够满足国家社会的需要有待进一步深究。其次,仅以论文水平衡量研究生培养质量是否有失偏颇?诚然,论文质量反映了研究生科研能力水平的高低,但以学术修养、学术规范、学术道德等人文素养指标构建的研究生

人才评价标准也同样值得关注。

（三）研究生教育国际化程度亟须进一步增强

首先，我国研究生具有海外访学经历的比例在逐年上升，且多以短期访学、参与国际会议形式和在院（系）层面推进各类国际合作项目为主。但同时，绝大部分高校仍存在着经费不足，与国外研究机构的合作交流难度大，用以支撑国际学术研究和国际化人才培养的经费来源渠道偏少等诸多问题。其次，具有国际化视野的研究生师资团队也是研究生教育国际化的重点。虽然近年来高校教师海外访学人数在逐年提升，但增长速度较慢，在高等教育的整体师资队伍中所占比例仍旧很低。

（四）研究生教育师资力量亟待进一步雄厚

我国的研究生教育具有导师负责、课题导向的特点[5]。导师是研究生教育培养的直接责任人，其学术水平与道德修养直接决定着人才培养的质量[6]。

我国部分重点大学在教育力量的积累过程之中，注重引进具有本校教育背景的人才，或者不断提高本校博士人才的留校任教比例，从而在某一高校的某一学科团队领域形成"校友扎堆"的结果，弱化了高校师资力量的流动。这就使得除了少数高校拥有一些公认的学科带头人之外，大部分高校的师资队伍中缺乏具有创新能力与发展潜力的中青年学术带头人，严重影响了研究生教师队伍建设，抑制了我国研究生教育的发展活力。

此外，科学技术创新驱动已成为国际竞争的核心要素，而企业作为自主创新的主体之一，迫切需要大批高水平的应用型人才。但大部分教师毕业后直接进入高校工作，虽然部分教师通过承担横向课题对企业、政府和社会有一些了解，但总体来说，应用实践经验缺乏已成为我国现阶段高校师资队伍建设中的一个普遍问题。

三、研究生教育管理创新的对策建议

在"双一流"建设与研究生教育工作专题调研会上，教育部学位管理与研究生教育司司长洪大用一再强调要系统研究新时代高等教育发展的若干重要问题，特别是要深入思考学位与"研究生教育内涵式发展"的实质含义的问题。因此，我们的研究生教育要牢牢把握"内涵式发展"为主线，以提高人才培养质量为目标，在研究生教育管理创新上下功夫[7]。

（一）以立德树人为根本，开展研究生创新培养模式，提高研究生应用型创新能力水平

在当前国际化办学的趋势中，一些高校以较高的出国率标榜对人才的成功培养。但近年来我国人才流失率居高不下，后备人才储备量短缺严重的现象表明高校似乎已经偏离了人才培养的初衷。因此，我们要始终围绕"为谁培养人、培养什么人、如何培养人"的根本问题开展我国研究生教育工作，决不能让发达国家成为我国高等教育的"收割机"！要以"立德树人"为核心，坚持高校培养社会主义接班人和建设者的立场不动摇，把思想

政治工作贯穿教育教学全过程,实现全程育人、全方位育人。

创新校企联合研究生培养模式,实行研究生双导师制,即"校内学术型导师＋校外企业型导师"。对于学术型研究生而言,仍以学术型导师为主,通过聘请企业具有高级职称的管理人员作为兼职研究生导师、不定期邀请企业高管进行讲学、推荐优秀学生到企业实习实践等方式,打破以往"从课本到课本,从理论到理论"人才培养模式,并至少保证有一学期的企业体验经历,实现产、学、研协同发展,提高学术型研究生的应用型创新能力。专业型研究生则以企业型导师为主,深入企业内部进行学习调研,直面企业日常经营中的一系列实际问题,并辅以学术型导师提供理论性指导,在论文撰写过程中实现实际问题的理论化呈现。此外,还可以构建实力雄厚的导师团队,实现多导师辅导,打破一对一,积极探索产学研一体化与双导师培养、企业订单式培养、行业联合培养等模式,不断提高学生在实践中发现、分析和解决问题的能力。

(二) 以人才培养为核心,遵循人才培养规律,推动研究生课程体系改革与教学模式创新

第一,推动"4I＋2C"研究生课程体系课程改革,以创新(innovation)、国际化(internationalization)、融合(integrative)和主动学习(initiative)为课程改革体系手段;以人文素养课程体系、专业实践课程体系、学科方向课程体系和公共基础课程体系为四大课程改革支撑体系;以文化素养(culture)和专业能力(competence)为课程体系改革目标,实现课程体系导向目标与社会需求精准匹配。使得国际化视野、创新素质和基础课程设计等实施环节中的要素充分承载和履行人才培养的文化素质,做到研究生培养的"德才兼备"。

第二,开展研究生"研讨式"授课教学方式。这就要求以学生为中心,充分发挥学生的主观能动性,在授课内容、问题探讨与设计教学方案环节赋予研究生极大的自主性,并在最后汇报呈现阶段与老师互动交流,以克服"填鸭式"课程教学模式的弊端。这种翻转课堂的形式还能提高学生的资料整合与归纳概括能力,扩大知识面,增强学生的学术书写与表达能力。此外,MOOC课程可以将校内课程与网上课程结合起来,实现线上线下的互动式教学,激励学生将新建构的知识应用到复杂的问题解决之中,真正做到学、思、行相结合。

(三) 以学术自信为导向,构建中国特色学术话语体系,推动研究生教育内涵发展

第一,建设符合国际规范中国学术期刊方阵,积极参与国际话语权竞争。由于西方国家长期控制"权威期刊引文数据库"索引机制,基本上垄断了国际话语权[8]。这就使得某些学者为谋求论文发表与国际学术界的认可,主动迎合西方主流学术期刊的关注点和意识形态,降低了对中国本土具有重大理论价值和社会意义的问题的关注,导致"中国问题"和"中国立场"在国际学术界的"失语"[9]。因此,我们应当强化中文期刊在中国学术界的主体地位,构建具有中国特色的期刊评价与遴选标准,提高中文期刊的国际影响力,

在国际学术界彰显中国学术立场,在国际学术话语权的竞争中谋求一席地位。

第二,构建具有中国特色的研究生教育学术话语体系。中国的发展道路与教育实践有着其他国家没有的特殊性和复杂性,是难以用西方教育学术话语正确解释的。因此,我国的研究生教育学术话语体系的创新要立足中国国情,立足中国特色社会主义的新时代背景,从中国研究生教育现状出发,构建权威透明的教育学术话语体系,同时加快推动研究生学科教材高水平建设,全方位、全领域、全要素地促进研究生教育学术话语体系的实现。

(四)以教育自信为主线,开拓研究生国际视野,深化国际学习交流合作

随着经济全球化进程的加快,高等教育国际化的规模和范围呈现出前所未见的发展态势,研究生教育国际化已成为普遍现象[10]。习近平总书记在全国高校思想政治工作会议上已经明确强调,由于我国独特的历史、文化与国情,决定了我国必须走自己的高等教育发展道路[11]。因此,我们的研究生教育工作在走向国际化办学的同时,也要始终保持对自身教育的自信和定力,在汲取各种文明养分中实现创新发展。

第一,努力实现扎根中国与融通中外的有机结合。积极主动与国外多所高校寻求合作联合培养研究生,并定期邀请相关学科国外专家进行学术演讲,普及国际最新研究动态,拓展研究生的国际视野和前沿思维,使研究生掌握相关学科和交叉学科的最新理论研究情况,为更好地开展科研和创新工作奠定良好的理论基础。

第二,立足我国研究生教育现状,开展区别化的研究生国际化培养。学术型研究生应当注重学术研究能力的培养,通过开展研究生国际会议学分制建设,使得每一位研究生在读期间必须至少参加一次国际会议,以更好地了解国外前沿学术动态,提高科学研究能力。专业型研究生则注重培养解决实际技术问题的能力,通过邀请专家以成果、专业经典案例的形式加强案例库建设和案例教学,增强其应用实践能力。

参 考 文 献

[1] 陈劲,王璐瑶.新时代中国科教兴国战略论纲[J].改革,2019(6):32-40.

[2] 吕春荣.南都专访厦门大学校长张荣:从"学校办学院"向"学院办学校"转变[N].南方都市报,2019-03-18.

[3] 薛天祥.中国学位与研究生教育的历史、现状和发展趋势[J].国家教育行政学院学报,2005(9):27-32.

[4] 杨德广.中国研究生教育的发展历程[J].大学教育科学,2013(4):103-108.

[5] 黄宏伟,王玮."双一流"建设背景下同济大学创建一流研究生教育的理念与举措[J].学位与研究生教育,2019(5):10-14.

[6] 白强.一流大学视角下一流研究生教育的思考[J].研究生教育研究,2017(4):19-23.

[7] 杨德广.研究生教学改革应立足于育人和育能[J].学位与研究生教育,2018(8):

1-7.

[8] 聂珍钊.中国学术期刊要积极参与国际话语权竞争[N].中国社会科学报,2014-02-19.

[9] 聂珍钊.中国学术期刊要积极参与国际话语权竞争[N].中国社会科学报,2014-04-09.

[10] 郑炜君,王顶明,曹红波.国际化背景下的研究生教育课程体系与师资建设:第二届研究生教育国际论坛综述[J].学位与研究生教育,2017(11):72-77.

[11] 刘自成.牢固树立新时代中国特色社会主义教育自信[N].中国教育学报,2017-12-12.

作者简介

朱永明,博士、教授、博士生导师,郑州大学管理工程学院院长,郑州大学EWTO学院执行院长,河南电子商务与物流协同发展研究院院长,郑州大学技术经济与科技政策研究所所长。兼任管理科学与工程学会常务理事,中国技术经济学会理事,河南省电子商务类教学指导委员会副主任委员,《财会月刊》学术顾问。主要从事资本运营、企业社会责任、电子商务与物流协同发展等方面的研究。曾任郑州宇通客车股份公司等5家上市公司独立董事。主持完成国家社科基金项目、河南省哲学社会科学基金项目、省科委软科学项目等纵向课题10多项。在核心期刊上发表论文50多篇。

中国创新50人笔谈
50 Essays on China's Innovation

创新驱动

技术创新体系的现代突破：
从"二次创新"到"超越追赶"

吴晓波

摘要：经济发展不同程度的国家，其技术创新过程有各自不同的特点和规律。新中国成立70年来，我国制造企业沿着从模仿、学习到二次创新的路径一步步崛起，逐渐形成自主创新能力。在新的时代背景下，面对全球化制造与第四次产业革命所带来的技术范式转变机会窗口，中国企业已进入从引进利用为主向开放探索为主转变的"超越追赶"阶段，需要运用"超越追赶"的战略新思维发现并抓住新范式兴起的重大机会，从只关注建立并维系平衡的传统战略思维切换到把握变革动态性和范式转变的非线性创新战略新思维。

关键词：二次创新；范式转变；超越追赶；后发企业；创新路径

新中国成立70年来，我国经历了从站起来、富起来到强起来的伟大飞跃，书写了世界经济发展史上的奇迹。党的十九大报告指出，"中国正处于从高速增长向高质量发展阶段转换的关键时期"，而世界新一轮科技革命与我国发展方式转变相叠加的交汇时期，迫切需要中国企业把握时代特征、紧跟时代变化、大胆践行技术创新。"创新驱动是国家命运所系。国家力量的核心支撑是科技创新能力。"党的十八大报告明确提出，"科技创新是提高社会生产力和综合国力的战略支撑，必须摆在国家发展全局的核心位置"。党的十九大进一步提出，"创新是引领发展的第一动力，是建设现代化经济体系的战略支撑"。笔者30年前于浙江大学师从"中国创新管理之父"许庆瑞先生攻读技术创新管理博士学位迄今，深入研究中国制造企业的技术创新实践，从"二次创新"到"超越追赶"，致力于构建源自中国企业实践并能影响世界的创新管理学体系。

一、经典管理：建立基于劳动分工的高效平衡

现代意义上的管理学从英国工业革命开始出现并兴起。作为最早阐述国民财富起源的人，亚当·斯密的分析奠定了管理学的基础，即国民财富的来源并不是资源禀赋，而是来自由分工产生的绩效。管理学的意义即在于通过更为科学精细的劳动分工以达成更高的组织目标，这与农业文明基于经验的劳动分工有着质的不同。由此，从英国工业革命以后，人类开始有了现代意义上的管理学，而后法国的亨利·法约尔整理了14条规则，被称为企业的一般管理原则。马克斯·韦伯则明确而系统地提出"理想的组织"的6条特征，对西方经典管理理论的确立做出杰出贡献。而美国的管理学在全面学习欧洲、尤其是英国的管理思想后，伴随着美国大公司、大企业的成长，其组织管理理论也开始兴

起。科学的管理理论在美国由泰勒开始,他让人们认识到管理是一门建立在明确法规与原则之上的科学,把更多的科学成分融入管理体系中,推动了现代管理和科学管理在美国的兴起。然而,有意思的是,人们在竭力运用科学分析于管理时却发现了把人看作机器的管理悖论人——梅奥教授在霍桑工厂的照明试验揭示了人的能动性和行为互动。这促使了管理学转向对人与组织的重视。

值得注意的是,管理理论的发展与经济技术发展的阶段性有着非常密切的联系。日本和韩国的管理实践很好地诠释了这一点。日本自明治维新的"脱亚入欧"和全面向西方学习的大规模模仿,到战后的崛起,它对每一分每一秒、每一个动作、每一种材料和每一分钱的斤斤计较,都渐渐融入日本文化而形成了日本独特的管理方式。由丰田等公司的管理实践体系形成了全面质量管理、精益生产、Z理论等日本特色的管理思想和方法体系。在精益求精的过程中,人们看到了日本民族文化所起的重要作用。本来西方总结的是X理论和Y理论(McGregor,1960),日本却在总结自己企业经验的基础上,形成了Z理论(Ouchi,1981)。至于韩国,由于日本殖民时代施行的"北工业、南农业"政策,战后的韩国几乎没有任何科学技术基础。作为典型的后发国家,韩国的工业体系和技术创新首先始于对发达国家的全力模仿。尽管在韩国管理理论中成体系的东西并不多,但做出了从模仿到创新整个过程的系统性研究,提出了自己的追赶理论。这些典型地表现在金麟洙教授的《从模仿到创新》和李根教授的《经济赶超的熊彼特分析》书中的追赶经济学中。

中国在新中国成立前基本没有自己的现代管理理论,真正意义上的现代管理学在中国的第一个阶段应该从新中国成立后学习苏联开始,是在一种固有的、稳定的、封闭的系统中寻找最优解,建立起自上而下的层级组织的平衡。这种管理体系通过计划经济方式来进行,在寻找如何让工作效率更高的方法上,与泰勒的科学管理相似,但重视工人的"主人翁"地位。当时的管理体系试图用科学的方法让人们在精细的计划下工作效率更高。但是这种计划忽视了人民需求的多样性和技术进步的动态性,基本扼杀了技术创新。换言之,这便是封闭系统中的管理,具有加速的"熵增"后果。中国是在改革开放后才开始全面认真地学习西方的管理理论,于20世纪80年代初才开始引入技术创新管理理论。

更值得我们注意的是,管理理论并不总是滞后于实践,它从实践中来,又能高于实践,并引领更多企业乃至整个社会更快更健康的发展。

二、中国企业的后发追赶:二次创新

早在1912年,奥地利籍美国经济学家熊彼特在《经济发展理论》一书中提出经济学意义上的新名词"创新",揭示出了经济增长的创新机理。在中国,对创新的研究则由许庆瑞院士等一批开拓者从海外带回。创新管理学在中国的研究和成长亦是从学习与模仿开始的。有趣的是,尽管全球的政商及经济学界都尊敬并崇尚伟大的熊彼特,但是崇拜均衡的主流经济学并不那么接受他那"创新——创造性破坏的狂飙",熊彼特未能获得诺贝尔经济学奖。

笔者同样是在努力学习西方创新管理理论,并将之与中国企业的创新实践相结合的过程中产生疑问,而审问之、慎思之,在深入研究杭州齿轮箱厂、杭州制氧机厂及上海、宁波等地的企业基础上,于1991年提出了与西方创新管理领域中著名的"U-A创新动态模型"不同的"二次创新动态模型(图1)"。该模型,突破了以往创新管理研究局限于单一技术创新周期的缺陷,提出了技术范式转变期的重大机会窗口之于后来居上者的重要意义。该模型开拓性地建立了基于发展中国家实际、着眼于赢得"后发优势"的二次创新管理理论体系。

"二次创新"过程大致可细分为三个阶段:第一阶段是模仿中的学习,即引进本国或本地区尚不存在的技术,通过模仿、学习,通过充分利用本地供给要素的工艺创新(第一类二次创新)而逐渐掌握这门新技术,并达到提高产品质量、降低产品成本的目的。第二阶段是改进型的创新,即通过前一阶段的"第一类二次创新"所形成的工艺能力,开始结合本国市场需求的特点,对引进技术进行一定程度的衍化产品创新(第二类二次创新),以新产品满足本地市场的特别需要。第三阶段是"后二次创新",即真正意义的"二次创新"。此时,引进技术的一方已完全掌握该引进技术的原理并能灵活运用于满足市场需求。在此基础上,技术引进方能够运用自身形成的研发能力,开发运用或再引进应用新兴技术,结合目标市场的需要,能进行较重大的再创新。直至上升到能够自行通过原始创新。"二次创新"是一个企业创新能力不断积累进化的动态过程:通过工艺创新实现对引进技术的本地化掌握;通过产品创新实现对引进技术的创新应用及挖潜增效;通过融入更新颖的技术实现创新能力质的跃升。图2展示了二次创新的基本规律、总体特征与活动过程(吴晓波,1995)。这是一个从引进技术之初就开始创新的创新能力动态升级的过程,并非人们常说的"引进—消化吸收—再创新"的埋头苦干过程。

改革开放以来,从众多企业案例来看,大都是通过"二次创新"来提升创新能力,最终成功实现技术追赶的。从专利数据来看,1990年我国反映原始创新的发明专利授权量占17%,反映"二次创新"的实用新型专利授权量占75%;到2016年,尽管随着我国技术能力的提升,发明专利授权量升至23%,实用新型专利授权量降至52%,但实用新型专利依旧占到一半以上。从创新产品来看,大到火箭卫星、高速铁路、大型飞机、航空母舰,小到监控探头、搜索引擎、聊天软件、网上商城,尽管这些技术早期都非中国原创,但通过"二次创新",它们在国内国际市场上都产生了很强的竞争力。

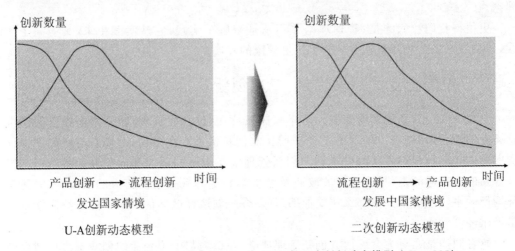

图1 U-A模型(Abernathy,Utterback,1978)与二次创新动态模型(Wu,1995)

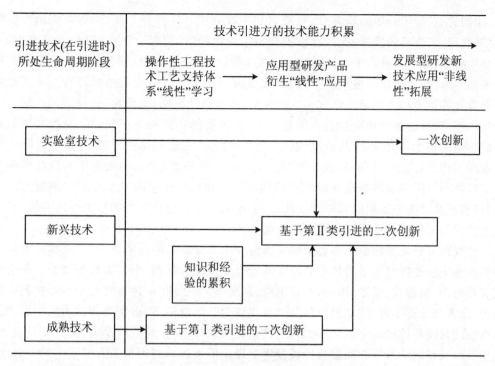

图 2　二次创新动态过程（吴晓波，1995）

从"引进技术之初就开展创新"的二次创新是发展中国家实现技术追赶的主流形式，是在技术引进之初即开展的创新活动。它虽然受囿于已有技术范式，并沿既定技术轨迹而发展，却是创新能力动态提升的关键。二次创新是渐进积累赢得后发优势的进化过程，是一个从量变到质变并存的创新能力升级过程，是一个从原有落后技术体系向新技术体系"学习中创新"，到新、旧技术体系相互竞争和"理解"的非线性过程，也是打破原有技术平衡到形成新的技术平衡的非平衡过程。

三、当"变革"成为新常态

曾经，"变革"总是被当成管理活动中的一种例外，而被尽力排斥；如今，"变革"已经成为一种常态，需要被积极的管理体系所拥抱。以往在构建管理系统优化的数学模型时，"变革"常常被当作一个干扰项，人们总是竭力想把干扰项除去；而随着技术生命周期的缩短，变革加速出现，这个干扰项就变成值得人们重视的最重要的一个非线性变量。

改革开放 40 年来，我国充分利用了全球范围内第四次大规模的制造业转移战略机遇期，借助由人口红利和资源禀赋红利构成的"成本结构"比较优势，主动承接了欧、美、日等发达国家和亚洲"四小龙"等新兴工业化经济体的劳动密集型产业与低技术高消耗产业转移，成为第四次世界产业转移的最大承接地和受益者，也逐渐形成了全球范围内独具竞争力的工业体系和高效的生产供应链体系。更重要的是，华为、吉利、海康威视、美的、格力等一大批后来居上的中国制造企业通过二次创新，在开放系统中抓住了"技术范式转变"期的重大"机会窗口"，实现了从追赶到超越追赶的成功跨越。

如今，动态数字化、网络化和智能化是新一轮工业革命的核心技术，也是"中国制造"

向"中国智造"转型升级的制高点、突破口和主攻方向。伴随着工业化、信息化融合战略和"互联网+"战略的实施,我国在推进新型工业化和"两化融合"方面取得了突出进展,以纳米科技、无人驾驶汽车、工业机器人、人工智能、区块链和5G通信技术为代表的制造业新技术革命,为我国制造业转型升级、实现由制造大国向制造强国的转变提供了智能制造发展的重要动力引擎。以人工智能为例,在移动互联网、大数据、云计算、人机交互、深度学习、区块链等新理论新技术的推动下,人工智能将重构生产、分配、交换和消费等经济活动的各个环节,以及从研发、设计、生产、销售的制造业全产业链,从而成为新一轮产业变革的核心驱动力,催生新技术、新产品、新产业和新模式,解决由于人口红利和资源禀赋红利下降带来的制造业成本和结构问题。如何抓住第四次工业革命的重大机会窗口,实现从二次创新到原始创新的跃迁,实现从追赶到超越追赶的重大创新升级,已经成为我国当下创新管理研究的重点和新起点。

传统西方管理学的核心思想是建立均衡有效的分工与协作体系,将建立和维护稳定的平衡作为企业提升绩效的核心命题。然而当变革成为常态,当打破平衡成为一种主动的管理行为,当迭代、试错、流动、不确定性、灰度等"干扰项"不再是管理制度和机制中的例外,当人与事物不再是"非黑即白"的"范式转变",新情境下,以华为为代表的中国企业从以往的封闭环境进入全球化、网络化、数据化的新环境,企业战略制定、新产品开发、组织变革以及组织学习等方面都与传统管理学理论所描述的封闭情景有极大不同。因此,以"二次创新"为代表的后发企业创新路径也需要放在"范式转变"的新环境下重新审视。

四、超越追赶:创新路径的新突破

距离笔者最初提出"二次创新动态过程模型"已近30年,我们惊喜地看到,大批中国企业已经完成了从落后者、追赶者到领先者乃至全球行业引领者的角色转变。以华为为代表的中国高新制造业企业甚至已经进入了"无人区"。从跟跑到并跑,直至领跑,它们已经充分地利用"后发优势"实现了快速的追赶,并进入了"超越"阶段。对它们的成功开展持续深化研究仍有着重大现实意义:首先,中国企业的成功"二次创新"经验上升为规律,可以为众多的发展中国家提供宝贵的指导;其次,进一步指导更多的我国企业实现成功的技术追赶。但是,特别针对开放环境下的技术范式转变期的重大"机会窗口"中的不确定性的认知,仍需我们做深化和细化的创新战略及战术工具的研究和开发。

后发国家企业实现技术追赶有许多不同的路径,例如路径追随型(path-following catch-up)、路径跳跃型(stage-skipping catch-up)、路径创造型(path-creating catch-up)(Lee和Lim,2001)。但是这些路径是基于对一个技术范式内的追赶路径考虑。当重大技术范式发生转变时,其尚未成熟的新技术范式将充满了"不确定性"。尽管有许多后发国家企业有机会采用了新的技术轨迹,实施了新的技术标准、技术方案或技术路径,但并不能稳操胜券。面向充满了不确定性的竞争,将是完全不同管理体系和商业模式的创新之争,将是在混沌中的摸索和创新之争。它将与原来"从一而终"式的确定条件下的技术追赶完全不同。从我国电视机企业、新型太阳能膜技术到如今万亿级的新能源车等产业中押注式的经验和教训中,可以清楚地看到正是对范式转变期的创新规律缺乏认知,导致了巨大的损失,并错失良机。

正是基于对中国企业从追赶到超越追赶的创新战略认知和创新管理实践的把握,笔者总结提出第四种技术追赶路径,即"超越追赶(beyond catch-up)"。超越追赶的特征是不"押注式"地只紧盯领先者的某一突破性技术,而是通过提升组织的"二元性",在研发上采取既注重"利用性"又开展"探索性"研发的"灰度"管理,有节奏地超越现有追赶轨迹,摆脱领先者的技术轨迹制约,用更高、更宽、更前瞻的技术视野和布局谋求革命性的创新发展。华为的"红军"/"蓝军"体系与战略战术就是一个典范。

由此,不同于经典的产业内追赶阶段,在以"ABC技术"(人工智能、大数据、云计算)劲推下的第四次产业革命时代,我国后发企业在快速迭代中所积累的能力已经发生了根本性的改变,它们能够为了解决特定的商业需要而采取不同的跨界新技术,这显著区别于原先以全球单一产业内领导者主导的技术范式。后发企业创新能力的发展,并不只是被动地沿着由全球产业领先者发起的技术范式所决定的技术轨迹前进。相反,这种创新能力的跨界"超越"会推动后发企业发展出与商业模式创新并进的新技术范式,开发出全面超越的技术、产品和工艺,并且走出一条与往日的全球领导者所不同的创新道路。就如阿里巴巴推出蚂蚁金服、菜鸟、钉钉这样基于"ABC技术"的商业模式创新,同时以"去IOE"战略(摆脱IBM、ORACLE、EMC三家IT全球领袖企业的技术束缚)开发出全球最领先的分布式数据库Ocean Base和"飞天"云操作系统;亦如华为在发展海思芯片的同时,开发出"鸿蒙"操作系统。作为跨界源动力的技术创新与商业模式创新"双轮驱动"已经成为中国龙头企业实现新型的超越追赶路径。这反映出后发企业可以通过"超越追赶的创新路径"进入国际技术创新前沿,与发达国家进行技术范式上的竞争,并有机会赢得技术竞争上的主导权。目前,中国已有一大批领先企业,如吉利汽车、海康威视、腾讯、百度、海尔等,正通过"双轮驱动"的"超越追赶"路径快速上升为国际一流。

五、结束语

值得指出的是,从"二次创新"到"超越追赶"的创新体系特别强调技术体系演化的动态性,重视"二次创新"进程中的线性特征和后发优势,更重视在范式转变期实现"超越追赶"中的"非线性"特征和不确定性。深入研究我国企业在利用型创新(exploitative innovation)与探索型创新(explorative innovation)中的平衡机制,对指导更多企业正确认识并把握和抓住下一个范式兴起的重大机会窗口,从而实现广泛的"超越追赶",具有重大的现实意义和理论价值。在此基础上,研究形成源自中国企业创新实践的"C理论"正是当下笔者研究团队努力的大事。这个C不仅指China,更寓意于catch up & beyond(追赶与超越)、change(变革)、complementary based competitiveness(基于互补的竞争力)、comproming(灰度)、coordinative(协调)、co…(共创、共建、共享、共赢)等与片面强调异质性、独占性和排他性的传统管理理论所不同的创新理念和创新体系。充分利用集体智慧、资源异质性中的互补性、多元管理、组织双元性,包容又跨界协同中的新型生态创新理念,将引领更多企业实现长期可持续发展,为世界管理理论界做出源自中国的贡献。我们愿与更多同行们共同努力!

参 考 文 献

[1] McGregor D. The human side of enterprise[M]. New York: McGraw Hill, 1960.
[2] Utterback J M, Abernathy W J. A dynamic model of process and product innovation[J]. Omega, 1975, 3(6): 639-656.
[3] Ouchi W. Theory Z: How American business can meet the Japanese challenge[M]. New Jersey Addison-Wesley, 1981.
[4] 吴晓波, 付亚男, 吴东, 雷李楠. 后发企业如何从追赶到超越？基于机会窗口视角的双案例纵向对比分析[J]. 管理世界, 2019(2): 151-167.
[5] 吴晓波, 张好雨. 从二次创新到超越追赶：中国高技术企业创新能力的跃迁[J]. 社会科学战线, 2018(10): 85-90.
[6] 吴晓波. 二次创新的进化过程[J]. 科研管理, 1995(2): 27-35.
[7] 吴晓波. 二次创新的周期与企业组织学习模式[J]. 管理世界, 1995(3): 168-172.

作者简介

吴晓波，博士、教授、博士生导师，浙江大学社会科学学部主任，浙江大学创新管理与持续竞争力研究国家哲学社会科学创新基地主任，浙江大学-剑桥大学全球化制造与创新管理联合研究中心中方主任，睿华创新管理研究所联席所长。教育部长江学者特聘教授，浙江大学求是特聘教授，国家万人计划哲学社会科学领军人才。在国内外期刊发表学术论文100多篇，出版著作10余部，提出"二次创新管理"理论，其专著《全球化制造与二次创新：赢得后发优势》获浙江省和教育部优秀成果奖。先后主持国家自然科学基金项目及重点项目、国家社会科学重点基金项目、重大国际合作科研项等20余项。担任《IEEE Transactions on Engineering Management》《Asian Journal of Technology Innovation》《管理工程学报》等国内外重要学术期刊编委、副主编。

培育提升动态能力，
促进后发企业实现技术跨越[①]

于 渤

摘要：本文在分析动态能力对企业技术跨越的作用机理的基础上，提出了知识与组织惯例互动演化—动态能力产生和提升—技术能力提升的分析框架，构建了后发企业动态能力生命周期循环演化机制模型，实证分析了利用式动态能力和探索式动态能力对后发企业技术跨越创新绩效的作用路径，提出了培育后发企业动态能力的管理建议，企业应该注重利用和探索的动态平衡发展；注重知识管理，促进动态能力的提升；构建培育动态能力的动力机制等。

关键词：技术跨越；利用式动态能力；探索式动态能力；形成机制；作用路径

一、研究背景

早在20世纪80年代中期，国外学者Lee(1997)提出了技术跨越的概念[1]。技术跨越是技术创新的高级形式，是越过技术发展的某些阶段，通过自主创新，实现技术进步的行为，能迅速缩小与领先企业间的技术差距[2-3]。对我国企业而言，通过技术积累达到自主创新，实现技术跨越是摆脱落后、实现赶超的重要途径[4]。改革开放以来，我国已有一些具有代表性的企业通过技术创新，实现了技术能力的大幅度提升[5]，在国际市场竞争中实现了对领先企业的技术追赶乃至技术跨越[4]。但是大多数后发企业如何实现技术追赶乃至技术跨越仍然是一个难题[5]。探索我国后发企业实行技术跨越的管理实践，分析这些企业在技术跨越过程中创新能力的形成机制及作用路径，具有重要的理论和实践意义。

（一）企业为了快速适应环境变化，需要培养持续变革的能力

随着新技术、新的商业模式层出不穷，消费者需求越来越多元化、多样化、个性化，世界竞争越来越激烈，这些对企业快速适应环境的变化提出了更高的要求。

如果企业不能很快地适应环境的变化，不能很快地调整企业自身的组织结构、流程、制度、组织惯例，就很难形成长期的竞争优势[6]。一些企业开始探索培育持续变革的能力，如中车、华为、哈电集团等企业开始探索培育企业持续变革的能力，培育快速适应环

[①] 国家社科基金重点项目(16AZD006)成果。

境变化的能力,大大提升了自身的市场竞争能力。

(二)企业技术跨越需要培育动态能力

随着技术竞争越来越激烈,在位企业的强大与后发企业的弱小只是一种相对的状态。技术跨越理论认为,随着技术生命周期缩短,非连续性技术变革发生时,后发企业具有一定的后发优势,可以利用技术范式转换期产生的机会窗口,以创新者、模仿者的角色开发新产品、新工艺,实现对领先企业的技术跨越(Jaeyong Song,2016)[7]。近几年战略管理理论关注企业可持续竞争的来源。面对持续变化的环境,特别是危机时代,组织维持和更新竞争优势越发重要,在这样的大背景下,产生了动态能力理论。Teece(1997)将动态能力定义为企业适应不断变化的技术环境的能力,是帮助企业不断整合、重构自身资源的企业能力[6]。后发企业如何运用动态能力来实现创新,达到技术跨越的目的,成为学术界关注的焦点。

二、问题提出

国内外对动态能力的研究文献已经非常丰富,学者们研究了动态能力对竞争力的影响、商业实践、绩效结果等的影响(Amir,2016)[8]。资源观、组织学习、技术演化理论、战略管理理论对动态能力的研究多基于一般企业的研究,针对后发企业的研究很少。近几年,国内出现了对后发企业技术追赶中动态能力的研究。李正卫(2005)构建了基于动态能力的后发企业追赶战略模型,认为发展中国家的后发企业能否实现快速追赶取决于动态能力[9]。郑刚(2016)提出了后发企业的新型追赶模式,解释了在新型技术追赶情景下企业创新能力演化的微观基础和机理,探讨了动态能力在后发企业技术追赶中的作用[10]。吴先明(2014)从动态能力视角探讨了新兴市场企业技术能力形成以及追赶过程[11]。这些问题表明,发展中国家后发企业的动态能力从哪来,知识和组织惯例互动演化如何推动动态能力的形成及演化,后发企业技术追赶过程中动态能力呈现什么样的演进规律,后发企业技术跨越过程中利用式动态能力和探索式动态能力分别有何作用,后发企业利用式动态能力和探索式动态能力对创新和创新绩效有什么样的作用路径仍然存在明显的理论缺口,亟须构建一个全新的理论框架进行解释。一些学者已经验证了动态能力在技术跨越中的重要作用,认为动态能力是技术创新的持续驱动力。然而我们要立足中国国情,追踪后发企业动态能力的形成机制、作用路径,做到正确认识动态能力来源,提升创新绩效,促进后发企业技术跨越的实现。

本文以中国后发企业为研究主体,采用案例和实证研究相结合的方法,深入剖析后发企业动态能力的形成机制及作用路径。回答了如下问题:

(1)后发企业利用式动态能力和探索式动态能力是如何形成的?

(2)后发企业动态能力对技术跨越有什么作用机理?

(3)后发企业技术跨越过程中利用式动态能力和探索式动态能力对创新绩效有什么样的作用路径?

三、技术跨越过程中动态能力的形成机制及作用路径

后发企业动态能力的微观基础,由利用式动态能力和探索式动态能力两个维度以及

每个维度下特定的过程和惯例构成,消化吸收(包括知识获取、知识内在化、知识扩散)、整合(包括资源知识整合)的过程和经营惯例构成了利用式动态能力,搜寻(新知识搜寻)和路径创造(知识创新)的过程和搜寻惯例共同构成了探索式动态能力,后发企业动态能力的形成是知识和组织惯例互动演化的结果。

研究提出了知识与组织惯例互动演化－动态能力产生和提升－技术能力提升的分析框架,构建了后发企业动态能力生命周期循环演化机制模型,归纳了循环演化系统中的知识、动态能力、技术能力的演进及相互之间的演进关系;分析了动态能力对后发企业技术跨越的作用机理,动态能力不断的良性循环推动着后发企业技术跨越的实现。研究结果表明,利用式动态能力是企业的低阶动态能力,探索式动态能力是高阶的动态能力,为了取得技术追赶乃至技术跨越的成功,企业需要利用式动态能力也需要探索式动态能力,尤其要重视培育高阶的探索式动态能力。随着企业知识积累的增加,高阶的探索式动态能力具有开拓性,是后发企业技术追赶的关键。

研究结果表明,后发企业动态能力对创新绩效有积极的影响。技术能力提升是后发企业实现创新绩效提升以及技术跨越的关键环节,在动态能力和企业创新绩效之间起到完全中介作用。技术能力中的常规性生产能力和创新性技术能力在动态能力与创新绩效之间的作用有差别。对于利用式动态能力而言,常规性生产能力的中介作用更大。对于探索式动态能力而言,创新性技术能力的中介作用更大;后发企业的创新战略在技术能力促进后发企业技术跨越创新绩效提高的关系中起到调节作用,创新战略与技术能力水平相匹配才能达到最优状态。当技术能力比较弱时,采取模仿和跟随这两种渐进性的技术创新战略。当技术能力比较强时,采取技术领先这种突破性的技术创新战略,实现对领先者的技术跨越。

四、企业技术跨越过程中动态能力培育的对策

(一)注重利用和探索的动态平衡发展

(1)追求能力的二元平衡。动态能力作为一种组织能力,具有两面性。利用式动态能力和探索式动态能力是动态能力的两个方面,利用式动态能力强调组织惯例的成熟、稳定,通过提炼、筛选、生产、效率、选择、实施等学习行为,对现有的产品、服务、技术、分销渠道进行改进,是渐进性的能力。探索式动态能力关注将组织惯例复制到一个新的、竞争激烈的动荡环境中。组织通过探索、风险承担、试验、尝试发现等学习行为,开发新技术、新产品、新服务、新的分销渠道。探索式动态能力是对组织惯例的修改,是颠覆性的能力,是识别新知识以及知识创造的能力。企业一方面利用现有的资源,同时另一方面搜寻新的可以继续利用的资源[12],利用和探索达到应有的平衡叫作组织灵活性或者是两面性[13]。然而组织灵活性或者是两面性不只是简单地达到利用和探索的相同水平,而是他们二者都实现最大化(Jan-Erik,2017)[14]。

追求动态二元平衡,企业可以通过业绩计酬来促进利用式行为,按业绩计酬包括片酬、佣金和利润分红,将报酬与可衡量的结果联系起来,从而激励员工追求特定的目标和提高组织绩效。企业利用式行为和探索式行为要求企业在不同的阶段采取不同的激励措施。组织两面性要求企业兼顾现在的需求的同时也能适应环境变化的需要,不仅保证

现在,也能参与到组织的将来(Oksana,2018)[15]。

(2)注重高阶探索式动态能力的培养。资源稀缺的本质迫使企业在利用和探索活动之间作出选择。大量文献认为应该在利用和探索活动之间取得平衡,但本研究表明,更高阶的动态能力对后发企业绩效的影响更大,探索式动态能力是企业创新和取得长期竞争优势的关键,低阶的动态能力对企业绩效的影响较弱,这一结果强调了不易模仿的、复杂的动态能力的重要作用。高阶的动态能力具有更为广泛,更多的可替代的本质,使组织能够适应更多的环境转变,动态机制使高阶的动态能力更有价值,因此,为了取得可持续的竞争优势,企业应该重视探索性动态能力的培养。

(二)注重知识管理

(1)知识管理的信息系统建设。建立健全组织的信息平台建设,在组织内部建立知识共享、知识交流的平台,随着外部环境的变化及时更新组织的知识积累。建立健全信息平台,依赖现代管理手段,建立知识信息系统,对组织而言具有重要的意义,信息系统支撑企业日常运营的同时,使各部门、各个独立的个体连接在一起,有利于知识共享。同时,信息系统使知识得以保存形成知识库,逐渐丰富的知识库是企业知识创新,形成动态能力的基础。

(2)知识管理的支撑体系。知识管理还离不开企业的制度建设,为了使组织管理顺利地进行,需要对知识管理的各个环节、各个流程进行标准化,在企业内部制定相关的制度。根据企业知识管理的具体情况,建立知识管理评估制度,如关于知识获取与评审的相关制度、知识整合的流程制度、专家信息收集标准等制度。

(3)知识管理流程建设。规范知识管理流程建设,包括知识识别流程、知识获取流程、知识共享流程、知识整合流程、知识搜寻流程、知识创新流程等,完善这些流程制度有利于知识管理建设。

(三)构建培育后发企业动态能力的动力机制

(1)建立创新的企业文化。营造鼓励创新的创新氛围,使创新成为每个员工的自发行为。营造宽容失败的文化氛围,对创新项目允许有一定比例的失败率。明确哪种类型的冒险是允许的。对尝试创新但失败的技术创新人员给予支持,增强员工勇于探索、勇于创新的信心和勇气,激发员工的创新热情,激发员工创新的主动性、积极性。

(2)培养企业家精神。增强企业家社会责任感,提高高层管理者的管理素质以及业务水平,培养高层管理者敢于冒险、敢于创新的精神。优化管理层结构,增加高层管理者领导者的异质性,培养利于创新的领导者结构。

(3)完善企业管理制度,建立健全创新激励机制。对从事创新活动的技术人员,企业要提供一些具有挑战意义的机会,激发技术人员的创新意识;对技术创新人员在创新中的创新采取不干涉的态度;建立健全绩效考核机制,对创新人员的创新成果进行奖励,对技术创新人员的绩效建立合理的绩效考核标准。

(4)实现不同层次微观主体之间的良性互动。组织变革能力的一个重要特性是它嵌入员工的态度和行为。从概念上讲,这意味着采用自底向上方法的动态能力,从微观基础的角度来看,而不是只在高层管理水平。不应该只关注管理层,应该关注各群体。应该关注个体以及团队水平的变革,创造能力和学习能力[16],包括:① 注重员工技能的培养;② 注重团队创新管理;③ 加强高管队伍建设。

参 考 文 献

[1] Lee K,Lin C. Technological regimes catching up and leapfrogging:finding from korean industries[J]. Research Policy,2001,30(3):459-483.

[2] 陈德智,陈香堂.技术跨越系统发展研究[J].系统工程理论方法应用,2006,15(4):368-372.

[3] 陈德智.从追赶到跨越的旋进模式研究[J].科学学研究,2006(S1):67-73.

[4] 姚志坚.技术跨越能力的实证研究[J].2003(11):125-131.

[5] 吴先明,高厚宾,邵福泽.当后发企业接近技术创新的前沿:国际化的"跳板作用"[J].管理评论,2018,30(6):42-56.

[6] Teece D J,Pisano G,Shuen A. Dynamic capabilities and strategic management[J]. Strategic Management Journal,1997,18(7):509-533.

[7] Song J,Lee K,Khanna T. Dynamic capabilities at samsung[J]. California Management Review,2016(4):123-146.

[8] Pezeshkan A,Fainshmidt S,Nair A,et al. An empirical assessment of the dynamic capabilities-performance relationship[J]. Journal of Business Research,2016(69):2950-2956.

[9] 李正卫,潘文安.基于动态能力的发展中国家企业追赶战略:模型构建与实证检验[J].科学学与科学技术管理,2005(4):100-104.

[10] 郑刚,郭艳婷,罗光雄,等.新型技术追赶、动态能力与创新能力演化:中集罐箱案例研究[J].科研管理,2016(3):31-41.

[11] 吴先明;苏志文.将跨国并购作为技术追赶的杠杆:动态能力视角[J].管理世界,2014(4):146-164.

[12] March J G. Exploration and exploitation in organizational learning[J]. Organization Science,1991,2(1):71-87.

[13] O'Reilly Iii C A,Tushman M L. Organizational ambidexterity:past,present,and future[J]. Academy of Management Perspectives,2013,27(4):324-338.

[14] Vahlne J E,Jonsson A. Ambidexterity as a dynamic capability in the globalization of the multinational business enterprise (MBE):case studies of AB Volvo and IKEA[J]. International Business Review,2017,26(1):57-70.

[15] Koryak O,Lockett A,Hayton J,et al. Disentangling the antecedents of ambidexterity:Exploration and exploitation[J]. Research Policy,2018,47(2):413-427.

[16] Schilke O. On the contingent value of dynamic capabilities for competitive advantage:The nonlinear moderating effect of environmental dynamism[J]. Strategic Management Journal,2014,35(2):179-203.

作者简介

于渤,博士,哈尔滨工业大学管理学院教授,博士生导师。兼任国家社会科学基金学科规划评审组专家、中国经济社会理事会理事、中国技术经济学会常务理事、中国管理现代化研究会常务理事、中国科学学与科技政策研究会理事、全国工商管理专业学位研究生教育指导委员会(第四届、第五届)委员、黑龙江省政协常务委员。担任《管理世界》《管理评论》《南开管理评论》《科学学研究》《管理学报》《研究与发展管理》等刊物的编委。作为负责人主持包括国家社科基金重点项目、国家自然科学基金等项目20余项。在《管理世界》《科研管理》《数量经济技术经济研究》《科学学研究》《中国软科学》以及SCI、SSCI期刊发表学术论文150余篇。

中美关系的变化及中国技术创新道路的重新选择

高旭东

摘要：在中美关系已经进入新阶段的情况下,中国的技术创新道路需要重新选择;需要解放思想,丢掉幻想,真正把自主技术创新放在核心位置。为此,需要坚持两大战略目标(从经济发展模式看,要建立以国内市场为基础的、有国际竞争力的国际化经济;从技术创新模式看,要建立以自主创新为基础的、高质量的开放式创新模式),采取三大战略措施(以时间换时间;以经济结构升级为核心实现资源优化配置;以自主创新为核心实现核心技术的突破,牢牢占领经济发展的制高点和主动权)。

关键词：技术创新道路;战略目标;战略措施;自主创新;中美关系

一、中美关系的新阶段

中美关系已经进入全新的发展阶段。从美国方面看,用一句话来概括,就是从接触到遏制。2018年以来的一系列经济摩擦是具体表现,但是战略的调整早已开始,美国精英阶层对中国的认知早已发生重大变化。

美国政府政策变化的根本原因是什么?我们的分析表明,主要有三个。

第一个原因,美国企业竞争力下降,直接威胁到美国的全球统治地位。在这种情况下,打压正在崛起的中国是不错的选择。因此,贸易问题其实只是个理由和工具。实际上,美国巨大的贸易逆差不仅仅存在于中美之间,而且存在于美国与其他国家之间。美国单独拿中国开刀,用意明显。

第二个原因,美国正在实施的增强本国企业竞争力的新战略,包括试图做到制造业回归。正因为如此,一些学者指出,虽然大规模增加关税会影响到很多跨国公司,但是美国不在乎,甚至是"正合我意"。

第三个原因就是中美之间存在真正的制度性差异。按照他们的说法:原本希望中国不断演变,越来越像美国;现在看来,特别是党的十八大后,期望落空了。这也是他们公开指责中国的政治经济体制的原因:存在国有企业,在私有企业设立中国共产党的组织。

上述三个原因中,核心是第一个。总体上看,中国企业竞争力上升,美国企业竞争力下降。这样的结果就是,美国要想保持在世界上绝对的优势地位已经成为不可能。在这种情况下,趁着中国还没有真正发展起来,制造各种障碍阻止、至少是延缓中国的崛起,是美国最重要的选择。

打压从哪里下手?从中国的软肋下手,那就是核心技术缺乏,开发核心技术的能力缺乏。所以三管齐下，一是进行技术制裁、不转让技术，二是试图打掉核心技术开发的组织基础（行业领先企业，像中兴、华为以及军工企业和国有企业）和政策基础（比如"中国制造2025"），三是进行贸易战（试图迷惑中国，让中国的经济乱了，他们乱中取胜；同时，也试图恶化中国的经济增长，打击中国的信心）。

中美关系的重大转折同时意味着我国的国际环境正出现重大变化，各国都在评估机会和挑战。比如，中国非常希望建立人类命运共同体，追求共赢，乃至实现世界大同。但是，美国人不想这么做，因为他们认为双方的利益是不一样的。至于其他国家，欧盟也好，日本也好，广大第三世界国家也好，当然要区别对待。

二、中国的三种可能选择

面对新的形势，中国的选择不外乎三种：一是妥协，二是示弱，三是应战。选择妥协很简单，那就是接受美国关税惩罚，接受他们的技术封锁，放弃中国的产业政策，限制中国国有企业的发展，全面放开中国的市场。

可以不可以有选择性地妥协？比如，以放弃中国的产业政策、限制中国国有企业的发展、全面放开中国的市场为代价，换得美国在关税方面的退让？这样做的话，有一定的可能性，但是代价太大了：这样做以后，美国也不会改变不允许中兴、华为在他们的市场上销售系统设备的政策，更不会转让核心技术给中国企业，因为目的就是不让中国在技术上发展起来。更为严重的是，中国则失去了开发自己的核心技术的基本条件（产业政策、核心企业、包括国有企业，市场条件等）。中国进一步发展的机会就彻底丧失了。

示弱就是发表声明，说中国现在还是发展中国家，各方面都不行。现在很多人主张这种做法，还美其名曰继续执行小平同志的"韬光养晦"政策。这是自欺欺人，毫无用处。美国人不傻，不是三岁孩童。中国的实力摆在那里，谁也骗不了。

前两种选择都不行，唯一的选择就是丢掉一切幻想，真正开始应战。当然，选择了应战，就要做最坏的打算。比如，美国依靠自己在信息技术领域的优势，全面禁止中国企业和公民使用相关的软件、软件开发工具。这种可能性比较小，毕竟中国手里也有底牌可以打。比如，因为中国强大的制造能力，很多美国企业的生死其实掌握在中国手里，起码短期如此。

三、为什么选择妥协的力量那么大？

选择应战非常不容易，因为妥协派有很大的市场。这有好多原因，非常重要的是观念的问题，也夹杂着立场问题、利益矛盾，还有对美国试图建立自由贸易体系的担忧。从观念来看，很多人认为中国的市场越开放，中国的经济发展就会越好，社会发展也会越好，所以一直在鼓吹和推动国内市场的高度开放、深度开放。

这是一种极为错误、危害极大的思想，但是在我国影响面非常广、影响力极大，可能与中国的主流媒体宣传有关系。开放分两种，一是思想的开放，世界上的好东西，无论是技术、知识还是其他的东西，中国都应该学，这种开放越多越好，越深入越好。二是市场的开放，则遵循非常不一样的逻辑。按照现代管理学的基本原理，竞争优势的取得来源于企业的能力；能力差的，在自由竞争中不可能取胜。这就像一个大人和一个小孩子打架的话,小孩不可能赢,除非有神助。正因为如此,国内市场的开放需要视本土企业(不包括合资企业)的能力而决定。在本土企业能力不够的情况下,越开放,本土企业死得越快,或者只能选择成为跨国公司的附庸。

一个紧密相关的错误观念是:单纯的开放可以促进本土企业能力、包括技术能力的提高,因为有溢出效应。溢出效应肯定有,但是正面效果可能远远小于跨国公司竞争对本土企业带来的负面影响。问题的核心是,本土企业要有提高自己的能力条件,包括时间。在直接面对强大的跨国公司的情况下,根本没有时间提高能力。这里的关键是,能力的提高需要时间。时间从哪里来?一般来讲,只能从国家对本土市场的保护而来。没有保护,就没有能力的提高。这么简单的道理,国内长期以来基本上是不理解、漠视或者抱有不切实际的幻想。

还有一种观点认为,中国的国有企业对国家的经济发展是不利的,所以美国现在打击中国的国有企业,是对中国的帮助。这样的认识,如果不是糊涂的话,只能定义为立场问题或者利益问题。美国会有那样的好心,一心一意来帮中国?

还有一种错误观念,或者叫作知识缺乏,就是对中国技术进步、技术创新的基本规律不够了解,认为只有依赖外部力量才能取得成功。实际上,发展到今天,中国需要的是尖端技术,一般技术中国自己就可以突破,无需依赖外部力量。但是,在核心技术上,不是中国不想依赖,而是不可能依赖。

对美国试图建立自由贸易体系的担忧也大可不必。在一定意义上,美国这样做,是搬起石头砸自己的脚。试想,果真在欧洲、日本、美国之间真正建立了自由贸易体系,谁会赢?谁会输?美国有优势的领域不多。

四、为什么选择应战的阻力那么大?

为什么选择应战难度这么大?除了妥协的影响很大以外,主要是中国的信心不足,而这又源于中国过去不太成功或者说失败的经历:无论是中国的国有企业还是民营企业,在自主技术创新方面取得的成就远远低于预期。

为什么低于预期?根本原因是两个:一是经济高度开放,无法形成本土企业之间有效的"共同成长"机制,二是虽然尝试过"自主技术创新",但是在大多数情况下浅尝辄止,没有做到位。

先说第一个原因:没有形成本土企业之间有效的"共同成长"机制。现代经济的一个基本特点是分工与合作。比如,有的企业生产零部件(简称零部件生产者),有的企业使用零部件(简称零部件使用者);为了实现经济的健康运转,包括有效的技术创新,生产者和使用者需要形成紧密的合作关系。

在发展中国家,因为不处于创新的前沿,本土的零部件生产者和使用者的关系比较复杂,本土的零部件使用者往往更倾向于从跨国公司购买零部件。这样做有很多好处,包括:跨国公司提供的零部件更加成熟,性能更好,销售和售后服务网络更发达,跨国公司的品牌影响力更大等。这样的结果是,本土的生产者和使用者难以形成"共同成长"的关系。挑战在于,跨国公司的零部件供应有可能存在不确定性,比如"技术封锁"。中兴通讯最近遇到的就是一个典型例子,随后美国对44家其他中国企业又加大了"技术封锁"的力度。

至于第二个原因,即"自主技术创新"的浅尝辄止,这与第一个原因是紧密相关的。在高度开放国内市场,同时又能够从国际市场获得相应的技术、零部件或者设备的情况下,即使条件苛刻(比如价格高,交货、维修不及时,维护费用高),即使不是很理想(得不到最先进的技术但是也可以凑合着用),实际上没有进行自主技术创新的压力和紧迫感,从而不可能真正采取有效的措施。

比如,国内不是没有开发出电脑、服务器的操作系统和处理器。中科红旗、麒麟、龙芯、北大众志都是很好的例子。但是,成功的程度远远不能满足应对外部"技术制裁"的要求。原因何在?一种说法是一些企业的产品相比于跨国公司的产品有差距,甚至是很大的差距。

这样的理由根本站不住脚。有差距是正常的,要不然就不是发展中国家、就不是处于追赶中的国家和企业了。正因为落后,所以才需要自主技术创新,才需要支持。支持不支持是战略问题,如何支持是战术问题。战略只要坚定,战术可以有各种各样的选择。因此,在已经有了很好的技术突破的情况下仍然没有达到预期目的,只有一个原因:措施不得力,无论是企业还是政府。

五、战略目标与战略措施

如果中国的选择是坚定不移地应战,那么战略目标和战略措施有哪些呢?中国提出两大战略目标和三大战略措施。

两大战略目标是:第一,从经济发展模式看,就是要建立以国内市场为基础的、有国际竞争力的国际化经济;第二,从技术创新模式看,就是要建立以自主创新为基础的、高质量的开放式创新模式。

具体而言,经济发展模式的目标有两层含义:把本土企业的生存和发展建立在充分发挥我国巨大国内市场优势的基础上;不断提高本土企业的竞争优势,无论在国内市场还是国际市场,都不惧怕跨国公司的竞争。这样也意味着,适当降低贸易依存度,但是贸易依存度也不是越低越好,而是建立在本土企业的竞争力的基础之上;只要有竞争力,就要尽可能增加出口。

需要特别指出的是,出口既包括高科技产业,也包括传统产业。特别是在传统产业,一般的腾笼换鸟、把中国因为劳动力成本提高而丧失了竞争力的产业转移到其他国家的做法不是一个好的选择,而是应该想别的办法,比如使用机器人,提高生产效率和质量,提高竞争优势。

在技术创新模式的选择上,核心是自主技术创新;积极利用外部力量搞开放式创新,也是为了提高自主技术创新的有效性和效率。这里,最重要的就是一定要记住习近平总书记讲的,核心技术是买不来的,中国不能依赖别人提供核心技术。美国政府跟中国搞贸易摩擦,最主要的就是想在核心技术上遏制中国,因为这些的确是中国的短板和软肋。

我们提出的三大战略措施包括:第一,以时间换时间;第二,以经济结构升级为核心实现资源优化配置;第三,以自主创新为核心实现核心技术的突破,牢牢占领经济发展的制高点和主动权。

以时间换时间的核心是:转变经济发展模式和技术创新模式不可能一蹴而就,而是需要相当长的时间;这就要求,需要通过拉长一些产业的发展时间换取转变经济发展模式和技术创新模式所需要的时间。

时间从哪里来？我们的研究表明，真正有一定把握的，一是房地产投资，二是基础设施投资。但是，这两者的发展模式都需要认真选择。对房地产而言，现有的把土地交给开发商开发高价商品房的模式已经难以为继；核心不是供给不足，是合理需求不足。

我们的建议是：借鉴新加坡的经验，把土地尽可能掌握在政府、特别是中央政府手中，建设大量的合适的住宅（不是一般意义上的经济适用房，而是质量高、设施齐全、功能完善的住房），以此"拉长"房地产行业的发展周期。

第二个战略措施，即以经济结构升级为核心实现资源优化配置。经济结构升级包括很多方面：产业结构（既可以是通常讲的一二三产业，也可以以附加值高低来划分）、技术结构、产品结构、消费结构、产业组织结构等。其中，产业组织结构具有特殊重要的意义，合理的产业组织结构，即真正实现企业的优胜劣汰，效率高、创新能力强的企业能够不断发展，效率低、创新能力差的企业不断被淘汰，是实现优化资源配置的核心。

需要特别指出的是，国有企业中有很多效率高、创新能力强的企业，民营企业中也有很多效率低、创新能力差的企业。重要的是，不要以单纯的所有制性质作为标准来选择去留，应该真正交给市场，在竞争中实现优胜劣汰。这也包括在严格管控金融风险（比如杠杆率太高）的前提下，政府不要过多干预金融系统，包括银行系统。

第三个战略，即以自主创新为核心，在真正卡脖子的技术领域实施核心技术的突破，牢牢占领经济发展的制高点和主动权。总结过去的经验，特别是教训，为了实现这一战略，需要尽快实施"自主创新国家工程"，做到定向或者叫精准创新；尽快梳理出真正卡脖子的技术领域，然后以足够多的投入和足够大的市场确保创新的成功。

作者简介

高旭东，博士，现任清华大学经济管理学院教授，清华大学苏世民书院首席教授，清华大学技术创新研究中心副主任、研究员，工业和信息化部信息经济专家委员会委员。主要研究方向为公司战略、技术战略、技术能力培养。对中国企业的竞争战略和自主创新能力培养的理论和对策进行了比较系统的研究，对于中国企业为什么要进行自主创新、能不能进行自主创新以及如何进行自主创新等问题进行了分析，特别是在系统研究以中石油、大唐、中兴、华为、远大、曙光、海信、长虹、TCL等为代表的中国本土企业的基础上，提出了企业自主创新能力培养的"社会学习理论"、"后来者劣势"理论、本土企业能力培养的"共同成长"理论，以及在国际化条件下企业竞争战略与技术战略选择的"障碍-机会"理论框架。他的文章发表在《Research Policy》《Cambridge Journal Of Regions》《Economy And Society》《Telecommunications Policy》《Research Technology Management》《International Journal Of Technology Management》《Industry And Innovation》《Journal Of Technology Transfer》等期刊。所著《企业自主创新战略与方法》（2007，知识产权出版社）一书比较系统地阐述了自主创新的有关理论和方法。

我国颠覆性创新存在的主要问题及对策建议

陈 劲

摘要：颠覆性创新是当前理论界和政府部门热用的名词，在党的十九大报告中也使用了"颠覆性技术创新"一词。因此，正确认识颠覆性创新的真实内涵，发展与壮大颠覆性创新具有重要的意义。基于深入分析中国颠覆性创新存在的主要问题基础，对我国推进颠覆性创新活动提出了六条对策与建议，以资参考。

关键词：颠覆性创新；常态化机制；基础研究；创新组织

一、发展与壮大颠覆性创新的重要意义

习近平总书记在2018年两院院士大会上指出："信息、生命、制造、能源、空间、海洋等的原创突破为前沿技术、颠覆性创新提供了更多创新源泉，学科之间、科学和技术之间、技术之间、自然科学和人文社会科学之间日益呈现交叉融合趋势，科学技术从来没有像今天这样深刻影响着国家前途命运，从来没有像今天这样深刻影响着人民生活福祉。"我们要增强"四个自信"，以关键共性技术、前沿引领技术、现代工程技术、颠覆性技术为突破口，敢于走前人没走过的路，努力实现关键核心技术自主可控，把创新主动权、发展主动权牢牢掌握在自己手中。"十三五"规划纲要提出，要更加重视原始创新和颠覆性创新。国家创新驱动发展战略纲要也提出，要发展引领产业变革的颠覆性创新，不断催生新产业、创造新就业。

颠覆性创新这一概念最早由美国哈佛商学院教授克莱顿·克里斯坦森（Clayton Christensen）在他1995年出版的专著《颠覆性创新的机遇浪潮》提出。他基于商业创新背景，将技术分为渐进性技术和颠覆性创新。渐进性技术是指对正在应用的技术作增量式改进的技术；而颠覆性创新则是指以意想不到的方式取代现有主流技术的技术，"它们往往从低端或边缘市场切入，以简单、方便、便宜为初始阶段特征，随着性能与功能的不断改进与完善，最终取代已有技术，开辟出新市场，形成新的价值体系"。根据克里斯坦森的定义，颠覆性创新能够打破现状，改变人们的生活、工作方式，重新配置价值体系，并引领全新的产品和服务。与其他技术不同，颠覆性创新给经济体带来的是一种"创造性"的破坏，并促进其重大发展，造成利润空间转移和产业结构调整，导致传统企业被新兴企业所取代。

颠覆性创新至少具有3个显著特征：一是替代性。一旦某个行业出现颠覆性创新或其他基础产业出现的颠覆性创新渗透到本行业，本行业目前的产品将逐步被使用新技术生产的产品完全或大部分替代。例如数码相机替代了胶卷相机，智能手机又部分替代了

数码相机。二是破坏性。颠覆性创新导致产品性能主要指标发生巨大跃迁,在用户价值或产品性能上从0到1的突破,或者是1到10的10X倍速突破。颠覆性创新的出现和应用,将极大地改变本行业中龙头企业的地位,一部分创新型中小企业异军突起,一部分没有及时采用颠覆性创新的行业龙头企业惨遭淘汰。颠覆性创新对市场规则、竞争态势、产业版图具有决定性影响,甚至导致产业重新洗牌。例如胶卷相机巨头柯达公司已经破产,手机生产商大佬摩托罗拉和诺基亚公司都已经被苹果、三星、华为等远远甩开。三是不确定性。颠覆性创新从出现到成熟应用乃至产生颠覆性影响需要一个长期的培育过程,这类创新需要全新的概念与重大的技术突破,往往需要优秀的科学家或工程师花费大量的资金,历时8～10年或更长的时间来实现。这些创新常伴有一系列的产品创新与工艺创新,以及企业组织创新,甚至导致产业结构的变革。

从历史的角度出发,每次科技革命的发生和突破,都以颠覆性创新的出现和成熟为标志。每一次人类社会的重大变革和人类文明的飞跃,都离不开颠覆性创新的诞生和发展。蒸汽机的出现打破了以农业生产技术为主体的社会技术体系;内燃机和电力的出现打破了以煤炭和蒸汽机为主体的社会技术体系;计算机、互联网的出现推动了以机械制造为主体的后工业技术体系转型。

大量事实表明,颠覆性创新可在政治、经济、科技、军事、文化等方面产生诸多影响,发展颠覆性创新对实现我国科技创新跨越式发展具有重要战略意义。首先,研究和发展颠覆性创新将有助于我国摆脱原创性创新能力不足,关键核心技术受制于人的困境,提升科技创新质量,实现跨越式发展。其次,以新一轮科技革命和产业变革为契机,发展颠覆性创新将改变我国现有的产业规则,影响我国现有的产业格局,进而形成新的主导产业,为我国科技创新的跨越式发展提供新的物质基础。同时,作为科技创新的后发追赶型国家,发展颠覆性创新将有助于缩小我国与发达国家之间的科技创新差距,进而为我国建设世界科技强国提供战略新机遇。

改革开放40年来,我国的产业依靠跟随学习到自主研发,不断实现突破并取得了举世瞩目的成就,载人航天、超级计算等面向国家重大需求的战略高技术领域持续取得重大突破;高速铁路、第四代核电、新一代无线通信、超高压输变电等面向国民经济主战场的产业关键技术迅速发展成熟。我国每年的经济总量已经跃居世界第二的位置多年,但与建成世界科技强国的要求相比,我国科技创新能力建设最为核心的挑战是高新技术产业的核心技术颠覆性创新不足。

二、颠覆性创新存在的主要问题及对策建议

与发达国家相比,我国颠覆性创新发展主要存在缺乏常态化研究机制、研究开展不系统、管理和制度认识不到位、文化教育环境导致的领军人才稀缺、基础研究不足、颠覆性创新组织不充分等问题。

一是缺乏专门的颠覆性创新发展的顶层设计以及常态化研究机制。"颠覆性创新"概念的影响日益深远,世界主要国家都非常注重颠覆性创新的发展,有些国家还成立了专门的研究机构。比如1958年成立的美国国防部国防预先研究计划局(Defense Advanced Research Projects Agency,DARPA),其有三个重要的特征,即鼓励前瞻性创新、经理任期期限制度以及对失败的宽容。受到美国DARPA的启发,日本内阁于2013年

推出推进日本颠覆性创新计划（ImPACT），旨在通过发展颠覆式创新来促进国家工业和社会发展方面实现革命性变化，ImPACT 计划的终极目标是将日本建设成世界上最具创新力和创业精神的友好型国家。项目经理是 ImPACT 的灵魂，ImPACT 赋予了项目经理更高的权力，包括项目选题自主权、团队组织权、项目实施决策权、经费分配使用权，以及知识产权运用的决定权等。欧洲的选择 JEDI——欧洲联合颠覆倡议（the Joint European Disruption Initiative，简称 JEDI）于 2017 年 8 月成立，JEDI 目标是通过在风险承担、项目资金和执行速度方面程序和路径的彻底变革，来鼓励进取和突破性的观念。

一是建议开展顶层设计，制定相关政策，成立专业的管理机构，形成常态化机制。围绕重大颠覆性创新的技术预警、需求论证、组织研发、应用推动等工作，借鉴国外既有的经验做法，改善当前受部门体制分割限制的局面，设立颠覆性创新发展运用的专职部门或机构，主动跟踪各国发展颠覆性创新的研发动向和策略调整，加强对未来发展具有关键影响的核心技术布局和储备，加强科学技术前沿领域与产业的合作，形成新的竞争优势，努力主导新兴领域国际规则与标准的制定，在大数据、精准医疗、人工智能、智慧交通等领域提出更多"中国方案"。目前，中国工程科技战略研究院已经做出了卓越的研究探索，但需要进一步加大力量，形成研究能力。

二是缺少对颠覆性创新全过程、系统性的关注，目前对颠覆性创新的研究多集中于单一的技术角度而忽视应用。技术本身不能产生颠覆性的影响，必须成为产品并被合理运用后才会产生颠覆性影响。政府和学术界都应不仅仅关注颠覆性创新本身，而且也应该强调整体论、系统观，同步开展对颠覆性创新市场转化及应用实践的过程研究。技术创新是一个具有生命周期的链条，从技术发明到产品设计到市场转化再到应用效果的体现，每一个环节都有其风险，应高度重视。建议国家自然科学基金委尽早设立颠覆性创新的重点研究群，加大对颠覆性创新的战略研究。

三是对管理创新和制度完善带来的挑战认识还不到位。从目前来看，对颠覆性创新带来的对传统管理模式及旧有制度提出的挑战认识还不够。比如，精准医疗在现有医疗管理模式下难有应用空间；人工智能对伦理学研究、社保、就业等政策储备，大数据对数据安全保障和隐私保护等都提出了新的要求。这些方面还未引起大家足够的重视，亟须加强前瞻研究和部署。应做好颠覆性创新的政策储备和管理创新。研判数字化转型带来的机遇和挑战，强化人工智能等颠覆性创新规模化应用场景的社会学、经济学、伦理学研究，相应做好法规、监管、社保、就业等政策储备，努力降低转型的社会成本。着手研究新型制造体系的标准、法规，开展工业互联网和物联网大规模应用的安全防控体系和技术研究。推动建立促进大数据流通的信用体系，完善数据安全保障和隐私保护制度。科学评估基因技术、细胞技术对食品安全、医疗体系变革带来的影响，协同推进相关领域的管理创新。

四是颠覆性技术创新的培养环境有待提高，特别是在教育、文化环境等方面均存在诸多问题，重点表现在颠覆性创新领军人才短缺。颠覆性创新从出现到成熟应用需要一个长期的过程，能否成功最关键的因素是人才，特别是前沿领域的领军人才。当前，我国科技人员总量超过 9000 万人，居世界第一，但高层次人才特别是一流科学家、科技领军人才相对匮乏，能跻身国际前沿、参与国际竞争的世界级大师更为稀缺，这些都在一定程度上制约了我国自主创新能力的提升。如何让世界级大师"冒"出来，充分发挥他们的核心和引领作用,推动基础研究和原始创新,让中国在科技创新方面走在世界前列,是当下亟待解决的问题。

应建立培养和吸引创新型人才的教育和文化环境,特别是重点高校招收面向颠覆性创新的专门人才培养团队乃至"少年班"。

五是加强颠覆性创新所需要的基础研究工作。习近平总书记曾比喻"在别人的墙基上砌房子,再大再漂亮也可能经不起风雨,甚至会不堪一击"。基础研究是技术创新的核心和源泉,颠覆性创新的发现和产生,很大程度上依赖于基础研究的能力和水平,当代技术创新成果有 90% 左右是源于基础研究,卫星、通信、航空、纳米等技术的突破都与基础研究直接相关。但与发达国家相比,我国在基础研究水平和投入上都相对落后:2016 年我国基础研究经费支出占全社会研发支出比重仅有 5.1%,而美国、日本、英国分别达到 19.0%、12.3% 和 11.3%。

应打牢基础研究的根基,继续发挥中央财政在基础研究投入中的主体和引导作用,积极引导企业加强基础研究。高度关注可能引起现有投资、人才、技术、产业、规则"归零"的颠覆性创新,前瞻布局新兴产业前沿技术研发,力争实现"弯道超车"。特别在重点高校加快布局建设若干科技和经济社会发展急需的专门研究团队,在重大创新领域启动组建国家实验室,在特定领域成立未来实验室,以登月计划 MOONSHOT 的理念不断提出引领性的颠覆性创新。

六是不断提高企业在颠覆式创新方面的主体地位。颠覆性创新往往诞生于创新型的企业。企业是创新的主体,在市场经济条件下,企业在创新方面更为有效,因为它贴近市场、了解市场需求,具备将技术优势转化为产品优势、将创新成果转化为商品、通过市场得到回报的要素组合和运行机制。当前,我国主要的创新资源多集中在高等院校、科研机构,在科技体制改革尚未完全到位时,企业创新主体地位还不够突出。企业创新主体地位确立的延迟有可能使我国无法跟上科技革命的步伐。

应完善以企业为主体的技术创新体系,培养颠覆性创新组织。清除制约创新资源流动、影响科技成果转化、束缚各类创新主体积极性的体制障碍和制度藩篱。加强知识产权保护,使创新产品、技术、专利等得到有效保护,激发企业创新热情。进一步创新支持政策,引导企业开展基础性前沿性创新研究,在技术创新决策、研发投入、科研组织和成果转化等方面,强化企业主导作用。在企业微观层面鼓励企业建立项目实验室、"创意市场"、虚拟协作创意团队、颠覆性创新中心、颠覆性创新俱乐部、自主事业单位等。这些承担突破性创新的战略事业单位在结构上与主体组织分离,有利于帮助企业保护新技术开发免受组织惯性和技术惯性的影响,设立有助于颠覆性创新的组织模式。

参 考 文 献

[1] 姚洋.中国的创新之路:颠覆性创新与连续性创新相结合[EB/OL].[2016-07-15]. http://www.cs.com.cn/sylm/zjyl_1/201607/t20160715_5013511.html.

[2] 柯季文.科技专论:我国战略性新兴产业发展现状及对策建议[EB/OL].[2013-01-07]. http://scitech.people.com.cn/n/2013/0107/c1007-20115561.html.

[3] 钱颖一.中国缺乏颠覆性创新的根源在哪?本文说清了[EB/OL].[2018-06-22]. http://www.sohu.com/a/237350722_653767.

[4] 李倩.我国颠覆性技术发展主要存在的问题和难点[EB/OL].[2018-06-07].http://www.elecfans.com/d/691493.html.

[5] 张则瑾,陈锐.科技创新|我国颠覆性技术发展面临的主要问题和对策研究[EB/OL].[2018-12-14].http://dy.163.com/v2/article/detail/E30HTF3E0511EI2L.html.

[6] 熊洁.颠覆性技术的兴起及其影响[EB/OL].[2019-05-18].https://dwz.cn/oSyNh904.

作者简介

陈劲,清华大学经济管理学院教授,教育部人文社科重点研究基地清华大学技术创新研究中心主任。2000年获国务院政府特殊津贴,2002年荣获国家杰出青年基金,2007年获聘浙江大学"求是特聘教授",2009年入选"国家百千万人才工程",2014年获聘教育部"长江学者特聘教授"。长期致力于技术创新管理与科技政策研究,积极探索中国特色技术创新管理理论,在国内外期刊及学术会议上发表论文600余篇,在《人民日报》《瞭望》周刊等发表多篇创新战略和政策的文章,对自主创新、全面创新、开放创新、协同创新等进行了深入研究。

创新驱动的产业链现代化路径与政策建议[①]

刘志迎

摘要：打好"产业基础高级化，产业链现代化"攻坚战是未来很长一段时期中国经济发展的重要任务，创新是完成这一重要任务根本驱动力。本文在简要澄清产业链现代化相关概念及内涵的基础上，分析了中国制造业发展及产业链存在的主要问题及其原因，提出了中国产业链现代化的攻坚路径选择及政策建议，以供现实工作参考。

关键词：创新驱动；产业基础；高级化；产业链；现代化

国家竞争力取决于经济竞争力，经济发展的核心在于产业发展，产业竞争力的关键在于掌控产业关键技术。打好"产业基础高级化、产业链现代化"的攻坚战，需要科技创新力量驱动。科技创新是一个复合名词，包括科学研究、技术发明及技术成果的产业化或商业化。没有科学研究，难以站到世界的前沿；没有科学支撑的技术发明，难以掌控核心技术；没有技术创新，就无法支撑产业发展实现经济价值。产业链现代化是企业、高校、科研院所和政府等多主体共同作用的一项系统工程，是一场任务艰巨的攻坚战。

一、正确认识产业链现代化的深刻内涵

产业链是一个国内常用的名词，原意是产业前后向关联关系，相关的还有供应链、价值链、创新链、产品链等概念。可以说，产业链是这些概念的总称，也可以说是这些概念另外一种说法。供应链是站在需求角度看产业链，价值链是站在价值增值角度看产业链，创新链是站在技术创新角度看产业链，产品链是站在产品内分工角度看产业链。产业链是从创意、研发、设计、原料、材料、零件、部件、成品、品牌、销售网络、服务等多层次、多环节、跨行业、多主体展开的链条或者链条网络。例如，一架飞机就涉及金属、塑料、橡胶、玻璃、复合等众多材料，涉及数百万个零部件，涉及近百个制造领域和服务领域；一部苹果手机涉及500多个各种各样的、大大小小的零部件；华为就有3600多家大大小小供应链上的企业为其服务。因此，产业链条极其长且复杂。

按照联合国产业分类目录，中国是全世界唯一拥有该目录中全部41个工业大类、191个中类、525个小类工业门类的国家。这说明中国产业门类齐全，形成了完整的工业

[①] 安徽省哲学社会科学基金重点项目"安徽制造业关键技术突破与高质量发展研究"(AHSK149)成果。

体系,但是这不能够反映产业的发展水平,也不能够说明产业链上的所有环节产品都能够制造或者掌控了重要环节的关键技术,更不能够说明中国具有产品的原创性。据报道,中国每年进口的零部件占到了全球的60%,而且,多数都是国内不能制造,或者制造成本高,或者制造质量差于国外同类生产厂家。这既体现了国际分工的好处,也反映出中国产业链具有很大的发展空间,提出产业链现代化具有重要的战略意义。

产业链现代化是指产业链上下游关键环节的核心技术掌控在中国企业手中并能持续不断地创新演化,保持产业的持续进步并能引领全球产业发展的过程。产业链现代化包括产业基础高级化。产业基础是指各产业的基础材料、基础零部件、基础工艺和基础技术"四基"。在互联网、物联网和经济社会智能化大发展时代,基础软件成为产业发展的重要基础,共称"五基"。基础材料决定了制造业的"体质",基础零部件决定了制造业的"骨骼",制造工艺决定了制造业的"核心能力",基础技术决定了制造业发展水平,基础软件决定了制造业的"神经网络"。产业基础高级化是产业链现代化内在含义,是"五基"的技术水平和产品质量的高级化,包括材料技术的可控性、工艺技术的精湛性、零部件质量的可靠性、知识产权的自主性和网络软件的安全性等持续改进以及技术的自主可控过程。

二、中国制造业发展及产业链存在的主要问题

制造业是立国之本、强国之基,从根本上决定着一个国家的综合实力和国际竞争力[1]。中国经过40多年的改革开放,在参与全球分工中,在组装制造领域具有明显优势,随着中国制造能力的提升,也伴随着技术进步和自主知识产权拥有量的不断提高,尤其是PCT专利数量逐年提高。但是,来样加工、来料加工、贴牌加工、获取专利授权制造、购买关键零部件、委托设计的领域还比较多,统计上联合国产业分类目录所有工业类别的产品我们都有分布或制造能力,但也必须清醒地认识到还有众多行业或产业领域,没有掌握关键技术或核心技术,缺乏自主知识产权。中国制造业大而不强、全而不精、制造多创造少等问题还比较明显。究其存在的主要问题表现为以下几点:

其一,国际分工形成的路径依赖,高端和关键零部件依赖进口。在国际分工中,由于后发国家的成本优势,致使处于产业价值链低端,做一些加工制造或者组装之类的产业链环节,如果没有自主创新,很容易出现路径依赖,形成发达国家掌控核心技术和高端零部件或者设计研发等高附加价值环节,发展中国家做OEM而被锁定在价值链低端环节,使其难以摆脱既有路径实现路径创造。从40多年改革开放实践来看,中国制造业产业链虽然也有不少行业有路径创造,迈向了价值链高端。但是,大多数行业还是依靠进口国的高端和关键零部件,这种路径依赖和价值链低端锁定,是影响产业链现代化的重要因素。

其二,结构性过剩导致利润下降,企业技术研发投入受到限制。由于中国的地方政府GDP竞赛,各地招商引资增大利益诱惑,致使很多企业盲目投资上项目、上规模、扩大产能,造成众多行业生产能力过剩。2018年中国的制造业增加值大约已经占全球总额的30%,中国能生产全球90%的个人电脑,80%的空调和节能灯,70%的太阳能存储电池和手机,诸如此类,约有220多类工业品产量居全球第一。产量大到只要中国人参与生产的产品,全球供求关系就会发生变化,致使价格低廉,利润微薄。在利润不高甚至微利的

情况下,就必然缺乏研发资金投入,技术含量难以提升,产品质量难以超越,从而进一步出现靠规模、靠低价格竞争,形成恶性循环。

其三,缺乏品牌,依靠低价格竞争,伤害了行业利益和国际形象。品牌是质量、渠道、服务和推广的综合性体现,其中,质量是核心。质量依靠材料技术、工艺技术和产品技术作支撑,所以,"五基"上不去,质量就难以提高。德国统一后,英国工业革命已经完成,德国技术远不如英国,被英国强行限制性打上"德国制造"标签,也没有品牌。然而,后来的德国强化技术创新和质量优化并持续到今天,"德国制造"已经是全球"高质量制造"的代表。质量需要技术创新作为支撑,需要对产品的持续改进。中国制造业缺乏品牌,需要依靠技术创新和生产工艺持续改进,在全面提高质量的前提下,逐步形成品牌。中国制造业尚未形成广泛的品牌效应(虽然也有优秀企业),大多数企业还是在依靠低价格竞争,致使行业利益受损,也在国际上形成"廉价货、低质量"的不良印象,急需要补短板。

其四,经济虚拟化挫伤实体经济,要素资源流向金融与房地产业。中国金融业前些年的发展出现了扭曲现象,银行资金空转,嵌套层级较多、加杠杆较明显,特别是资金、人才等要素资源流入房地产业较多,流入制造业较少,即便流向制造业也是高息,导致制造业增加值被银行业剥夺。资金流入房地产逐渐形成对钢筋混凝土的强大需求,大量的资金变成钢筋混凝土(房产)堆在城市周围,将老百姓的过去存款和未来存款(按揭)转化为大量的空置住房,吸走了制造业的资金来源,严重影响制造业发展。国民经济虚拟化、房产化成为严重挫伤制造业发展的重大障碍,也是压制老百姓合理消费的重大难题。"房住不炒"和金融防风险攻坚战后,情况有较大好转,但是,短期内还是很难改变前些年对制造业的巨大伤害,成为制约中国制造业全面升级的重要原因。

其五,政策多且变化快酿成浮躁,企业应付政策忽视工匠精神。多少年来从中央政府到地方政府都出台了大量的政策鼓励企业技术创新,加快转型升级,企业高度重视抓住政策带来的机遇,试图享受多种政策叠加带来的"红利",忙于申报各种政策性资金补助,拿方案、整材料、跑关系、找门道、参与答辩,等拿到项目资金后,已经精疲力竭。由于后期缺乏监督和审核验收,各种政策性资金拿到手,企业该怎么做,还是怎么做,如新能源汽车行业。很多情况下,并没有真正促进技术研发,反而变成了企业额外收入。过于多的政策性资金资助,过于快变化的政策,往往很容易酿成企业浮躁心理,没有真正按照企业经营规律和政策目标去落实,疲于应付政策及其变化,反而影响了企业家扎扎实实做企业、精益求精做产品、踏踏实实做市场的工匠精神,不利于企业通过自身努力,切实扎下根来做研发、做产品,参与市场公平竞争。

三、中国产业链现代化的攻坚路径选择

产业链是一个极其复杂链网关系,抽象出一个基本的形象化框架(图1),以产业链为主线,研发链为产业每一环节的侧链,各个环节技术成果产业化(或商业化)为创新链,上下游企业相互合作的链合创新(Linkage Innovation)和竞争之间的竞合创新(Co-opetition Innovation),围绕各个环节的人才链、资金链、服务链和政策链等,还有嵌入在产学研合作研发中的科技服务体系,共同构成一个复杂系统。

(1)以产业链为主线识别受到制约的关键技术。充分发挥行业协会作用,全面了解和掌握主要行业的缺失重要关键技术及其真实难点,而不是依靠所谓的专家来提出行业

关键技术问题,科技部门(如科技部或国家科协)和工信部要设立调查基金,或者进行重要行业关键技术缺失普查,真正找到重大产业技术问题,包括技术性的和非技术性的难题。识别出各行业各领域的技术差距和关键技术所在,是解决问题的第一步。在产业链的哪一环节出现问题,必须首先搞清楚,围绕真问题,提出相关命题。产业链中究竟是原料问题,还是材料问题;是零部件问题,还是成品集成问题;是科学难题,还是技术难题;是市场问题,还是技术问题等,首先必须弄清楚。另外,从"五基"来看,其中基础技术表述不明确,所有其他"四基"都需要基础技术,中国制造业存在很重要的问题就是"基础设备"严重短缺,很多依赖于进口。因此,将"五基"中的"基础技术"改为"基础设备",更加贴近现实中存在的问题。

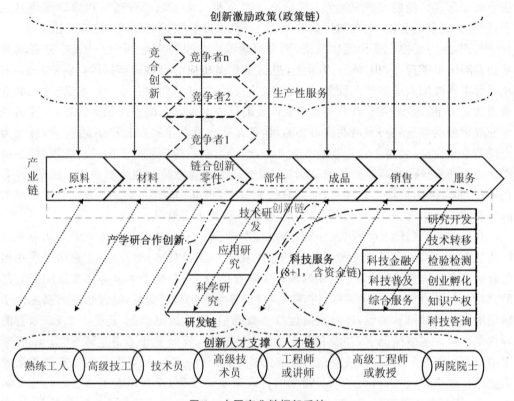

图 1　中国产业链框架系统

(2)以重大产业技术问题为重点组织集中攻关。面向重大产业技术问题,继续发挥好"集中力量办大事"的优势,组织好重大产业各层次人才构建研发或创新团队(主要由科学家、工程师和企业家组成),集中力量进行攻关,为提升中国重点产业国际竞争力作出战略性安排,重大产业技术研发要面向现实产业问题开展相应技术攻关。中国有传统成功经验(如两弹一星、中国高铁)可以利用,也积累了不少攻关方法,可以采取本国既有的成功方法,在一些重大领域,切实解决一些重大技术难题,为从关键重大产业领域(领域不可过多,绝大多数还是依靠市场力量)有所突破,尽快克服一些"卡脑子(科学问题)"或"卡脖子(技术问题)"的科学技术难题和市场难以发挥好作用的难题。当前形势有可能出现"科技冷战",要做准备,未雨绸缪。这也是为中国崛起和未来发展需要超前作出的战略性部署。

(3) 中国企业要瞄准"断链"及时进行"补链"。增强产业链韧性,就是要针对研发、设计、采购、材料、加工和组装、物流、销售、品牌等产业链关键环节,力争能够自主可控或者具有风险防范能力,面对突发事件或者有可能产生的"科技冷战"时具有可替代手段。对于企业家来说,产业链最薄弱的环节,是供给不足的环节,也是技术薄弱的环节,更是潜藏利润最好的地方,要克服依靠规模取胜、依靠价格竞争的路径依赖性,特别是对于一些行业龙头企业、上市公司,要有行业技术突破的担当精神,在融资上更具有优势,要依靠资本市场力量融资进行技术研发攻关,还可以在行业内外、国内外通过并购,导入新技术基础和研发能力,尽快实现技术跨越。企业的投资行为不能够继续徘徊在规模扩张上,而要瞄准产业链的薄弱环节,以"补链"和技术创新为突破点,以增强中国产业链的韧性。

(4) 人才衡量要看解决问题能力而不是发论文。当今中国人才评价基本上被纳入一条路径,即已发表高水平学术论文为指标。虽然中共中央办公厅、国务院办公厅印发了《关于深化项目评审、人才评价、机构评估改革的意见》文件,提出"四不唯(唯论文、唯职称、唯学历、唯奖项)",但是,至今为止,尚没有拿出相应的具体评审标准,在各类项目评审、人才评价和机构评价中仍然延续老的办法。自然科学、人文学科以学术论文为评价标准无可厚非,但是工科、医科、农科等应用性学科还是尽量以解决问题为导向,重在解决实际问题为基准。各种评价中如何做到"以解决问题的能力"为依据,还是一个十分复杂的评价问题,亟待进行深入研究,并拿出一套切实可行的评价方法。自然基金重点还是以"自由探索"为主,除少数学科以重大、重点或学科群为主,大多数还是要遵循科学研究的特点进行自由探索。自然科学成果不能够指望短期内就有成效,这是一个科学认知逐渐积累的过程,自由探索会为未来奠定扎实的基础和拓宽认知的领域。

(5) 政策要聚焦在关键技术环节,真正解决问题。在找准了国民经济重要行业关键技术或产业链关键环节后,要有针对性地制定政策,甚至是匹配性地制定政策给予引导和支持,而不是泛泛地拿出一套放到各行各业皆可行的政策。政策不可多变、不可重复,地方政府无需在中央政府政策上叠加,可结合本地产业链环节的特殊性寻找新的突破口,加以政策引导,从而保证广泛性推进产业链水平提升,而不是政策重复造成企业想方设法拿到政策叠加所带来的"红利"。中央政府政策也不可政出多门,尽可能分工协作,在政策上各有侧重,确保以产业链为主线,围绕产业链上的关键环节关键技术产学研结合,从科学、技术、产业化创新的"研发链"上去攻克产业链薄弱环节技术问题。

四、创新驱动中国产业链现代化的产业政策建议

产业技术政策包括需求侧政策和供给侧政策,前者主要是从对技术需求而构建的政策,后者是针对技术供给而构建的政策。美国政治学家哈罗德·拉斯韦尔认为,公共政策"是一种含有目标、价值和策略的大型计划"。针对中国特殊国情,政策在整个国家治理中占据非常重要的地位,因此,打好"产业基础高级化,产业链现代化"攻坚战,政策仍然要发挥重要作用。

首先,要做好产业技术规划引导。政府难以引导科学研究,但是技术研发创新进行必要的引导具有重要的实践价值。面向中美贸易摩擦和可能出现的"科技冷战"背景,特别是中国发展驱动要素转变,利用规划和基金的形式做出规划引导还是有必要的,现实中也是可行的,特别是要面向产业链(价值链)升级的迫切需要进行规划引导,使得技术

研发指向国家重大战略需求,指向产业实现需要。科技发展中长期规划对于产业技术进步有着重要的引导作用和促进意义。

其二,要做好产业技术组织政策。产业技术创新治理(Innovation Governance)的首要任务就是如何组织产业技术创新。技术创新是有规律可循的,科学研究、技术研发和技术产业化是一个连续的链,之间的衔接和配合决定了技术创新是否能够真正能够得到实现。科学研究的规律发现、技术研发的新技术发明,如何作用于产业或实现产业化,需要有组织保障或机制安排。如科学院、工程院、基础研究院、应用基础研究院、应用技术研究院、检验检测研究所、中试基地、孵化器、加速器、企业研发机构等属于技术组织形式,加速推进产业技术进步的各种组织制度与组织形式的安排,有利于促进产业技术进步。

其三,要做好产业技术布局政策。产业技术布局是多层面的含义,不单纯是区域的布局,还包括在产业领域的布局。实践中,区域布局做得比较多,如各种高新技术开发区、自主创新实验区或示范区等;而产业领域布局做得比较少,除了在军事工业中有较为明确的布局以外,其他领域基本上是由市场决定的;是否需要考虑在一些关系到国家安全或者国家产业安全领域做一些布局,是值得深入研究的重要课题。根据笔者多年的研究,建议在一些重要产业领域要有总体布局意识,从战略高度考虑有关"命门"性的产业技术做必要的布局安排,以期解决国家产业安全、国家安全等重大技术问题。

其四,要做好产业技术激励政策。企业是技术创新主体,企业的创新动力有两大主要来源,其一是企业家精神,其二是对利润的追求。政府可以制定直接或间接的经济刺激和相关规制,以激励技术创新,或者约束企业依靠非技术进步的竞争行为,建立起切实有效的技术进步激励机制,激发出微观主题技术创新的积极性。如对企业的研究开发、技术引进与扩散、民间科研机构等进行补贴、劝诱和鼓励,对公共研发成果商业化应用的产权确认与分配,对技术进步迟缓者或缺乏技术进步的企业实施强行淘汰或者经济惩罚。对知识产权的保护有利于刺激创新,让拥有知识产权的企业在受到严格保护的情况下能够获得利益,是全球通行的激励措施。企业家精神需要有良好的商业环境,尤其是对民营企业及企业家利益的保护,具有重要的基础性激励作用。

其五,要做好产业技术贸易政策。国家之间的竞争根本实质上是技术竞争,国际间的技术进出口、技术合作、联合研究开发等涉及技术产品贸易和技术服务贸易。现实中存在大量的技术性贸易壁垒(技术壁垒和以技术为名的贸易壁垒),通过技术法规、协议、标准和认证体系(合格评定程序)等形式阻碍国与国之间的技术要素流动,涉及科学技术、卫生、检疫、安全、环保、产品质量和认证等众多技术性指标。随着我国技术进步加快,在对产业技术贸易方面要形成一整套的政策法规,既要保障国际间贸易发展,也要防范在贸易时受到发达国的牵制和打压。因此,制定好产业技术贸易政策对于促进我国技术进步和国际竞争力提升具有重要的意义。

参 考 文 献

[1] 苗圩.加快推进工业转型升级[J].求是,2012(3):13-15.
[2] 刘志迎.产业链视角的中国自主创新道路研究[M].北京:科学出版社,2014:6.

[3] 林水波.公共政策[M].台湾:五南出版社,1982:8.

作者简介

刘志迎,管理学博士,中国科学技术大学管理学院教授、博士生导师,全国社会科学普及专家,中国区域经济学会常务理事,中国技术经济学会理事,安徽省省级人文社会科学重点研究基地中国科学技术大学工商管理创新研究中心主任,中国科大 EMBA 中心主任。研究领域为创新管理、产业技术创新、区域创新。在《Technovation》《Journal of Business Research》《European Journal of Operational Research》《Technology Analysis & Strategic Management》《Management Decision》《科学学研究》《中国软科学》《研究与发展管理》《科学学与科学技术管理》《新华文摘》《经济学动态》《金融研究》等期刊发表论文 200 余篇,获得中国发展研究一等奖和省部级科技成果三等奖等多种奖项,出版专著 7 部、教材 8 部。

创新驱动发展的创业逻辑[①]

葛宝山

摘要:创新驱动成为许多国家谋求竞争优势的核心战略。我国和世界主要国家的竞争也是创新能力和创新成果之争。但目前,我国的科技创新活动形成了大量的质量不高的论文、专利以及奖项和称号,堪称华而不实。不仅耗费了巨额资金,也浪费了我国百年不遇的创新发展机遇期,堪称误国误民。这种势头必须加以遏制。从理论和实践上强调创新驱动的创业逻辑具有现实意义。本文明确了相关科学问题、构建了"双创"融合的创业逻辑模型、基于熊彼特创业理论和经典创业过程模型的"双创"融合概念模型、野中郁次郎式的知识创造过程与创业逻辑模型和制度创新的创业逻辑模型。

关键词:创新驱动;无效创新;创业逻辑

一、问题的提出

创新驱动成为许多国家谋求竞争优势的核心战略。我国和世界主要国家的竞争也是创新能力和创新成果之争。党的十八大首次明确提出实施创新驱动发展战略,强调科技创新是提高社会生产力和综合国力的战略支撑,必须摆在国家发展全局的核心位置。2016年5月19日,国务院印发《国家创新驱动发展战略纲要》,进一步确立了创新驱动发展战略的指导思想、基本原则、战略部署、战略目标、战略任务,以及战略保障。党的十九大报告再次指出"创新是引领发展的第一动力,是建设现代化经济体系的战略支撑",要坚定实施创新驱动发展战略,"突出关键共性技术、前沿引领技术、现代工程技术、颠覆性技术创新,为建设科技强国、质量强国、航天强国、网络强国、交通强国、数字中国、智慧社会提供有力支撑"。我国在R&D资金和专业人员的投入方面,居世界前列(投入的研发资金世界第二,投入的研发人员居世界第一)。但是,我国的科技创新活动形成了大量的质量不高的论文、专利以及奖项和称号(不仅是大学、科研单位,也包括企业,如某汽车企业的技术中心,上百亿元投入,上千人的研发人员,由于无效的创新活动而被解散)。极度稀缺的创新创业资源被极大地浪费和滥用,我国的创新驱动没有实现预期的效果。这种情况不仅在基础研究方面,而且在应用研究方面也广泛存在。其原因是多方面的,概括起来包括:制度环境问题,文化环境问题,组织生态问题等。但创新主体的思维逻辑问

[①] 国家自然科学基金(71972083)项目成果。

题是主要原因之一,即过分强调创新驱动,缺乏创业逻辑(思维及战略)和创业导向。

二、关键科学问题

有关创新驱动的创业逻辑问题,从理论上讲并不是一个新的问题。关键是需要我们进一步明确创新与创业的关系。我们有必要从本源上探究其内在关系。这就使我们不得不回到熊彼特和德鲁克的创新创业理论。在熊彼特和德鲁克两位大师看来,创新与创业在本质上是一致的,都是价值创造过程,都是企业家的商业行为。新创企业的问题是管理问题(管理一个规模化的、结构化的组织,实现了创新成果的有效商业化-创业过程逻辑);规模化经营的企业(已建企业)的问题是创业问题(打破现存组织僵化的创业战略,以实现组织的可持续发展-创业战略逻辑)。创新与创业二者的基本逻辑关系是:二者是不可分割的,创新是手段,创业是目的。创新质量关系到创业质量,评价创新效率的主要维度应该包括创业绩效。如何强化创新与创业的关系?制度创新过程中的创业逻辑是什么?管理创新过程中的创业逻辑是什么?技术创新过程中的创业逻辑是什么?特定创新过程中的创业逻辑又是什么?必须将创新活动紧密嵌入到创业过程,才能保证创新最终目标的实现——创造新的社会经济价值。这个过程可以用图1表示。从图1可以看出,所有创新活动必须经过创业逻辑加以评价、筛选,使之进入到创业过程和实践,为此,才能保证创新活动的有效性。要用创业逻辑管控创新活动和创新行为,防止创新行为被异化为不道德的套利行为。从而建立突破知识过滤屏障实现创新成果市场化的重要机制。

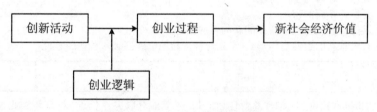

图 1　双创融合的创业逻辑模型

三、创业逻辑对创新行为的批判价值

众所周知,创业可以促进就业和可持续发展。尤其在实现充分就业方面,即实现人人有事做这个第一目标方面,唯有创业才能解决。所以,创业活动不仅仅在实现GDP增长方面,而且在解决贫困、促进个体解放等方面发挥着关键作用。创业通过改变我们的生活方式、商业模式和工作方式,从而改变了世界。因此,今天的世界,基于技术创新和制度创新的创业堪称创业革命。不仅如此,创业还在改变着我们的传统思维方式。创业思维就是对现实批判的思维,包括自我批判和自我革命。创新驱动的创业逻辑就是用创业思维和战略重新认识创新,解构创新,审视创新,就是用创业来对创新进行革命。具体包括:如何用创业逻辑重新梳理、反思、设计我们的创新制度?如何用创业逻辑重新梳理、反思、设计我们的创新组织?

如何用创业逻辑重新梳理、反思、设计我们的创新管理体系?政府、企业、大学、科研机构、创业企业、创业者等相关主体如何建立"双创"融合的制度体系?如何打造"双创"

融合的创业型组织?如何构建"双创"融合的创业生态系统?只有经过这种系统的批判,才能提高创新主体的认识,解决二者脱离的问题。

四、熊彼特式的创新与创业逻辑

如前所述,探究创新与创业的关系,必须追溯其理论本源。所以,我们绕不开创新理论的奠基人物——熊彼特。众所周知,熊彼特的创新理论包括创新的5个来源:① 引入一种新的产品或提供一种新的产品质量;② 采用一种新的生产方法;③ 开辟一个新的市场;④ 获得一种原料或半成品的新的供应来源;⑤ 实行一种新的企业组织形式(建立一种垄断地位或打破一种垄断地位)。而典型的创业过程包括四个阶段:阶段一,机会识别与评价;阶段二,创建商业计划;阶段三,资源获取;阶段四,管理一个新企业。我们依据熊彼特的创业理论和经典创业过程模型,可以构建基于熊彼特式的创新与创业逻辑框架。其中,机会的识别与评价可能是创业过程中最为关键的步骤。因为它要使创业者对具体的产品或服务产生的收益和所需要的资源进行对比评估。该评价过程涉及考虑机会的时间长短、感知价值、风险和收益、与创业者目标和个人技术的匹配、在竞争环境中的独特或差异优势(Hisrich,Peters,Shepherd,2003)。将熊彼特式的创新来源嵌入到典型的创业过程,在理论上可以构建"双创"融合的概念模型,详见图2。

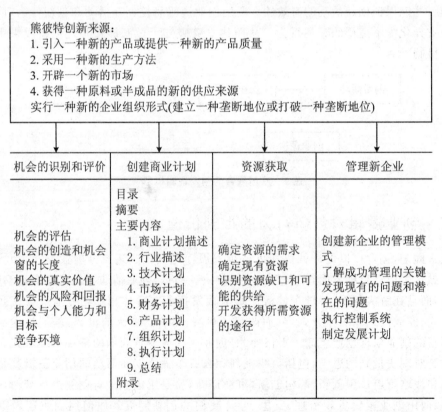

图2 基于熊彼特创业理论和经典创业过程模型的"双创"融合概念模型

更进一步地考察,我们会发现熊彼特在构建其创新理论体系时,早已包括了创业要素。他认为,创新是促进经济增长,走出危机的唯一路径。但是,创新的主动力来自于企业家精神,成功的创新取决于企业家的素质,信用制度是企业家实现创新的经济条件。由此,我们可以看出,熊彼特的理论体系既包括创新理论,也包括创业理论。

五、野中郁次郎式的知识创造与创业逻辑

将创新活动、创业环境、创业与经济增长的关系亦可以纳入到知识创造和流动的过程中加以考察。柳卸林和葛爽经过实证研究证明:风险投资、产业多样性和地方企业集聚度均通过促进知识溢出和流动促进经济增长。美国管理学会终身院士、著名创新创业学者 Zahra 也从知识视角提出了创新创业的关键科学问题,这些问题包括:创新型创业过程创造了哪些不同类型的知识?不同的创新型创业活动与创造的不同类型的知识的关系如何?培育和利用这些不同类型知识的组织机制是什么?在 Zahra(2006) 教授看来,对知识的转化能力(Knowledge Conversion Capability)是决定创新创业成功与否的关键因素。笔者认为,Zahra 教授所讲的"对知识的转化能力"的关键因素就是"创新的创业逻辑"。没有创业逻辑,创新活动不可能实现我们预期的目的——创造新的社会经济价值。

在"知识创造"的 SECI 模型中,包括从隐性知识到隐性知识的社会化、从隐性知识到显性知识的外部化、从显性知识到显性知识的组合化、从显性知识到隐性知识的内部化四个重要过程。并且这个过程是连续进行的。人类的创新创业行为也可以被看作为知识创造的过程。但是,在组织层面上,这个过程不会自发产生,必须增加熊彼特式的企业家能力,在此就是其创业导向与创业逻辑。野中郁次郎式的知识创造过程与创业逻辑模型如图 3 所示。

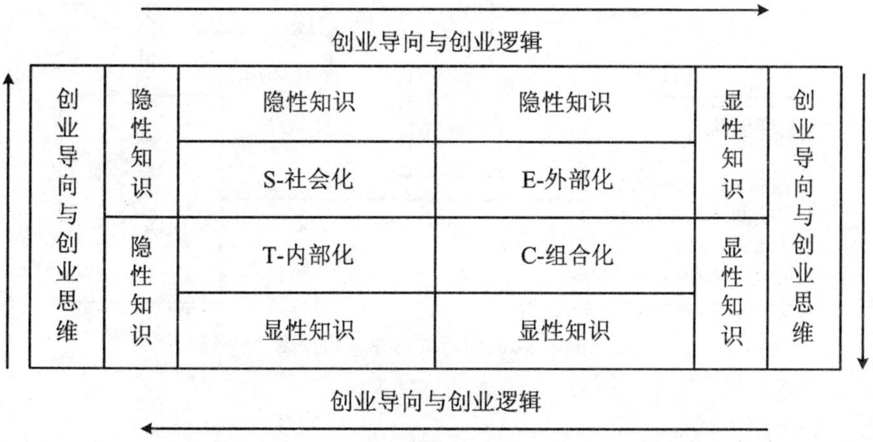

		创业导向与创业逻辑			
创业导向与创业思维	隐性知识	隐性知识 S-社会化	隐性知识 E-外部化	显性知识	创业导向与创业思维
	隐性知识	T-内部化 显性知识	C-组合化 显性知识	显性知识	
		创业导向与创业逻辑			

图 3 野中郁次郎式的知识创造过程与创业逻辑模型

基于上述模型,我们可以从野中郁次郎的知识创造过程,运用创业逻辑,解构创新创业过程。深入研究从隐性创新创业知识到隐性创新创业知识的社会化、从隐性创新创业知识到显性创新创业知识的外部化、从显性创新创业知识到显性创新创业知识的组合化、从显性创新创业知识到隐性创新创业知识的内部化四个重要过程。

六、制度创新的创业逻辑

一直以来,我们误认为只要制度变化了,一切都会向好的方向发展。但事实告诉我

们,没有章法的所谓制度变革,对现实生产力也会造成破坏。典型的例子是近年来的我国东北地区的经济衰败现象。过去一段时间,在产权制度理论的指导下,东北的国有企业进行了轰轰烈烈的改革,但到今天,我们全面回顾一下东北的国企改革效果,我们会发现,越来越多的东北国企不是改好了,而是该死了。过去,我们幼稚地认为,只要进行股份制改造,就能解放国有企业的生产力。众多东北国企改革失败的根源是多方面的,但笔者认为,关键因素是我们没有认识到,制度创新并不一定带来价值创造。没有依据创业逻辑开展制度创新,是导致东北现象的主要原因。所谓按照创业逻辑开展制度创新,就是在有利于事业发展和价值创造方面下功夫,而不是就改革谈改革。

一般而言,制度创新包含四个方面:制度创新的推动者、制度创新的目的性、制度创新的过程和制度创新方式。制度创新的推动者就是推动制度创新的动力主体;制度创新的目的性就是研究什么样的制度更有利于资源配置和激励约束机制的构建,以及不同利益相关者之间一致性的实现;制度创新的过程就是强调制度的互动关系、制度内部的系统结构和制度变迁的学习与复制过程;制度创新方式就是激进型制度创新和渐进型制度创新的对比,研究不同的制度创新速度对新制度的实际绩效会有什么影响。如果制度创新能够很好地协调这四者的关系,则制度创新是能够提高生产力的。但不幸的是,我们的国企改革,主要关注了制度创新的主体、制度创新顺序和制度创新速度三个维度,没有对制度创新方向给予应有的关注。而制度创新方向问题,恰恰决定了改革的成败。作为制定高阶战略的创业思维,同样在构建新的制度时具有举足轻重的作用。制度创新与创业思维的关系可以用图4表示。

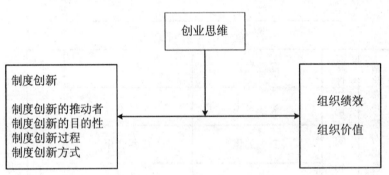

图4 制度创新的创业逻辑模型

七、研究结论

"创新驱动"至关重要,但必须由"创业思维"导引。我国的创新活动不能有效地实施国家创新驱动的战略,主要因素是创新主体普遍缺乏创业思维和创业导向。创业思维能够将技术创新和制度创新等内外部创新要素纳入到统一的框架中,是实现创新活动社会化、价值化的重要机制,能够在多个层面系统地回答和解决如何实现创新驱动发展问题。评估组织创新成效的重要指标应该是组织绩效及其价值。我们必须将创新活动嵌入到创业过程中、构建双创融合的创新创业机制方面下功夫,走创新驱动、创业引领的发展道路。

参 考 文 献

[1] 骆严.如何跨越创新的"死亡之谷"[J].高科技与产业化,2017(12):18-21.

[2] 何华武,杨秀君.公共财政支出支持科技创新绩效评估的体系构建[J].经济研究参考,2017(71):20-21.

[3] 陈晓芳.新常态下中国工业企业R&D投入产出效率区域差异分析[J].商情,2015(34).

[4] 厉以宁.重新认识熊彼特的创新观念[J].企业界,2017(9):54-56.

[5] 张瑞敏.海尔创业创新33年诠释高质量发展之道[J].中国经济周刊,2018(1):15-16.

[6] 柳卸林,葛爽.探究20年来中国经济增长创新驱动的内在机制:基于新熊彼特增长理论的视角[J].科学学与科学技术管理,2018(11):3-18.

[7] 武博,高翔.产权制度创新的四维度分析范式初探[J].科学学与科学技术管理,2011(1):54-59.

[8] 野中郁次郎.管理组织知识:理论与研究方法的基础[M]//史密斯,希特.管理学中的伟大思想(经典理论的开发历程).徐飞,等译.北京:北京大学出版社,2010:296-310.

作者简介

葛宝山,管理学博士,长白山学者特聘教授,匡亚明特聘教授;吉林大学创业研究中心副主任,博士生导师。

创新驱动型创业的门槛如何跨越?

邵云飞

摘要:创新驱动型创业是所有创业类型中风险最高、最为冒险的一类,创业过程中强调新价值的创造,对现有市场均衡的冲击。在资源高度匮乏、技术革新迅速的背景下,为了有效识别创业机会,迫切需要创建有效的创新型企业门槛跨越机制,构建创新与创业生态系统,促使创新驱动型创业企业立足于竞争日益激烈的市场并获取持续竞争优势,确保创新驱动型创业企业的稳定发展,实现价值共创。

关键词:创新驱动型创业;门槛;价值共创

一、创新驱动型创业

2001年全球创业观察(GEM)根据早期创业动机的不同,将创业活动分为生存型创业和机会型创业。Pierre-Andre Julien(2001)依据个人变化与新价值创造两个维度将创业划分为复制型创业、模仿型创业、安家型创业及冒险型创业[1]。其中冒险型创业的个人与项目价值创造均面临较强的不确定性。冒险型创业想要获得成功需要综合考量创业者能力、关系网络、创业时间窗口等要素。Koellinge(2007)则较为简洁地把创业机会分为创新型和模仿型两类,并认为两者的主要区别在于所面临的风险程度和所采取的创新程度不同。Sergey Anokhin等将创业分为套利型创业和创新型创业[2]。创新型创业是通过新产品、新生产方式来创造新的市场,或者打破现有市场的均衡状态。这种创新驱动包括技术驱动与创意驱动两类。钟惠波,刘霞(2018)将创新型创业细分为技术驱动型创业与创意驱动型创业。前者指创业者以自己拥有的专业特长或已有技术成果为核心竞争力来进行的创业活动;后者指创业者根据全新的运营理念或创新构想,探索新的经营模式的创业活动,即商业模式创新驱动型创业[3]。这两者统称为创新驱动型创业,又称之为创新型创业。

综上来看,随着创业研究的深入,研究者已逐步发现创新型创业的特殊性,较为一致地认为,创新型创业是创业类型中风险最高、最为冒险的一类,创业过程中强调新价值的创造,对现有市场均衡的冲击。创新型创业具有以下主要特征:

(1)创新型创业以满足和开辟顾客需求为首要任务。创新型创业活动,一方面可以从当前市场角度出发,通过一系列的技术创新,为顾客提供质量更高、性能更好的产品;另一方面,也是特别重要的一个方面,知识经济拓展了工业经济时代人类需求的范围,新的需求不断衍生,创新型创业的一条重要实现途径就是顺应时代潮流,积极探索和开辟新的需求。

（2）创新型创业强调不断创新，善于把握和利用机会。通过创新型创业实现事业的不断壮大，必须不断跨越已有的范式，转换思维模式，要善于把握和利用各个维度的变迁机会。

（3）创新型创业不仅要注重技术创新，更要特别关注非技术创新的商业模式变迁。新的需求可能来自于已有技术、产品和服务的组合，创新型创业的成功要求创业者具有全新的思维模式和资源整合能力，才能实现开辟全新的"蓝海"的梦想[4]。

由于创新型创业具有这样的特征，为了有效识别创业机会，迫切需要创建创新型企业有效的门槛跨越机制，构建创新与创业生态系统。

二、创新与创业生态系统

创新生态系统和创业生态系统都源自生态学。这两个概念，都试图从生态科学的视角系统性探究创新或创业的个体、企业、政府、研究机构、金融机构等主体与创新/创业环境相连接。由于都是生态系统观，创新/创业生态系统都具有以下主要特征：

（1）多样性。从创新和创业主体来看，创新生态系统和创业生态系统均是由多类型的组织构成，包括：创新/创业团队、创新/创业企业、政府、科研院所以及中介服务机构（如金融服务机构）等。通过跨组织间合作，搜索和整合创新/创业资源，以达到创新/创业目标。

表1 关于创业生态系统构成的研究文献

研究视角	作者（年份）	构成	
		创业参与主体	创业环境要素
将创业生态系统作为创业企业的外部创业环境	Cohen (2006)	政府、科技园、大学、社会网络、投资机构、支持服务机构（咨询公司等）、提供技术和人才等支撑的大型企业	政府优惠、人才库、资金支持、专业性服务（咨询服务等）、基础设施、文化（社会规范等）和自然环境（地理位置等）
	Isenberg (2010, 2011)	政府、客户、社会网络、投资机构、教育机构、专业机构和公共机构	政策、市场、资金、人力资本、文化和支持环境
	Suresh & Ramraj (2012)	投资机构、政府、中介机构、社会网络等	道德、金融、技术、市场、社会、网络、政策和环境支持系统
创业生态系统是包含创业企业和外部创业环境在内的整体系统	Vogel (2013)	创业企业 政府、相关机构和企业等	创业特定的环境要素：创业教育、投资、文化、网络和支持体系 一般环境要素：基础设施、制度、市场和地理位置
	Mason & Brown (2014)	创业企业 资源提供者（如投资机构、科研机构等）、联结创业企业和环境的中介机构（企业家俱乐部、专业协会等）	生态系统内的创业支持因素（培育和支持创业主体的公共政策、文化等）

（2）网络外部性。创新/创业生态系统包含多种参与主体,各主体嵌入在网络中,主体之间是相互联系、相互依存的。创新/创业生态系统均具有网络外部性。对一个完善的创业生态系统而言,当一个主体离开网络,系统对其他主体的价值会下降;当一个新的主体成功进入系统时,系统对其他主体的价值会上升。在生态系统内,主体通过交互和整合来创造价值并共同承担系统的命运。

（3）共同演化。创新/创业生态系统中的各类型组织,由于共同的价值创造愿景而集聚、连接、相互依存。当系统中核心主导组织开启演化时,将带动生态系统整体变化。通过将生态系统中相互依赖的各参与主体捆绑在一起,共同追寻机会以实现价值。

创业生态系统源于20世纪80年代和90年代关于企业家精神的不断变化的辩论。学者们开始质疑基于人格的理论对于创业的解释,这其实有利于创业研究拓展到更为广泛的社会和经济环境中。早期的创业生态系统研究围绕区域社会、文化、政治和经济结构对创业过程的影响。

Daniel Isenberg(2010)和Brad Feld(2012)[6]都强调了社区的重要性。因为社区为创业者提供了情感和经济上的支持,同时社区也为创业企业提供教育、政策和经济环境等资源。

目前,学界对于创业生态系统的定义还未形成一致意见。但是对于创业生态系统的构成要素方面达成一定共识。Spigel(2017)[7]认为,文化、社会以及物质是创业生态系统的主要构成要素。文化要素代表了对企业家精神的态度:积极的文化观可以使企业家精神的风险正常化,鼓励企业创造,而消极的文化观不会鼓励离开稳定的就业岗位,因此也就阻碍了创业的可能。当然,只有创业文化这个条件还不足以支撑创业企业发展,创业者还需要从有经验的创业者那里获得资源,如风险资本、有才能的员工和指导。这些资源一开始是与创业者的社会网络密切相关的。拥有强大社会网络资本的创业者能够将投资和人才对接起来。这些资源可以称为"社会"资源,因为它们主要通过社会网络访问。区域内密集的社会网络长期以来被视为创业和创新的关键标准,因为它们更普遍地支持新机遇、新技术和创业过程的知识循环[8]。强大的网络将企业家与风险增长所需的两个关键资源联系起来:投资和员工。最后,物质要素。一是指支持创业者和创业企业的特定组织实体。比如,科研院所、孵化器、加速器等一些创业过程中必要的基础设施。当然,这个物质要素还包括"软"的一面。比如,政府的资助计划、开放市场等。

三、构建创新与创业生态系统

基于良好的生态系统运行机制,不仅可以保证创业所需创新资源的可持续性,还能增加投资者信心,有利于创新驱动型创业的稳定,以实现其价值共创的目标。

（一）构建创新与创业生态系统

（1）识别创新型创业机会。创业机会是嵌入在特定情境中的具有主观能动性的创业者,与他人的交流进行社会建构的结果;创业者、利益相关者和情境三者之间的关系影响创业机会的生成[9-10]。

（2）创新与创业生态系统是创新驱动型创业稳定的前提和环境,如科创板的提出就证明了创新驱动型创业成功需要良好的资本（创新与创业生态系统的构成要素之一）市场生态。

（3）创新驱动型创业的稳定性还需要政产学研"联盟"（创新与创业生态系统的其他构成要素）共同帮助,政产学研"联盟"也是创新与创业生态系统的核心层结构。

（二）创新与创业生态系统的价值共创

（1）创新主体协同合作。创新主体包括企业、大学、科研机构、供应商、消费者和互补企业,它们在创新生态系统中扮演着重要角色,是传播知识和信息、实现技术传递和扩散的系统枢纽,在创新型创业过程中发挥着扩散知识、技术交流和整合社会资源的重大作用。

（2）创新群落共生演化。创新群落位于创新生态系统的最核心层,首先,创新群落具有稳定性和边界可渗透性；其次,创新群落以技术为核心,技术变化会引起创新群落变化,而创新群落变化会引起技术变化,在彼此相互作用下,技术与创新群落共同演化。而且,适宜创新群落生长的生态因子对促进创新群落的形成和发展具有重要作用[11]。研究群落、开发群落、应用群落彼此与外界保持着密切联系,研究群落通过整合信息、资源,以长远的眼光洞察市场需求研发突破性技术,开发群落推动突破性技术产品和服务的生产及交付,应用群落将突破性技术扩散并引爆市场甚至颠覆行业。

（3）创新环境开放共生。创新与创业生态系统是一个开放式的系统,汇集了大量的技术、市场、政策制度、经济文化和全球化信息和资源,是影响创新主体能力发挥的重要因素。系统中各创新主体从外界获取所需信息和资源,同时在系统内部共享各自所拥有的独特技术和资源,由此达到共赢,实现互利共生,维护了组织与生态环境之间的平衡关系。因此,创业企业选择资源流入的方式涵盖了技术创新过程中的人才、技术、知识、资本、市场、信息、管理等多种渠道和要素,往往是追求这些资源优化配置的结果；而恰好是这些资源的腐蚀和不同组合,导致了新一轮创新活动的开始[12]。

创新驱动型创业是创业类型中风险最高、最为冒险的一类,创业过程中强调新价值的创造,对现有市场均衡的冲击,因此门槛高。要跨越其高门槛,需构建创新与创业生态系统,促使创新驱动型创业企业立足于竞争日益激烈的市场并获取持续竞争优势,确保创新驱动型创业企业的稳定发展,实现价值共创。

参 考 文 献

[1] Bruyat C,Julien P A. Defining the field of research in entrepreneurship[J]. Journal of Business Venturing,2001,16(2):165-180.

[2] Anokhin S,Wincent J. Start-up rates and innovation:A cross-country examination [J]. Journal of International Business Studies,2012,43(1):41-60.

[3] 钟惠波,刘霞.套利型创业、创新型创业与中国经济增长:基于市场化协同效应的实证研究[J].科技进步与对策,2018,35(7):74-81.

[4] 兰建平,苗文斌.着力扶持创新型创业发展:从创新型创业的内涵与特征谈起[J].浙江经济,2007(17):26-27.

[5] 蔡莉,彭秀青,Satish Nambisan,等.创业生态系统研究回顾与展望[J].吉林大学社

会科学学报,2016(1):5-16.
- [6] Feld,Brad. The Boulder Startup Community[M].
- [7] Spigel B,Harrison R. Toward a process theory of entrepreneurial ecosystems[J]. Strategic Entrepreneurship Journal,2017(3).
- [8] Hoang H,Antoncic B. Network-based research in entrepreneurship:A critical review[J]. Journal of Business Venturing,2003,18(2):165-187.
- [9] Chiasson M,Saunders C. Reconciling diverse approaches to opportunity research using the structuration theory[J]. Journal of Business Venturing,2005,20(6):760-767.
- [10] Jack S L,Anderson A R. The effects of embeddedness on the entrepreneurial process[J]. Journal of Business Venturing,2002,17(5):467-487.
- [11] 黄海霞,等.创新生态系统的协同创新网络模式[J].技术经济,2016,38(8):31-37.
- [12] 陈秋英.国外企业开放式创新研究述评[J].科技进步与对策,2009,26(23):196-200.

作者简介

邵云飞,电子科技大学经济与管理学院教授、博士生导师。长期致力于创新管理、新兴技术管理、组织与人力资源管理等领域的研究。在《Journal of Business Venturing》《International Management Review》《管理科学学报》《管理工程学报》《中国软科学》《科学学研究》《科研管理》《系统工程》《管理评论》《研究与发展管理》《管理学报》《预测》等国内外重要学术期刊发表论文150余篇。合作出版专著4部、教材3部。主持和主研完成30余项科研项目:包括国家级、省部级、科技部"863"及"863"配套项目,四川省和成都市政府的一些应急科研项目。研究成果获省、级奖项9项,包括四川省科技进步奖一等奖,四川省哲学社会科学优秀成果一等奖等奖项,教育部人文社科奖和成都市科技进步奖等奖项。

基于创新驱动的我国高端装备制造业发展的对策建议

林迎星

摘要：高端装备制造业是我国战略性新兴产业之一，对我国经济的高质量增长意义重大。目前我国高端装备制造业产业规模小、中小企业居多、龙头企业较少，在创新驱动上还存在较多的问题。因此，我国高端装备制造业的发展和壮大，要在其创新投入、创新产出和创新环境等上面采取相应的促进对策。

关键词：高端装备制造业；创新驱动；对策

高端装备制造业作为国家战略性新兴产业之一，已越来越为众多专家和学者所关注。当前，我国面临发展困境，要求大力转变经济发展方式；而培育高端装备制造业已成为装备制造业从大到强的突破口。高端装备制造业的发展也面临诸多问题，首当其冲的就是技术创新体系不够完善，技术创新效果不够突出。而且，由于我国近些年才提出发展高端装备制造业，相关研究相对较少。因此，有必要基于创新驱动的视角，探讨高端装备制造业发展的相关问题，寻找高端装备制造业发展的对策，为高端装备制造业的健康快速发展出谋划策。

一、基于创新驱动的高端装备制造业发展的分析维度构建

（一）创新驱动的涵义

最早提出创新驱动概念的是美国著名战略管理学家迈克尔·波特(1990)[1]。他在《国家竞争优势》一书中以创新对于国家竞争力的动力作用为切入点，将一国经济发展划分为四个阶段：生产要素驱动阶段、投资驱动阶段、创新驱动阶段和财富驱动阶段。可见，创新驱动是经济发展到一定程度必然要经历的一个发展阶段。创新驱动阶段把科技进步和知识资源等高级生产要素作为最重要的资源，企业成为创新的主体，通过知识、技术、企业的组织形式和制度等要素对初级生产要素进行创造性组合重构，推动企业广泛参与市场竞争，大力发展相关产业完善生产链条，形成竞争优势并保持可持续发展的能力。

刘志彪(2011)认为很多学者研究时普遍都受到了波特的关于国家发展四阶段理论的影响，从而把要素驱动和投资驱动放在了创新驱动发展的对立面，认为创新驱动就会减少要素投资和资源投入。刘志彪认为创新驱动的对立面并不是投资驱动和要素驱动，

而是相对于学习和模仿而言,创新驱动需要要素和投资的支撑[2]。本文赞同以上看法,认为创新驱动是指以要素驱动和投资驱动为支持;依靠自主设计、研发、发明以及知识的生产和创造为指导思想;以科技创新为核心,以制度创新、商业模式创新、管理创新、金融创新等无形创新要素协同发展;使经济的发展更多地依赖科技进步、劳动者素质提高和管理创新等无形要素,从而驱动经济不断向前发展。

我国当前强调要坚持走中国特色自主创新道路、实施创新驱动发展战略。显然,实施创新驱动发展战略要在区域和产业上落实。

(二)高端装备制造业的涵义与范围界定

目前,一般认为装备制造业的概念是中国所独有的,最早见于1998年的中央经济工作会议,是指为满足国民经济各部门发展和国家安全需要而制造各种技术装备的产业总称。高端装备制造业又称为先进装备制造业,是指装备制造业的高端部分,是具有高技术含量和高附加值的产业,有"朝阳产业"的美誉。

一般认为,高端装备制造业具有以下特点:
(1)技术含量高,表现为知识、技术密集,体现多学科和多领域高精尖技术的继承。
(2)处于产业价值链的高端部分,具有高附加值的特征。
(3)占据产业链的核心部分,其发展水平决定产业链的整体竞争力。

按照我国有关文件,我国高端装备制造业主要包括航空装备业、卫星制造与应用业、轨道交通设备制造业、海洋工程装备制造业、智能制造装备业五大细分行业。在尽量契合我国高端装备制造业重点发展方向的同时,考虑到数据的可获取性和数据的完整性,并根据国家统计局颁布的行业划分标准,本文选用专用设备制造业、铁路、船舶、航空航天和其他运输设备制造业、电气机械和器材制造业、计算机、通信和其他电子设备制造业,以及仪器仪表制造业五个行业组成我国高端装备制造业来进行研究。因此,本文所表述的我国高端装备制造业的整体情况与我国相关政府机构发布的情况基本上是一致的,但可能会有点出入,在此说明一下。

(三)基于创新驱动的高端装备制造业发展的分析维度

根据高端装备制造业的特点和创新驱动的涵义,基于创新驱动的高端装备制造业的发展要强调高端装备制造业的创新驱动能力。

目前,对创新驱动评价指标体系的研究主要从三个方面入手,即创新投入、创新产出和创新环境[3~6]。

创新投入体现在科技创新投入上,高水平创新资源投入是提高创新能力的重要保证。本文选用R&D人员折合全时当量、R&D经费、R&D项目数等指标进行评价。

创新产出,是反映创新产出效果好坏的重要指标。本文选用专利申请数、新产品销售收入等指标进行评价。

创新环境,是反映产业在创新活动的过程中受到来自外界的支持力度。本文选用政府的研发资金、研究开发费用加计扣除减免税、高新技术企业减免税等指标进行评价。这三个指标代表着政府对某一产业的投入力度和政策导向,代表产业受到的外界支持力度。

因此,本文认为基于创新驱动的高端装备制造业的发展可以从创新投入、创新产出和创新环境三个维度进行分析。

二、基于创新驱动的我国高端装备制造业发展的基本状况分析

(一)我国高端装备制造业发展的产业规模状况分析

近年来,我国装备制造业综合实力大幅跃升,自主化迈上新台阶,新兴产业发展取得重大进展,优势企业国际竞争力显著增强,产业聚集迈出新步伐,行业管理体系建设开创了新局面。在2014年召开的全国装备工业工作会议上,工业和信息化部党组副书记、副部长苏波说,2013年我国装备制造业产值规模突破20万亿元,是2008年的2.2倍,年均增长17.5%,占全球装备制造业的比重超过1/3,稳居世界首位。我国多数装备产品产量位居世界第一。2013年发电设备产量1.2亿千瓦,约占全球总量的60%;造船完工量4534万载重吨,占全球比重41%;汽车产量2211.7万辆,占全球比重25%;机床产量95.9万台,占全球比重38%[7]。

按以上的高端装备制造业的范围界定汇总(表1),2017年我国高端装备制造业规模以上共有企业数67120个,占制造业企业数的18.01%;资产总计228622.21亿元,占制造业资产总计的20.38%;主营业务收入240660.97亿元,占制造业主营业务收入的21.24%;利润总额14716.88亿元,占制造业利润总额的19.64%[8,9]。

表1 2017年我国高端装备制造业基本数据表

产业	企业数(个)	资产总计(亿元)	主营业务收入(亿元)	利润总额(亿元)	新产品销售收入(万元)
专用设备制造业	17760	39826.82	35835.21	2481.57	73561409
铁路、船舶、航空航天和其他运输设备制造业	4824	23233.84	16921.12	948.76	60611870
电气机械和器材制造业	23934	66878.24	71683.44	4657.49	212862746
计算机、通信和其他电子设备制造业	16095	88837.09	106221.70	5741.66	398752318
仪器仪表制造业	4507	9846.22	9999.50	887.40	23449650
高端装备制造业	67120	228622.21	240660.97	14716.88	769237993
制造业	372729	1121909.57	1133160.76	74916.25	1915686889

根据国家对高端装备制造业的划分,高端装备制造业主要包括航空装备业、卫星制造与应用业、轨道交通设备制造业、海洋工程装备制造业、智能制造装备业五大细分行业。根据相关数据统计,这五大行业涉及航空动力(600893)、中国卫星(600118)、中国中车(601766)、中国重工(601989)和昆明机床(600806)等40只概念股。

总体上来说,目前我国高端装备制造业产业规模小,中小企业居多,龙头企业较少。

（二）我国高端装备制造业的创新投入情况分析

按以上的高端装备制造业的范围界定汇总（表2），2017年我国高端装备制造业共有R&D人员折合全时当量1054464人年，占制造业R&D人员折合全时当量的38.53%；R&D经费45211514万元，占制造业R&D经费的37.64%；R&D项目数153835个，占制造业R&D项目数的34.57%。

表2　2017年我国高端装备制造业创新情况数据表

产业	R&D人员折合全时当量合计（人年）	R&D经费合计（万元）	项目数（个）	专利申请件数（件）	政府部门的研发资金（万元）
专用设备制造业	177067	6369444	35366	68462	81531
铁路、船舶、航空航天和其他运输设备制造业	95677	4288298	11227	25267	8243789
电气机械和器材制造业	285025	12423807	51279	136915	1197
计算机、通信和其他电子设备制造业	457960	20027613	42905	145303	2188323
仪器仪表制造业	68735	2102352	13058	23448	5175
高端装备制造业	1054464	45211514	153835	399395	10520015
制造业	2736244	120129589	445029	817037	12257105

总体上来说，目前我国高端装备制造业的R&D人员折合全时当量不少，约占制造业R&D人员和R&D人员折合全时当量总体的四成。目前我国高端装备制造业的R&D经费也不少，约占建制造业R&D经费内部支出总体的四成。目前我国高端装备制造业的R&D项目数相当少一些，但已占制造业R&D项目数总体的三成多。

（三）我国高端装备制造业的创新产出情况分析

按以上的高端装备制造业的范围界定汇总，2017年我国高端装备制造业专利申请件数为399395件，占制造业专利申请件数的48.88%；新产品销售收入为769237993万元，占制造业新产品销售收入的40.15%。

总体上来说，目前我国高端装备制造业的专利申请件数不少，接近制造业专利申请件数总体的一半；而其新产品销售收入约占我国制造业新产品销售收入总体的四成。

（四）我国高端装备制造业的创新环境情况分析

按以上的高端装备制造业的范围界定汇总，2017年我国高端装备制造业，政府的研发资金为10520015万元，占制造业政府的研发资金的85.83%；研究开发费用加计扣除减免税和高新技术企业减免税两个指标暂缺全国的统计数据，但个别的省份能查到这两个指标的统计数据，如2016年福建高端装备制造业研究开发费用加计扣除减免税为

75808万元，占其制造业研究开发费用加计扣除减免税的53.89%；高新技术企业减免税为118232万元，占其制造业高新技术企业减免税的45.38%。

总体上来说，目前我国高端装备制造业的创新环境是相当不错的，政府的研发资金超过了制造业总体的八成多；从福建省来看，研究开发费用加计扣除减免税也超过了制造业总体的一半，其高新技术企业减免税接近福建制造业总体的一半。

三、基于创新驱动的我国高端装备制造业发展的对策建议

根据以上分析，结合我国的国情，本文从创新驱动的角度，提出以下我国高端装备制造业发展的促进对策[10]：

(1) 培植龙头企业，做大产业规模。如上分析，目前我国高端装备制造业的整体规模偏小，实力较强的产业集群很少。要做大我国高端装备制造业，必须培植各地区本地的龙头企业，壮大产业规模、提高产业规模效应。我国高端装备制造业整体实力虽然不强，但也有一些企业，如航空动力、中国卫星、中国中车等，在世界上都具有一定的竞争优势，可以进一步整合其产业内的优势，做大产业规模，发挥出产业优势，并带动其他优势不明显的高端装备制造业发展。

(2) 加大创新投入，发展产业科研中心。企业面向市场，同时也连接着技术创新。因此，我国高端装备制造企业要增强自主创新意识，牢牢把握技术创新的方向，合理控制技术创新要素的投入，要根据市场的反馈来加大技术创新的力度。我国有条件的高端装备制造企业应该建立产业技术创新平台，关注产业内的技术创新动态，加强技术研究和开发。特别地，要采取有效的措施提高我国高端装备制造业的R&D项目数。

(3) 提高创新产出，增强产业实力。鼓励我国高端装备制造企业增强原始创新能力，引导专利申请大户制定科学的专利申请战略，提高专利产出稳定性。我国高端装备制造企业应创造出真正能在市场上获得经济收益的知识产权，而不是为了一纸证书、一份奖励，进一步强化知识产权评价质量导向，提升企业创新成果转化为知识产权的能力。

(4) 改善创新环境，提升服务质量。我国各级政府要加强对高端装备制造业技术进步的支持力度，进一步改善创新环境。我国各级政府要按照区域内高端装备制造业的现状，制定符合区域特色的高端装备制造业发展规划；同时，应该建立高端装备制造业技术发展专项资金，重点扶持符合区域产业发展方向的重大项目建设。

(5) 促进协同创新，协调利益分配。我国高端装备制造业应该建立有效的组织协调机制，加强政产学研之间的紧密合作，建立"大学－政府－企业"之间的"三螺旋"协调互动关系，整合各类产业和科技资源，实现资源的重点和有效利用。在这个过程中，各方互惠互利，企业要充分发挥自身在整合产业资源中的优势，发挥自身的积极性，做好共享利益分配，吸引产业相关支撑机构及外部产业的资源进入。

参 考 文 献

[1] 波特.国家竞争优势[M].李明轩,邱如美,译.北京:华夏出版社,2002.
[2] 刘志彪.从后发到先发:关于实施创新驱动战略的理论思考[J].产业经济研究, 2011(4):1-7.

［3］崔有祥,胡兴华,廖娟,等.实施创新驱动发展战略测量评估体系研究[J].科研管理,2013(S1):308-314.

［4］吴海建,韩嵩,周丽,等.创新驱动发展评价指标体系设计及实证研究[J].中国统计,2015(2):53-54.

［5］张宏丽,袁永.基于GIS的创新驱动发展战略量化指标构建及广东实证研究[J].科技管理研究,2016(14):65-71.

［6］林迎星,李昊,李鹏.福建省高端装备制造业技术创新效率评价[J].技术经济,2015,34(5):5-12.

［7］吕永权.我国高端装备制造业发展问题研究[J].经济与社会发展,2015,13(3):1-3.

［8］国家统计局.2018中国统计年鉴[M].北京:中国统计出版社,2018.

［9］国家统计局社会科技和文化产业统计司,科学技术部战略规划司.2018中国科技统计年鉴[M].北京:中国统计出版社,2018.

［10］陈柳钦.加快发展和振兴我国高端装备制造业对策研究[J].创新,2011,5(6):55-62.

作者简介

　　林迎星,管理学博士,福州大学经济与管理学院教授、博士生导师,经济与管理学院教授委员会常委、学位评定委员会委员,兼任中国技术经济学会理事、福建省技术经济与管理现代化研究会常务理事、福建省人民政府发展研究中心特约研究员。2007年入选福建省高等学校新世纪优秀人才支持计划,2007年中共福建省委组织部认定的首批福建省干部教育培训师资库师资之一。在各种期刊上发表学术论文60多篇,出版学术专著5部;科研成果获福建省社会科学优秀成果二等奖3项(其中独立1项,合作2项)、三等奖1项;教学成果获福建省优秀教学成果一等奖1项(合作)。

全球秩序重构背景下中国的技术追赶与国家创新复杂系统

曹 平

摘要:后发国家的技术追赶往往需要国家创新系统的助力。其他国家的国家创新系统虽然有一定的借鉴意义,但是在当前世界秩序重构的时代背景下,其有效性已经有所不足。本文分析中国当前以及未来的技术追赶所面临的内外部环境及其对国家创新系统的影响,讨论中国在当下应该如何构建国家创新复杂系统,并提出了中国国家创新复杂系统的设计原则,讨论其结构设计,包括三层结构的创新系统网络这一基本模块单元,以及各模块的集成机制。

关键词:中国;创新复杂系统;技术追赶;全球秩序重构

一、前言

自从熊彼特在其1912年出版的著作《经济发展理论》中第一次提出"创新"的概念,并将其系统性引入经济发展理论体系之后,创新作为经济发展的主要驱动力的观点逐渐为人们所认可,而技术创新是经济增长和经济结构变迁的重要源泉这一经典命题,无论在先发国家,还是在后发国家的经济成长过程都得到了充分的验证。后发国家要实现追赶发达国家的目标,自然离不开技术创新的支持。

从20世纪初开始,后发国家的技术追赶就引起了学界的关注。格申克龙对19世纪欧洲落后的巴尔干地区和拉丁语系国家的经济发展进行研究后,提出了"落后的优势"理论,认为相对的经济落后并非像人们通常所认为的那样仅仅是一种劣势,它也具有积极的作用,即可以变成一种优势,这种优势除了体现在经济结构和技术后发潜力之外,还体现在政府对经济的干预,而不是任由市场发挥作用。到了20世纪60年代,随着日本、韩国等国家的技术追赶取得成功,后发国家技术追赶更是成为学术界和实业界的热点问题。人们大都是从人才吸引、教育基础和发展、政府政策、企业技术开发活动、国际政治环境等多个因素对后发国家技术追赶的影响因素进行解释,这些研究为后发国家技术追赶提供了有益的启示和借鉴。然而值得指出的是,日、韩等国技术追赶实践的背景与如今中国技术追赶所面临的复杂环境有着巨大的差别。与前者所处的工业经济时代不同,

---

① 国家自然科学基金项目"中国的选择性产业政策有效吗?一个技术创新绩效视角的经验研究"(71764002)成果。

中国技术追赶过程正处于信息经济和知识经济时代,总体技术范式正经历重大变迁,后金融危机愈演愈烈,国际孤立主义不断发酵,基于过去的经验所推演出来的技术追赶理论与政策,其适用性和有效性显然都存在很大疑问。因此,从全新的视角来探讨具有中国特色的技术追赶理论和发展路径,是很有必要的。

二、后发国家的技术追赶与国家创新系统

大量的研究表明,一个国家技术创新能力的提高不能光靠技术这一独立要素自身的努力,还需要一个庞大的系统合力的支持,其中经济、政治、技术等各个因素的参与和协调都不可或缺。同时,一国整体技术创新能力的提高也不能光靠企业的努力,还需要政府政策的引导和扶持;技术创新能力除了与国内相关主体的努力密不可分外,更需要有适宜的外部环境和机遇。因此,有些后发国家在实施技术追赶战略的过程中,会从系统的角度将整个国家内部的相关子系统集成为一个有机的整体,集中资源和力量来克服自身后发的劣势,于是国家创新系统(National Innovation System,以下简称NIS)的理论和实践便应运而生。

NIS的思想可以追溯到德国经济学家李斯特在19世纪所提出的"国家体系"这一概念,而真正的NIS概念最早是由Freeman在1987年提出,指的是日本为创造、引入、改进和扩散新技术所构建的公共和私营部门机构的网状结构(Freeman,1987)。此后,这一概念受到了学界和政界的重视,从理论和实践中都获得了发展。人们发现,由于各国的历史、文化、地理、大小、资源、社会和政治系统及发展水平不同,NIS的发生和运行机制存在较大差异,政策制定者要根据具体国情制定相关政策来提升本国的创新能力(Nelson,1993);它可以划分为广义和狭义两种类型(Lundvall,1992),狭义的NIS包括介入研究和探索活动的机构和组织,如从事R&D活动的机构、技术学院和大学;广义的NIS包括相关的经济结构、影响学习和研究与探索的所有部门和方面,包括生产系统、市场系统、财政系统及其子系统。具体到某国需要建构其NIS时应该选择狭义还是广义的视角,目前尚无一致意见,但达成两点共识:其一,认为企业、大学和科研机构是国家创新系统的关键微观主体;其二,制度安排、政府有效参与及创新社会网络是联系各种创新主体、整合创新资源、形成NIS的重要途径。

可见,NIS的概念是在研究日本这个国家开展技术追赶过程中提出的,并以东亚四小龙等国家和地区的相关实践为基础加以补充完善,对于中国而言,由于其理论形成背景与中国技术追赶的大环境存在巨大差异,于是一个合乎逻辑的担忧就出现了:这些以少数发达或次发达国家或地区为参照系而演绎出来的理论与实践措施,对于中国这样一个发展环境空前复杂的发展中大国,其参考价值究竟有多大?

三、中国的技术追赶所面临的内外部环境及其对NIS的影响

(一)中国的技术追赶所面临的内外部环境

中国经济在过去的40年里取得了举世瞩目的成绩,但是总体来看目前中国处于工业化中期阶段,增长主要依靠资本和劳动力要素的大量投入和密集使用,技术进步的贡

献率相对不高,在众多产业上技术落后于世界前沿水平。显然,只靠这两类要素投入的增加来驱动中国经济增长会受到边际报酬递减规律的约束,这样的经济增长模式是不可持续的,其疲态已经显露无遗,可以说,通过技术创新来实现追赶已经成为当务之急。

作为后发国家,中国当前在技术追赶过程中所面临的内外部环境有三大特点:其一,中国的大量制造型企业目前处于全球价值链低端,不仅难以较快地积累起足够的利润来增加R&D投入,而且技术创新的路径也多被先发的跨国公司锁定,陷入一种被动创新的陷阱;其二,本国在力图开展独立自主的技术研发和创新时,产业前沿技术的更新换代速度极快,这对中国的技术体系以及相应的经济结构产生颠覆性的冲击,容易导致"结构性危机"。其三,从政治和经济的角度,中国正面临着巨大的外部挑战和极佳的历史机遇。一方面,2008年世界金融危机爆发以来,美欧衰落、中国崛起的势态已经不可逆转,改革开放以来所积累的雄厚经济实力和巨大财富给中国的技术追赶提供了充足的物质基础;另一方面,金融危机后,西方开始出现逆全球化思潮,而以美国为首的诸多西方国家,更是将矛头直指中国,使中国实施追赶战略的外部环境空前恶化,中国改革开放以来所实行的以"为世界代工""以市场换技术"为主要特征的外向型技术追赶战略面临极大的挑战。

(二)内外部环境变化对中国NIS的影响

外部环境变化会对中国NIS产生巨大影响,主要体现在政治、经济和技术三个方面:

(1)政治稳定性对于NIS的输入有很强影响,前商业市场改革有着复杂的影响,一般而言,前商业市场改革对NIS有着负向直接影响,但它们具有较强的缓和效应,能够制衡政治不稳定的负面影响,尤其在科技落后的发展中国家环境下(Gayle等,2012)。中国面临的基本局势是美国为了抑制中国的崛起无所不用其极,而中国的回应则日趋强硬,中美之间多年形成的斗而不破的战略模糊格局似有破局之势,世界正由单极向多极格局演变,中美之间的竞争正从经济对抗向包括政治、经济、军事对抗在内的全面对抗演变。这些不利的内外政治环境会对中国既有的NIS造成冲击。

(2)在世界政治氛围趋于保守的大环境驱使下,中国在未来所面临的商业环境将会不断恶化,将会面临越来越多的贸易和非贸易壁垒的挑战,劳动力成本不断提升,中国长期倚仗的出口导向的增长战略已经无以为继,世界经济结构正在进行深刻调整,中国迫切需要大力促进内需、提升出口替代能力;绿色经济不断升温,环保的重要性不断提升,无疑加大了作为发展中国家的中国在经济发展与技术追赶上的难度。所有这些经济上的变化都对中国既有的NIS构成了一定的挑战。

(3)从技术环境变化的角度,技术范式变迁对NIS的影响尤其关键。自从Dosi(1982)提出技术范式这一概念后,技术范式理论成为理解技术变迁的重要工具。技术追赶不只是单个技术的追赶,而是整个技术范式的转变,日本的成功很大程度上归功于日本的NIS较好地适应了信息技术的新范式(Freeman,1987),而在当前,以大数据、人工智能、云计算、物联网等新技术为代表的新一代信息技术革命正在席卷全球,中国的NIS必须要对这种技术范式的剧变做好充分准备;另外,世界技术范式正从封闭式创新向开放式创新变迁(Chesbrough,2003),开放式创新实践至少从三个方面对NIS产生影响:强化了其重要性、改善了其有效性、多元化其网络(Yuandi等,2011)。中国既有的NIS对此技术发展动向似乎准备不足。

总之,在经由一系列内外部环境突变之后,世界秩序正处于重构的临界点。中国当前在技术追赶过程中所面临的国际政治、经济和技术环境发生了根本性变化,这些变化的条件都将对中国的技术追赶产生重大影响,在对中国 NIS 进行设计和建构时,都必须充分考虑这些因素。

四、中国在当下应该如何构建国家创新复杂系统

综上所述,中国在实现技术追赶目标的过程中,有必要根据自身的发展轨迹,以及所处的内外部环境,对本国的 NIS 进行再造。中国是一个大国,人口、地域面积、产业规模都极其庞大,这决定了中国 NIS 结构上必须具备全面性和完整性;中国又是一个发展中国家,区域间的发展程度差异巨大,这决定了中国 NIS 在设计总体性创新系统的结构及协调机制时所面临的复杂性;中国在当前以及今后相当长一段时间所面临的外部压力和挑战更是非常独特,没有先例可循。所有这些特征决定了中国未来的 NIS 必然是一个高度复杂的系统,本文将其称为国家创新复杂系统(National Innovation Complex System,简称 NICS)。

(一)中国 NICS 的设计原则

综合上述考虑,NICS 设计应该遵循以下原则:① 避免陷入传统 NIS 设计时所选择的无所不包的广义概念陷阱,要明晰其定位、边界、各组成因素的角色和互动协调机制。② 系统所覆盖的核心要素要包括企业、科研机构、大学、相关中介服务机构、政府职能部门、专门基础设施等相关要素,当然,入选的各要素要满足相关性的要求。③ 将环境保护因素和资源约束因素纳入体系设计的考量。④ 充分考虑非正式组织在创新机制中的重要作用——催化剂功能,作为 NICS 内部各要素之间存在的正式联络机制的有益补充。⑤ 强调创新和学习的重要性,提高跨学科和部门的非线性集成度,争取实现流程制度化。⑥ 充分考虑当前以及未来技术范式和经济范式的变化趋势。⑦ 意识到创新系统不是一劳永逸,要随着外部环境、中国既有基础以及文化传统等内部条件的变化,而进行动态调整。⑧ 考虑先前创新系统的路径依赖效应。

(二)中国 NICS 的结构

中国 NICS 是一个复杂系统,它由若干相互作用和联系的区域创新系统所构成,这些区域创新系统之间的关系,从规模以及复杂性等方面考虑,在一定程度上已经具备小国或中等规模国家的国家创新系统的特征。

中国 NICS 设计的核心是"创新系统网络"单元。根据 NICS 的特征,可以考虑以模块化方式对其进行组织搭建。基本单元"创新系统网络"是一个三层网络:第一层是协调层,主体是一个对辖区内的技术创新活动行使统一管理职能的专门部门(例如,各区域的科技管理部门),它是模块的主要创新管理节点,负责与其他模块的接合;第二层是政策层,主体由其他相关政府部门组成,这些部门通过政策机制向第三层的创新主体施加影响;第三层是受力层,主体由相关企事业单位构成,核心是国内制造类企业,它是创新系统合力作用的着力点,通过此着力点,可以将相关的大学、研究机构、专业服务单元、社区组织等协作要素整合为一个平面创新网络(图 1)。这样,一个基本模块就构成了一个基本的区域创新系统。再以行政区划为基础,将本辖区内的多个基本的区域创新系统通过

各自的创新管理节点进行联通,集成为一个更大的区域创新系统,此更大的区域创新系统的联通节点则是该行政区层面的科技创新管理部门,它又可以与平级的其他区域创新系统联通(图2)……依次不断叠加,最终形成一个全国性的 NICS。

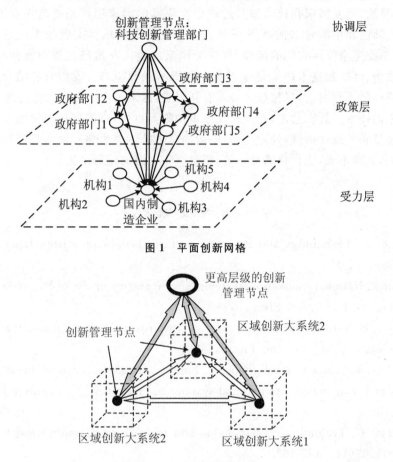

图 1 平面创新网格

图 2 区域创新系统联通

显然,在上述结构中,最关键的一点是如何设计创新管理节点的联通机制。本文认为,可以借鉴化合物晶体中的分子键原理,来建构一个既有一定咬合强度,又有一定伸缩弹性的联通机制。设计时需要考虑以下因素:① 正确认识中国在新一轮国际技术转移大潮中担当的角色,尤其是要把握当今全球技术范式正在经历从封闭式向开放式转型的契机,促进国内创新主体充分参与国际间技术合作与竞争,为技术引进和技术扩散创造有利的渠道和条件。② 研判当前及未来跨区域以及国际间科技人才的分布及流动态势,制定有利于跨区域以及跨国开放性合作的人才吸引政策和机制。③ 深入研究中国情境下知识产权保护制度对技术创新的影响,优化知识产权保护体系,促进官产学研在科技创新领域的无缝对接与协作。④ 强化对新技术发展的跟踪与预测,对与绿色、低碳、信息、智能等战略性新兴产业有关的前沿科技的发展提供持续、系统性的政策与组织支持。

五、结语

中国的技术追赶之路不能照搬西方发达国家的经验。后发国家的创新发展路径和西方传统的创新模式存在很大差异。以熊彼特为代表的传统创新理论重视自主研发活动,强调通过"领先战略"力图获取"先发优势"。而对于后发国家来说,受制于内外部条件的制约,更多的时候只能以模仿起步,通过"追赶战略"和有效组织,尽可能地实现"后发优势"。显然,后发国家在技术追赶过程中所倚靠的国家创新系统与先发国家相比有极大差异。韩国和中国台湾的NIS虽被视为后发国家或地区实现技术追赶的典范,但是,中国却不能完全复制它们的经验:这两个国家或地区在追赶过程中所拥有的极其宽松的外部政治、经济和技术环境是今天的中国所不能奢望的。我们只能结合自身条件,有效地规避外部不利因素,尽量放大外部有利因素,探索出一个有中国特色的NICS来促进中国未来的技术追赶。总之,在全球秩序重构临界点处,中国的应对策略非常重要,需要高度的智慧和系统性措施,处理得当,中国的总体技术能力将可能实现赶超,迎来伟大的民族复兴,处理不当,也许将功亏一篑,错过百年一遇的崛起良机。

参 考 文 献

[1] Freeman C. Technology and economic performance: lessons from Japan[M]. London: Pinter, 1987.

[2] Nelson R. National innovation systems: a comparative analysis[M]. New York/Oxford: Oxford University Press, 1993.

[3] Lundvall B. National innovation systems: towards a theory of innovation and interactive learning[M]. London: Pinter, 1992.

[4] Allard G, Martinez C A, Williams C. Political instability, pro-business market reforms and their impacts on national systems of innovation[J]. Research Policy, 2012 (10): 1016.

[5] Giovanni D. Technological paradigms and technological trajectories[J]. Research Policy, 1982(11): 147-162.

[6] Chesbrough, Henry. Open innovation: the new imperative for creating and profiting from technology[M]. Boston: Harvard Business School Press, 2003.

作者简介

曹平,广西大学商学院教授,工商管理一级学科博士点负责人、技术经济及管理硕士点导师组组长。担任教育部高等学校工商管理类专业教学指导委员会委员、中国技术经济学会理事、中国技术经济学会复杂管理分会常务理事兼秘书长、广西管理科学研究院理事、教育部人文社科一般项目评审专家、广西科技发展战略与综合评审委员会专家。主要研究领域包括技术创新管理、战略管理、变革管理、产业组织与技术创新;在核心期刊上发表论文50余篇,出版学术专著2部、译著1部、教材2部;主持国家自科基金课题和社科基金课程各1项、省部级课题3项;获得省部级奖励6项。

发达国家技术标准锁定下我国技术创新的困境及突破对策[①]

陶爱萍

摘要：在发达国家占据国际技术标准领先优势和技术标准锁定地位的情况下，我国技术创新面临路径限制和难以技术标准化的巨大困境。文章从创新惰性导致技术创新动力不足、标准跨境扩张提高技术标准化壁垒、技术外溢效应受限下"后发优势"难以获得、技术依赖陷阱阻碍技术赶超策略推行四个方面深入分析我国技术创新的困境。在此基础上，从技术创新策略、技术标准化战略、标准竞争策略、借助用户解锁策略、发挥大国效应策略等方面提出我国应对和突破发达国家技术标准锁定的对策建议。

关键词：技术标准锁定；技术创新困境；反锁定策略

在发达国家占据国际技术标准领先优势和技术标准锁定地位的情况下，我国技术创新面临路径限制和难以技术标准化的巨大困境：锁定效应作用下既有技术标准的难以替代性，又有技术创新成功概率的降低使得相关主体产生畏惧创新、懒惰不作为的消极创新惰性，导致技术创新动力不足；发达国家技术标准的跨境扩张一方面抢占了发展中国家有待开拓的技术领域，另一方面提高了发展中国家技术标准化的壁垒；再次，当发达国家技术标准处于锁定状态时，发达国家会通过各种锁定策略阻止或限制标准核心技术的外溢，使得发展中国家很难充分地获得标准技术的外部经济性，从而使得实现"后发优势"的可能性大大降低；最后，发展中国家对发达国家技术标准的追随、兼容等策略性行为容易使发展中国家在技术上陷入过度依赖发达国家的陷阱，制约发展中国家技术赶超和跨越式发展战略的推行。

一、发达国家技术标准锁定下我国技术创新的困境

在发达国家占据国际技术标准领先优势和技术标准锁定地位的情况下，发展中国家企业技术创新面临路径限制和难以技术标准化的巨大困境。对我国来说，这种技术创新困境主要体现在以下方面：

[①] 国家社科基金项目"技术创新中的标准锁定效应及反锁定规制研究"（11BJY027）成果。

（一）标准锁定下的创新惰性导致我国技术创新的动力不足

创新管理学者 Geoffrey Moore 指出惰性是创新的隐性伴侣，技术标准锁定激活这一隐性伴侣，使其由隐性转变为显性。锁定效应作用下既有技术标准的难以替代性，又有技术创新成功概率的降低会使得相关经济主体产生畏惧创新、懒惰不作为的消极创新惰性，导致我国技术创新动力的不足。消极创新惰性主要表现在创新意识惰性、创新组织惰性、创新行为惰性等方面。创新意识惰性是创新动力丧失的根源，创新意识惰性是指创新主体安于接受发达国家技术标准，不思创新的惰性心理意识，与技术标准锁定有关的创新意识惰性会随着技术标准锁定强度的增加而加剧。创新组织惰性是指创新主体在发达国家技术标准锁定的情况下，不能及时地感知科技创新和技术进步的步伐或不能随着技术进步和技术变革的步伐及时地调整或改变技术创新的组织模式和管理模式，具有组织惰性的创新主体既不愿意也没有能力在解构旧的技术标准系统基础上重构新的技术标准系统。创新行为惰性是指创新主体创新乏力、疏于创新的行为，创新行为惰性受创新意识惰性的支配，同时与创新组织惰性高度相关。技术标准锁定使得消极创新惰性的三个方面表现在我国创新主体中都不同程度的存在，惰性是创新的敌人，创新惰性是创新惯性的升级，创新惰性会使我们创新主体产生惯性思维、不思变革，会导致创新组织僵化和管理僵化，以至创新主体没有积极性创新或在创新上不够勤勉。创新惰性对我国技术创新构成的障碍越大，通过自主创新取代现有技术标准的成本就越高，创新动力和能力就越弱。

（二）标准锁定下标准的跨境扩张提高我国技术标准化的壁垒

经济全球化和网络经济使得我国产业和企业在享受全球化大市场及便捷贸易渠道带来更加多样化产品和更为先进技术的同时，也深切地感受到了发达国家技术标准的威力和威胁。对标准跨境网络效应的追求使得发达国家致力于标准的跨境扩张，标准的跨境扩张一方面抢占了发展中国家有待开拓的技术领域，另一方面提高了发展中国家技术标准化的壁垒。标准锁定是发达国家技术标准进行跨境扩张的诱因，同时也是发达国家技术标准跨境扩张得以成功的条件之一。一方面，技术标准锁定下国内市场用户规模的饱和和利润空间的狭小驱使发达国家进行技术标准的跨境扩张，在全球范围内拓展技术标准的用户规模，扩大技术标准的赢利空间，最大化技术标准的网络效应及基于其上技术标准收益。另一方面，技术标准锁定的强度决定了技术标准的稳定性程度及可持续时间的长短，技术标准锁定下标准技术的国内用户规模优势和赢利优势使得发达国家技术标准具备跨境扩张的实力，技术标准锁定越稳定，持续的时间越长，其跨境扩张时被发展中国家同类技术或类似技术替代的可能性越小，技术标准的跨境扩张越容易获得成功。我国作为发展中大国，虽有庞大的国内市场，但标准锁定下发达国家技术标准的跨境扩张一方面抢占了我国相关技术或技术产品的国内市场；另一方面又限制和阻止了我国相关技术或技术产品开拓国外市场，使得我国技术或技术产品获得启动正反馈机制的用户规模和市场份额的难度加大，而技术链和产业链双重控制下的技术标准势力则使我国技术标准化的壁垒倍增。

(三)标准锁定下受限的技术外溢效应使我国技术创新难以获得"后发优势"

所谓后发优势,是指在先进国家或地区与后进国家或地区并存的情况下,后进国家或地区所具有的有利条件(何国勇,徐长生,2004)[1]。具体到技术研发和技术进步上,后发优势是指由于技术引进、模仿创新与自主创新三者之间的巨大成本差异,相对于依靠自主创新处于技术领先地位的发达国家来说,技术落后的发展中国家通过技术引进和模仿创新节约了大量的创新资源,降低了创新成本,并以相对发达国家来说更快的速度获得技术进步[2]。发展中国家在技术创新方面存在后发优势的前提条件是发达国家的先进技术具备充分的外溢效应,使得发展中国家能够不受限或者弱受限低成本引进、复制或模仿,然而在技术标准锁定的情况下,发达国家标准技术的外溢是受到限制的,发达国家会通过各种锁定策略阻止或限制标准核心技术的外溢,使得发展中国家很难充分地获得标准技术的外部经济性,从而实现"后发优势"的可能性大大降低。技术标准锁定对标准技术溢出效应的限制主要表现在三个方面,即对技术引进的产权效应、对技术模仿的制约效应和对自主创新的挤出效应。技术标准锁定下发达国家通过对技术引进的产权效应、对技术模仿的制约效应抑制标准技术的外溢,或是有条件外溢,使得我国难以通过技术引进和模仿创新获得后发优势;发达国家技术标准的市场优势和盈利优势对自主创新的挤出效应,提高了我国通过自主研发实现后发优势的市场壁垒和盈利壁垒。

(四)标准锁定下的技术依赖陷阱阻碍我国技术赶超策略的推行

发展中国家对发达国家技术标准的追随、兼容等策略性行为容易使发展中国家在技术上陷入过度依赖发达国家的陷阱,制约发展中国家技术赶超和跨越式发展战略的推行。发达国家强大的技术标准锁定效应迫使发展中国家多数选择无为战略和跟进战略,在处于锁定地位的标准技术无替代可能的情况下,发展中国家无论创新资源是否欠缺都倾向于选择无为战略,不会主动去进行技术创新;在发达国家技术标准处于中等锁定强度的情况下,发展中国家会选择追随或从属的跟进战略。追随就是在接受发达国家标准技术的前提下进行消化、吸收;从属就是为发达国家的标准技术提供互补技术和配套技术;只有在技术标准锁定强度比较弱、替代标准技术可能性比较大的情况下,发展中国家才有积极性和动力通过自主创新突破发达国家的技术标准锁定。发达国家依靠在技术标准上的先发优势和锁定地位,使得科技资源越来越向其集中和积累,其科技实力越来越强,科技水平越来越先进;而发展中国家在科技创新和科技竞争中越来越处在弱势和不利地位,越来越难以摆脱对发达国家的技术依赖,这就是发展中国家在技术发展和技术创新中的技术依赖陷阱和马太陷阱[3]。发达国家的技术标准锁定一方面提高了发展中国家的对外技术依存度;另一方面又降低了发展中国家的研发强度,这两者的合力既削弱了发展中国家实施技术赶超战略的动力,又使发展中国家技术赶超成功的可能性大为降低,偏高的对外技术依存度和偏低的研发强度同样制约我国自主创新能力的提高和技术赶超战略的推行。

二、我国突破发达国家技术标准锁定的对策建议

技术标准锁定虽然增强了发达国家对全球经济和技术领域的控制权,并使发达国家从技术标准锁定中获得丰厚的盈利。但对于发展中国家来说,技术标准锁定的负面效应要大于正面效应,不仅导致发展中国家的技术创新陷入困境,而且可能长期使发展中国家在技术上和经济上依附于发达国家,因此发展中国家需要采取相应的战略、策略来应对发达国家的技术标准锁定。我国作为发展中大国,可采取如下对策突破发达国家的技术标准锁定。

(一)选择正确的技术创新策略

技术创新的策略主要指对技术创新模式的选择及助推技术创新成功的策略。创新程度高和异质程度大的技术在标准竞争中胜出的概率更大,对于自主创新和引进模仿创新来说,自主创新的技术成果其创新程度和异质程度要高于引进模仿创新的技术成果;对于渐进式创新和革命式创新来说,革命式创新是对在位技术的毁灭式否定,因而其技术成果是高度创新和近乎完全异质的;对于异质创新和同质创新来说,异质是思变的技术变革,同质是维持性技术升级,前者技术成果的创新度和异质度要显著高于后者;对于系统创新和组件创新来说,无疑整个技术系统的创新程度要高于单个组件或一组组件的创新程度。因此,我国要想突破发达国家的技术标准锁定,自主创新、革命式创新、异质创新、系统创新等创新模式是必然的选择。但鉴于影响技术创新成功的因素是多方面的,我国有关经济主体在选择合适的技术创新模式的同时,还必须选择适宜的技术创新策略,降低技术创新的风险,助推技术创新取得成功。如在依靠单个企业力量难以获得创新成功的情况下,可以组织多个企业结成联盟进行合作创新,发挥单个企业在组件创新上的优势,进行组件创新,最终形成合力实现系统创新。

(二)制定科学的技术标准化战略

为有效推动和促成技术标准化,我国应注重培养企业及其他创新主体的技术标准化意识,重视技术标准化建设。要根据技术创新及技术标准化竞争现状,采取标准争夺与标准跟进相结合的标准化战略。对于拥有自主知识产权且具有较强国际竞争力的优势核心技术,可以实行标准争夺的标准化战略,参与制定国际标准及区域性标准,控制与争夺国际标准的制高点。对于自主研发的但不具有明显竞争优势的行业新兴技术,要一边跟进国际标准的发展,一边寻找机会,伺机而动,将国内技术国际标准化。要立足市场需求,采取技术攻坚和标准研制一体化战略,在技术攻坚阶段就必须将标准研制考虑进来,根据市场及行业对技术标准的需求开展技术攻坚活动[4]。要积极推动科技优势向知识产权优势的转化,采取知识产权与技术标准相结合的战略,有效实施技术专利化—专利标准化—标准锁定化的战略路线,力求将专利上升为技术标准以获取最大经济利益。当今世界,谁掌握了技术标准的制定权谁就在一定程度上掌握了技术和经济竞争的主动权,因此我国要采取标准工作国际化战略,积极参与国际标准活动并争取获得在国际标准制定、修订中的话语权,尽可能地创造条件将本国标准上升为国际标准[5]。

(三) 实施合理的标准竞争策略

合理的标准竞争策略可以提高企业在标准竞争中获胜的可能性,根据标准竞争的特征及其影响因素,我国企业可以采用以下策略:一是设定恰当的竞争目标。目标设定不仅关系到企业在标准竞争中获胜的几率,而且关系到竞争之后企业对标准的控制程度和赢利水平。企业在设定标准竞争目标时既要考虑到自己的生产能力、创新能力、技术性能及知识产权的拥有情况等影响标准竞争的因素,又要考虑到竞争对手在相应方面的竞争实力,同时要对市场环境对标准竞争的各种可能影响进行分析,以保证设立的竞争目标既有利于企业在标准战中获胜,又能在竞争结束后为企业带来最大的回报。通常,领先企业的竞争目标是使自己的技术成为主流标准乃至唯一标准;而一般企业的竞争目标则是尽力使自己的技术融入技术标准之中以获得尽可能多的收益。二是选择合适的进入时机。在标准竞争中,抢先进入市场有利于建立产品或技术的安装基础、促进互补产品的供应,从而在竞争中获得先发优势并有可能锁定市场。但是,抢先进入市场获取成功也是有条件的。如果抢先进入者不能够使市场迅速达到临界规模,抢先进入市场不仅不能够建立起先发优势,而且有可能成为市场的"试验品"。一旦这种产品或技术被竞争对手模仿加以完善后,其市场地位会被后来者超越或取代。三是合理的组织安排。与利益相关者结成联盟,是标准竞争过程中厂商最常用的组织策略,[37] 当依靠单一企业不能够建立起正反馈启动所需要的临界容量而企业又力图把自己的技术推广为标准时,与利益相关者结成联盟能够有效地扩大技术的用户规模,并诱发消费者对企业技术的未来前景产生积极的预期,从而偏向于选择该企业的技术产品。

(四) 借助用户解除标准锁定策略

新技术的提供者可以从两个方面促使用户解除现有技术标准的锁定:一是提高用户从新技术中所能获得的收益;二是降低用户从现有标准技术转向新技术的成本。由于新技术相对现有标准技术来说在用户规模和网络效应上处于劣势,并且在能否替代现有标准技术获得稳定收益方面具有一定的不确定性,因此,一般来说,新技术相较于现有标准技术很难获得收益上的比较优势,在新技术不具有收益比较优势的情况下,用户甘于被锁定或突破锁定的决策主要取决于转换到新技术的成本高低或者转换到新技术的净机会成本的高低。对于我国的技术创新主体来说,要想利用用户解除技术标准锁定,一要降低用户转换成本,对于用户转换行为所必须承担的合同义务、耐用品购买、搜索成本及针对新技术的培训等成本,创新主体可以考虑通过必要的补偿来降低用户的转换成本;二是提高用户在现有标准技术上的投入在新技术中的使用率,降低用户原有投入的沉没成本化率,或者通过提供必要的培训等来减少用户在新技术上所花费的学习成本;三是采取与现有标准技术兼容的策略,使得用户不至于因为转换决策而失去现有标准技术所带给他们的巨大网络效应[6]。

(五) 发挥大国效应策略

在标准竞争中,大国效应表现为大国影响国际标准市场的能力,指有着大型市场规模、经济规模或人口规模的国家其规模效应及由此生成的其他效应都比较强,从而可以左右国际标准竞争的格局。大国效应具有两面性：一方面，发达大国利用先发优势，积极推行大国标准战略，在国际标准竞争中占据了主导权；另一方面大国效应会造成国际标准竞争更加激烈，使后发大国与小国创造或获取标准的代价提高。大国效应是由大国经济的特点决定的，而在标准竞争中发达大国具有先发优势，发展中大国具有后发优势，在发达大国占据利用大国效应先机的情况下，发展中大国必须充分认识到大国效应对于争夺标准参与权和控制权的重要性，了解大国效应在标准竞争中的表现及其作用机理，以便通过大国标准战略，提升其在国家标准制定中的参与权和话语权。我国无论从人口规模、国内生产总值、消费支出，还是从进出口贸易额方面来说，都是当之无愧的大国，但是，从目前的实际情况来看，相较于发达国家，我国在国际标准竞争中的竞争力还是稍逊一筹，除我国的整体科技实力不强这一重要原因以外，就是我国没能在标准竞争中充分地利用国家的规模优势。因此，提高科技实力和充分发挥大国效应是增强我国在国际标准制定中话语权和国际标准竞争中竞争力的两大重要策略。

参 考 文 献

[1] 何国勇，徐长生.比较优势、后发优势与中国新型工业化道路[J].经济学家，2004(5)：16-22.

[2] 刘汶荣.企业技术后发优势向技术后发劣势转折点及其规避初探[J].税务与经济，2013(6)：191-194.

[3] 周天勇.赶超型科学技术进步战略与建设创新型国家[N].学习时报，2011-06-23.

[4] 姜红，徐岩，王小迪.重点产业的技术标准化战略模式构建[J].社会科学战线，2013(9)：248-250.

[5] 黄艳艳.发达国家实施企业技术标准化战略的成功经验[J].中国石油和化工标准与质量，2008(1)：16-18.

[6] 李明，王云美，司春林.企业如何走出创新困境：基于锁定效应的分析[J].科技管理研究，2010(10)：187-189.

作者简介

陶爱萍，经济学博士，合肥工业大学教授，产业经济研究所所长。长期从事产业经济学、网络经济学、技术标准锁定等相关领域的研究，主持国家哲学社会科学基金项目2项、省部级以上课题8项。出版学术专著2部；在《中国软科学》《经济理论与经济管理》《世界经济研究》《科学学研究》《国际贸易问题》等期刊发表学术论文40余篇，其中有1篇论文被《新华文摘》全文转载。

中国创新50人笔谈
50 Essays on China's Innovation

技术经济

互联网时代的技术经济学构想

张 青

摘要：通过对技术经济学演化历史的回顾，在分析互联网时代《技术经济学》的驱动因子基础上，构建了互联网时代技术经济学"五大基础理论＋四种基本方法"的新框架，五大基础理论包括：价值创造理论、技术演化周期理论、技术交易与定价理论、外部性理论、风险理论；四大基本方法包括现金流分析、风险分析、期权分析、博弈分析。

关键词：技术经济；研究对象；互联网；基础架构

技术经济学经历了本土的初创和后期的引进与融合，初步形成了理论架构和方法体系。随着市场经济体制改革的深入，尤其是以互联网为核心的信息技术飞速发展，现有的理论与方法已难以很好地适应时代发展的需要，尤其是研究对象、范围及其学科发展的基础理论问题皆需在争鸣之中加以完善。鉴于此，本文在探寻技术经济学的驱动因子基础上，对互联网时代技术经济学的对象、范围进行了新的思考，并提出了互联网时代技术经济学理论架构的新设想，抛砖引玉，以期引起同行对技术经济学发展基础问题的关注，更好地完善和发展技术经济学。

一、技术经济学发展的驱动因素

随着经济体制改革的深入，产品与各种要素市场的建立和市场体系的不断完善，价格成为经济活动中的重要参数，企业逐步成为市场主体及其研发功能完善，经济发展已由传统的资源驱动逐渐向创新驱动转变；技术经济学面临的技术与经济环境发生了根本性改变，驱动了传统的技术经济学向互联网时代新范式的转变。

（一）经济体制

经济体制的变化引起传统技术经济学所依赖的基础假设发生了根本性的变化。市场经济取代传统计划体制以及资源配置方式的改变，导致经济活动的主体——企业角色定位也发生改变。不同的经济环境和制度基础，涉及的目标、运作规律、经济参数发生改变，必然导致技术经济学的研究对象、范围都将发生根本性改变。

传统计划体制下，中国面临资源与产品短缺，关注重点是短缺问题，解决问题的关键在于供给端，如何有效地、经济地将产品生产出来是技术经济关注的重点，基本建设与生产环节必然成为技术经济关注的焦点。技术获取手段主要靠引进，而市场、研发则被技术经济学所忽略，与此相对应的技术经济学，准确地讲，是工程经济学（Engineering Economics），而不是真正意义上的技术经济学（Technological Economics）。

在市场经济体制下，产品市场与劳动力、资本、企业家等要素市场逐步发育与完善，市场配置资源的决定性作用逐渐增强，政府的宏观调控作用逐渐减弱，企业成为市场主体。与此同时，产品市场供求之间的差距逐渐缩小，甚至出现过剩，客户在市场中占据主导地位，导致企业之间市场竞争，不仅涉及建设、生产，更涉及营销、研发，创新已经成为企业、产业、经济发展的核心。体制环境因素的改变还导致相关主体行为的改变，市场经济体制下的技术经济活动必然呈现与传统体制下不同的规律。这些经济体制因素的转变必然驱动了技术经济学研究范围必须从传统的建设、生产过程拓展到市场营销、研究开发，从而覆盖整个创新链，其关注的内容从项目评估、资源配置、生产率提高和经济效益分析等方面[1]（王宏伟，2009），转变到更多地关注技术如何植入经济过程，研究技术本身的开发和利用，技术创新过程以及技术创新对经济发展的促进作用。企业不仅是创新的主体，还是产业、宏观的经济发展的基础与活力所在，宏观经济增长与产业结构的改善依赖于微观主体企业创新的结果，这些决定了技术经济学关注的重心将进一步下沉，从宏观、产业延伸到企业。

（二）技术环境

技术是技术经济学关注的核心。以互联网为代表的信息技术飞速发展，驱动技术经济学的研究对象和方法产生新的变化。以信息技术为代表的新兴技术与传统技术，既有内在联系，又相互区别。新兴技术的固有特征决定其产生、成长、发展具有不同的特点，也决定其价值评估也不同与传统技术。同时，新兴技术面对的大部分是新兴市场，可分为爆发式市场与团簇式市场，其最大特点是很少有可借鉴的资料，对于新兴市场的评估呈现出自身独特的规律。新兴技术与新兴市场的特点决定了传统技术经济学所构建的投资融资决策方法的基本假设难以适应新的技术环境。新兴技术的产品服务、市场需求、投资的经济价值、投资融资及其价值评估方法必然成为互联网时代技术经济学关注的重点。新兴技术能够创造新行业，改造老行业，对行业结构和经济发展产生重要影响。新兴技术的发展还与企业集群、产业聚集、区域经济发展密切关联，同样，需要采用新的理念、新的思维和新的理论与方法来构造。

以移动互联网、云计算、大数据、物联网等为标志的新一代信息技术，已成为当代创新驱动发展的先导力量，深刻改变和影响了经济社会生产生活，其本身具有独有的特征。如物联网技术等信息基础设施投资的价值、网络外部性、平台经济评估方法，机器人硬件与智能软件构成的智能制造系统的产品智能化技术、智能化工艺的选择都给技术经济学带来了新的挑战。再如，互联网金融的发展在降低了融资成本同时，也增加了虚拟空间中融资风险，其风险的预测与规避则与社会信任密切关联，它需要技术经济学突破原有的边界，融合技术学、金融学、社会学多学科的理论开展跨界研究才能解决。

（三）市场环境

客户需求的多样化与个性化，使得人类经济生活从农业经济、工业经济、服务经济，进入到体验经济的新阶段，形成新的客户价值来源——客户追求消费与生产的个性化体验，客户对于体验的需要不仅对于产品设计提出更多要求，还提出了体验价值测度的新命题。市场的复杂多变,竞争的加剧,科学技术发展的加速,产品寿命周期的缩短,为技术、产品创新提供了新的需求和机会。

相对于传统稳定的市场环境,这种快速、剧变的环境变化必然给技术经济活动带来新的冲击和更大的不确定性,引发了许多新的技术经济问题。这样,建立在相对平稳、结构化的市场假设下建立起来的传统技术经济理论与方法便难以适应这种变化,需要构建新的理论,创造新的方法。

(四)发展模式

伴随着资源枯竭、环境恶化、生态失衡不断加剧,技术经济活动所面临的外部约束越来越大。以人为本、资源节约、环境友好、低碳发展的呼声越来越强烈以及企业社会责任意识的提高,这些因素促使了互联网时代的经济发展不再单纯追求经济增长,而转型到以人为中心的可持续发展模式。经济发展模式的转型,不仅对企业技术开发与选择的"绿色"要求更高,而且对于工程建设、生产过程的资源"循环利用"、环境保护也更加严苛。尤其对于那些涉及社会因素较为复杂、社会影响较为久远的公益性、基础性项目要求更高。因此,技术经济学必须更加关注解决环境问题,减少环境成本、增加环境效益,改善生活质量,为人们创造一个可持续发展的未来。

互联网时代技术经济学面临体制、技术、市场环境巨大变化,但现有教科书仍然侧重于方法介绍,仅涵盖项目评估、可行性研究、价值工程等内容,已经无法适应互联网时代发展的需要。构建互联网时代背景下具有中国特色的技术经济学的新架构,已成为广大技术经济界同仁的历史使命!

二、互联网时代技术经济学的构想

鉴于目前技术经济学发展现状,本文依据技术经济学研究对象的重新定位,考虑互联网时代的环境变化,采用开放的心态和与时俱进的思维,继承传统技术经济学精华部分,兼收并蓄国外相关学科的最新理论成果,提出互联网时代技术经济学的"五大基础理论+四大基本方法"构想,以供学界同仁展开讨论。

(一)五大基础理论

(1)价值创造理论。传统技术经济学的目标是追求投入产出效率最大化,即在产出不变的情况下,追求投入最小,在投入不变的情况下,追求产出最大,或者以较少投入追求最大产出。在技术、市场等因素比较稳定的情况下,该目标无疑是正确的、适合的。但在互联网时代,随着体制的转变,技术、市场变化速度加快,技术经济分析的目标,不仅要效率最优,更要价值创造最大化。这里的价值不仅体现在有形、可计量的财务价值,还体现在无形、难以或者不可计量非财务的价值,如项目对企业全局和长远利益作出新贡献的战略价值。项目为供应商、竞争者、社区居民、政府、消费者等利益相关者创造的相关价值;对国民经济总量增长、产业结构调整、生产力布局、自然资源开发、物价变化等方面产生的影响与贡献的宏观经济价值;以及项目对社会环境、就业等方面所产生的社会价值和给人们带来心理满足、愉悦等方面的心理价值。

(2)技术演化周期理论。互联网时代,技术更新速度加快,技术的产生、成长与演化、被替代的过程与创新过程密不可分。技术植入并转化为经济的过程，先有科学后有技术，其演化的动力既源于技术本身的推动，也不乏市场需求的拉动。只有全面了解技术产生的前世今生，才能真正了解技术的演化规律，提高技术创新的效率、效益。不仅技术本身因为演化而呈现周期性，经济发展、技术创新、市场演化、产品同样具有周期性特点，因而，技术演化周期理论构成技术经济学的基础理论之一。

（3）技术交易与价格理论。传统的经济时代，经济增长依赖于生产函数，重点关注劳动力、资金投入等因素，侧重于量的扩张；互联网时代，经济增长依赖于知识生产函数，重点关注人力资源（智化技术）、无形资产（知识产权）、技术，侧重于质的提高。但这些技术要素的获得需要通过技术市场交易才能实现。虽然技术交易服从均衡价格原理，技术的供求决定其市场价格；但不同形态技术的特征又使得其价格决定存在差异。商标、版权、计算机软件、专利、工业设计和商业秘密等要素的价格确定，贯穿技术创新全过程，技术交易与价格理论必然成为技术经济学的基础理论。

（4）风险理论。技术与经济的预测是技术经济分析的重要手段，但其预测未来的结果与技术、经济的实际不可能完全一致，二者的偏差被称为风险或不确定性。在互联网时代，技术更新速度加快、竞争更加激烈，尤其是破坏式创新、突破式创新的出现，导致技术与经济面临的风险更大，同时，风险又随技术植入经济阶段不同而呈现出不同的特点；这决定了研发、工程、生产活动都需要进行相应风险因素的识别、风险因素评估以及风险对策制定。因此，风险理论是技术经济学必不可少的基础理论。

（5）外部性理论。经济外部性指某个微观经济单位的经济活动对其他微观经济单位所产生的非市场性的影响，互联网时代，技术经济学涉及的外部性不局限于此，它包括知识与技术的外部性（外溢），如贸易或其他经济行为中，先进技术拥有者有意识或无意识地转让或传播他们的技术、知识，而产生的国际技术溢出、国内技术溢出、行业间技术溢出、行业内技术溢出，还有存在于诸如软件或互联网行业的网络外部性，如网络价值与网络节点平方成正比，当产品具有网络外部性时，先行者会在早期比其竞争者销售量更大，具有更大的消费群基础。外部性既是技术经济价值创造分析的基础，也是IT与互联网行业、平台经济发展的依据。外部性理论构成互联网时代技术经济学的基础理论也就理所应当。

（二）四个基本方法

技术经济的基本分析方法主要包括财务净现值分析、风险分析、实物期权分析、博弈分析。

（1）财务净现值分析

技术经济分析涉及不同时段投资、成本与收入，进行跨时段决策需要将发生在不同时间点上的现金流量通过折现加总形成净现值加以比较。传统的技术分析在生产、建设项目方面比较成熟，互联网时代因为涉及研发和新兴技术，在财务要素识别、估算及现金流方面呈现新的特点，需要进一步探讨与完善。

在投资估算上，传统工程投资估算方法比较成熟，但研发投资如何估算值得探讨；在成本估算方面，不同行业的成本具有行业自身特点，可按照行业相关规定进行归集，但研发环节成本、互联网行业用户获取与维护成本的估算则值得进一步探讨；在收入估算方面,传统产品收入中的价格与销量估算有比较成熟的方法,但新技术演化与新市场都与传统条件具有不同的规律,互联网项目同样,具有自己的独特性,如何估计其销售收入尚待理论的探讨与实践的完善。

任何一项新技术、新产品都包括研发和商业化过程,但前期研发阶段与后期工程、生产阶段具有不同的特点。投资、成本、产出等不同使得其现金流呈现不同的特点,因而需要加以识别。

上述财务分析要素与现金流分析,无论在过去,还是在现在的互联网时代,都是技术经济进行财务、经济分析的基础,因而成为支撑技术经济的基本方法之一。

(2)风险分析。风险无时不在,无处不有。在技术植入经济活动的过程中存在三种类型的风险:技术风险(technical risks)、市场风险(business risks)和竞争风险(competitive risks)。现有的技术经济分析中,关注技术风险与市场风险,忽视竞争风险。技术风险分析通过蒙特卡洛模拟来完成。市场风险形式多样,与消费者偏好的改变有关。现有分析方法包括敏感性分析、盈亏平衡分析、概率分析。利用敏感性分析使决策者了解某种因素变动对经济指标的影响程度,盈亏平衡分析是敏感性分析的一个特例。概率分析可进一步帮助决策者了解发生这种影响的可能性。互联网时代,还应包括实物期权分析,而竞争性风险和其他公司的行为相关,则需要博弈分析加以解决。

(3)实物期权分析。传统现金流分析方法,基于投资所付出的成本大都是当前发生的、确定的,且投资成本的不可逆性和收益的不确定性而导致投资具有风险。因此,实物投资必须具有灵活性,体现在投资者可以延迟投入、继续投入、扩大和缩减投入、放弃和转移等策略的选择。为弥补传统的现金流分析方法的不足,实物期权分析方法已在矿产资源的开发、研发投资、基础设施的投资领域得到广泛应用,并成为互联网时代技术经济分析的基础方法。

(4)博弈分析。在互联网时代,市场经济主体之间既存在竞争,也存在合作,它们之间相互影响,存在竞争与合作的博弈。不论是技术和市场不确定的条件下研发投资决策,技术标准是否采纳的决策,还是否进入某项新兴技术领域的决策,都离不开对竞争对手的博弈分析。但传统的技术经济决策模型将市场条件、对手决策等视为外生变量,忽略了技术变迁过程的竞争博弈分析。因而,要提高技术经济决策水平,作为传统技术经济学分析方法的补充,博弈分析理应成为互联网时代技术经济的基本分析方法。

参 考 文 献

[1] 王宏伟.技术经济学的理论基础述评[J].数量经济技术经济研究,2009(11):152-160.

作者简介

张青,复旦大学管理学院企业管理系博士、教授、博士生导师。《研究与发展管理》特约审稿人,中国技术经济学会理事,国家自然基金、哲学社会科学基金同行评议专家;北京市、湖南省、山东省等自然科学基金同行评议专家。主要从事技术经济、公司治理、战略管理的教学与研究工作。主持完成国家级项目3项,省部级项目7项;参与国家级项目3项,省部级项目2项;主持完成横向合作项目40余项;出版学术专著5部,在《European Journal of Operational Research》《Corporate Governance:An International Review》《管理世界》等顶级期刊发表学术论文50余篇;获得省部级奖3项。

降低模糊前端不确定性、提高 NPD 绩效的战略思考

曹 勇

摘要: 如何降低产品创新模糊前端(FFE)的不确定性,提高创新成功率,是我国企业在新时代增强核心竞争力、推动高质量发展面临的重要挑战之一。本文从知识共享与开放创新视角解析了 FFE 的内涵特征及其影响因素,以及 FFE 不确定性及其与新产品开发(NPD)绩效之间的关系;在此基础上进一步提出了引入创新开放度和知识共享机制来有效管理并降低 FFE 不确定性、提高 NPD 绩效的战略性思路框架和政策建议。旨在为我国企业在开放创新环境下有效利用知识共享机制来降低产品创新风险、提高 NPD 绩效、推动高质量发展提供理论方法支撑与实践启示。

关键词: 模糊前端;NPD 绩效;不确定性;开放式创新;知识共享

党的十九大以来,我国经济已迈进高质量发展的新时代,创新驱动是提升企业产品质量、推动传统制造转型升级、实现从制造大国向制造强国转变的根本途径。近年来,我国政府高度重视创新驱动对提升企业产品创新绩效、推动高质量发展的关键作用,特别是制造企业的产品质量和创新能力显著增强,大批企业通过开发核心技术和创新产品来抢占制高点、增强核心竞争力,并已取得实际成效。例如,格力、海尔、比亚迪、华为、中国信科等典型制造企业都拥有自己的核心技术和自主品牌,具有较强的行业竞争优势。这些领先企业的经验值得总结提炼,同时更多的企业正面临着在产品创新实践中如何掌握科学方法、有效管理并降低新产品开发(NPD)过程中模糊前端(FFE)阶段的不确定性与风险、提高创新成功率、推动企业高质量发展等现实问题。

新时代企业的创新范式也在发生深刻变化,传统的封闭创新模式面临严峻挑战,以全球化、复杂性、共享式为主要特征的开放创新模式备受关注。开放式创新的核心思想是在全球化竞争环境下,强调有效整合利用企业内外部创新资源,建立知识共享机制来加快创新速度、降低创新风险、提升创新绩效。开放创新的创意来源不局限于企业内部,更包括外部的用户、供应商、竞争者、大学与研究机构、中介机构以及政府部门等。研究表明,在 FFE 阶段引入开放创新理念对降低不确定性、提升 NPD 绩效有重要影响[1]。面对日益激烈的全球化竞争,如何整合 NPD 过程中 FFE 阶段的内外创新要素并建立知识共享机制来降低不确定性,已成为企业提升 NPD 绩效和核心能力需要解决的重要现实

---

① 教育部人文社科基金项目(19YJAZH003)、湖北省教育厅人文社科研究重点项目(18D043)、湖北省技术创新专项软科学研究项目(2019ADC049)成果。

问题[2]，这些问题正是新时代我国企业在开放创新环境下提高NPD成功率、推动高质量发展过程中面临的重要挑战，也是学界和业界需要共同重点研究的课题之一[3-4]。

基于此，本文在系统解析FFE的内涵特征及其影响因素、FFE不确定性及其与NPD绩效之间关系的基础上，针对我国企业产品创新过程中存在的突出问题，提出了引入创新开放度和知识共享机制来有效降低FFE不确定性、提高NPD绩效的战略性思路和方法，为我国企业在开放创新环境下降低新产品开发风险、提高NPD成功率、推动高质量发展提供理论方法支撑与实践启示。

一、模糊前端不确定性及其与NPD绩效的关系

企业产品创新过程一般分为模糊前端（FFE）、新产品开发（NPD）和商业化三个阶段。对FFE的研究，近年已成为产品创新领域的国际学术前沿热点和难点，欧美和日本学者非常关注FFE对NPD绩效的影响，认为企业NPD成败的关键在于对FFE阶段活动的有效管理[5]。FFE是指产品创新过程的前期阶段，也称"预开发阶段"，主要包括机会识别、创意的产生与评估筛选、产品概念的开发与定义、产品规划设计等步骤，强调FFE在产品创新全过程中发挥的重要作用。FFE阶段是NPD过程中最薄弱也是最关键的环节，FFE对NPD项目的实施成败起重要决定作用，并在很大程度上影响新产品质量、成本、期限和效益等[6]。

不确定性（Uncertainty）是FFE阶段的最主要特征，FFE不确定性主要表现为市场不确定性、技术不确定性、资源不确定性和组织不确定性[7-8]。如何管理并降低不确定性是FFE阶段的主要任务，现有研究表明，在FFE阶段降低技术与市场不确定性能显著提高NPD项目的效率与效果[9-10]。当FFE阶段的创意及评估、产品定义等各方面清晰之后，在进入正式开发阶段之前，项目的初始规划（Initial Planning）对FFE阶段的不确定性以及NPD绩效也会产生重要影响。研究发现，FFE阶段的项目规划越具体清晰，NPD项目的效率就越高，即初始规划的强度对NPD项目的效率有正面影响；当NPD项目目标明晰时，尽管在FFE阶段很多信息和细节难以预见，但从FFE到产品推出期间的项目初始规划仍然可以降低不确定性，缩短开发周期，进而提高NPD绩效[11]。

二、我国企业新产品开发研究与实践现状及其主要问题

虽然学者们一致认为提高企业NPD绩效的关键是要从有效管理FFE不确定性入手，但现有的理论模型与研究实践大都是基于西方情景下的成果。我国多数企业对FFE在产品创新成败中的重要作用并未给予足够重视，对FFE不确定性及其对NPD绩效的影响也不太清楚；国内学界对FFE领域的研究也是近年才起步，且主要聚焦在分析FFE的内涵特点、关联因素、对西方理论模型的阐释应用等[12]，缺乏对FFE关键因素之间的因果关系及其如何影响NPD绩效的深度分析，特别是基于中国企业新产品开发情景的理论模型与实证研究。关于企业内、外部参与主体分别对NPD绩效影响的研究较多，但这诸多主体因素之间的内在关系如何，哪些主体因素的影响更为关键，内外部主体因素如何通过有效的知识共享机制来降低不确定性、进而提升NPD绩效，这些问题尚未引起企业管理者和学界的足够关注。我国企业NPD研究与实践现状中存在以下主要问题：

第一,从内容看,现有研究大都从理论上探讨 FFE 的内涵特征与影响因素以及技术与市场不确定性对 NPD 绩效的影响,对组织与资源等方面的不确定性是否影响、通过怎样的路径与机制影响 NPD 绩效,以及项目初始规划对 NPD 绩效的影响关注不够,特别是基于中国企业 NPD 实践来研究 FFE 不确定性与初始规划对 NPD 绩效动态作用机理的理论探索与实证研究很缺乏。

第二,从视角看,现有研究主要从封闭创新范式来分析 FFE 的不确定性与 NPD 绩效之间的静态关系,缺乏从开放创新与知识共享视角构建 FFE 的新理论模型来深度研究二者之间关联性及其动态作用机理;尤其是引入知识共享机制与创新开放度来进一步揭示不同创新开放度、不同项目新颖度、不同行业不同规模企业的 FFE 不确定性对 NPD 绩效的作用效果差异与一般规律,国内现有研究与企业管理实践几乎是空白。

第三,从对象看,现有文献关于企业内、外部参与主体分别对 NPD 绩效影响的研究较多,但这诸多主体因素之间的内在关系如何,哪些主体因素的影响更为关键,内外部主体因素如何通过有效的知识共享机制来降低不确定性、进而提升 NPD 绩效,这些问题尚未引起企业管理者和学界的足够关注。从理论与实证两方面来深入探讨 FFE 阶段各内外主体因素对 NPD 绩效的影响程度来识别关键影响因素,并进一步分析这些关键影响因素之间的因果关系及其对 NPD 绩效的动态影响机理是该领域需要研究解决的新问题。

第四,从方法看,现有研究主要从宏观定性上探讨 FFE 的内涵特征、关联因素及其对 NPD 绩效的影响,缺乏从微观层面构建中国情景下基于知识共享的理论模型、开发测度指标,并运用先进科学方法的定量分析与实证研究。因此,如何构建能同时关注企业内外关键因素以及各要素之间共享知识的 FFE 开放式管理模型显得十分必要。相比传统模型而言,FFE 的新理论模型具有哪些核心要素与重要特征,这些要素特征影响 NPD 绩效的过程与作用机理是什么,如何通过新模型的知识共享机制来管理并降低 FFE 阶段的不确定性进而提升 NPD 绩效等,对于这些问题,在创新驱动高质量发展的新时代,迫切需要有能指导中国企业产品创新实践的理论模型与实证研究。

第五,从深度看,虽然学者们一致认为提高企业 NPD 绩效的关键是要从有效管理 FFE 不确定性入手,但现有研究大都基于情景分析 FFE 不确定性的单一维度对 NPD 绩效的影响,几乎没有包含技术、市场、资源与组织四个方面不确定性以及项目初始规划的整体性量化研究,更没有通过构建基于知识共享机制的模型来深度分析 FFE 不确定性对 NPD 绩效作用效果的差异原因,进而揭示二者之间的互动规律,并进一步提出指导我国企业实践的基本理论框架与政策建议。

三、降低 FFE 不确定性、提升 NPD 绩效的建议

(一)对推进该领域学术研究的建议

近年来,在企业产品创新的 FFE 阶段引入创新开放度和知识共享,尝试构建基于开放创新和知识共享机制的理论模型来管理并降低 FFE 阶段的不确定性、提高 NPD 成功率,已成为开放创新与知识共享研究的重要趋势之一[13-14],特别是对制造企业和新服务业的关注,是未来的研究新热点[15]。针对上述问题,结合我国现状,本文建议未来可从以

下几方面展开深度研究：

第一，在对FFE的内涵特征以及影响因素进行分析的基础上，结合我国企业新产品开发实际，综合分析降低FFE阶段来自技术、市场、组织及资源等四个方面的不确定性以及项目初始规划对NPD绩效的动态作用机理，克服现有研究对组织与资源不确定性的关注不足。

第二，为适应高质量发展背景下我国企业新产品开发的实际需要，引入创新开放度和知识共享机制，探索并构建基于开放创新与知识共享视角的FFE理论模型[16]；并进一步对该新模型中的关键概念、影响因素、重要环节及其相互关系进行界定说明与分析，归纳提炼出FFE知识共享机制模型的特点，为解决我国企业在开放创新环境下新产品开发FFE阶段存在的多种不确定性以及推动高质发展面临的新问题，提供有效的实证分析模型与理论方法指导。

第三，在此基础上以我国制造企业为主要对象，实证研究新产品开发FFE阶段来自技术、市场、资源与组织不确定性，以及初始规划强度对NPD绩效的动态作用机理，探索高质量发展背景下我国企业在新产品开发的FFE阶段如何通过开放创新与知识共享机制来有效降低不确定性，进而提高NPD绩效、增强核心竞争力的理论与方法。

第四，通过进一步对制造业不同行业、不同规模以及不同创新开放度、不同项目新颖度的代表性企业NPD项目案例的横剖分析及应用研究，揭示不同来源的FFE不确定性与项目初始规划对NPD绩效的作用机理差异；进而上升到一般层面，提出我国制造企业在开放创新与知识共享环境下有效降低FFE不确定性、提高NPD成功率和创新绩效、推动高质量发展的政策建议与基本理论框架。为企业建立更科学的产品创新模式提供理论方法支撑与实践指导，为政府管理部门制定激励企业重视管理FFE阶段的不确定性与推动高质量发展融合的政策制度提供科学依据。

（二）对我国企业新产品开发实践的建议

首先，企业新产品开发FFE阶段的参与主体不仅包括研发、营销、生产及售后等企业内部主体，还包括客户、分销商、供应商、竞争者、大学、研究机构及中介组织等外部组织。多元化的参与主体需要有效的机制来建立共享平台，企业应针对不同的参与主体采用不同机制，以便诱发不同参与主体之间的共享知识。如文化氛围可让参与者感受到奉献的乐趣而进行知识共享，可用于企业内部相关主体以及与企业有长期紧密联系的合作伙伴等。同时，对企业内部主体要采用激励机制，鼓励各职能部门人员积极参与前端创新。此外，对供应商、分销商、竞争者、非相关企业及大学研究机构等其他参与主体，企业可采用正式或非正式的社会化机制来促进彼此之间的知识共享。

其次，在新产品开发的FFE阶段，企业应同时关注市场不确定性、技术不确定性、资源不确定性以及组织不确定性的影响。开放创新环境下企业开发新产品的创新来源多元化，前端活动具有无结构性、模糊性及不确定性等特征，如何管理前端活动对提高NPD绩效起关键作用。此外，在前端实施周密的初始规划，各参与主体在知识与信息共享的基础上，合理安排组织人员与配置资源，也有利于最大限度降低来自各方面的不确定性，提高NPD绩效。

再次，企业可通过关系投资方式强化与顾客之间的信任，增强顾客对其依赖，提高顾客参与 NPD 的积极性，进而帮助企业获取更多的知识。当企业拥有顾客所需要的相关产品或服务知识时，将会引导企业改变 NPD 策略，缩短新产品研发周期，增加顾客价值。企业在 NPD 过程中，一般会挑选与企业战略相匹配的供应商，使得知识共享与 NPD 策略、整体战略相适应，并且供应商的参与可提高新产品的性能和改进生产工艺流程。竞争对手 NPD 过程中的知识转移可减少企业研发成本，将竞争对手作为学习标杆可降低生产经营成本，进而提高生产效率，从而提升企业的 NPD 绩效。初始项目规划与企业总体战略相适应，对后期 NPD 的方向定位、战略发展都有明确指引，有利于项目团队对创新产品的理解并达成共识，更易于获得资源、组织与技术等方面的支持，在这样条件下进行开发阶段的活动，当然会提高最终的 NPD 绩效。此外，企业还可通过培训、举办论坛等形式促进内部员工的知识尤其是隐性知识共享，通过制定相关制度激发员工合作、交流的欲望，将企业员工的隐性知识转化为部门知识、企业知识，进而提升企业 NPD 绩效。

最后，在新产品研发 FFE 阶段企业可利用众包战略[17]等方式获取来自不同学科领域的外部优质创意，不仅可加强企业内外部研发团队成员的合作交流，也能通过跨学科知识融合以及组织内外部知识共享来拓宽获取创意的来源，发挥众包战略在开放创新环境下对降低 FFE 不确定性的积极效应以及对产品创新绩效提升的有效性，为我国制造业企业在新产品研发 FFE 阶段的战略规划提供理论依据和实践指导。

参 考 文 献

[1] Alexy O, Criscuolo P, Salter A. Does IP strategy have to cripple open innovation? [J]. MIT Sloan Management Review, 2009, 51(1):71-80.

[2] Spieth P, Joachim V. Reducing FFE uncertainties: how organizational characteristics influence the intensity of FFE analysis [J]. Technological Forecasting & Social Change, 2017, 123:108-119.

[3] 辜胜阻, 吴华君, 吴沁沁, 等. 创新驱动与核心技术突破是高质量发展的基石[J]. 中国软科学, 2018(10):9-18.

[4] Griffin A, Langerak F, Eling K. The evolution, status, and research agenda for the future of research in NPD cycle time [J]. Journal of Product Innovation Management, 2019, 36(2):263-280.

[5] Herstatt C, Verworn B, Nagahira A. Reducing project related uncertainty in the FFE of innovation: a comparison of German and Japanese product innovation projects [J]. International Journal of Product Development, 2004(1):43-65.

[6] Brentani U, Reid S. The fuzzy front-end of discontinuous innovation: insights for research and management [J]. Journal of Product Innovation Management, 2012, 29(1):70-87.

[7] Hemonnet-Goujot A, Manceau D, et al. Drivers and pathways of NPD success in the marketing external design relationship[J]. Journal of Product Innovation Management, 2019, 36(2):196-223.

[8] O'Connor G C, Rice P M. A comprehensive model of uncertainty associated with

radical innovation [J]. Journal of Development & Management Association, 2013, 30(S1): 2-18.

[9] Verworn B, Herstatt C, Nagahira A. The FFE of Japanese NPD projects: impact on success and differences between incremental & radical projects [J]. R&D Management, 2008, 38(1): 1-19.

[10] 曹勇, 赵莉, 长平彰夫. 日本制造企业新产品开发过程中模糊前端创新的效果分析[J]. 南开管理评论, 2009, 12(6): 4-10.

[11] 曹勇, 陈仁松, 赵莉. 新产品开发过程中模糊前端创新的理论与实证研究: 基于中国制造业企业的实践[J]. 科研管理, 2009, 30(3): 9-16.

[12] 曹勇, 向阳. 基于开放创新的新产品开发模糊前端模型研究[J]. 管理评论, 2011, 23(10): 49-55, 109.

[13] 曹勇, 孙合林, 蒋振宇, 等. 模糊前端不确定性、知识共享与新产品开发绩效[J]. 科研管理, 2016, 37(5): 24-32.

[14] Lauritzen G, Karafyllia M. Perspective: leveraging open innovation through paradox [J]. Journal of Product Innovation Management, 2019, 36(1): 107-121.

[15] Mohan M, Voss K, Jiménez F. Managerial disposition and front-end innovation success [J]. Journal of Business Research, 2017, 70: 193-201.

[16] 曹勇, 孙合林, 蒋振宇, 等. 新产品开发模糊前端的不确定性管理模型[J]. 中国科技论坛, 2015(3): 54-59.

[17] 曹勇, 罗紫薇, 周红枝. 众包战略、模糊前端与产品创新绩效[J]. 科学学与科学技术管理, 2018, 39(10): 30-40.

作者简介

曹勇，日本东北大学商学院经营学博士、博士后，武汉纺织大学管理学院阳光学者特聘教授、博士生导师，日本九州大学商学院客座教授，中国软科学研究会常务理事、中国技术经济学会理事，湖北省新侨联理事，湖北省人文社科重点研究基地——湖北省纺织制度及政策研究中心主任，武汉纺织大学学术委员会委员、欧美同学会副会长，主持完成了中日国际合作项目、国家自科基金面上项目及重点项目子课题，国家社科基金重大项目子课题，教育部人文社科基金项目，教育部留学回国基金项目，国家知识产权局招标项目等纵向课题13项，以及企业委托的横向课题10多项。出版日文和中文著作5部，公开发表学术论文120多篇，其中SSCI/EI/CPCI收录30多篇，国家自科基金委认定的管理科学重要期刊近40篇；获第七届中国高校科学研究（人文社科）优秀成果三等奖、中国精品科技期刊顶尖学术论文奖、PICMET优秀学术论文奖、日本文部科学省政府奖学金、微软日本知识产权研究奖等学术奖励，常年担任10多家SSCI期刊以及经管类中文权威期刊审稿人，并多次获杰出（优秀）审稿专家等荣誉。

以生态系统管理创新推进山水林田湖草生态保护修复

董战峰

摘要:推进山水林田湖草生态保护修复是维护国家生态安全格局和实现美丽中国建设目标的重大战略需求。本文提出要通过创新生态系统管理推进实施各要素领域生态保护修复,实现生态环境治理能力和治理体系现代化。研究提出了山水林田湖草生态保护修复实施的技术思路、核心定位、问题研判、分区施治、实施保障等,推进探索山水林田湖草生态系统治理。

关键词:山水林田湖草;生态保护修复;生态系统管理;政策创新

长期以来,由于自然资源的不合理开发利用,我国生态系统受损严重,中度和重度退化草原面积占全国草原面积三分之一以上,湿地面积近年来每年减少约3400平方千米,900多种脊椎动物、3700多种高等植物生存受到威胁。尽管我国开展了天然林保护工程、退耕还林工程等多项生态保护修复工程,但对于生态系统各要素协调性、生态环境保护与社会经济发展统筹性考虑不足,来自各相关部门的有关专项财政资金的分散使用也致使资金绩效不高,导致了生态保护修复总体效果不甚理想[1]。国家积极推广山水林田湖草生态修复工程试点探索模式经验,统筹生态修复、污染防治和自然资源有效利用,保护我国生态系统完整性和多样性,维护我国"两屏三带"为主体的生态安全战略格局。在管理技术需求上,关键是要以生态系统管理创新推进生态保护修复,科学编制实施山水林田湖草生态保护修复方案[2-3]。

一、创新思路:实施生态系统管理

山水林田湖草生态保护修复方案编制应明确区域在我国生态安全格局中的定位,厘清生态系统各要素之间的能量流动、物质循环和信息传递等关联,系统分析区域生态系统所面临的主要问题,因地制宜设置生态保护修复工程,建立长效的生态环境保护体制机制,实现生态环境的综合修复治理。编制山水林田湖草生态保护修复方案需要遵循以下编制思路:一是开展区域生态环境状况实地调研勘探。通过座谈、实地调研等形式对区域内重要生态功能区、基本农田等重要区域开展调查,收集数据信息资料,为后续分析区域生态环境突出问题提供数据支撑和依据。二是科学定位区域生态功能。系统分析区域在国家生态安全格局、省级生态功能区划中的生态功能定位,同时明确该区域的社会经济功能定位,形成层次清晰的定位体系。三是精准研判区域突出生态环境问题。针对该区域主要的生态功能定位,结合区域生态环境和社会经济发展现状,研判区域生态系统面临的主要问题。四是划定精细管控分区。将区域生态系统面临的突出矛盾问题进行细化并落到空间,划定分区并识别各个区域的重点环境问题,结合区域各类规划,明确各分区工程修复目标。五是设计重点工程项目。统筹山水林田湖草等自然要素,结合分区布局,系统谋划重点工程项目,支撑方案目标的实现。六是建立长效管控体制机制,从项目全过程管理、项目建设条件、加强科技支撑、建立长效管护机制、信息公开与公众监督等方面全面保障各项任务措施落实到位,保障方案目标实现[4]。

方案编制应坚持以下实施原则:一是整体性。尊重自然生态系统的完整性,按照生态系统的内在规律,统筹考虑自然生态各要素的保护修复,将整体保护的理念贯穿在方案中的各个部分。二是协调性。应协调与各类国家战略规划的关系,明确区域在国家战略规划中的定位,积极落实国家相关部署。应主动融入各类省级规划,做到与各类省级生态环境、社会经济规划目标之间的协调统一。同时,整合针对生态系统各要素的专项规划,达到区域生态系统的综合管理。三是自然性。坚持人与自然和谐共生,坚持自然恢复为主,自然恢复与人工修复相结合的修复方式。设置工程项目时,在能保证完成既定目标的前提下,应尽量选择近自然的修复技术。四是特征性。针对区域生态系统的功能定位及特点,科学合理地划定分区、设计工程项目,做到方案编制的差异化、精细化,全面支撑山水林田湖草生态保护修复工作。

二、明确定位:确定地区主导功能

首先,明确区域在国家战略规划中的功能定位。在确定区域定位时,参考《全国主体功能区规划》《全国生态功能区划》等国家级重要规划。依据《全国主体功能区规划》,明确该区域是属于优化开发区域、重点开发区域、限制开发区域(农产品主产区、重点生态功能区)还是禁止开发区域。对于每一类区域,《全国主体功能区规划》中都有明确的功能定位、发展原则以及发展目标。参考《全国生态功能区划》,明确区域属于全国生态功能一级区、二级区还是三级区以及区域的生态功能定位以及国土空间开发目标。将各类规划中有关该地区的信息进行梳理,明确该地区在国家生态安全战略格局、城市化战略格局以及农业发展战略格局中的定位,形成以生态功能为主导、其他功能为附属的多维度定位体系。在具有多种生态服务功能的区域,以区域主导生态调节功能为主,在具有多种生态调节功能的地域,以主导调节功能为主。其次,明确区域在各类省级规划中的功能定位。参考省级生态功能区划和生态环境保护规划,系统梳理区域在本省生态功能定位和生态环境保护工作的重点。主动融入各类省级规划,并与其生态环境保护规划、重大经济技术政策、社会发展规划、经济发展规划中的目标进行衔接。在确定区域在国家级规划中的定位的基础上,将区域在省级规划中生态功能定位纳入已有的定位体系中,形成以国家级生态服务功能为主导,省级生态服务功能为辅助,社会经济功能为参考的多层次、多维度的定位体系,使得方案既能够在宏观上满足维护国家生态安全格局,也能在微观上满足区域生态环境保护和社会经济发展的需要。最后,紧紧围绕区域核心生态服务功能,以生态系统的整体性和系统性为原则,统筹考虑自然生态各要素、山上山下、地上地下、陆地海洋以及流域上下游,以行政区划为参考,科学合理地划定方案范围。同时借助地理信息系统、WRF-Chem等软件、模型,评估区域的生态感敏性、重要性以及污染物传输,将生态环境重要性高、敏感的区域整体纳入方案范围,同时考虑污染物的迁移,将影响区域环境质量的污染源尽可能地纳入方案范围。在划定方案范围时,也应充分考虑区域的社会经济发展目标和现实需要,例如对于区域脱贫攻坚的需要,针对区域存在的贫困县(村),即使从技术的角度来说不应纳入方案范围,但考虑到工程实施可能对于当地经济的拉动作用,在充分听取当地意见的情况下,也可纳入方案范围。

三、系统评估:研判区域关键问题

针对《全国主体功能区规划》以及《全国生态功能区划》中界定的地区主体功能和生态保护主要方向,综合地面调查、环境监测、社会经济统计数据以及遥感调查资料,全面分析当地生态系统各自然要素及其之间的空间结构关系、物质交换关系、能量流动关系,客观评估当地生态系统的质量、服务功能的现状与变化趋势,全面摸清本地生态系统存在的主要问题、面临的突出矛盾,分析存在的差距。明确区域主要污染因子和污染物排放情况,确定区域污染的主要来源,在核算环境容量的基础上,确定区域的污染物减排目标。对当地生态环境保护能力建设、制度建设做出评估,分析出当地现有体制机制与实施生态系统管理之间的差距。明确当地生态系统的主要生态服务功能,统筹考虑当地生态系统具有产品供给、环境调节和文化美学等多重服务价值,结合当地社会经济发展的需要,统筹考虑脱贫攻坚战、乡村振兴等重点工作,将当地突出的生态环境问题按急迫性、重要性进行排列,整体推进、分步实施,形成多层次、多维度的问题结构。

四、划定分区:优化生态空间格局

以生态系统的完整性为原则,分区实施保护修复方案。首先,应综合生态系统评估结果及区域主导服务功能,聚焦水环境污染、水土流失、石漠化、物种栖息地破坏等可能存在的生态环境突出问题,按照山水林田湖草生态系统保护修复系统性要求,对该区域生态系统功能重要性、敏感性与脆弱性等指标进行定量分析,根据评估结果确定生态保护修复的总体布局。统筹考虑区域地形地貌、河流水文、土地植被等自然环境因素,以及人口密度、能源结构等社会经济因素,衔接已有的行政区划,划定目标明确、边界清晰的生态保护修复片区,对不同片区实行差别化管理。将生态系统服务功能较为重要、生态环境敏感脆弱的地区列为重点治理区域,实施重点管控。识别各个分区的主要问题,明确保护和修复的主要方向,对区域内生态系统受损严重、恢复治理效果明显的区域进一步聚焦。对于未纳入重点治理区域,考虑到生态系统的完整性,列为拓展治理区,实施一般管控,根据其与重点治理区域之间的能量流动、物质交换关系,合理安排生态保护修复目标,支撑重点治理区域的生态保护修复工作。

五、夯实保障:落实工程实施能力

聚焦分区保护修复目标设置工程项目。应结合当地实际情况,遵循自然规律,选取合适的修复技术。对各市县的各类专项规划中的工程项目和资金进行整合,以分区主导生态功能定位为指导,剔除不符合分区生态环境保护修复目标的项目,对各类已有工程项目进行归类整合,改变治山、治水、种树、护田、种草等工作各自为战的格局。从时间和空间两个维度上考虑工程项目之间的协调配合,明确工程的建设目标、年度计划、资金投入等,保证生态保护修复工程的精准落地,做到工程效果可量化,可考核。山水林田湖草生态修复项目往往规模较大、涉及的工程种类多,其中很多工程具有技术复杂、实施时间长特点。此外,工程实施中所涉及的利益关系负责、各有关方面诉求难以协调,综合考虑技术的成熟度和可操作性等因素,结合方案预算选择合适的修复技术[5]。

落实资金投入配套。对于山水林田湖草的资金渠道,主要是从中央以及地方两个层面进行配套完成。对于工程项目资金配额,应遵循中央有关文件精神,区分好政府与市场的边界。中央专项资金重点支持国家级重点区域,以公益性工程为主,支持具有全国性、跨区域或较大尺度影响的保护、修复和治理工作,聚焦于生态系统受损、开展治理修复最迫切的重点区域和工程。地方主要以统筹生态环保领域资金为主,统筹环境污染治理、农村环境保护、矿山地质环境治理、土地复垦、水污染防治、生态修复等各类资金,切实推进山水林田湖生态保护修复。各级政府应将山水林田湖草生态保护修复工程列入财政预算,加大资金保障力度。建立和完善投融资体制。制定有利于筹集生态建设资金的各项政策,鼓励各类投资主体以不同形式积极参与水环境治理等工程,多渠道筹措资金,积极引进社会资本,不断加大重点项目的资金投入力度。充分发挥市场机制,通过引导社会资本注入、社会募集等多种方式筹措资金,逐步形成多元化资金投入格局,满足重点工程资金需求,确保重点工程顺利实施。按照"谁污染谁治理""谁破坏谁治理""谁受益、谁补偿"的原则,督导责任企业出资治理,建立多渠道资金筹措机制,探索对生态保护区的生态补偿机制。推行节能量、碳排放权、排污权、水权交易制度,使得当地人民能够从生态环境保护中受益,形成简约适度、绿色低碳的生活方式和理念,引导实施绿色发展再转型。

完善绩效考评机制。为保证工程项目达到预期效果,建立山水林田湖草系统管理模式和考核机制十分必要。应强化政府部门对山水林田湖草生命共同体的认识,建立山水林田湖草生态保护修复相关管理部门的协调机制和统一监管机制,打破部门分割现状,加强部门联动,形成管理合力,协同推进生态保护修复工程。同时,明确各管理部门在生态保护修复工程实施与管理中的职责权限,形成协调统一的工作机制。建立区域联席会议机制,研究解决管理工作中的新情况、新问题。建立统一的监管机制包括统一的监管平台、统一的评价指标体系和考核体系,对各部门责任主体实行统一评价与考核。

加强实施能力建设。要加强组织领导,各项任务部署落实到各有关部门,明确责任主体和实施进度。强化地方党委政府"党政同责、一岗双责"的生态环境保护责任,对推动生态保护修复工程不力、工程资金使用不合规等问题,实行追责。建立工程实施责任考核制度,引入第三方评估、专家打分和公众调查等方法,建立可监测、可统计的绩效评估指标体系,定期对工程推进及成效进行考核,明确评定结果档次,并向社会公开发布。根据考核评价结果,对保护成效突出的个人、单位予以表彰奖励。建立健全全社会共同参与监督的渠道和机制,积极发挥新闻媒体、社会组织和公众广泛参与的监督作用,通过多方位、多层次的监督,建立统一有力的监管体系。积极组织开展生态保护的宣传教育和科学知识普及工作,加强政策解读,加大宣传力度,创新宣传方式,调动和发挥社会各界参与生态保护与管理监督的积极性。

参考文献

[1] 王夏晖,何军,饶胜,等.山水林田湖草生态保护修复思路与实践[J].环境保护,2018,46(3):17-20.

[2] 成金华,尤喆.山水林田湖草是生命共同体"原则的科学内涵与实践路径[J].中国人口·资源与环境,2019,29(2):1-6.

[3] 邹长新,王燕,等.山水林田湖草系统原理与生态保护修复研究[J].生态与农村环境学报,2018,34(11):961-967.

[4] 高世昌,苗利梅,肖文.国土空间生态修复工程的技术创新问题[J].中国土地,2018(8):32-34.

[5] 吴运连,谢国华.赣州山水林田湖草生态保护修复试点的实践与创新[J].环境保护,2018,46(13):80-83.

作者简介

董战峰,博士、副研究员,毕业于南京大学,现任生态环境部环境规划院环境政策部副主任,兼任环境审计研究中心主任。担任中国技术经济学会理事、中国环境科学学会环境经济学分会副主任委员等国内外10余个社会学术团体的(常务)理事,担任《环境经济研究进展》主编,是UNEP、UNDP、GEF、ADB等多个国际机构的高级环境政策咨询专家,以及中国-印度、中国-挪威等多个国际项目的环境政策专家。主持了60余项国际合作以及国内科研项目,国际科研项目主要来自联合国环境规划署、全球环境基金以及亚洲开发银行等,国内科研项目主要来自国家重大科技专项、国家科技支撑计划以及国家自然科学基金等。在国内外期刊发表学术论文150余篇,主持出版著作6部,合著16部。

国家重点生态功能区低碳交通体系构建探索
——以三江源地区为例①

吉敏全

摘要：重点生态功能区生态价值显著，随着经济社会的发展，不断增加的碳排放严重威胁区域的生态安全。随着国家环境政策的推进，重点生态区域工农业碳排放得到有效遏制，交通已成为区内碳排放增加的主因，研究区域内低碳交通必要而迫切。本项目以三江源地区为对象探索低碳交通体系构建。首先，根据三江源地区相关数据测算2008~2017年交通系统碳排放量，进而采用LMDI方法，从能源结构效应、能源强度效应、经济产出效应、人口规模效应四种效应对三江源地区交通碳排放进行因素分析，结果表明从平均贡献率上来看经济产出效应最为显著，从逐年变化趋势来看能源结构效应已逐渐替代人口规模效应成为影响三江源地区交通碳排放最主要的因素。其次，对地区交通这一种复杂多变的系统，开展交通系统低碳化评价，结果表明2008~2017年这10年间三江源地区的低碳化水平逐年下降。最后基于分析结论构建地区低碳交通体系框架，并基于此进行能源消耗情景分析。

关键词：低碳；交通体系；三江源；IPCC

在过去的50年里，交通运输行业的碳排放增长速度超过了其他行业，占全球能源相关排放的23%[1]，是空气污染的主要来源之一，预计2020年我国交通运输业CO_2排放量在CO_2总排放量中的占比将会增加到18%~20%[2]。青海三江源地区最大的价值在生态，最大的责任在生态，最大的潜力也在生态，但是随着青海省城镇化与产业升级进程的不断加快，CO_2等温室气体的大量排放对高原生态的威胁也逐渐凸显[5]。虽然近年来国家通过采取建立"三江源国家公园""经济功能区"等多项举措不断加大对高原生态的修复治理力度[4]，但尚未从生态目标视角开展对交通体系碳排放治理的相关探索，交通碳排放已成为区内碳排放增加的主要原因，三江源地区低碳交通势在必行。

一、三江源地区交通碳排放水平及影响因素分析

（一）三江源地区交通碳排放测算

IPCC[3]于2006年提出了两种对于交通运输行业碳排放的计算方法，如表1所示。

---

① 国家自然科学基金项目"基于生态安全的青海三江源地区低碳交通体系构建研究"（71463048）成果。

表 1 关于交通碳排放的两种计算方式

方式	具体做法
自上而下法	交通燃料总量乘以燃料碳排放系数估计获计碳排放量
自下而上法	按照各种交通方式的里程乘以单位距离燃料消费量获得燃料消费总量后再乘以燃料碳排放系数得到碳排放量

根据"自上而下"的方法计算2008～2017年三江源地区各种交通碳排放总量如表2所示。

表 2 自上而下法交通运输总排放量

年份	交通运输总排放量(万吨标准煤)
2008	8.7821
2009	7.8629
2010	16.2082
2011	21.6142
2012	21.0881
2013	24.6058
2014	28.2610
2015	27.6638
2016	31.7619
2017	32.5560

根据"自下而上"的方法计算2008～2017年三江源地区各种交通碳排放总量如表3所示。

表 3 三江源地区交通碳排放总量(万吨)

时间	碳排放
2008	510.56
2009	649.22
2010	759.41
2011	952.32
2012	1135.11
2013	1253.07
2014	1381.74
2015	1551.27
2016	1665.16
2017	1778.75

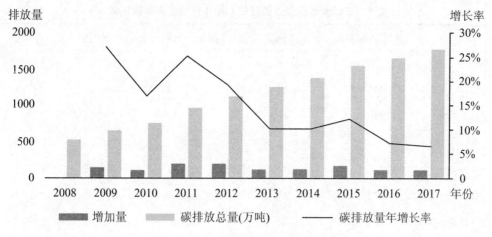

图 1 碳排放年增长率

从图1可以看出三江源地区交通碳排放有明显增长趋势,且增长速度较高。2017年比2008年碳排放总量增加了3.48倍。从增长率来看,2008~2009年的年增长率最高达到了27.16%,随后几年,增长率呈波动下降趋势。但由于碳排放总量的逐年增加,碳排放量的基数越来越大,每年的碳排放增加的绝对量也不容小觑,平均每年增长140.91万吨。

(二) 因素分析

基于Kaya恒等式变形对三江源地区交通碳排放因素利用LMDI分解方法[7]构建模型:

$$\Delta C = C^t - C^0 = \Delta C_f + \Delta C_s + \Delta C_e + \Delta C_r + \Delta C_p$$

定义ΔC_f为二氧化碳排放因子效应,ΔC_s为被研究地区的能源结构效应,ΔC_e为被研究地区的能源强度效应,ΔC_g为地区整体交通运输业经济份额效应,ΔC_q为被研究地区第三产业增加值效应。由于每一年的各种交通能源碳排放系数为定值,因此$\Delta C_f = 0$,则碳排放总效应:$\Delta C = \Delta C_s + \Delta C_e + \Delta C_g + \Delta C_q$。

经过计算得出三江源地区交通碳排放LMDI分解结果年度变化(表4)和三江源地区交通碳排放LMDI分解结果累积变化(表5)。

表 4 三江源地区交通碳排放 LMDI 分解结果

时间	结构效应	强度效应	产出效应	人口效应	总效应
2008~2009	−86.85	−32.88	72.19	99.35	51.82
2009~2010	255.90	−103.45	182.82	30.82	366.09
2010~2011	126.66	86.85	93.30	12.76	319.57
2011~2012	213.37	141.54	28.25	13.00	396.16
2012~2013	125.93	14.96	90.05	12.94	243.88
2013~2014	38.17	71.14	9.02	48.52	166.85
2014~2015	96.04	86.87	113.08	−30.42	265.57
2015~2016	206.63	24.42	60.11	29.35	320.52
2016~2017	193.32	3.63	81.80	28.16	306.92

表5　三江源地区交通碳排放 LMDI 分解结果累积变化

时间	能源结构效应	能源强度效应	经济产出效应	人口规模效应	总效应
2008～2009	−86.85	−32.88	72.19	99.35	51.81
2009～2010	169.04	−136.32	255.01	130.17	417.90
2010～2011	295.70	−49.48	348.32	142.93	737.47
2011～2012	509.07	92.06	376.56	155.93	1133.63
2012～2013	635.00	107.02	466.61	168.88	1377.51
2013～2014	673.17	178.16	475.63	217.39	1544.36
2014～2015	769.21	265.03	588.71	186.97	1809.93
2015～2016	975.85	289.46	648.83	216.32	2130.45
2016～2017	1169.17	293.09	730.62	244.48	2437.36

数据表明虽然碳排放量变化似乎有正有负,但总体趋势上,四个因素对三江源地区交通碳排放都有正向作用。平均贡献率按能源结构效应、能源强度效应、经济产出效应、人口规模效应分别为:25.99%、6.83%、39.55%、27.63%,其中经济产出效应最高。从2017年贡献度来看能源结构效应最高,四者贡献率分别为62.99%、−2.02%、29.85%、9.18%。整体来看能源结构效应越来越显著其余效应在逐渐降低。

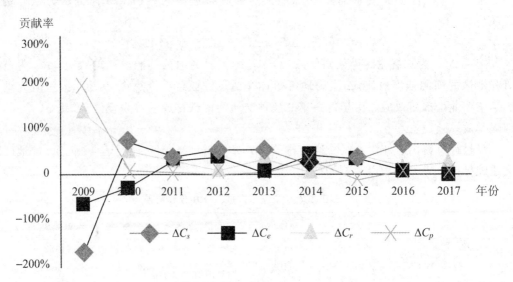

图2　各因素对交通碳排放的贡献率变化趋势

从各因素对交通碳排放的贡献率变化趋势来看(图2),其变化过程可以分为两个阶段:第一阶段:2008～2010 年,各因素对三江源地区交通碳排放贡献率变化幅度巨大,能源结构效应、经济产出效应和人口规模效应均超过百分之百。第二阶段:2010～2017 年,贡献率变化幅度相对前一阶段较小,总体变化趋于稳定。各效应变化具体分析如下:

(1)能源结构碳强度效应。除去 2008～2009 年为负的减效应,其余各年均为正的增效应,说明对CO_2排放量变化起正向驱动的作用,说明在三江源地区交通中能源结构存在不合理,从能源结构上来看,柴油消耗量占绝对优势,其次是汽油,天然气消耗量最少,但是这三种能源消耗,均呈现增长趋势。柴油的碳排放系数较高,不均衡能源消耗,在一定程度上加大了二氧化碳的排放量。汽油的使用情况最不乐观,虽然汽油用量占比小于柴油的用量比,但是从能源结构效应分析,汽油正向效应最大,使用汽油的交通工具多为私家车,应有一定的限制。

(2) 能源强度效应。交通结构年度效应为倒U形变化过程,对三江源交通碳排放作用先负后正,但作用由弱变强又减弱的过程。从累积效应上来看,依旧是逐年增强。从平均贡献率来看,能源强度效应是贡献率最低,在四种因素中,对交通碳排放影响最小。

(3) 经济产出效应。经济产出效应均为正值,说明经济发展对碳排放是产生促进作用的。三江源地区交通人均GDP由309.65元增长到590.07元,增加了90%。而交通部门的碳排放由510.56万吨增长到1778.76万吨碳,增加了248%。在此期间经济产出效应对碳排放的贡献由72.19万吨增长到91.62万吨,增加了27%。

(4) 人口效应。三江源地区常住人口数量增加迅速,对交通需求增大,对碳排放量变动起着正向驱动的作用。三江源地区人口增加对碳排放的贡献由99.35万吨到28.16万吨,减少了71.65%。人口的增加会导致人们对交通需求的急剧增加,但是影响力逐渐低于能源结构效应。

总体来看,三江源地区的碳排放量预期仍然会持续增长,对地区环境影响会进一步加剧,还需从各因素入手解决交通碳排放问题。首先,能源结构碳强度效应较为突出,其中柴油消耗量占绝对优势,汽油的强度结构效应最不乐观,是三种能源的结构效应中影响最大一种。能源强度效应为倒U形变化过程,在四种因素中,对交通碳排放影响最小;其次,从平均贡献率上来看,经济产出效应是影响碳排放量的主要原因;人口效应的增加导致人们对交通需求的急剧增加,进一步导致交通碳排放量的增加,但是人口效应影响力逐渐低于能源结构效应[6]。

二、三江源地区交通运输体系低碳化评价

(一) 指标与方法

综合借鉴低碳交通评价相关研究文献的成果,结合区域特征构建三江源地区低碳交通评价指标体系,鉴于三江源地区交通系统相关数据在完整性方面的缺陷、无规律等不确定性特点,本文选取灰色关联评价法作为低碳交通状况的评价模型,可以较好地解决某些评价指标难以准确量化和数据较少的问题。

(二) 三江源地区交通低碳化实证评价

1. 评价指标的权重确定

为避免主观性误差,采用熵值法来确定指标权重,相关数据如表6所示。

表 6 指标权重数据

指标名称	权重(W_j)
人均汽车拥有量	0.119441652
陆运能耗	0.125797565
人均交通碳排放量	0.127559674
二级以上公路比重	0.063643025
道路绿化率	0.118838646
路面铺装率	0.083306193
铁路运营里程	0.028949537
公共交通分担率	0.028949537
三江源客运周转量总计	0.044465821
三江源货物周转量总计	0.060502845
清洁能源比例	0.169595967
低碳交通意识普及率	0.028949537

2. 评价结果

运用灰色关联度方法计算并对时间变量回归结果如表 7、图 3 所示。

表 7 三江源地区低碳交通各年度灰色关联度综合指数

时间	关联度			关联系数大于 0.5 的指标个数百分比
	考虑权重 R_1	不考虑权重 R_2	△R	
2009	0.847797	0.847875	0.000078	100
2010	0.780991	0.769783	0.011207	100
2011	0.713926	0.694791	0.019134	100
2012	0.663446	0.635022	0.028424	83.33333
2013	0.631827	0.588999	0.042828	50
2014	0.613919	0.569316	0.044603	41.66667
2015	0.590203	0.542089	0.048114	33.33333
2016	0.554792	0.507156	0.047636	33.33333
2017	0.53225	0.484555	0.047695	25

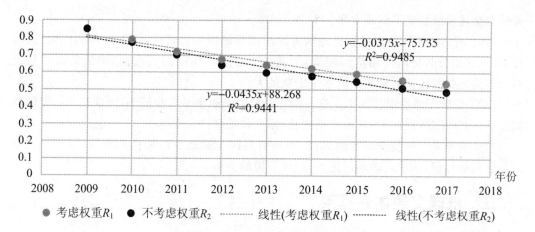

图3 关联度与时间的线性回归图

(三)结果说明

1. 趋势变动分析

结果显示三江源地区低碳交通水平是随时间逐步下降的。回归分析显示相关系数平方达到0.9以上,表明相关性很强,且检验结果显著($a=0.01$),很显然虽然地区交通条件在不断改善,但是形势依然严峻。

2. 低碳交通指标变动分析

(1)人均汽车拥有量。人均汽车拥有量呈现波动上升,影响地区低碳交通水平,导致低碳交通水平逐年下降。

(2)陆运能耗。陆运能耗水平呈曲线下降。区域内公路交通与铁路交通需求量总量大,进而导致交通低碳化水平偏低。

(3)人均交通碳排放量。地区人均交通碳排放量上升,其影响因素:一是地区交通需求增大,个人的出行欲望增强;二是地区交通不便,公共交通利用率低,造成交通资源利用率低,从而导致低碳程度逐渐下降。

(4)二级以上公路比重。面对三江源范围较大的区域来说,每年升级道路的里程远远赶不上公路交通发展速度,导致该指标逐年下滑。

(5)道路绿化率。三江源地区气候条件多变,绿色植物生长缓慢,绿化率很难赶上交通发展的速度。

(6)路面铺装率。三江源地区经济状况较其他地区落后,资金投入有限,等级以下基础公路建设进展缓慢。

(7)铁路运营里程。三江源地区的铁路在建项目比较多,但正在运营的仅青藏铁路在玉树藏族自治州和唐古拉镇这一段。人们对区域旅游的热情及物流业的高增长导致该线路使用频率增加,碳排放量也增加,抑制了低碳交通水平。

(8)公共交通分担率。三江源地区是属于典型的地广人稀地区,同时由于地区牧业性质,公共交通难以满足不同人的需求,导致地区低碳交通水平曲线下降。

(9)三江源客运周转量及货物周转量。客运周转量、货物周转量反映了地区生产建设水平,周转量增加影响地区碳排放量,周转率的增大可以促进了资源利用率,但是较为落后的交通系统影响了低碳水平。

（10）清洁能源比例。三江源地区对清洁能源使用量比较低,由于特殊的气候条件,仅市区、城镇公共交通使用清洁能源,而其他交通工具使用多为汽油、柴油等高排放燃料。清洁能源的比例对低碳交通水平影响最大。

（12）低碳交通意识普及率。这一指标对低碳交通水平影响最小,民众具有一定的低碳意识,但还不足以改变当地的交通现状,需要政策和技术支持。

地区交通是一种复杂多变的系统,如果对地区交通缺少预见性的规划,将会造成地区交通发展缓慢,无法高效利用能源,造成资源的浪费。

三、低碳交通体系框架

（一）三江源低碳交通体系构建思路与框架

三江源地区交通体系基本格局由公路、铁路和民航三个子系统构成,其中公路交通发展较早,也最为成熟,路网基本形成,但是相对其他城市地区来说,路网密度低;铁路交通除青藏线外其余诸条线路还在规划建设中;民航系统方面,三江源地区民用机场一共有四座,分别为玉树巴塘机场、果洛玛沁机场、青海湖机场、黄南机场,其中前两座机场已经建成,另两座机场正在建设中。基于目前交通现状结合各系统碳排放水平及因素分析结果,本文从交通系统结构、能源结构、技术高度等维度探索构建三江源地区整体低碳交通体系基本框架(图4)。

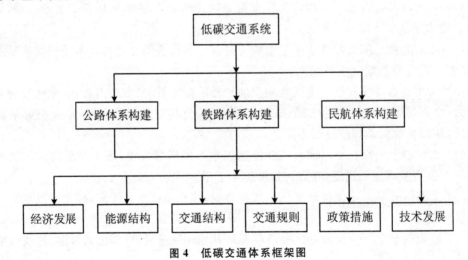

图4 低碳交通体系框架图

1. 公路交通子系统

（1）改善了道路条件。对地区道路进行升级,提高车速,可以有效降低能耗。

（2）完善并及时更新配套设施。三江源地区地广人稀,地形地貌多相似,如若没有良好的指示标志必导致车辆误行,从而造成能源的浪费。

（3）提高道路周边区域绿化率,提升碳吸收能力。

（4）合理规划地区公共交通。通过分析地区居民的出行偏好,合理设计公交线路,既方便地区居民,又可以节约能源[10]。

(5)加快推进区域现代物流发展进程。地区发展离不开物流业,加快现代物流业建设避免资源浪费。

2. 铁路交通子系统

(1)扩大铁路运营里程。铁路运输是仅次于水路运输的第二大高效运输,平均能耗较小,碳排放量较小。且需保护铁路周围的环境,减少其人为影响。

(2)优化三江源地区的现有铁路能源结构。现有技术可以加大三江源地区电力机车使用比例,以优化铁路能源结构,对地区碳减排将提供更大支持。

3. 民航交通子系统

(1)结合大数据优化航线、班次,提高航空能源效率。结合三江源地区气候特点,基于大数据科学预测客流量变化规律,适时调整航线及班次以减少不必要的能源消耗。

(2)充分利用气象资料减少不必要的航班延误。三江源地区地处高原,有浓烈的高原气候特点,掌握准确的气象信息,既可以增加飞机飞行的安全性,又减少返航对燃料的消耗,以及飞机延误乘客通勤时的能源消耗。

(二)低碳交通情景分析

运用情景分析LEAP模型(Long-range Energy Alternatives Planning Model)[8]。基于低碳交通体系结合地区交通低碳化的评价及影响因素选取人口、清洁能源比、GDP这三个因素,以基准情景、发展情景和减排情景进行低碳交通情景模拟。

结果显示,在基准情景下,能源使用量大幅度减少,从原来2015年的2056.5百万升下降到2020年的1085.3万升,5年间下降了89.39%,可以说,在"十三五"期间,减排任务是比较重的;发展情景下按照2008~2015年的发展趋势,2016年及之后还会持续增长,由于能源基数越来越大,增长量将会越来越大;减排情景下,人口和经济持续增长,基于低碳交通碳排放目标,那么能源使用量将迅速下降,减排效果显著。

参 考 文 献

[1] Darido G,Torres-Montoya M,Mehndiratta S. Urban transport and CO2 emissions some evidence from chinese cities[C]. World Bank discussion paper,2009,55:773.

[2] UNESCAP. Energy security and sustainable development in Asia and the Pacific//[M]. Economic and Social Commission for Asia and the Pacific (ESCAP). Banngkok:Banngkok Press,2008:34-37.

[3] 2006年IPCC国家温室气体清单指南[R].2006.

[4] 中国科学院可持续发展战略研究组.2010中国可持续发展战略报告:绿色发展与创新[M].北京:科学出版社,2010:146-157.

[5] 青海省人民政府.青海省"十三五"节能减排综合工作方案(青政〔2017〕53号)[R].2017.

[6] 霍艳丽,刘彤.生态经济建设:我国实现绿色发展的路径选择[J].生态经济,2011(10):63-66.

[7] 何美玲,谢君平,武晓晖,等.基于LMDI的江苏省交通能源消费碳排放因素分解

[J]. 数学的实践与认识,2015,45(8):16-22.

[8] 詹鹊铭,刘永红,贺龙辉,等.基于LEAP模型的佛山市交通碳排放研究[J].交通节能与环保,2015,11(3):22-27.

[9] 高菠阳,刘卫东.道路交通节能减排途径与潜力分析[J].地理研究,2013,32(4):767-775.

[10] 王珂,秦成逊.西部地区实现绿色发展的路径探析[J].经济问题探索,2013(1):89-93.

作者简介

吉敏全,青海大学教授,国家自然科学基金委员会项目评审专家,教育部学位中心学位论文评议专家,青海省社科规划项目评审专家,中国技术经济学会理事,中国优选法统筹法与经济数学研究会会员,青海省科协国家级决策思想库决策咨询专家。长期从事统计学与技术经济学相关课程教学及研究工作,研究方向为技术经济与项目评价、低碳经济。近年来发表学术论文20余篇,主持、参与完成国家级各类课题10余项,省部级及其他课题20余项。研究成果获青海省哲学社会科学优秀成果一等奖1项、二等奖1项。

加强政府投资工程项目建设标准管理的思考

刘春林

摘要：政府投资工程项目建设标准是为项目决策和控制项目建设水平而编制的统一标准。要落实新形势下党中央、国务院关于投资工作的新要求、解决实践中的突出问题，依法规范政府投资项目管理、充分发挥政府投资作用、提高政府投资效益，科学、合理制定建设标准，保障建设标准编制的质量，为项目投资的科学决策服务。

关键词：政府投资；工程项目；建设标准；管理

政府投资工程项目建设标准（以下统称"建设标准"），是为项目决策和控制项目建设水平而编制的统一标准，是编制、评估和审批建设项目的项目建议书、可行性研究报告、初步设计以及对项目建设进行监督检查的标准尺度。建设标准主要对项目的建设规模、项目构成、用地指标、建筑面积、建筑和设备、主体设施和工艺、装修水平、投资估算和工期等作出规定。国家对建设标准工作非常重视，中共中央、国务院发布的《关于深化投融资体制改革的意见》中明确提出了"加强政府投资项目建设管理，严格投资概算、建设标准、建设工期等要求"。2019年7月1日起施行的《政府投资条例》（国务院令第712号），对建设标准工作提出了新的、更高的要求，归纳起来就是要落实新形势下党中央、国务院关于投资工作的新要求、解决实践中的突出问题，依法规范政府投资项目管理、充分发挥政府投资作用、提高政府投资效益，科学、合理制定建设标准，保障建设标准编制的质量，为项目投资的科学决策服务。

一、充分发挥新形势下建设标准的引导和约束作用

建设标准是投资管理的重要组成部分，投融资体制改革为建设标准的编制创造了更加良好的工作环境。对政府投资项目的管理，今后的趋势会更加严格、更加细致。无论是科学决策还是建设实施，都要有建设标准去遵循、去规范。因此，加强和创新对政府投资项目的管理，一个很重要的方面就是加强建设标准的制定，用标准指导和衡量我们的决策，规范建设实施管理。制定建设标准，对于加强政府投资责任追究制度也是十分重要的。有了建设标准，就要按照建设标准来决策；没有按照建设标准来决策的，就要追究其责任。如果没有标准，就很难说是不是超标。所以，建设标准对我们的科学决策和建设实施，包括项目建成之后的责任追究，意义都是非常重大的。它确定了一个判断是非的标准和尺度。对企业投资项目，建设标准的作用也是重要的。改革之后，政府将投资管理工作的立足点放到为企业投资活动做好服务上，更加注重事前政策引导、事中事后

监管约束和过程服务,政府将主要从企业投资项目的外部性影响方面,诸如对生态环境、资源利用、公共利益的影响,去评判企业的项目是不是符合要求。而判断是否符合要求,也必须要有标准来衡量,有客观的标准去判断、规范。因此,建设标准也会起到很大的作用。

二、投融资体制改革对建设标准编制提出了新要求

(1) 建设标准的编制重点和范围应进行调整。根据投融资体制改革的要求,政府投资资金只投向市场不能有效配置资源的社会公益服务、公共基础设施、农业农村、生态环境保护和修复、重大科技进步、社会管理、国家安全等公共领域的项目,原则上不支持经营性项目,因此,建设标准的编制重点和范围也应适当调整,以政府投资项目、非经营性项目为主,对这类项目,建设标准应当是强制性的。

(2) 建设标准的编制深度应进行研究。投融资体制改革的一个重要内容,就是把投资管理工作重心逐步从事前审批转向过程服务和事中事后监管。以往的管理当中,对投资项目往往是审批阶段很严格,批完之后一旦进入建设实施阶段管理就松懈了,甚至很少问。如果建立了统一编制深度的建设标准,就为今后加强监督管理,特别是加强项目建设过程当中和建设之后的监督管理提供了依据,这也是加强投资监管必须依赖的一种手段。

(3) 建设标准的编制内容需逐步改进。制定建设标准,主要目的之一是合理控制政府投资项目的建设规模和标准,这是编制建设标准的重要内容,但并不是唯一内容。要通过建设标准的编制,使项目建设更加科学、合理,特别是要牢固树立和贯彻落实创新、协调、绿色、开放、共享的新发展理念。

(4) 建设标准的应用要更加重视。建设标准在项目的决策和建设中,应该是一个全过程的应用。在决策阶段要根据标准去审查,在设计阶段要根据标准去设计,建设实施阶段要按照标准去建设,最后还要按照标准进行竣工验收,假如存在责任追究,标准也是一个衡量的尺度。所以建设标准应该是在项目建设全过程中都要遵守和使用的。我们可以按照投融资体制改革的要求,用颁布部门规章的形式,来强制和规范建设标准的使用,提高建设标准的权威性。

三、强化建设标准管理的相关对策

(1) 提高对建设标准重要性的认识。编制建设标准不能简单理解为上项目、争取资金的依据,而应当看到它是科学决策的重要依据、重要手段,是工程项目全过程管理的重要规则。把握建设标准编制的目的是为了有关各方协调一致,达成共识,共同建立起良好的工程建设秩序,从而避免在一些细节问题上相互掣肘、耗费时间,进而获得一个最佳的效益状态。制定的标准并非是为某个局部利益最大化,而是要使整个系统达到最优化。建设工程,百年大计,我们一开始就定位好,才能把有限的资金用到实处。

(2) 加强对建设标准的基础调查研究。在编制建设标准过程中,对于建设标准各项内容的基础研究和数据积累工作还要做得扎实。这些研究工作和数据积累是提高建设标准质量的关键。先进、科学、合理的指标是在先进的科学技术和现代化科学管理方法

的基础上制定的。在建设标准编制过程中我们应加大对建设规模、项目构成、建设用地、建筑面积、建筑和设备配置标准等指标的研究和数据积累工作的力度,把基础工作做实,目的是不断提高建设标准的科学性和各项指标的合理性。

(3)提高建设标准编制规范化水平。标准的统一性是其权威性的保障,因此要做好标准编制的协调工作。任何标准的对象都是客观存在而多次重复出现的事物。这些事物不是孤立存在的,它们之间既有内在联系,也有外在联系,因此制定建设标准需要遵循的一项很重要的原则,就是要充分协调好各有关方面的关系,才易于被各方面所接受,才具有真正的权威性。这种协商就需要标准的制定程序来保障,通过规范编制各阶段的工作程序,规范具体编写中的排列格式、层次划分、典型用词用语等,将编制的建设标准上升为各方应当遵守的规则,保证其权威性。

(4)保证建设标准的编制质量。要使建设标准发挥其应有的作用,提高建设标准的质量至关重要。质量是建设标准的生命,一项建设标准的质量如何,既关系到其批准发布后能否很好的实施和应用,更关系到其在建设项目的前期工作中能否正确的引导和约束有关各方的行为,为项目的科学决策提供依据。建设标准实施的实践表明,一项质量较高的建设标准的发布实施,对于提高项目决策的科学化水平,合理控制投资规模,使国家有限的建设资金充分发挥投资效益的积极作用是显著的;相反一项脱离实际,甚至存在质量问题的建设标准,会导致前期决策产生偏差,从而造成建设资金的浪费,其消极作用也是明显的。

(5)合理确定建设标准的水平。建设标准的水平,集中体现在各项指标确定的指导思想上。以新发展理念为指导,正确处理需要与可能,现状与发展的关系,把几方面的结合点找准。只有如此,建设标准的水平才有可能是适度的、合理的,制定出的建设标准才能起到对建设项目前期工作的指导和规范作用。编制建设标准过程中,建设项目行业主管部门和建设项目的审批部门关注点不同,指导思想上不太统一,有时甚至存在博弈。对于建设项目行业主管部门来说,站在国家经济建设全局,从整个国家的宏观层面上考虑问题不够,在编制工作中往往会自觉或不自觉地从项目功能发挥、方便使用的角度去看问题,甚至不排除在指导思想上尽量提高标准。而作为项目的审批部门,则更多地从国情、经济社会发展水平出发,考虑国家产业结构的调整,从更宏观的层面上去看问题,从国家可能提供资金的角度考虑建设标准的水平问题。因此,建设标准制定的指导思想必须统一,有关各方应在一个统一的指导思想上去看问题。行业应把项目放到国家经济建设的全局去审视,毕竟脱离经济承受能力的建设标准,在实践中是不可能得到全面实施的,只能是一纸空文。项目审批部门在经济条件允许的情况下,也要从行业的需求角度去思考,为行业的发展创造条件。因为标准的水平过低,只能导致低水平重复建设,建了就拆,拆了再建其实也是一种浪费,不利于项目建设的持续健康发展。

如何判定建设标准的水平是否合理,根据建设标准编制管理工作实践,我们建议在严格遵守编制程序的基础上,工作中应注重从以下几个方面考虑:① 认真分析既有项目的调查资料,找出存在的主要问题,提出改进措施,把满足项目主要功能需求的各项设施的标准、指标水平作为确定标准的基准点,一般可按统计数据的平均先进水平制定建设标准;在此基础上进行模拟设计,从中提炼标准的条款。② 把已确定的建设标准与行业内"示范工程""样板工程"项目的情况作比较,总体水平上应低于上述建设项目的标准。③ 对标准实施的可能从经济上进行分析,按照行业发展规划,把 5～10 年按照新标准实施和现有实际项目现状进行对比,计算出实施新标准国家所需的投入,分析资金来源的渠道,从资金保障的角度去衡量标准是否超过了国家经济的可承受能力。

(6) 重视建设标准的可操作性。建设标准既然是为编制、评估和审批建设项目可行性研究报告提供"依据"和"尺度",因此各项标准和指标必须从可操作的角度去考虑。确定建设规模是建设标准的龙头,编制工作中基本上是根据不同的规模分类,去制定项目构成和主要的技术经济指标等。在建设项目前期工作中,建设项目审批部门、项目申报部门以及工程咨询评估机构首先关注的就是建设规模,可行性研究报告中关于拟建项目的规模确定往往要占很大的篇幅进行论述。因此作为"判据"的建设标准仅仅给出建设规模的划分显然是不够的,应当给出确定规模应考虑的因素以及确定规模的主要原则和方法。实际编写过程中我们发现,由于建设项目规模的确定涉及方方面面的因素,比较复杂,有的项目给出确定规模的方法有一定困难,但是编制工作中仍然要注重对此问题进行认真研究,尽量给出方法和一些定量的规定,不能准确量化的也要给出定性的说明。

用地面积、建筑面积、设施设备等指标是标准的核心内容,是标准高低的具体体现。我国幅员辽阔,经济发达程度差异较大,全国统一采用一个标准是不现实的。编制工作中处理这类问题经常采用两种方法:① 从满足业务工作开展的基本需求出发,以中等发达地区为基准,确定标准和控制指标,在此基础上给出调整幅度,不同地区根据实际情况进行调整。② 指标的本身就是一个幅度值,低限基本对应经济欠发达地区,高限对应经济发达地区。两种表现形式其实本质是一致的,提高可操作性:一是要注意指标幅度区间不能过大;二是对指标的选取不能仅有定性的说明,应给出具体确定指标的方法。否则使用过程中往往会在使用低限指标和高限指标间产生争议,也给项目的咨询评估带来困难。

(7) 拓宽建设标准征求意见的范围,强化审查环节。主编单位应将建设标准征求意见稿的正文及条文说明印发有关部门、单位和专家征求意见。部门和单位包括的范围应涵盖发展改革部门、建设行政主管部门、投资评审机构、工程咨询机构、规划设计单位、建设监理单位等,力争把与建设项目各环节利益相关的有关部门和单位的意见和反映吸收进来。

审查是建设标准工作的重要环节。对审查会召开前的相关工作、审查会的人员组成、审查方式以及报批阶段的审核工作等应作出具体规定。有些建设标准的审查会上,行业的专家、代表还是占绝大多数,邀请有关部门、单位和其他行业专家的数量较少,这样本行业的意见自然占据了主导地位。因此为提高建设标准的审查质量,建议增加行业外的部门、单位和专家的数量。当然"隔行如隔山",在确定行业外的单位和专家时,应尽量选择对审查的建设标准项目相对熟悉人员,这些人员最好是既熟悉技术、又懂经济并且对国家经济建设方针政策有一定研究的专家。为此,我们需要培养专家队伍,建立具有一定规模的专家库,依靠各方面的力量对建设标准的质量进行把关。

作者简介

刘春林,住房和城乡建设部标准定额研究所研究员,主要从事工程项目建设标准、建设项目经济评价、建设项目社会评价、建设项目后评价和工程造价管理的研究。

发展新型建造方式
推动建筑业供给侧结构性改革

毛志兵

摘要：在中国特色社会主义新时代，建筑业亟待深化供给侧结构性改革，实现高质量发展。发展新型建造方式，提高供给质量，扩大有效供给，提高资源配置效率，引导发展动能转换，是建筑业深化供给侧结构性改革的重要途径。新型建造方式是建筑业应对新一轮产业革命的必然选择，其落脚点是绿色建造、智慧建造、建筑工业化。为此，提出了"发展目标绿色化、组织管理集成化、技术手段智慧化、生产方式工业化、发展动力内生化"的"五化"发展举措，系统性推动新型建造方式发展。

关键词：建筑业；新型建造方式；供给侧结构性改革；绿色建造；智慧建造；建筑工业化

一、推动建筑业供给侧结构性改革的时代意义

当前，我国进入中国特色社会主义新时代，经济发展由高速增长阶段迈向高质量发展阶段。改革开放以来，建筑业快速发展，为城乡建设和民生改善作出了重要贡献。习近平主席在2019新年致辞中特别提到"中国建造"，将其与"中国制造""中国创造"并列。中国建造，要体现出技术先进、经济合理、安全耐久、满足功能、质量优良，这要求工程建造在理念上要有发展，在技术上要有进步，在品质上要有提升。当前建筑业总体上仍然大而不强，劳动密集型特征显著，生产方式相对粗放。站在新起点，着眼新形势，建筑业亟待深化供给侧结构性改革，实现高质量发展。深化建筑业供给侧结构性改革，就是要提高供给质量，创造和引导新的需求，矫正要素配置扭曲问题，淘汰落后产能，解决建筑业发展粗放的问题，升级生产方式，扩大有效供给，提高资源配置效率，不断开辟新领域，更好地满足人民需要，引导发展动能转换，提高全要素生产率，重塑行业发展新生态。

二、发展新型建造方式是建筑业供给侧改革的重要支撑

（一）发展新型建造方式的时代要求

从生产方式看，建筑业生产方式仍相对粗放，给社会造成的资源环境压力仍然巨大，且仍将长期处于建筑工业化进程中，并在信息技术支撑下已逐步迈向数字建造、智能建造的新阶段。从社会需求看，在科技创新的支撑下，对建筑产品的品质需求正快速升级，

绿色建筑、智慧建筑、生态城市、智慧城市等成为需求热点,推动"一带一路"沿线建设是建筑业"走出去"的核心领域。总体上,推动建筑业生产方式向绿色化、信息化、工业化和国际化转型升级,已然是大势所趋。为此,深化建筑业供给侧结构性改革的关键路径就是实施创新驱动,以绿色可持续发展为核心,以提升品质为路径,以深化改革为抓手,以转型升级为标志,以创新创效为目标,探索实施新型建造方式,沿着"提升品质—深化改革—转型升级—创新创效"这样一条主线,迈入行业高质量发展新时代。

(二)新型建造方式的定义与内涵

在新时代,以信息化、智能化、新材料、新装备等为代表的科技创新快速推进,为我国发展以品质为中心的"新型建造方式"提供了技术基础。相对于传统建造方式,当前的新型建造方式(Q-SEE)是在建造过程中,以"绿色、智慧、工业化"为特征,更好地实现建筑生命周期"品质提升(Q)、安全保障(S)、节能环保(E)、效率提升(E)"的新型工程建设方式,其落脚点体现在绿色建造、智慧建造和建筑工业化。新型建造方式以"绿色化"为目标,以"智慧化"为技术手段,以"工业化"为生产方式,以工程总承包为实施载体,实现建造过程"节能环保、提高效率、提升品质、保障安全"。

绿色建造、智慧建造和建筑工业化间的逻辑关系,可以这样来理解:

一是绿色建造是工程建造的终极要求。绿色建造是在工程建造过程中体现可持续发展的理念,通过科学管理和技术进步,最大限度地节约资源和保护环境,实现绿色施工要求,生产绿色建筑产品的工程活动。绿色建造追求"环境友好、资源节约、品质保证、人文归属",其基本理念是以人为本,体现人对自然的尊重,注重从人的感受、健康和需求出发提升建筑品质,将打造高品质的、人与自然和谐的、建筑与城市和文化融合的人类生存空间作为核心追求,这种以品质和效率为中心的新型建造方式与高质量发展的时代主题完全契合。

二是智慧建造和建筑工业化是实现绿色建造的技术手段。一方面建筑工业化技术是实现绿色建造的有效生产方式;另一方面建筑信息化是实现绿色建造的技术手段。特别是以信息化融合工业化形成智慧建造,可进一步丰富感知、分析、决策、优化等功能,形成"建造的大脑",实现功能自动化和决策智能化,达到工程建造执行系统与决策指挥系统的有机统一,是实现绿色建造的基本技术途径。

新型建造方式的根本驱动力就是科技创新,将工业互联网应用到建筑业,实现产业形态从生产型建造向服务型建造的转变,为弯道超车国际一流带来了历史机遇。

三、推动新型建造方式发展的主要举措

探索新型建造方式的发展,是一项涉及组织管理、建造技术、动力机制等层面的系统工程,需要多措并举,推动"绿色化、集成化、智慧化、工业化、内生化"五化发展。

(一)发展目标绿色化——推进绿色建造

绿色建造追求绿色建筑产品和建造过程的统一,是在可持续发展理念下工程建设的本质追求,通过推动绿色建造,实现绿色化的规划设计、绿色化的建造施工、绿色化的运行维护,为社会提供高品质的建筑产品,造福人民,就是守住了建筑人的"初心";推动绿

色建造,带动建筑产业的绿色化、信息化、工业化和国际化发展,推动产业转型升级,就是担当了建筑人的时代"使命"。

为此要努力推动:一是建筑产品及建造过程的高质量与生态代价的协调。要不断推动建筑产品向高性能建筑升级,以更好地满足人民群众的生活需求,并尽可能高效地利用资源、保护环境。二是不断推动工程建造绿色度的提升。推动从浅绿的环境无害建筑到更深绿的生态意识建造,在未来不仅要关注项目本身的绿色,还要追求对一定范围的生态系统产生积极影响。三是努力实现工程建造综合效果最优。要从建筑产品的全生命周期视角出发,以全面可持续发展理念为指导,统筹考虑项目的安全、质量、功能、成本、进度、环境等目标,对建造活动进行系统化的策划与实施。四是要带动全产业链建造水平整体提升。要带动包括绿色设计、绿色施工、绿色建材等产业链环节,优化配置人、机、料、法、环等产业要素,有机融合工业化建造技术等硬手段、智慧建造技术等软手段和绿色建材等物质基础,推动工程建造方式向一体化建造方式升级。

绿色建造追求"环境友好、资源节约、品质保证、人文归属",其基本理念是以人为本,体现人对自然的尊重和环境生态协调,注重从人的感受、健康和需求出发提升建筑品质,将打造高品质的、人与自然和谐的、建筑与城市和文化融合的人类生存空间作为核心追求。绿色建造是工程建造的终极要求,与高质量发展的新时代主题完全契合,是推动建筑业供给侧改革的重要抓手,也是新型建造方式发展的核心目标,更是中国建造的本质要求。因此,推动绿色建造,是稳增长、调结构、增效益的现实需要,是建筑业转型升级的有效着力点,对于推动高质量发展,建设美丽中国具有重要意义。

(二)组织管理集成化——发展工程总承包

当前,建筑产业"碎片化"现象突出,行业分工导致了信息孤岛和协同不足,造成了建筑产品观念不强、资源整合运作能力不足、产业整体效率不高,不利于产品品质和综合效益的提升。新时代,市场形态正从产品交易向平台经济转变,建筑业也在相应发生变化,工程项目组织管理模式的变革已然是大势所趋。推进工程总承包,推进设计施工一体化、全过程工程咨询,优化专业类别结构和布局,形成总承包、专业承包、劳务分包等比例协调、分工合作、优势互补的发展格局,已成为行业发展的共识。

为此,要加强工程项目集约化管理:一是在企业管理模式改革上,要探索建立标准化管理模式。这既是合理分配资源、进行现代化大生产的必要条件,也是现代企业科学化管理、提高产品质量和市场竞争力的重要手段,要通过完善企业标准管理、员工观念培养、监督机制"三位一体"的企业标准化管理模式,科学发挥计划、组织、指挥、协调、控制等管理职能,向精细化管理转型。二是在企业管理机制保障上要落实"法人管项目",坚持三个"推行":① 推行项目目标责任管理,完善项目绩效与薪酬管理,提高项目执行力。② 推行项目策划,加强项目科学化管理;通过项目策划,科学、合理地为项目配置资源;通过商务策划、技术方案优化,提高项目收益。③ 推行集中采购,深入挖掘效益潜力。三是在项目管理体系完善上,要着眼全生命期、强化协同,优化组织结构,完善运作流程,推动设计施工采购的深度交叉,做好权责利的协调,健全工程项目管理体系,提升整体效率。四是在项目管理手段改进上,要不断提高信息化管理水平,实现信息流的高效传递,在更大范围整合运作资源,提高效率。

(三) 技术手段智慧化——探索智慧建造

近些年,以 BIM 技术、物联网、云计算等为核心的智慧建造在我国获得了重视和发展。智慧建造通过应用先进技术与装备,实现更大范围、更深层次对人的替代,并从体力替代逐步发展到脑力增强,进一步提升人的创造力和科学决策能力,实现更高效率、更优品质。智慧建造技术有助于消除资源浪费,建立包括环境目标在内的项目综合管控平台,是实现绿色建造的技术支撑手段。

当前,以中建集团等为代表的建筑企业高度重视智慧建造的发展,推动 BIM 应用和智慧工地建设,探索应用机器人、3D 打印等先进技术,提升设计质量,推动建筑工业化与信息化融合发展,提升项目管理水平,初步展现了拉通全生命期和全产业链的可行性。

但仍然存在着亟待解决的一些问题,为此:

(1) 以全过程集成应用为主导,打造优势。一是推动智慧设计发展。探索新型设计组织方式、流程和管理模式,构建智慧设计基础平台和集成系统,开发基于 BIM 的协同设计平台。二是推动智慧工地发展。加强"互联网+"环境下的新型施工组织方式、流程和管理模式探索,基于工程项目施工全过程 BIM 大数据,构建智慧工地基础平台和集成系统,进一步普及智能移动终端的应用,推动施工机器人的发展。三是推动智慧企业发展。以服务用户(业主)需求为导向,开发"互联网+"环境下的工程总承包项目多参与方协同工作平台,拉通建造全生命期和全产业链,开拓"平台+服务"的工程建造新模式。

(2) 以自主研发 BIM 基础平台为支撑,补齐关键软件短板。目前,我国在工程建造相关软件的应用方面取得显著成果,但在基础软件方面还存在明显短板,特别是具有自主知识产权的 BIM 基础平台缺失。因此,要从政府、科研院所、企业等各个层面,加大基础平台的研发投入,重点解决三维图形引擎等关键技术,建立国家标准,加快突破智慧建造自主发展的技术瓶颈。

(3) 以服务智慧城市建设为方向,拓宽智慧建造领域。通过现代科技的集成创新,将建筑和基础设施的系统、服务和管理等基本要素进行优化重组,实现更高效率、更优性能、更加智能、更加绿色,开拓智慧建筑、智慧社区、智慧交通、智慧环保等新业态。

(四) 生产方式工业化——推动新型建筑工业化

新型建筑工业化的主要标志是实现"四化",即建筑设计体系标准化、构配件生产工厂化、现场施工装配机械化和工程项目管理信息化。当前阶段的新型建筑工业化,主要是在以往现浇技术体系的基础上,探索装配式建筑,即推进"工厂化生产+装配化施工"的工业化建筑产品及技术体系。围绕科学发展装配式建筑,我们还应着力做好以下工作:

(1) 完善装配式建筑的产品及技术体系。目前,我国装配式建筑产品还没有实现全产业链的高度集成和纵向贯通,还没有把结构、机电、装饰等专业一体化统筹,体现在主体结构与其他部件的工业化匹配方面存在不足,构部件产品没有形成上下贯穿的产业链,技术和服务不到位,导致工业化率低、成本投入大、产业链体系不成熟。因此,还需要进一步对产品体系和技术体系进行完善。

(2) 提升装配式建筑产品的品质。当前由于设计水平、施工工艺、施工装备、工人操作等各个方面的不够成熟,导致工业化建筑产品的品质优势和施工高效的技术特点没有充分发挥出来。为此,要进一步强化装配式建筑的协同设计和标准化设计,打破"等同现浇"的理念约束,从根本上变革把现浇施工照搬到装配式建筑的"经验主义"做法,强化设计与施工的一体化,不盲目追求预制率和装配率等指标,切实以品质和效率为核心来确定建造工艺,将结构、机电、装饰等系统统筹考虑,打造高品质的产品。

(3)提高装配式建筑的技术经济协调程度。现阶段装配式建筑成本相对偏高,影响了市场接受度,客观上导致大量产品迫于政策约束按照最低的预制率和装配率来设计建造。究其原因,既有深化设计费用增加、构件采购费用高、塔吊等设备型号升级带来的措施费增加等原因,也有规模经济效应难以发挥等市场因素的影响。要切实以"工业化"水平提升为本质要求,把品质提升和经济合理作为工程建造的根本准则。

(五)发展动力市场内生化——强化建筑产品理念

建筑产品全生命期所涉及的相关方众多、利益导向不一致,特别是最终用户和建设方在多数情况下非统一主体的特点,容易导致建设过程中建设单位追求短期利益,不利于产品品质提升。建筑作为一种市场化的商品,应完善说明书,使消费者清晰了解产品的性能和使用方法,从而将推进绿色建筑的动力从适应政策要求转变为市场需求主导。为此:

(1)形成完备的产品说明书,使消费者买的明白。为此要以建筑产品说明书来体现产品性能,使用户消费的明白,引导社会绿色意识的不断提升,并完善建筑效果后评估等机制,促进建设各方和最终用户的信息对称,增强打造高品质产品的市场内生动力。

(2)形成完备的产品使用说明书,使消费者用的明白。在使用运行上,要改进使用者的行为模式,要推动建筑运行使用更加智能、先进,要形成完备的产品说明书,来引导和规范使用者,形成合理的行为模式,真正把建筑产品生命期拉通。

总之,探索新型建造方式,是深化建筑业供给侧改革的重要途径,是在科技变革的时代背景下建筑业转型升级的必然选择,是建筑业走向高质量发展新时代的重要路径。

参 考 文 献

[1] 毛志兵,等.建筑工程新型建造方式[M].北京:建筑工业出版社,2018.

[2] 毛志兵,于震平.关于推进我国绿色建造发展若干问题的思考[J].施工技术,2014,43(1):14-16.

[3] 毛志兵,崔惠钦."法人管项目"实现集约化[J].施工企业管理,2012(5):26-28.

[4] 毛志兵.推进智慧工地建设助力建筑业的持续健康发展[J].工程管理学报,2017,31(5):80-84.

[5] 毛志兵.从人工智能到智慧工地-迎接建造方式的新变革[J].中国勘察设计,2017(8):28-29.

作者简介

毛志兵,教授级高级工程师,中国建筑集团有限公司总工程师,同时担任住房城乡建设部科学技术委员会委员、住房城乡建设部建筑工程质量标准化委员会主任委员、中建集团科协常务副主席、英国皇家特许建造师学会资深会员及中国区主席。中共中央组织部直接联系管理的专家,中国科协高层次专家,享受国务院政府特殊津贴。荣获国家科技进步奖二等奖1项、国家科技发明奖二等奖1项,省部级科技奖十余项,荣获建设部"十五"全国建设科技进步先进个人称号(2006年)、2008年度CIO领军人物、2018年全球工程建设业(AEC)卓越BIM大赛创新者奖(全球首位)等荣誉。主持完成多项国家和企业重大科技攻关项目,主编多项国家/行业技术标准,出版多部专著,在国内外核心期刊发表论文50余篇。

创新金融科普模式　减少金融骗局发生

吴忠群

摘要：本文以防范金融骗局和维护金融稳定为目标导向，提出创新金融科普模式的构想。首先，本文分析了创新金融科普模式的重大意义；其次，本文对我国金融科普研究的基本状况做出了概要分析和判断；再次，本文较为系统地阐述了创新金融科普模式需要解决的基本问题，并提出了相应的对策建议；最后，本文认为把理论与实践经验有机地结合起来，设计出更高效、更适用的金融科普模式不仅是必要的，而且是可行的，它必将为提高公众的金融科学素养，进而增强对金融骗局的"免疫力"做出巨大贡献。

关键词：模式创新；金融创新；科普创新

一、创新金融科普模式的重大意义

改革开放40多年来，我国的经济得到了巨大的发展，金融作为国民经济的命脉，其重要性不言而喻。随着经济的发展，金融机构、金融服务与金融产品类别不断丰富，金融消费者在享受其服务便利的同时，也存在着金融机构经营管理不规范、金融骗局时有发生，金融消费者因缺乏相关金融知识，导致风险识别能力不强，防范与自我权益保护意识偏弱等亟须解决的问题。特别是在互联网金融扩张迅速的背景下，金融骗局具有极强的隐蔽性和欺骗性，通过"巧立名目""自我包装"和"广告宣传"，令广大投资者眼花缭乱，难以分辨，并借助互联网进行更广泛和更迅速的传播，比之传统金融风险更严重地影响和危害金融稳定和社会安定。比如"e租宝事件"，一年半内涉嫌非法集资500亿元，90万名受害投资人遍布全国31个省市区，损失惨重。为防范这类骗局，加大金融科普的力度势在必行。

为此，中国人民银行从2013年开始，在每年9月统一开展全国性的"金融知识普及月"活动；2015年，国务院办公厅发布了《关于加强金融消费者权益保护工作的指导意见》（国办发〔2015〕81号），也明确提出"要将金融知识普及教育纳入国民教育体系，切实提高国民金融素养"。我国经济发展进入结构调整、创新驱动的新常态，向全社会普及金融知识以促进金融稳定，进而确保经济和社会的和谐、可持续发展，有着越来越突出的必要性和重要性。

综上所述，推进金融科普是经济和社会进一步发展的必然要求。金融科学知识的普及，将有助于加强金融消费者权益保护工作，有助于防范和化解金融骗局造成的风险，对提升消费者信心、维护金融安全与稳定、促进社会和谐公平和正义均具有积极意义；同时,金融知识的普及教育也关乎国家金融安全,是社会经济发展、深化金融改革和构建和谐社会的必然要求。金融科普的模式研究旨在对已有的金融科普模式进行系统梳理、研究和评价,总结经验、发现问题,判断其发展趋势,进而提出改进思路以及相关的政策建议。这一工作将加深人们对金融科普的认识,为金融科普理论建设和实践发展提供一定的参考和依据。

二、我国金融科普研究的基本状况

总体上看,我国金融科普研究主要侧重于金融科普活动中存在的问题。王军(2018)提出中国金融科普存在教育环境优化不足、金融科普过程中先进技术使用不足等问题,并指出了加强顶层设计、定期修订教材读本、完善师资保障和评估反馈机制等相关建议。周军(2016)指出目前中国的金融普及存在宣传内容与消费者实际需求脱节、宣传形式与需求脱节、宣传效果与需求脱节等问题。董玉峰、路振家(2016)指出中国金融普及教育缺乏统筹协调机制和长效性、差异化不强,且未建立评价反馈机制。

其次,部分学者对国外金融科普特点进行了研究。杨柳(2012)总结了英美金融科普的特点和经验,指出一些国家已经将金融宣传教育纳入国家战略中,建立了较完备的金融宣传教育体系,英美等发达国家金融宣传教育内容丰富、金融科普形式多样,广泛应用网络通信等现代传媒工具,通过专门的金融教育网站向社会公众提供丰富的信息。

也有部分学者对如何开展金融科普工作提出了相关政策建议,王华庆(2013)提出应建立健全金融科普的工作机制、提高金融科普的针对性和有效性;焦瑾璞(2013)提出具体的金融科普方法,如编写《金融知识普及读本》、在热门网站及论坛首页位置进行主题宣传等形式。

对于金融骗局的研究,主要集中在互联网金融下的庞氏骗局。丁亚迪(2018)分析了互联网金融模式下金融骗局的类型、成因,认为金融骗局频发的成因在于骗术的隐蔽性和欺骗性、投资者的心理偏差、政府的监管缺失与打击不力,为此投资者应树立理性的投资理念,监管者应将监管沙盒与穿透式监管相结合,执法者应完善监测预警机制,加快金融知识的普及。李娜(2015)主要研究了MMM互助金融骗局的运行模式以及投资人的心理,MMM平台金字塔能建造到多少层,取决于新来的玩家,一旦没有人接盘,体系就会迅速瓦解。杨如梅(2016)以"e租宝事件"为例分析了P2P平台融资的模式、底线以及监管缺乏的情况下P2P平台引发金融危机的模式。和静钧(2018)主要分析了最近新兴的"零团费"旅游等旅游金融模式,该模式下"押金游"中的押金,往往是数倍、数十倍于实际支付的团费,事实上已成为一种面向客户的融资行为。谢湲(2016)指出我国互联网金融发展迅猛的同时,伴随着严重的"庞氏骗局"或"跑路公司"的现象。刘伟等(2017)认为庞氏骗局会危及政府公信力,破坏资本市场稳定,对实体经济造成打击。刘植荣(2015)通过分析泛亚事件,认为现行金融监管不到位,投资者的金融知识还需加强。周业安(2015)则分析了互联网对庞氏骗局的"促进"作用。张春雪(2018)通过对庞氏骗局的深入分析,指出只有深入了解骗局特征,抓住其重大缺陷,掌握金融知识,才可以识破庞氏骗局。

从已掌握的资料看,关于金融科普的研究主要分散在针对具体事件或现象的分析上,关于金融科普的模式研究,尤其是站在一定理论高度的系统研究尚未见到,大量实践中迫切需要回答的问题没有得到很好地回答,比如金融科普的具体模式有哪些,其效果如何,金融科普模式的发展趋势如何,怎样评价和提高金融科普模式的效率,如何从政策层面优化金融科普的环境等。因此,未来应该加强金融科普研究的规范性、理论性和应用性,回应金融科普工作的现实需求,对金融科普的模式进行系统性、创新性研究,以期对金融风险和金融骗局起到更好的防范作用。

三、创新金融科普模式需要解决的基本问题

(一)摸清金融科普模式的现状、存在的问题及发展趋势

首先,研究金融科普模式的现状。主要包括以下具体内容:① 研究现有的金融科普模式有哪些,如何分类,其具体运作机制是什么;② 研究各类利益主体在不同金融科普模式中的作用和地位,包括政府、金融机构、社会团体和公众;③ 研究已有各种金融科普模式的效果和效率,包括评价效果和效率的方法;④ 研究已有金融科普模式的广度和深度以及地域、行业和受众特征;⑤ 对已有金融科普模式做出整体性概括,归纳总结其基本逻辑和总体特征。

其次,研究现有金融科普模式存在的问题。主要包括以下几个方面的具体内容:① 研究现有金融科普模式在运行机制方面存在的问题,具体包括人、财、物的投入以及组织和管理等诸多方面;② 研究现有金融科普模式在效果和效率方面存在的问题;③ 研究现有金融科普模式在适应性和可持续发展能力方面存在的问题;④ 研究现有金融科普模式在广度和深度等方面存在的问题。

再次,研究金融科普模式的发展趋势。主要包括以下几项内容:① 金融科普模式的总体发展态势;② 金融科普模式在组织和管理方面的发展趋势;③ 金融科普模式在技术手段以及媒介载体方面的发展趋势。

(二)金融骗局的典型形式及其成因研究

尽管金融骗局的具体形式五花八门,但是只要破解骗局发生的根本机理,就能找到遏止骗局的有效科普模式。为此,应该从研究金融骗局的形式入手,从骗局的实施者、受害者以及经济、技术和社会环境多角度分析骗局的成因及其发生机理,从而找到有效防范骗局的金融科普模式。

(1)研究金融骗局的基本形式。可以从对金融骗局的分类入手,对金融骗局的基本形式做出深入细致的研究,进而概括出典型金融骗局的类型。以下几种分类方法可供参考:① 根据金融骗局的施骗机理进行分类,这是最易接受的一种分类方法,其分类思路是根据金融骗局的本质特征加以分类,这种分类方法有助于查清骗局的"毒理",比如庞氏骗局、原始股骗局、贵金属交易骗局等;② 根据金融骗局的运行机制进行分类,这种分类方法有助于查清骗局的"动力学性质",也是比较易于进行规范分析的一种分类方法,其分类思路是根据金融骗局的组织和运转特征加以分类,比如传销式金融骗局就是借助传销这种组织模式实施的金融骗局,又如平台式金融骗局则是借助以网络平台为主的各种平台为组织模式实施的金融骗局;③ 根据金融骗局的受害者属性进行分类,这种分类方法有助于查清骗局的"心理学性质",对提高公众尤其是"易感者"的"免疫力"大有帮助,

其分类思路是根据金融骗局的"易感者"特征加以分类,比如打着助学贷款名目的金融骗局实际上借着"助学"这一心理暗示使学生们轻信而上当。

(2) 研究金融骗局的成因。主要从公众自身、监管以及金融知识普及程度三个方面研究。首先,研究公众在金融骗局形成过程中所起的作用,从公众的一般特征出发,研究其之所以卷入金融骗局的成因,诸如缺乏金融知识、过度自信、投机心理以及羊群效应等因素。其次,从监管预警效率和金融诈骗成本两方面展开分析,一方面分析监管失灵的原因以及改进办法,另一方面分析如何通过增加施骗成本预防骗局的发生。再次,研究金融知识普及程度与金融骗局事件之间的相关关系,主要是采取规范的量化分析手段,测算金融科普对防范骗局的作用、效果和效益,这些量化手段包括蒙特卡洛模拟、贝叶斯分析、Granger 因果分析、多元回归等多种计量技术,对研究过程中所涉及的指标、因素进行相关性、敏感性等多种量化分析检验,验证理论假设的有效性。

(三)推进金融科普的有效模式研究

应该主要从以下三个方面研究推进金融科普的有效模式:① 实施主体、公众与金融科普模式效率的关系。主要从以下两个维度入手:一是研究实施主体与金融科普模式效率的关系,这里实施主体是指金融科普活动的组织者,根据基本性质可以划分为政府部门(包括各级党政机构及其派出或直属组织)、社会组织(包括学会、协会等各种注册的社会组织)、民间团体(包括各种非注册的民间团体)、企业、个人等类型,还可以进一步细化分类,通过适当的分析,能够测算出各类科普主体在不同情况下的金融科普效率;二是研究受众与金融科普模式效率的关系,即根据科普对象的各种特征对科普模式的效率做出细致检验,这些特征包括性别、年龄、职业、受教育程度、收入水平、所属行业、金融知识素养水平等,通过适当分析处理,能够测试出针对不同科普对象,各种科普模式的效果如何,怎样选择和改进金融科普模式。② 研究如何拓宽宣传普及渠道,分析何种传播方式可与公众进行有效互动,研究适宜不同群体的科普方式,这里传播方式包括各种信息传播手段,如广播、电视、网络、通信、报纸、杂志、海报、传单、通知等,不同的手段对不同的受众所起的宣传效果可能存在差异,识别出二者之间的互动效果,有助于提高金融科普的效率,降低成本。③ 研究如何解决现行金融科普模式覆盖率低的问题。解决该问题主要应从以下两个方面入手:一是研究何种科普模式具有高覆盖率的功能,进而设计出能够达到目标覆盖率的金融科普模式;二是研究如何在保证覆盖率的前提下提高金融科普的质量和效果。上述两方面不仅深入到金融科普的技术层面,而且涉及我国人口结构以及国民基础教育问题。

(四)防范金融骗局的金融科普模式研究

研究如何通过金融科普的方法,提高公众防范金融骗局的能力。首先,研究防范典型金融骗局的金融科普模式,包括庞氏骗局、贵金属交易骗局和原始股骗局等,分析模式设计中的关键环节和因素;其次,概括归纳各种金融骗局的共同点和特殊性,研究具有广谱性防范金融骗局的科普模式。为了设计出切实有效的金融科普模式,应该采用机制设计理论,从而把目标与科普模式有效地联系起来。

（五）促进金融科普模式发展的政策建议研究

针对目前金融科普模式方面存在的问题，研究加以改进的相关建议，具体从以下几个方面入手：① 研究优化金融科普模式所需要的政策环境，分析现行政策体系需要做出哪些调整及其可行性；② 研究在实践层面优化金融科普模式需要注意的问题，包括实施主体、受众、内容和形式选择以及保障措施等；③ 研究优化金融科普模式所需要的激励机制，增强各种措施之间的相容性，减少彼此抵消甚至冲突，提高政策效果、降低政策成本。

四、结语

金融科普不是防范金融骗局的唯一抓手，但是如果能够合理地运用金融科普手段，必定对防范金融骗局产生事半功倍的效果。把理论与实践经验有机地结合起来，设计出更高效、更适用的金融科普模式不仅是必要的，而且是可行的，它必将为提高公众的金融科学素养，进而增强对金融骗局的"免疫力"，做出巨大贡献。长期以来，我国在金融科普方面的研究远不能满足实践的需要，今后一段时间应该加强金融科普模式的研究，为贯彻落实中央提出的守住金融安全底线的目标做出应有的贡献。

参 考 文 献

［1］王军.构建金融知识普及教育长效机制的实践与思考［J］.征信,2018,36(7):89-92.

［2］周军.当前金融知识宣传普及中存在的问题及建议［J］.武汉金融,2016(11):10,71.

［3］董玉峰,路振家.金融普及教育存在的问题、国际借鉴及对策［J］.金融理论与教学,2016(1):84-86.

［4］杨柳.英美金融宣传教育的经验及启示［J］.武汉金融,2012(4):31-32,36.

［5］王华庆.有效开展金融消费者教育［J］.中国金融,2013(22):9-10.

［6］焦瑾璞.让金融知识走进千家万户［J］.中国金融,2013(23):61-63.

［7］丁亚迪."互联网金融＋庞氏骗局"的成因与防治［J］.市场研究,2018(10):72-73.

［8］和静钧.避免陷入旅游金融"庞式骗局"，监管当发力［N］.深圳特区报,2018-07-31.

［9］谢溪.解读互联网金融中的"庞氏骗局"或"跑路公司"：以"e租宝"和"中晋系"事件为例［J］.经济师,2016(10):13-15.

［10］杨如梅.P2P行业是金融创新还是旁氏骗局［J］.劳动保障世界,2016(12):64.

［11］李娜.MMM金融互助骗局多发专家呼吁及时打击［N］.财会信报,2015-11-23.

［12］刘伟,何若松,易常清.警惕庞氏金融骗局再抬头［J］.农业发展与金融,2017(6):110.

［13］张春雪.掌握金融知识识破庞氏骗局［J］.现代商贸工业,2018,39(32):156-157.

［14］周业安.庞氏骗局缘何在互联网金融中闹得更大［N］.上海证券报,2015-10-21.

［15］刘植荣.警惕以"金融创新"名义骗局翻新［N］.新金融观察,2015-09-28.

作者简介

吴忠群,华北电力大学经济与管理学院金融学教授、博士生导师。研究涵盖了众多的金融领域,包括一般金融和行业金融。先后为包括博士生在内的各类学生讲授货币银行学、风险管理、高级金融理论与建模等十余门课程。先后负责主持了包括国家级、省部级以及大型金融机构项目十余项。获省部级优秀科研成果奖2项、省部级科技进步奖1项;出版著作7部;主编行业性金融系列教材42部;以独立或第一作者身份在《中国社会科学》《新华文摘》等国内外重要刊物上发表学术论文40余篇。代表性著作有《资产定价:行为公理主义分析》《最优消费投资:理论与实证》《交通运输金融研究》等。

中美贸易摩擦对内蒙古农牧业的
影响及应对措施

钱贵霞

摘要:农产品在中美贸易中扮演着重要角色,随着中美贸易摩擦加剧,对美农产品加征关税后对内蒙古的农牧业发展产生何种影响,以及采取哪些应对措施,急需展开研究。本文基于内蒙古农牧业发展现状,从中美贸易摩擦对内蒙古农牧业产生的短期影响和长期影响两个方面进行了分析。结果表明,短期内中美贸易摩擦会对内蒙古农牧业发展不利,主要体现在降低大豆供给、提升大豆价格、增加养殖成本、抬高饲草价格四个方面;长期则是利好,可以促进国产大豆种植、推动农业结构调整、提高企业和农户养殖积极性。为应对短期和长期影响,分别提出短期和长期策略,其中短期策略是增加大豆市场供给、扩大蒙古国牧草进口、补贴养殖户和企业、鼓励调整饲料配方,长期策略是做好农牧业生产布局规划、及时进行农业结构调整、增加大豆种植的技术投入、大力推进草牧业发展。

关键词:中美贸易摩擦;内蒙古;农牧业;大豆;饲草

2018年3月以来,中美之间贸易摩擦频繁,中美双方进行了多轮谈判仍未达成协议,2019年5月5日,美国总统特朗普宣布自5月10日起对价值2000亿美元中国商品加征的关税从10%调高至25%,中国随即提出反制措施,宣布自2019年6月1日零时起对已实施加征关税的600亿美元美国部分商品,提高关税税率[1]。从发展形势看,中美贸易摩擦将持续进行,将对我国经济发展产生严重影响。美国加征关税主要是针对"中国制造2025"行业,中国加征关税涉及农产品及其初级加工品等行业,农产品主要包括大豆、玉米、小麦、高粱等谷物及棉花、肉类、水产品、乳制品、植物油、蔬菜等。内蒙古是我国粮食主产区和重要的畜产品供应地,对美农产品加征关税后对内蒙古农牧业发展有何影响,该如何应对,需进一步展开分析。

一、内蒙古农牧业发展现状

内蒙古是我国重要的粮食主产区之一,也是少数几个能够向外调运粮食的省区之一[2]。随着播种面积不断增加,主要农产品(玉米、小麦、大豆、薯类等)产量实现快速增长。2018年,粮食总产量达到3553万吨,创历史新高,目前内蒙古粮食总产量在全国排第九位。同时,随着对农业基础设施投入的加大,农业生产条件得到改善,单产水平也不断提高,1978年至今单产水平提高了近3倍。

除此之外,内蒙古还是我国重要的畜牧业生产基地之一,拥有全国最大的天然牧场[3]。改革开放以来,内蒙古畜牧业生产取得了前所未有的发展,生产总量大幅增加。肉类、奶类、羊绒人均占有量均居全国第一位。其中,奶类人均占有量达到全国平均水平10倍以上。随着生产能力的不断提高,内蒙古畜牧业的经济地位也随之提高,畜牧业为农业增效、农村牧区经济发展做出了重要贡献,畜牧业已经成为农牧民增收的重要途径,为增加农牧民收入做出了巨大贡献。

二、我国对美农产品加征关税的影响

(一)短期影响

从短期看,中美贸易摩擦对内蒙古农牧业发展产生不利影响,主要表现在以下几个方面:

(1)降低大豆供给。我国大豆的年需求量超过1亿吨,进口大豆加上国产大豆仍不能满足国内需求,即我国大豆需求量存在巨大缺口[4]。对美国大豆加征25%关税,极大地缩减了对美国大豆的进口。在此时间点,南美大豆主产国巴西、阿根廷等大豆目前还处于收割期,预计2019年6月中下旬全部收割完毕。因此尽管今年南美大豆丰产,但最快也要下半年才能到港。国产大豆方面,国家颁发的大豆振兴计划使得今年各地大豆播种面积有所增长,但国内大豆的收获期在9月份,随着国内畜禽养殖需求的旺盛,市场供应愈发紧张,大豆供给短期内不足。

(2)提升大豆价格。中国大豆对进口依赖度很高,榨油的大豆几乎全部依靠进口[5],美国是我国第二大大豆进口国,对美国大豆加征25%的关税将推高大豆进口价格,海关数据显示2019年5月份已到港美国大豆12.3万吨,预到港18万吨大豆,均缴纳巨额关税。由此可以看出,短期内中国并不能摆脱美国大豆。同时进口大豆价格的提高使得国内市场对国产大豆需求上升,国内大豆价格短期内将阶段性上涨,但下半年南美大豆进口的补充可以弥补美国大豆进口缺口,国内大豆缺口也将得到缓解,大豆市场价格将趋于平稳。

(3)增加养殖成本。大豆除了可以榨油,同时其副产品豆粕是非常好的蛋白饲料,是生猪、牛羊、鸡禽等畜禽养殖的重要饲料来源[6]。短期内美国大豆进口缺口会提升国内豆粕饲料的价格。据中信期货预测,若中国加征25%的关税,豆粕价格变动区间为3300~3500元/吨,比3%进口关税对应的豆粕价格区间2500~2650元/吨高了约800元/吨。奶牛、肉牛和肉羊是内蒙古养殖业重要的组成部分,饲料价格的上涨将会推高内蒙古牲畜养殖成本,削薄养殖业的利润,对内蒙古肉牛、肉羊及奶牛养殖业造成不利影响。

(4)抬高饲草价格。豆粕、玉米等饲料价格持续走高,会使得企业及牧场改变饲料配比,转向青贮玉米、苜蓿等饲草。苜蓿也在加征关税商品之列,2018年,中国进口苜蓿140万吨,其中115.89万吨来自美国,占总进口量的83.76%,平均到岸价330.71美元/吨。到2019年5月份美国苜蓿价格上涨至464美元/吨,上涨了133.29元/吨,涨幅巨大。饲草需求量的增加使得内蒙古苜蓿和青贮玉米价格上涨,这部分价格的上涨最终会转移到牛羊养殖等畜牧业成本中。

（二）长期影响

从长期看,中美贸易摩擦对内蒙古农牧业发展是一次利好。

（1）促进国产大豆种植。对于大豆产业来说,对美国大豆加征25％关税有利于国内大豆产业的恢复性发展。内蒙古是产豆大省,从生产上看,对美大豆加征关税将为内蒙古大豆产业提供难得发展机遇。加征关税后大豆市场价格看好,有利于调动农民种植积极性,促进内蒙古大豆播种面积增长。

（2）推动农业结构调整。中美贸易摩擦对内蒙古"粮改饲"的推进有积极作用,玉米播种面积的减少,可以大规模发展适用于奶牛、肉牛、肉羊等草食家畜需求的青贮玉米、苜蓿等饲草种植,从而推动内蒙古农业供给侧结构性改革。

（3）提高养殖积极性。中美贸易摩擦对内蒙古畜牧产业也是利好。2018我国牛羊肉产能不足,牛羊肉年度均价以上涨为主。大豆作为畜牧行业的主要饲料原料,加征关税意味着在短期内大豆价格的上涨,阶段性推高养殖行业的饲料成本。在原料成本上升和牛羊肉产量供不应求的共同推动下,后期畜牧产品的价格会上升,由此可以缓解饲料原料成本上涨带来的消极影响,提高内蒙古养殖企业以及农牧民牲畜养殖的积极性。

三、应对措施

内蒙古的农牧业为内蒙古经济发展以及农民增收都做出了巨大贡献,也为全国其他省区提供了大量的粮食和畜产品,其健康持续稳定发展具有重要的意义。中美贸易摩擦对内蒙古农牧业发展既有不利影响也有利好的方面,为了将不利影响降到最小,利用利好的机遇,短期和长期应采取不同的发展策略,具体如下：

（一）短期策略

（1）增加大豆市场供给。可以动用内蒙古中储粮的库存大豆,投放市场,增加供应量,弥补部分大豆缺口,应对中美贸易摩擦所带来的大豆价格上涨[7]。

（2）扩大蒙古国牧草进口。我国与蒙古国在2015年开展天然牧草进口合作,内蒙古作为与蒙古国最主要的通商省份,可以加快合作进度,扩大蒙古国天然牧草进口,缓解牧草短缺,保障畜产品供给。

（3）补贴养殖户和企业。养殖户和企业是内蒙古畜牧养殖业的基础,对内蒙古畜牧业发展起到关键作用。但养殖户和企业对于养殖成本变化较为敏感,补贴可以较好地解决养殖户与企业的后顾之忧,比如通过保险补贴、信贷补贴、最低保护价等方式保护养殖户利益,从而保障畜牧业发展。

（4）鼓励调整饲料配方。一方面,出台政策鼓励饲料加工企业和养殖企业增加菜籽粕和花生粕等杂粮和玉米用量的配方比例;另一方面,从河南、山东收购花生和花生粕,缓解牲畜养殖饲料成本上涨的压力。

（二）长期策略

（1）做好农牧业生产布局规划。针对内蒙古的自然资源条件,本着生态优先、绿色发展的原则,做好农畜产品区域规划。确定大豆、青贮玉米、牛羊肉和牛奶等特色农畜产品以及优势区域,重点予以扶持建设,尽快提高这些特色产品的市场竞争力,培植区域特色支柱产业。

(2) 及时进行农业结构调整。从中美贸易商品清单上来看,我国大豆、饲草对美依赖严重。内蒙古可以利用中美贸易摩擦这一有利时机,抢占相关农产品消费市场的空缺。目前内蒙古仍有5500万亩玉米种植面积,占全自治区耕地面积的40%,因此内蒙古应继续加快"粮改饲"的步伐,降低玉米播种面积,扩大大豆、青贮玉米及苜蓿的播种面积。

(3) 增加大豆种植的技术投入。内蒙古土地资源丰富,但种植业和畜牧业产量不高,其中大豆单产低于全国平均水平,主要原因在于农业生产技术落后,产业化程度低等问题,因此需要加快建立和完善大豆优良品种的育种体系,减少大豆种子资源的对外依存度,加强大豆种植灌溉等农业基础设施建设和设备投入,促进土地流转,形成大豆种植规模化、机械化,从而降低大豆种植成本,提高经济收益。

(4) 大力推进草牧业发展。根据区域自然资源的承载能力,在确保生态安全的前提下开展草原保护建设,为养而种,草畜配套[8]。着力推进草牧业提质增效、转型发展,重点实施肉牛肉羊养殖大县奖励、畜牧良种补贴、标准化规模养殖扶持、肉牛基础母牛扩群增量、养殖粪污综合利用等政策,同时加大饲草产业发展扶持力度,大力实施振兴奶业苜蓿发展行动,夯实草牧业发展的物质基础。

参 考 文 献

[1] 中华人民共和国国务院.关于对原产于美国的部分商品加征关税的公告[Z].2019-05-13.

[2] 王玉明.中国粮食主产区报告之内蒙古[R].呼和浩特:内蒙古自治区政府,2011.

[3] 崔雪妍,董佳宇."一带一路"背景下内蒙古经济发展策略[J].合作经济与科技,2016(15):48-49.

[4] 韩长赋.在国新办就《中共中央国务院关于坚持农业农村优先发展做好"三农"工作的若干意见》举行新闻发布会上讲话[Z].[2019-02-20].http://finance.sina.com.cn/china/gncj/2019-02-20/doc-ihrfqzka7549925.shtml

[5] 于刃刚,郝念武.我国大豆进口依存度过高引发的问题与对策[J].社会科学论坛(学术研究卷),2009(11):51-54.

[6] 李毅,周金城,李玉双,等.我国大豆进口及压榨产业链的非对称价格传导研究[EB/OL].[2019-09-16].http://kns.cnki.net/kcms/detail/23.1227.s.20190916.0911.002.html.

[7] 周曙东,郑建,卢祥.中美贸易争端对中国主要农业产业部门的影响[J].南京农业大学学报(社会科学版),2019,19(1):130-141,167-168.

[8] 农业部办公厅.关于促进草牧业发展的指导意见[Z].2016-05-06.

作者简介

钱贵霞，内蒙古大学经济管理学院教授、博士生导师、副院长，主要从事农业经济、畜牧业经济、区域经济等方向的研究。目前主要承担产业经济学、经济学研究方法、发展经济学等研究生课程，以及农业经济学和发展经济学等本科生课程的教学任务。兼任中国林牧渔业经济学会常务理事，中国农业技术经济学会理事，中国技术经济学会理事，中国技术经济学会农业技术经济分委员会常务理事，中国草学会草业经济与政策专业委员会常务理事，《农业展望》编委，《内蒙古大学学报》（哲学社会科学版）编委。出版专著2部，发表论文50余篇。曾在美国亚利桑那州立大学、英国华威大学和日本爱知大学进行访学。主持完成国家自然科学基金地区项目2项，中日合作项目1项，以及290余项省部级项目。2012年入选内蒙古自治区新世纪321工程第二层次人选，2017年被授予内蒙古自治区突出贡献专家。2012年、2015年和2017年分别获得内蒙古自治区第四届和第五届哲学社会科学优秀成果三等奖2项和二等奖1项，2017年获得农业部软科学项目优秀成果三等奖1项。

后 记

《中国创新50人笔谈》的出版,得到了中国技术经济学会理事会理事长、副理事长、秘书处、常务理事和理事们的一致点赞,受到了各级政府部门的高度评价,50余位专家的智库建议,有战略高度,有视野宽度,有调研深度,有建议新度,有落地实度,从多角度、多层面、多领域为党和政府重大决策起到智库支撑作用。

在中国技术经济学会理事长李平研究员领导下,在理事会全体理事支持下,由中国科学技术大学管理学院创新研究中心主任刘志迎教授具体组织,面向全体理事征集了新一年的智库建议,汇编成《中国创新50人笔谈(2019)》,即将出版。本年度将全书分为产业创新、区域创新、制度创新、创新驱动和技术经济五大板块,面向2019年新的形势及党和政府的重点工作,提出了具有针对性、决策参考性的智库建议,整体建议水平高,实践指导价值大,决策智库作用明显。

再次强调,书虽以"50人笔谈"命名,但参与笔谈的专家不是固定为50个人,50仅仅是一个概数,具体参与者也不是固定的专家学者,遵循"以开放心态、办开放平台、做开放智库、汇优质建议"总原则,为党和政府献智献力。今后,有好的智库报告或决策建议,可以继续投稿,进行集中汇编。中国技术经济学会汇聚了一大批全国技术经济和创新管理研究领域的专家,始终围绕着国家重大需求或地方经济发展需要开展研究,有大量的研究成果,急需转化为智库建议,为中国现代化建设重大决策提出有价值的对策建议,充分发挥好智库作用。

该书的出版得到了中国技术经济学会领导的大力支持和宏观指导,得到了理事们的积极响应并贡献了优质的智库建议,还得到了学会黄检良秘书长具体指导和协调,中国科学技术大学管理学院执行院长余玉刚教授、党委书记古继宝教授、副院长吴杰教授给予大力支持和指导,学院还给予了出版经费支持,得到了国家自然科学基金面上项目(71472172)和中国科学技术大学实验室培育基金(省部级人文社会科学重点研究基地工商管理创新研究中心培育项目基金)支持。中国技术经济学会理事长李平研究员和中国科学技术大学管理学院执行院长余玉刚教授为本书作序。在此,向以上各位领导、专家表示衷心感谢!

本书的出版还得到了中国科学技术大学案例中心王宁老师的大力帮助,中国科学技术大学工商管理创新研究中心的博士生和硕士生做了几轮校对工作,在此深表感谢。另外,尤其要感谢中国科学技术大学出版社求真务实、精益求精的出版编辑,对该书的最终出版也做出了重要贡献。

在本书的编辑过程中,由于往来邮件较多,作者多次修改稿件(专家们严谨认真),多次电子邮件传送,有时回复邮件不及时,难免有疏忽或者遗漏,如有不当之处,敬请各位专家谅解。由于编者水平所限,时间仓促,本书难免在综述各位观点和编辑校对过程中有粗糙之处,敬请宽谅。欢迎全国各领域专家围绕"中国创新"主题撰写对策建议,投稿《中国创新50人笔谈》,继续汇编成册。来稿请发到电子邮箱:techwushiren@163.com。上一年度没有收到书的作者,估计地址有误,请将正确的"地址、邮编、姓名、电话"发至以上信箱,我们安排补寄,也确保今年书籍邮寄。

刘志迎

2019 年 11 月 2 日于中国科学技术大学